学科结构与演化的可视化分析

理论框架及应用研究

陈必坤◎著

科学技术文献出版社
·北京·

图书在版编目（CIP）数据

学科结构与演化的可视化分析理论框架及应用研究 / 陈必坤著. —北京：科学技术文献出版社，2023.6

ISBN 978-7-5235-0383-6

Ⅰ. ①学… Ⅱ. ①陈… Ⅲ. ①可视化软件—数据分析—应用—学科建设—研究 Ⅳ. ① G423

中国国家版本馆 CIP 数据核字（2023）第 116322 号

学科结构与演化的可视化分析理论框架及应用研究

策划编辑：张 丹　　责任编辑：李 鑫　　责任校对：王瑞瑞　　责任出版：张志平

出 版 者	科学技术文献出版社
地　　址	北京市复兴路15号　邮编　100038
编 务 部	（010）58882938，58882087（传真）
发 行 部	（010）58882868，58882870（传真）
邮 购 部	（010）58882873
官方网址	www.stdp.com.cn
发 行 者	科学技术文献出版社发行　全国各地新华书店经销
印 刷 者	北京厚诚则铭印刷科技有限公司
版　　次	2023年6月第1版　2023年6月第1次印刷
开　　本	787×1092　1/16
字　　数	363千
印　　张	16　彩插12面
书　　号	ISBN 978-7-5235-0383-6
定　　价	68.00元

版权所有　违法必究

购买本社图书，凡字迹不清、缺页、倒页、脱页者，本社发行部负责调换

前 言

在学术界,数据密集型科学已成为继经验科学(第一范式)、理论科学(第二范式)和计算科学(第三范式)后的科学研究第四范式。如何高质高效开展数据密集型科学研究成为人文科学、社会科学和自然科学关心的话题。作为社会科学领域最早探索数据密集型科学研究的重要一员,情报学自诞生之日起就致力于解决 DIKW(数据、信息、知识和智能)信息链的有效运行和转化问题,从离散的数据汇聚信息、萃取知识并解决现实问题。进入 21 世纪后,大数据、网络和可视化的思维和技术被社会各界认识、接受和实践,情报学领域的从业者不断将以上思维和技术工具引入本学科的教学、科研和社会服务等方面,进一步升级和优化 DIKW 信息链的运行和转化。其中,科学知识图谱、学科知识地图和学科知识网络正是 DIKW 信息链升级和优化的热门"试验场"。

针对科学知识图谱、学科知识地图和学科知识网络的理论、方法和应用现状,本书综合科学学、图书情报学、网络科学、数据科学、可视分析学、数学和计算机科学等学科领域的理论、方法和工具等,提出从学科结构与演化可视化分析的视角对其进行整合研究,并遵循"理论研究与实践应用相结合"的原则,具体从"理论和应用"两部分开展研究。

理论部分主要包括引言、学科结构与演化可视化分析的理论基础、学科结构与演化可视化分析的基础理论、学科结构可视化分析和学科演化可视化分析 5 个章节。第 1 章介绍了研究背景与意义,国内外研究现状,研究对象、总体框架及重点与难点,研究目标、思路、方法与工具及创新之处。第 2 章梳理了学科结构与演化可视化分析所依赖的多元学科理论。第 3 章依次从相关含义、类型、特点、模式与方法工具着手,梳理了学科结构与演化可视化分析的理论内容。第 4 章和第 5 章分别从静态(结构)和动态(演化)维度出发,论述了学科结构与学科演化可视化分析的具体内容,前者主要包括学科合作结构、学科主题结构、学科引文结构、学科交叉结构、学科知识结构、学科结构视角下的 Usage Metrics、Altmetrics 和 Entitymetrics(实体计量学),后者主要包括学科合作结构演化、学科主题结构演化、学科知识基础、学科研究前沿、学科预测、学科演化视角下的 Usage Metrics 与 Altmetrics。各部分内容主要围绕可视化分析通用实现流程中的 3 个核心环节(知识单元选取、知识单元间关系构建和可视化)展开。

应用部分主要以科学基金项目数据、科学论文题录数据、科学论文全文本数据、科学论文使用数据、公共政策数据和人文著作数据等为样本进行研究，力图覆盖多语种、多源、多维和异构数据源，为学科结构与演化可视化分析提供多维立体化的实证应用案例。各应用案例独自成节，涵盖情报学领域的经典和热门研究主题，且部分小节间相互关联，可进行横向与纵向比较。最后，本书对研究结论与研究不足进行了总结，并对未来研究进行了展望。

陈必坤

2022 年 10 月

目 录

1 引言 1
 1.1 研究背景与意义 2
  1.1.1 研究背景 2
  1.1.2 研究意义 4
 1.2 国内外研究现状 4
  1.2.1 科学知识图谱研究现状 4
  1.2.2 学科知识地图研究现状 7
  1.2.3 学科知识网络研究现状 8
  1.2.4 可视化研究现状 10
 1.3 研究对象、总体框架及重点与难点 12
  1.3.1 研究对象与总体框架 12
  1.3.2 研究重点与难点 13
 1.4 研究目标、思路、方法与工具及创新之处 13
  1.4.1 研究目标与思路 13
  1.4.2 研究方法与工具 15
  1.4.3 创新之处 15
 参考文献 16

2 学科结构与演化可视化分析的理论基础 22
 2.1 科学学理论 22
  2.1.1 科学革命的结构理论 23
  2.1.2 无形学院理论 25
  2.1.3 概念革命理论 26
  2.1.4 科学演化的社会学理论 28
  2.1.5 学科演化的四阶段理论 29
  2.1.6 科学计量学理论 30

2.2 网络科学理论 30
2.2.1 复杂网络理论 32
2.2.2 社会网络理论 33
2.3 可视化理论 33
2.3.1 视觉感知和认知 34
2.3.2 信息可视化 36
2.3.3 可视分析学 36
2.3.4 可视化流程 37
2.4 数据科学理论 39
2.4.1 数据科学的定义 40
2.4.2 数据科学与其他学科的关系 41
2.4.3 数据科学的研究内容 43
2.5 本章小结 46
参考文献 46

3 学科结构与演化可视化分析的基础理论 49
3.1 学科结构与演化可视化分析的含义 49
3.1.1 可视化分析法 49
3.1.2 知识可视化分析 49
3.1.3 学科结构与演化可视化分析 50
3.1.4 学科结构与演化可视化分析的模型思维 51
3.2 学科结构与演化可视化分析的类型 52
3.2.1 学科知识单元的表示方式 52
3.2.2 依据可视化分析目标的分类 57
3.2.3 依据学科知识单元数据来源的分类 57
3.2.4 依据学科知识单元维度的分类 58
3.2.5 依据可视化标记与视觉通道的分类 59
3.2.6 依据学科知识单元层次的分类 60
3.3 学科结构与演化可视化分析的特点 61
3.3.1 直观高效 61
3.3.2 内容充实 61
3.3.3 形象美感 61
3.3.4 视角新颖 61

3.4 学科结构与演化可视化分析的模式与方法 62
    3.4.1 学科结构与演化可视化分析的模式 62
    3.4.2 学科结构与演化可视化分析的方法 64
    3.4.3 学科结构与演化可视化分析的工具 69
    3.4.4 学科结构与演化可视化分析的软件组合方式 71
3.5 本章小结 72
参考文献 73

4 学科结构可视化分析 76

4.1 学科结构的类型与可视化分析框架 76
4.2 学科合作结构分析 77
    4.2.1 基于统计的学科合作结构分析 78
    4.2.2 基于网络的学科合作结构分析 79
4.3 学科主题结构分析 80
    4.3.1 基于词频的学科主题结构分析 82
    4.3.2 基于共词网络的学科主题结构分析 82
    4.3.3 基于主题模型的学科主题结构分析 84
4.4 学科引文结构分析 85
    4.4.1 引文总被引次数分析 86
    4.4.2 引用位置分析 87
    4.4.3 引文紧密度分析 88
    4.4.4 引用语境分析 89
4.5 学科交叉结构分析 90
    4.5.1 学科交叉的含义与分析思路 90
    4.5.2 学科交叉测度指标 92
    4.5.3 引用、合作与发文视角下的学科交叉结构分析 97
    4.5.4 单篇论文学科分类号视角下的学科交叉结构分析 98
    4.5.5 学科交叉结构分析的应用 99
4.6 学科知识结构分析 102
    4.6.1 作者共现网络的构建 102
    4.6.2 基于作者共被引网络的学科知识结构分析 103
    4.6.3 基于作者耦合网络的学科知识结构分析 104

- 4.7 学科结构视角下的 Usage Metrics ... 105
  - 4.7.1 学术论文使用数据的产生机制 ... 106
  - 4.7.2 学术论文使用数据的主要来源 ... 107
  - 4.7.3 学科结构视角下的 Usage Metrics ... 108
- 4.8 学科结构视角下的 Altmetrics ... 109
- 4.9 学科结构视角下的实体计量学 ... 110
- 4.10 本章小结 ... 112
- 参考文献 ... 113

5 学科演化可视化分析 ... 128

- 5.1 学科演化的类型与可视化分析框架 ... 128
- 5.2 学科合作演化分析 ... 129
  - 5.2.1 学科合作演化网络的构建 ... 129
  - 5.2.2 学科合作演化网络宏观分析 ... 130
  - 5.2.3 学科合作演化网络中观分析 ... 130
- 5.3 学科主题演化分析 ... 132
  - 5.3.1 基于词频的学科主题演化分析 ... 132
  - 5.3.2 基于共词网络的学科主题演化分析 ... 133
  - 5.3.3 基于主题模型的学科主题演化分析 ... 135
- 5.4 学科知识基础分析 ... 136
  - 5.4.1 基于文献共被引网络的学科知识基础分析 ... 136
  - 5.4.2 基于作者共被引网络的学科知识基础分析 ... 137
- 5.5 学科研究前沿分析 ... 138
  - 5.5.1 基于直接引文网络的学科前沿分析 ... 139
  - 5.5.2 基于共被引网络的学科前沿分析 ... 140
  - 5.5.3 基于耦合网络的学科前沿分析 ... 141
  - 5.5.4 基于文本挖掘的学科前沿分析 ... 142
  - 5.5.5 基于 Usage Metrics 和 Altmetrics 的学科前沿分析 ... 144
- 5.6 学科预测分析 ... 144
  - 5.6.1 学科合作预测分析 ... 144
  - 5.6.2 学术影响力预测分析 ... 145
- 5.7 学科演化视角下的 Usage Metircs ... 146

5.8 学科演化视角下的 Altmetircs ... 147
5.9 本章小结 ... 148
参考文献 ... 149

6 学科结构与演化可视化分析的应用 ... 156

6.1 国家基金项目视角下学科结构的可视化分析研究 ... 156
6.1.1 数据与方法 ... 157
6.1.2 研究内容与结果 ... 159
6.1.3 结论 ... 163

6.2 中文学术论文用户平台偏好和兴趣偏好比较研究 ... 164
6.2.1 数据与方法 ... 164
6.2.2 研究内容与结果 ... 167
6.2.3 结论 ... 176

6.3 英文学术论文用户平台偏好和兴趣偏好比较研究 ... 177
6.3.1 数据与方法 ... 177
6.3.2 研究内容与结果 ... 178
6.3.3 结论 ... 189

6.4 高浏览与高下载英文学术论文的语言学特征研究 ... 190
6.4.1 数据与方法 ... 190
6.4.2 高浏览与高下载学术论文的语言学特征 ... 193
6.4.3 统计显著性检验 ... 203
6.4.4 结论 ... 207

6.5 基于文本挖掘的中国数据治理政策演化研究 ... 207
6.5.1 研究进展与研究问题 ... 208
6.5.2 数据与方法 ... 210
6.5.3 研究结果 ... 215
6.5.4 结论 ... 220

6.6 实体计量学视角下的中文小说人物关系网络研究 ... 223
6.6.1 数据与方法 ... 225
6.6.2 人物与人物关系网络分析 ... 228
6.6.3 人物与事件关系网络分析 ... 231
6.6.4 4种网络的特征比较 ... 232
6.6.5 结论 ... 232

  6.7 本章小结 233
  参考文献 233

7 结论与展望 238
  7.1 研究结论 238
  7.2 研究不足与展望 239
  参考文献 242

后　记 243

1 引言

科学（Science）是人类对客观世界认识的结晶，学科是对科学的细分（学科对应 Discipline、Research Specialty 或 Field 等术语），是人类认识客观世界实践经验的概况和总结。科学的基本使命是认识客观世界，是以概念、范畴、原理、定律等理论形态，按照周围世界的本来面貌反映周围世界，正确地揭示客观世界所有现象和过程本质、必然的规律。为了研究方便，人们按不同的标准将这些概念、范畴、原理、定律等分为不同的类别，构成我们今天的学科[1]。随着科技发展和国家现代化建设的需求，研究者开始对科学本身进行研究，科学学（Science of Science）由此诞生。

依据《社会科学学科辞典》（1990 年 10 月第 1 版）的界定："科学学"又称"科学的科学"，是研究科学和科学活动的发展规律及其科学组织管理的理论与方法的学科，是跨及自然科学、社会科学、技术科学等领域的一门综合性科学。科学学按其研究的角度和问题的性质，可分为：①理论科学学（或称"普通科学学"），研究整个现代科学体系的形成过程和结构，分析影响科学发展的各种因素及其相互关系，说明科学转变为直接生产力的过程和规律性，阐明现代科学技术发明的特点，它是联结应用科学学各部分的纽带，起着方法论的重要作用，也是进行科学预测、制定科学发展规划和科学政策、寻求科学活动最佳管理的理论指导，可建立科学结构学、科学能力学、科学流派学等分支；②应用科学学，包括科学社会学、科学政治学、科学经济学、科学预测学、科学政策学、科学管理学、科学心理学、科学计量学、科学美学等分支[2]。

作为科学学的重要分支，科学计量学是对科学本身进行定量研究的学科。近 10 余年来，大数据、社交媒体、可视化和人工智能的涌现和发展推动了科学计量学的快速发展，新的理论、方法和技术（如复杂网络、数据科学、可视化和深度学习等）融入科学文献分析与挖掘实践中，面向科学文献的可视分析学（Visual Analytics）技术成为文献和知识服务的新趋势，其突出特点是将可视化、人的因素和数据分析相结合。在此背景下，选取海量异构的研究数据，运用可视化技术进行科学文献分析引起研究人员的重视和持续关注，如科学知识图谱、学科知识地图、科学知识网络（或学科知识网络、领域知识网络，为论述方便，以下统称"学科知识网络"）等。然而，当前研究偏重实证操作，在研究问题选取、研究理论依据、研究方法设计和研究结果解读等方面仍有改进的空间，需要采用新的思维和视角对已有研究进行解构、斟酌、提炼和整合，构建较为系统的理论、方法和应用体系以揭示科学的结构与演化特点与规律，为科学计量学及图书情报学的发展提供参考。

1.1 研究背景与意义

1.1.1 研究背景

（1）科学背景

美国科学家瓦伦·韦弗（Warren Weaver）认识到自然界的内在复杂性，并预见了科学界在破译自然密码的过程中将遇到的种种问题。他在1948年发表的《科学与复杂性》（*Science and Complexity*）一文中，将现代科学史分为3个阶段：第一个阶段是17—19世纪，人类处于探究"简单问题"阶段。在这个阶段，大部分科学家都试图追根溯源，揭示一个变量对另一个变量的影响；第二个阶段是20世纪上半叶，人类进入探究"无序复杂性"阶段，在这个阶段，科学家开始研究拥有丰富变量的复杂系统，但是研究过程中，科学家往往假定定量之间的互动是随机的，甚至是混乱无序的；第三个阶段从20世纪中期延续至今，人类开始探究"有序复杂问题"。

在第三个阶段，人类开始意识到，这个世界存在着拥有丰富变量的复杂系统，而且这些变量之间高度相关、相互依赖。瓦伦·韦弗的文章深刻影响了当代复杂科学和网络理论的发展。他对20世纪下半叶做出的预测，即对当代科学界面临的主要问题——处理有序复杂问题——预测，在当代似乎都逐渐变为现实。人类目前面临的问题，宏观至城市规划，细微至探索人脑细胞间的奥秘，都无法用中心化的树状模型进行描述、分析，只能用一种全新的思维方式来解答。人类无法再固守自上而下的层级思维方式，因为人类面临的新挑战具备更多块茎结构的特性，如去中心化、涌现、不稳定性、非线性和多元性。在这个复杂且事物间高度关联的时代，迫切需要一套用以分析、探索的新工具，但更重要的是，需要一种新思维，提倡对世界的多元化认识，才能从宏观上构建未来世界的框架，从微观上研究最微小元素之间的关联。人类最终需要一种整体的思维方式，一种基于网络模型的思考方式。网络是科学家研究复杂性的向导和工具，精确概括了瓦伦·韦弗所描述的科学发展的第三阶段——"有序复杂问题"。网络不仅是一种无处不在的结构，更是一种符号，象征着自治、灵活、协作、多元和丰富。网络的非层级结构、民主化流程等特点激发了个体的创造力，以及对学习、进化、沟通孜孜不倦的渴望[3]。

网络是用图表示的，它的基本单元是点和边。要对网络进行展示和分析，就需要引入可视化的理论和技术。早在1736年，莱昂哈德·欧拉（Leonhard Euler）就用图论的方法解决了网络科学历史上著名的哥尼斯堡七桥问题。列夫·曼诺维奇（Lev Manovich）在《视觉繁美——信息可视化方法与案例解析》一书的序言中提到："当代有两个重要的技术与文化现象：网络及可视化。1995年前后几乎没有人关注这两个概念，现在它们已经成为社会和文化生活中的热点问题。一些社会学家自20世纪中叶已经开始研究网络，但直到全球化进程加快，20世纪90年代互联网兴起，以及过去十年社交媒体迅速发展，人们才认识到其重要性。另外，虽然科学家自19世纪初期开始绘制数据图表，但直至当前计算机普及、编程语言发展、互联网引发信息爆炸、信息可视化才为人所知，并快速发展成为一个文化艺术新领域。[3]"其实，无论是网络还是可视化，其之所以愈加引人注目和意义非凡，在根源上得益于数据和信息的剧增，即"大数据"的推动。

在复杂性、大数据、网络化和可视化趋势的推动下，现代科学研究表现出了以下特点：一是科学研究更加着眼于纷繁复杂的人类社会的认知和规律探索，科学合作、学科交叉和融合的趋势越来越强；二是全球知识呈爆炸式的增长带来了知识与信息获取的困境，科学家和研究人员难以从海量的知识中把握相关领域的发展现状或难以从中发现想要的知识；三是网络思维对科学家的影响越来越深，复杂网络吸引着多学科领域研究人员的高度关注；四是科学研究呈现大样本和可视化的趋势，不同领域的科学家选取大样本数据并通过最直观、最形象和最易于理解的可视化方式向人们传播研究成果。美国著名的技术哲学家唐·伊德（Don Ihde）在《扩展的解释学：科学中的视觉主义》一书中指出，后期现代科学越来越朝着视觉化的方向发展，当代科学家的日常工作本质上就是可视化和诠释。

（2）技术背景

计算机技术、网络技术、可视化技术、信息处理技术和人工智能技术等各种技术的迅速发展为海量数据的获取、处理和展示创造了条件，这给科学计量学的进一步深入研究带来了机遇。首先，大数据时代的到来推动了科学的发展。在数据爆炸、文献激增的背景下，科学计量学研究样本的数量由过去的几百条上千条拓展到了百万条甚至是百亿条，样本数据也不再是单一的格式而是多种格式混合的整体，并且数据的更新速度也逐步加快。其次，社交媒体和移动设备的出现开拓了新的科学研究传播途径。与传统的科学传播相比，社交媒体和移动设备让科学传播变得更加多元和便捷。例如，很多科学家会把自己最新的成果放在脸书（Facebook）、推特（Twitter）、微博（Weibo）和微信（WeChat）上，即时传播自己的学术成果或学术观点。再次，信息处理、可视化和人工智能技术提供了有效的科学研究工具。面对数据庞大、类型多样、更新速度快的复杂数据，新的信息处理技术与方法也相应产生，同时可以将分析结果用最直观、明了、快捷、实时的方式展示给用户。

（3）学科背景

进入21世纪以来，作为学科结构与演化可视化分析的核心研究内容，科学知识图谱（包括学科知识地图和学科知识网络）以其理论的综合化、方法的可视化、描绘的形象化的特点受到研究者的关注，取得了快速发展，成为当前科学计量学领域的研究热点与前沿。然而，科学知识图谱相关研究以实证应用为主，在理论、方法和应用等整体系统性研究方面存在不足，使得实证应用研究遇到瓶颈、难以突破现有水平，如研究问题同质化（选取特定研究主题领域或期刊）、图谱绘制标准尚未统一（参数选择及参数值设置人云亦云）、图谱结果解读表层化（通识解读为主，独创性洞见较少）、图谱质量评估科学性不足（主观评估为主，缺乏统一的评估框架）等。因此，迫切需要对当前的研究进行总结分析并构建系统的理论和方法体系，进而促进科学知识图谱的发展。

此外，科学知识图谱已经渗入科学计量学的其他研究主题，如全文引文分析（Citation in Full Text）、Altmetrics、Usage Metrics 和实体计量学（Entitymetrics），以及教育学、体育学和管理学等其他学科领域。为了进一步提升科学计量学的学科领域影响力及科学知识图谱的认可度，也需要从更开阔和系统的视野对科学知识图谱进行重新审视和定位。

1.1.2 研究意义

基于以上科学、技术和学科背景，同时针对国家知识创新战略及图书情报学学科发展需求，对学科结构与演化可视化分析进行系统研究具有重要意义，具体表现在以下几个方面。

① 能够直观有效地揭示学科结构特征与演化规律，进而把握科学发展的历史、现状及前沿。融合数据科学、网络科学、可视分析学、数学和计算机科学等学科领域的理论方法能够优化科学知识图谱、学科知识地图和学科知识网络的研究内容，使其理论和方法互相补充、博采众长，共同聚焦到学科结构与演化研究中。

② 能够推动科学计量学的学科发展。学科结构与演化的可视化分析是科学计量学的研究热点和前沿课题，对其进行系统研究能够进一步发展和完善科学计量学的理论、方法和应用体系，为后续相关研究提供参考。

③ 能够为个体和组织机构等目标用户提供决策支持。学科结构与演化的可视化分析能够揭示特定学科领域的合作群体、知识结构、研究主题、学科交叉结构、知识基础、研究前沿甚至做出学科影响力预测等，为目标用户的决策需求提供证据支持。

④ 有利于国家知识创新战略的实施。知识创新战略的核心思想是"以知识创新，推动知识富有"。知识创新也可以隐喻（Metaphor）为知识进化，即不停地生成新知识。学科结构与演化的可视化分析，能够直观有效地厘清学科领域的发展轨迹，总结过去、梳理现状并对未来做出科学预测，为知识创新活动助力。

1.2 国内外研究现状

为了全面系统地了解学科结构与演化可视化分析的国内外总体研究现状，本书以"可视化"为切入点，对相关主题进行综述，具体从科学知识图谱、学科知识地图、学科知识网络和可视化（包括可视化分析、数据可视化、信息可视化、知识可视化和可视分析学）4个方面展开。

1.2.1 科学知识图谱研究现状

2017年，陈超美[4]对科学知识图谱进行了较为系统的综述，核心是围绕CiteSpace软件的设计理念与功能，从数据检索、写作路径、论文写作和理论升华4个方面展开综述。与之相比，本书跳出单个软件的范畴，从更加全面的视角对科学知识图谱的研究现状进行梳理。一是理论研究，包括研究范式和绘制流程；二是数据、方法与工具研究，包括数据来源、绘制方法和绘制工具；三是应用研究，包括分析某一学科领域的整体演化情况，探测某一学科领域的研究基础、热点和前沿，识别某一学科领域的核心作者群等，具体如下。

1）理论研究

（1）科学知识图谱研究范式

陈超美[5]认为某一研究领域（Speciality）的发展演化基于两个概念——研究前沿（Research Front）和知识基础（Intellectual Base）间的时变对偶（Time-variant Duality）。他吸收了库恩《科学革命的结构》中的核心概念范式（Paradigm），在科学知识图谱中开创了"竞争范式"（Competing Paradigms）的研究，去发现科学发展的轨迹[6]，并参照社会网络分析中的转折点（Turing Point）理论进行了"科学创新"方面的研究，去发现学科领域中重要的知识网络节点[7]，还引入多位科学社会学家的成果进行学科演化等方面的研究[8]。基于以上研究，他开发了CiteSpace软件并编写了教材和著作，引导越来越多的研究人员去分析特定研究领域的知识基础、研究热点和研究前沿[9]等。

近年来，使用科学知识图谱软件对某一学科领域或研究主题进行分析的研究成果快速增长，而理论研究却处于缓慢发展阶段。其中比较有代表性的理论研究如下：赵丹群[10]比较全面地总结了国内外科学知识图谱的研究范式，即传统研究范式（主要以文献调研和文献综述为主）、科学社会学（Sociology of Science）理论研究范式（基于社会学理论）、复杂网络分析范式（基于复杂网络理论）及文献计量研究范式（基于引文分析法等）等，并认为就目前的科学知识图谱研究而言，文献计量学研究范式应是其中最为重要的一种，还详细论述了该研究范式的理论基础、基本研究框架和主要研究策略；陈悦等[11]从CiteSpace的设计理念、理论基础、使用流程和新近技术4个方面详细论述了CiteSpace知识图谱的方法论功能。

（2）科学知识图谱绘制流程

霍华德·怀特（Howard White）和凯瑟琳·麦凯恩（Katherine McCain）[12]于1997年将文献可视化的步骤归纳为5个方面。凯瑟琳·麦凯恩（Katherine McCain）[13]总结了作者共被引分析的传统步骤，即选择作者、检索共被引频次、构造共被引矩阵、转化为皮尔逊相关系数矩阵、多元分析和揭示结果及效度分析。凯蒂·伯纳（Katy Börner）[14]等将科学知识图谱的绘制过程分为6步：数据抽取、选定知识单元、设定分析方法、计算单元之间相似度、布局知识单元、展示并分析结果。近年来，其他研究者对科学知识图谱的绘制流程进行了扩展研究。例如，曼纽尔·科博（Manuel Cobo）等[15-16]认为主要有8个步骤：数据检索（Data Retrieval）、数据预处理（Preprocessing）、网络抽取（Network Extraction）、标准化（Normalization）、绘图（Mapping）、分析（Analysis）、可视化（Visualization）和图谱解读（Interpretation）；肖明等参考曼纽尔·科博（Manuel Cobo）等[17]的研究成果，将其归纳为7步：数据检索、数据预处理、关系矩阵构建、规范化处理、可视化数据、图谱参数调整和最终成型、结果解读；杨思洛等[18]也将其分为8步：样本数据获取、样本数据清洗、选择知识单元、构建单元关系、数据标准化、样本数据简化、知识可视化、图谱结果解读；马西莫·阿丽亚（Massimo Aria）等[19]则从宏观的角度将其归纳为5步：研究设计、数据采集、数据分析、数据可视化和图谱解读。综合以上观点，虽然不同研究者给出了不同的流程，但是其核心环节相同，均涵盖数据获取、数据预处理、知识单元选定、单元间关系构建、关系数据标准化、可视化和图谱结果解读等。

2）数据、方法与工具研究

（1）科学知识图谱数据来源

从目前的研究来看，样本数据的类型主要有以下几种：一是题录数据，二是全文数据，三是用户使用数据，四是Altmetrics（国内译为替代计量学或补充计量学）数据[20]。其中，题录数据主要来源于国内外大型文献数据库（常用的有Web of Science、Scopus、Science

Direct、Derwent、CNKI 和 CSSCI 等）、开放的网络数据库（常用的有 Google Scholar、arXiv、CiteSeerX、PubMed、PLoS、Crossref、Dimensions、Microsoft Academic、Semantic Scholar、OpenCitations 和 WikiData 等）、专利和基金数据（常用的有 United States Patent and Trademark Office、European Patent and Trademark Office、National Science Foundation 和中国国家自然科学基金委员会等）。全文数据的可获取性得益于近些年数字化技术的发展，文献全文信息主要以 XML 和 HTML 格式存储。例如，PLoS 在提供 PDF 全文下载的同时提供 XML 格式的全文下载；Springer Nature、Elsevier 和 Wiley 等学术数据库也开始提供全部或部分 XML 和 HTML 格式的全文下载。

用户使用数据主要来源于大型学术出版商（如 CNKI、Web of Science、Springer Nature、PLoS 和 IEEE Xplore）或学术期刊官网（如 PeerJ 和 Science 等），它们提供学术数据库的用户使用数据（浏览数据和下载数据），如 CNKI 的用户下载数据、Web of Science 的用户下载数据及 Springer Nature 的用户下载数据。替代计量数据是随着替代计量学（Altmetrics）的诞生而逐渐为人们所知晓并且承认的数据对象[21]。Altmetrics 是通过收集科学文献在网络社交新媒体（如 Facebook、Twitter 等）、学术型或通用型网站平台（如 Wikipedia、ResearchGate 等）和学术型社交媒体工具（如 Mendeley、CiteULike 等）上的传播热议的数据，来反映科学文献的社会影响力的一种计量方法[22]。目前主要的替代计量数据网站是 Altmetrics（http://altmetric.com/），主流学术出版商 Springer Nature、Elsevier 和 Wiley 等已与该网站合作，提供单篇论文的 Altmetrics 数据。

题录数据主要通过分析标题、合作者或合作机构、关键词和参考文献来揭示特定领域的研究主题、合作情况及引用情况。全文数据主要用于全文本引文分析或实体计量学，前者不仅考察施引文献的参考文献列表，还对参考文献在施引文献中的引用情况（引用次数、引用位置和引用语境等）进行分析，后者则是对有意义的文献实体（如概念、软件、方法和工具等）进行研究。用户使用数据和 Altmetrics 数据的时效性较强，可以用来测度期刊论文的实时使用情况和社会影响力，是对题录数据和全文数据的有效补充。

（2）科学知识图谱绘制方法

科学知识图谱是一个学科交叉研究主题，其研究方法源于不同学科，目前来看主要包括科学计量学、统计学、网络科学、可视分析学和计算机科学等学科领域，具体包括词频分析、共现分析、引文分析、多元统计分析、复杂网络分析、可视化分析、文本挖掘和深度学习等。梁晓婷等[23]对构建科学知识图谱常用的共现分析、引文分析、多元统计分析、社会网络分析和可视化分析方法的基本原理、使用工具、优劣势和适用性进行了较系统的讨论。

（3）科学知识图谱绘制工具

目前来看，科学知识图谱的绘制工具可分为两大类：通用软件和专门软件。通用软件有 SPSS、SAS、Matlab、Python、R 语言、Stata、Pajek、Cytoscape 和 Gephi 等被多学科、多研究领域研究者使用的大众软件；专门软件是指以绘制科学知识图谱为目的的专业软件。例如，SCI 创始人尤金·加菲尔德（Eugene Garfield）[24]主导研发的一款分析引文网络的专用工具——Histcite。曼纽尔·科博（Manuel Cobo）等[16]比较分析了 10 种专门软件：Bibexcel、CiteSpace、CoPalRed、IN-SPIRE、Loet Leydesdorff's software、Network Workbench Tool、

Science of Science Tool、VanagePoint、VOSviewer 和 SciMAT。再如莱顿大学的研究者开发了 CitNetExplorer[25]，斯图加特大学的研究者开发了 CiteRivers[26]，马西莫·阿丽亚（Massimo Aria）和科拉多·库库鲁洛（Corrado Cuccurullo）[19] 基于 R 语言开发了 Bibliometrix 软件包，约翰·麦克罗伊-杨（John McIlroy-Young）和里德·麦克莱维（Reid McLevey）[27] 基于 Python 语言开发了 metaknowledge 软件包。此外，中国的研究人员也开发出了相关软件。例如，SATI[28]、NEViewer[29]、CATAR[30]、ArnetMiner（现已改名为 AMiner）[31]、LiterMiner[32] 和 ITGInsight[33] 等。除了以上软件，也有研究者通过自己编程构建矩阵、聚类结果并借助可视化软件包 Prefuse 进行某一领域的主题知识图谱展示[34] 和合作网络展示[35]，以及利用开源可视化工具 Jung 开发作者引文耦合可视化系统[36]。

不同的科学知识图谱绘制软件都具有各自的特点。例如，在构建矩阵方面，CoPalRed 和 NEViewer 只能构建共词矩阵；在可视化方面，VOSviewer 擅长知识聚类和可视化，而 Loet Leydesdorff's software 不具备可视化功能，Bibliometrix 和 metaknowledge 分别基于 R 语言和 Python，具有文本分析、多模网络分析及交互式可视化等更加多元的功能。因此，把握不同软件的特点，根据研究目的对其进行合理的组配使用能够达到较为理想的研究效果[37-38]。

3）应用研究

目前，科学知识图谱的应用研究较多，陈超美等[39]、李杰等[40]、理查德·克拉文斯（Richard Klavans）等[41] 和凯蒂·伯纳（Katy Börner）[42] 做了比较系统的应用研究。其他的应用研究相对零散，多以特定学科领域或特定研究主题的案例探索为主，总体上可以归纳为以下几个方面。

一是分析某一学科或领域的整体演化情况，如情报学[43]、图书馆学[44] 和信息计量学[45]；二是探测某一学科或领域的研究基础、热点和前沿，如图书情报学[46]；三是识别某一学科或领域的核心作者群及其之间的合著、共被引及耦合关系，如科学合作研究[47]、学术交流框架[48]、作者同被引分析[49] 和作者耦合分析[50]；四是识别某一学科或领域的核心期刊群及其之间的共被引及耦合关系，如期刊聚类[51] 和期刊共被引[52]；五是识别某一学科或领域的核心国家、机构及其之间的合作情况，如国家和地区的学术竞争力[53] 和机构合作网络[54]；六是分析某一学科或领域某一种或几种期刊的情况，如 Web of Science 的艺术和人文科学索引（A&HCI）期刊分布图[55]。

此外，值得提出的是，以上科学知识图谱的应用研究模式相对固定，多是采用特定工具对特定学科或领域进行可视化，然后进行专家解读。目前，已有研究者提出了新的研究方向，如通过科学知识图谱的叠加去发现不同学科的交叉研究领域[56-57]、通过科学知识图谱进行全文本引文分析[58-60] 及 Altmetrics 研究[61-63] 等。

1.2.2　学科知识地图研究现状

知识地图这一概念源于知识管理领域并广泛应用于各行业，涵盖企业、政府、图书馆、教育和科研领域等。学科知识地图是将知识地图的理论和方法应用于科学计量学领域。目前来看，学科知识地图的理论研究较少，以应用研究为主。一是专家知识地图与虚拟科研团队知识地图的构建；二是某一学科领域知识地图的构建。

1）专家知识地图与虚拟科研团队知识地图的构建

专家知识地图与虚拟科研团队知识地图的构建主要包括以下两种途径。一是通过合著、引文、语义等关系，应用社会网络分析和本体技术等构建知识地图。例如，刘勘等较为系统地梳理了专家知识地图的构建方法，并分别对专家研究领域知识地图和专家社会网络知识地图进行了分析和举例说明[64]；吴才唤以某院校研究所全体14位教师的引文为研究对象，构建了相应的隐性知识地图[65]；潘有能等基于合著与引用网络构建了专家知识地图[66]；刘彤等基于合作关系构建了学科交叉科研团队的知识地图[67]；胡元蛟等引入本体机制构建了CSSCI学术资源中的专家知识地图[68]；夏立新等引入XTM模型（一种语义技术）构建了图书馆专家知识地图[69]。

二是通过Web挖掘、模型与算法改进等来构建知识地图。例如，陈强等通过Web挖掘建立专家知识地图[70]；乔查特·哈鲁恰亚萨克（Choochart Haruechaiyasak）等以SCI数据库为例采用概率关键词标注模型（Probabilistic Keyword Annotation Model）构建了专家知识地图[71]；苗蕊等改进了成长单元结构算法，利用层级成长单元结构算法对虚拟实践社区内的知识对象进行聚类，并基于标签自组织映射算法自动确定出每一类所代表的主题，构造出层级知识地图[72]；巩军等利用维基百科构建了专家个人的知识地图，以此为基础还提出了基于知识节点密度和基于最大公共子图的推荐算法进行专家推荐[73]；雷蒙达斯·贾西尼维修斯（Raimundas Jasinevicius）等提出了模糊专家地图的概念并开发了相应软件对其构建过程进行动态仿真[74]。

2）某一学科领域知识地图的构建

某一学科研究领域的知识地图构建，通常以该学科领域的文献数据为研究对象，分析其代表人物、研究主题、研究热点及研究前沿等，如纳米科学[75-76]、情报研究[77]、图书馆学[78]、医学[79]、数字图书馆[80]、竞争情报[81]和信息检索[82]等学科领域。又有研究者结合本体技术实现知识地图的构建。例如，高劲松等[83]、刘晓燕等[84]提出了基于本体的学科知识地图的构建方法；郝佳等基于潜在语义分析构建了数控领域的知识地图[85]；曹高辉等提出泛在信息环境下的学科知识地图构建，即在资源组织上强调对多模态学科知识的集成与融合，在功能形式上表现为多维度关联的知识空间[86]。

1.2.3 学科知识网络研究现状

知识网络已被多个学科领域广泛应用，如教育教学、企业管理、图书情报及科学学等。其中，学科知识网络指以特定学科领域内的知识单元为节点，以知识单元之间的关联为边而构成的网络。目前，学科知识网络方面的研究主要包括理论研究、学科知识网络构建研究和学科知识网络的结构与演化研究。

1）理论研究

顾东蕾提出了学科知识网络的定义及其属性，认为该网络是由学科知识元素组成的知识节点和知识关联（知识链接）构成的网络状知识体系，具备知识网络的一切属性，还具有知识场分布性、相对真伪性和有序性等特有属性[87]。她还总结了学科知识网络的理论基础，即知识场理论、知识生命周期理论、知识链接理论和知识地图理论，并认为知识场理论演化形成学科知识场域，知识生命周期理论演化形成学科知识发展网络，知识链接理论演化形成学科内主题知识链接网络，知识地图理论演化形成学科知识图谱[88]。

2）学科知识网络构建研究

学科知识网络的构建主要是通过合著、引文、共词等关系，通过复杂网络分析法构建了学科知识网络。例如，陈雪飞等[89]根据知识单元与知识关系的不同将知识网络分为知识结构网络与知识主体关系网络两类，并在该体系基础上以时间、网络类型、层次为维度确立知识网络构建方法模型；叶春霞等[90]以企业间专利合作数据为例，用社会网络分析方法分析了多学科知识网络的网络结构特点、实际动态变化过程及网络中学科的分布特点；Liu等[91]以文献引文数据为例构建了中国学科交叉知识网络，探究了不同学科之间的知识交流的结构及其演化过程；马费成等[92]选定关键词共词网络作为研究对象，探测了中国经济学学科的整体知识结构情况、学科知识的演化及热点问题；胡昌平等[93]以"数字图书馆"领域为例，对其关键词组成的概念知识网络进行分层，并引入节点层级差异和三元闭包类型去更深入地分析知识网络中节点的微观关联结构；寇继虹[94]提出将学科领域知识点维度和学科领域研究维度融合在一起形成学科领域知识网络，并引入TheBrain工具对竞争情报领域的知识网络进行可视化构建和动态视觉展示。

3）学科知识网络的结构与演化研究

（1）学科知识网络的结构特征与结构演化

学科知识网络的结构特征与结构演化的研究内容主要包括两个方面：一是学科知识网络结构特征的测度；二是学科知识网络结构的演化。例如，林德明等[95]选取平均聚类系数、平均最短路径和平均度3种网络特征指标，构建科学知识网络的自相似模型，并对合作、共词与同被引网络的自相似性进行分析，验证了科学文献的网络拓扑结构的局部与整体具有自相似性；吕鹏辉和赵一鸣等[96]认为学科知识网络包括引文网络、共被引网络、共词网络和合作网络等，分别对引文网络、共被引网络（期刊共被引网络和作者共被引网络）[97]、共词网络[98]和合作网络（作者合作网络、机构合作网络和国家合作网络）[99]的结构、特征与演化进行了较为系统的分析；Chen等以 Scientometrics 为例，从微观、中观和宏观3种视角对作者合作网络、机构合作网络和国家合作网络的结构及其演化情况进行分析[100]；曼纽尔·科博（Manuel Cobo）等[101]提出了一种基于共词网络的学科结构演化框架，并以模糊集理论（Fuzzy Sets Theory）为例进行实证；程齐凯等[102]也提出了一种基于共词网络社区的学科主题演化分析框架：首先对原始科学文献进行处理，得到一系列时序共词网络，然后通过社区发现算法找到每个时段上的网络社区，并为每个社区赋予主题标识，接着利用相关性算法，探测前后时段中网络社区间的相关性，以此确定社区演化关系。张斌等[103]主张将链路预测法引入科学知识网络的结构及其演化研究，用链路预测量化和评价演化模型、识别和分析异常链路发现知识热点和创新趋势。

（2）学科知识网络的演化模型与动力研究

网络科学先驱邓肯·瓦茨（Duncan Watts）和艾伯特-拉斯洛·巴拉巴西（Albert-László Barabási）的研究表明复杂网络具有小世界[104]和无标度特性[105]。艾伯特-拉斯洛·巴拉巴西（Albert-László Barabási）等和马克·纽曼（Mark Newman）等探索了复杂网络的演化动力[106]

与演化过程[107]。目前，学科知识网络的演化模型与动力研究主要是基于以上成果。例如，王晓光以共词网络为例对科学知识网络的形成与演化做了前期基础研究，从词汇维度定性解释了科学知识网络的形成与演化[108]，并研究了共词网络的复杂结构[109]；王旻霞等[110]界定科学知识网络包含知识主体网络、知识载体网络和知识本体网络3种，它们多具有小世界网络和无标度网络的结构特征及相似的演化机制，但驱动网络演化的动力异同并存；刘臣等[111]发现中国学科知识网络是一个规模较小、密度较大的网络，其度分布及中介性分布相对均匀，但网络的权值具有高度不均匀性，并发现学科知识网络演化具有的网络节点数目较为稳定，重要节点之间优先建立连接，重要节点之间边权值优先增加等特征；Lee等[112]从基于本体的学科知识网络切入，通过向量空间模型计算不同网络节点的相似度，进而确定节点之间建立联系的可能性，为学科知识网络的演化提供前瞻性依据。

刘向等从数学建模与仿真的视角进一步探讨了知识演化过程中的时间因素影响，基于演化网络的方法与理论，构造了科学知识网络演化模型，分析了马太效应与时间效应之间的关系[113]，还针对科学知识网络的演化规律及动力问题，建立了科学知识网络的演化模型，模型构建了基于局域世界的增长网络，通过引入跨领域交叉连接、度择优连接和时间优先连接3种连接机制，来反映科学知识的集聚和交叉、继承和发展关系[114]。

1.2.4 可视化研究现状

可视化（Visualization）于1987年在美国国家科学基金委举办的可视化会议上被研究者提出。可视化先后经历了科学计算可视化、数据可视化、信息可视化、知识可视化和可视分析学等不同发展阶段。由于数据、信息和知识在本质上不同，数据可视化、信息可视化和知识可视化也相应存在着本质区别。

（1）数据可视化的应用

数据可视化在学科结构与演化可视化分析中的应用主要包括发文量和引文量的年代分布、国家分布、机构分布、作者分布和期刊分布等，关键词词频分布，作者和机构的合著情况；等等。总体来讲，数据可视化在学科结构与演化可视化分析中的应用相对简单，主要通过饼图、面积图、线图及柱状图等具体形式对学科知识单元进行图表化的呈现，帮助研究者直观地去了解某一学科领域的基本统计状况。

（2）信息可视化的应用

与数据可视化相比，信息可视化在学科结构与演化可视化分析中应用相对要深入，它能够指引研究者从中发现新的信息，其中最重要的应用是引文分析可视化。20世纪60年代，尤金·加菲尔德（Eugene Garfield）等在 *The Use of Citation Data in Writing the History of Science* 一文中绘制了DNA研究领域的历史发展图谱，开拓了引文分析可视化的道路。之后越来越多的研究者致力于引文分析的可视化研究。

目前，最常用的引文分析是引文耦合和引文共被引，它们是文献引证关系中比较复杂的两种形式，不是文献间单一的相互引证关系，而是两篇或两篇以上文献同时引证同一篇文献，或两篇文献同时被别的文献共同引证。之后引文耦合和引文同被引又拓展至作者耦合、作者同被引、期刊耦合和期刊同被引等多种相似关系的研究。随着计算机技术、网络技术及可视化技术的发展，引文分析又吸收了统计分析、矩阵分析等数学方法，以及海量数据的获取、处理和可视化技术，以科学知识图谱的方式展示分析结果，使得这一经典方法被科学计量学、科学学、教育学及其他学科的研究者所认识和接受。

信息可视化在学科结构与演化可视化分析中另一个重要应用是共词分析可视化。共词现象研究可追溯到20世纪40年代的计算语言学领域，当时的代表研究者是玛丽·斯内尔–霍比（Mary Snell-Hornby）和斐迪南·德·索绪尔（Ferdinand de Saussure）。到20世纪70年代中后期由学者阿拉斯泰尔·麦金农（Alastair McKinnon）[115]明确提出并使用共词分析法。20世纪80年代米歇尔·卡龙（Michel Callon）等[116-117]将共词分析法引入科学计量学领域，很显然，共词分析与引文共被引的思路相同。在科学计量学领域，共词分析主要用于识别某一研究领域的研究主题和研究热点等。传统的共词分析通常使用多维尺度分析、因子分析和聚类分析3种方法相结合去分析研究领域，主要是通过SPSS软件实现。随着计算机技术、网络技术和可视化技术的发展，共词分析又引入社会网络分析的理论和方法、Pathfinder算法、VxOrd mapping 技术及 VOSmapping 技术（通过软件 VOSviewer 实现）等理论和方法，其研究更加深入。

（3）知识可视化和可视分析学的应用

关于知识可视化，美国德雷塞尔大学的林夏总结了知识结构可视化的3种策略：现有知识结构的可视化（将分类表、词汇表、文件索引中的知识结构用可视的方法显示出来，如DDC-based Visual Interface）、探索发现型的知识结构可视化（将抽取和重构之后的知识结构用可视的方法显示出来，如 Ontology-based Visual Search Interface）、用可视模式引导的知识结构可视化（如 Google+ Ripples），并认为大数据时代的知识结构具有以下特征：以数据为基础（用简单的数据模型汇集大量的数据）、以分析为手段（海量数据实时分析与关联分析）、以交互型可视化为表现形式、以应用为检验标准。

此外，作为一个新的研究领域，可视分析学（Visual Analytics），于2005年进入人们的视野，它被定义为一门以可视化交互界面为基础的分析推理科学[118]。可视分析学可看成将可视化、人的因素和数据分析集成在内的一种新思路，辅助用户从大尺度、复杂、矛盾甚至不完整的数据中快速挖掘有用的信息，以便做出有效决策。在科学计量学领域，陈超美将可视分析学用于科学发现和知识扩散，通过文献共被引对不同结构的数据源（如 arXiv、美国航空航天局天体物理数据系统和美国国家科学基金会基金项目等）对斯隆数字巡天项目（Sloan Digital Sky Survey，SDSS）进行研究[119]。陈超美[6]提到可视分析学强调基于事实证据的分析推理和决策，这一点正是科学前沿图谱（Mapping Scientific Frontiers）的核心内容。因此，科学计量学领域应逐步引入可视分析学的理论和方法来促进学科的进一步发展。

由上可知，科学知识图谱、学科知识地图、学科知识网络和可视化分别从不同视角对学科的结构与演化进行探索。学科知识地图是一种知识的指南，指明"人或者知识在哪儿"，强调知识组织；科学知识图谱和学科知识网络具有更深层次的含义，不仅指明"人或者知识在哪儿"，还揭示"人或者知识的过去及将来是什么样"，强调知识挖掘和知识发现。可视化则能够将以上三者统一起来，它们都是从不同的建模视角以"可视化"的形式（图谱、地图和网络）揭示学科的结构与演化，最终目的都是为了辅助决策和知识服务。

虽然目前的研究取得了较为丰硕的成果，但是仍有要改进的空间，主要表现在：①概念难辨，不少研究者辨不清科学知识图谱、学科知识地图和学科知识网络之间的异同；②研究数据相对局限，仍以题录数据为主，对全文本文献数据、用户使用数据与Altmetrics数据关注相对较少；③研究方法相对局限，仍以科学计量学方法和复杂网络分析方法为主，主要关注合著、共词和引文网络的结构特征及结构演化，在演化模型和动力方面的研究较少；④软件工具多样、操作不够规范，软件工具方面的系统梳理和总结较少；⑤应用研究较多、研究内容交叉重复且结果解读多为一家之言，缺乏系统的理论研究做指导。因此，可以引入数据科学、网络科学、可视分析学、知识融合、知识扩散与知识创新等新兴思维和理论，以学科结构和学科演化为主线，采用可视化分析的视角对科学知识图谱、学科知识地图和学科知识网络等的内容进行提炼和整合，解决当前概念难辨、数据源相对单一、所用方法局限、工具使用不规范和应用研究内容重复等问题[20]。

1.3 研究对象、总体框架及重点与难点

1.3.1 研究对象与总体框架

本书的研究对象是"学科"，从建模的视角可将"学科"拆解成一系列具有逻辑关联的"学科知识单元"（涵盖学科知识的生产者、学科知识的主题内容、学科知识的交流、传承与创新等），然后根据不同层次的研究目标对"学科知识单元"进行抽取、关联、可视化、测度与解读，从而为决策提供依据和知识服务。本书总体框架的构建遵循理论研究为支撑、方法研究为手段、应用研究为目标的思路，具体内容如下。

① 学科结构与演化可视化分析的理论研究。该主题正处于发展与探索阶段，理论基础与理论内容相对薄弱，本书依据已有的学术成果和新兴的理论与技术方法，从理论基础、基本含义、主要类型、核心模型、实施模式、方法与软件工具等方面进行论述。

② 学科结构的可视化分析框架研究。按照"知识生产、知识内容、知识传承与交叉融合、知识创新"的思路（从科学文献作者、文献全文内容、引文、论文使用数据和Altmetrics数据的角度）将学科结构分为学科合作结构、学科主题结构、学科引文结构、学科交叉结构、学科知识结构、Usage Metrics、Altmetrics和实体计量学等，并围绕学科结构与演化可视化分析流程的核心环节（知识单元选取、知识单元关系构建和可视化）构建学科结构的可视化分析框架。

③ 学科演化的可视化分析框架研究。首先是依据"知识生产、知识内容、知识传承与交叉融合、知识创新"的思路将学科演化分为学科合作演化、学科主题演化、学科知识基础、学科研究前沿、学科预测、学科演化视角下的Usage Metrics和Altmetrics等，并围绕学科结构与演化可视化分析流程的核心环节（知识单元选取、知识单元关系构建和可视化）构建学科演化的可视化分析框架。其次是引入Agent-Based模型和复杂网络模型等进行演化动力计算和学科预测分析。

④ 学科结构与演化可视化分析的实证研究。以医学生物学、图书情报学、公共管理学及

文学等学科领域为例,采集文献题录数据、基金题录数据、全文本文献数据和科学论文使用数据等,从学科结构和学科演化两个角度及知识生产、知识内容、知识传承与交叉融合、知识创新多个方面进行研究,除了进行传统的学科合作、学科主题、学科引文、学科交叉、学科基础与研究前沿的研究,还会进行 Usage Metrics 和实体计量学等方面的研究。

1.3.2 研究重点与难点

本书的研究重点与难点如下。

(1) 学科结构与演化可视化分析的理论梳理与剖析

当前学科结构与演化可视化分析的实践应用已经比较普及,但是少有系统的理论研究,需要融合科学学、网络科学、数据科学和可视分析学等学科领域的理论进行全面探索。如何合理继承经典理论并选择吸收新兴理论既是机遇,也是挑战。

(2) 学科的建模研究

建模是解构学科并实现可视化的关键。本书需要对已有的科学学模型进行梳理,并根据研究目标对不同模型进行比较实验和优化,最终选择和定制合适的模型。如何从已有的统计模型、博弈论模型、Agent-Based 模型、复杂网络模型和系统动力学模型中梳理和筛选出合适的科学学模型是本书的重点与难点。

(3) 学科结构与演化可视化分析的框架研究

作为本书的主体,如何对现有研究进行梳理、整合和提炼需要有独到的思维和模型,既是重点也是难点,以"知识生产、知识内容、知识传承与交叉融合、知识创新"的思路和"知识单元选取、知识单元关系构建和可视化"等核心环节为基础构建框架。

1.4 研究目标、思路、方法与工具及创新之处

1.4.1 研究目标与思路

① 本书的主要研究目标如下。在学术思想启发方面,实现多学科交叉融合与综合性研究,本书将传统的科学学理论和新兴的数据科学、网络科学及可视分析学等学科领域的理论结合,根据研究目标进行合理吸收与整合,构建学科结构与演化的可视化分析框架;在学科建设发展方面,注重现代科学技术与方法的综合集成及合理应用,不同学科有各自独到的方法与技术,本书紧紧围绕科学结构与演化可视化分析这一主题,选择不同的方法工具技术进行实验测试,博采众长形成综合有特色的学科结构与演化可视化分析的方法工具技术;面向学科前沿和创新性研究,注重高质量前沿性科学资料的获取和分析及总结,大数据、网络、可视化和人工智能的涌现影响了现有的学科体系,学科结构与演化可视化分析成为科学计量学的研究热点与前沿,对其进行系统研究能够把握时代的脉搏、科学的发展趋势,推动科学计量学的新发展。

② 本书将沿着"理论研究—学科结构可视化分析—学科演化可视化分析—实证应用"的基本思路开展研究,基本研究思路如图 1.1 所示。

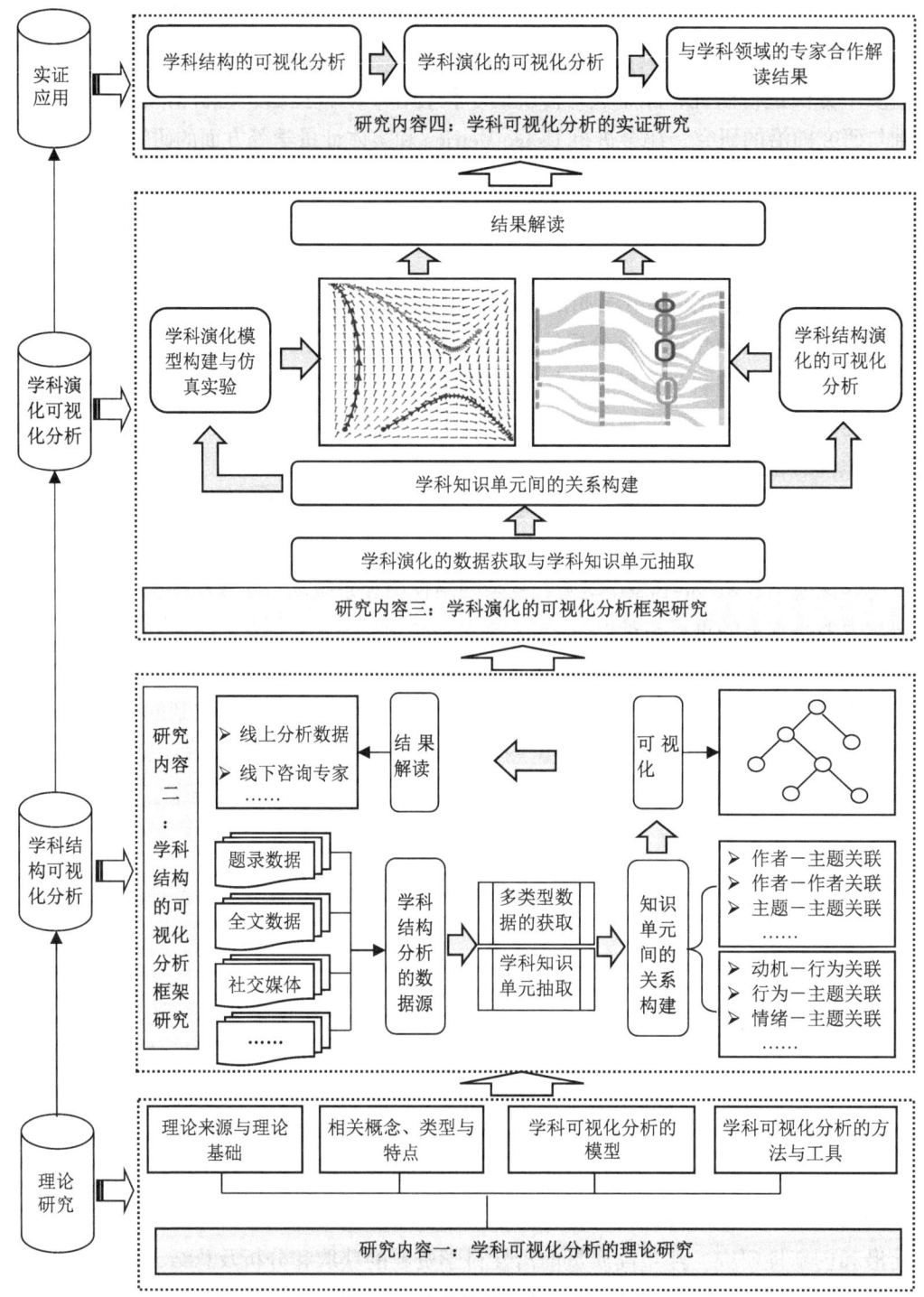

图 1.1 本书基本研究思路

1.4.2 研究方法与工具

运用科学学、图书情报学、网络科学、数据科学、可视分析学和人工智能等学科领域的方法进行研究，具体如下。

① 信息计量法。主要用于国内外现状的梳理与实证应用研究，具体包括 VOSviewer、Python 和 R 语言等工具。

② 建模与仿真。主要用于构建学科结构与演化的可视化分析框架，具体包括 Python 和 R 语言等工具。

③ 复杂网络分析法。主要用于不同类型学科网络的测度与分析，具体包括 Pajek、Gephi、VOSviewer、Python 和 R 语言等工具。

④ 可视化分析法。主要用于结果展示和分析，为结果解读提供依据，具体包括 VOSviewer、Python 和 R 语言等工具。

1.4.3 创新之处

（1）学术思想的创新

紧扣大数据、网络、可视化和人工智能的时代背景，针对学科结构与演化可视化分析的现状，引入科学学、网络科学、数据科学、可视分析学、数学和计算机科学等学科领域的理论去构建学科可视化分析的理论基础与方法体系，将传统的科学学理论和当代科学发展的新趋势融为一体。在科学计量学和图书情报学领域是一种崭新的研究视角。

（2）学术观点的创新

将"知识生产、知识内容、知识传承与交叉融合、知识创新"的理论思路和"知识单元选取、知识单元关系构建和可视化"的实践步骤结合去探索学科结构与演化可视化的核心内容，能够较为系统地梳理与整合当前学科可视化分析的核心内容，具有较强的新颖性和明晰的逻辑性。

（3）研究方法的创新

在可视分析学基础上归纳可视化分析法的概念内涵，并将引文分析法、建模仿真法、数据挖掘、文本挖掘、复杂网络分析、可视化分析法与深度访谈法结合，以线上与线下相结合的方式探究数据和网络背后的个人因素、组织因素和社会因素，也是一种比较创新的尝试。

参考文献

［1］贾剑平, 郭凤英, 王建坤. 从"杂交优势"看学科交叉与交叉学科发展[J]. 西安电子科技大学学报(社会科学版), 2005, 15(4): 116-120.

［2］张光忠. 社会科学学科辞典[M]. 北京: 中国青年出版社, 1990.

［3］曼努埃尔·利马. 视觉繁美: 信息可视化方法与案例解析[M]. 杜明翰, 陈楚君, 译. 北京: 机械工业出版社, 2013.

［4］CHEN C. Science mapping: a systematic review of the literature[J]. Journal of data and information science, 2017, 2(2): 1-40.

［5］CHEN C. CiteSpace Ⅱ: detecting and visualizing emerging trends and transient patterns in scientific literature[J]. Journal of the American society for information science and technology, 2006, 57(3): 359-377.

［6］CHEN C. Mapping scientific frontiers: the quest for knowledge visualization[M]. Cham: Springer, 2013.

［7］CHEN C. Turning points: the nature of creativity[M]. Cham: Springer, 2011.

［8］CHEN C, SONG M. Representing scientific knowledge: the role of uncertainty[M]. Cham: Springer. 2018.

［9］陈悦, 陈超美, 胡志刚, 等. 引文空间分析原理与应用: CiteSpace 实用指南[M]. 北京: 科学出版社, 2014.

［10］赵丹群. 试论科学知识图谱的文献计量学研究范式[J]. 图书情报工作, 2012, 56(6): 107-110.

［11］陈悦, 陈超美, 刘则渊, 等. CiteSpace 知识图谱的方法论功能[J]. 科学学研究, 2015, 33(2): 242-253.

［12］WHITE H, MCCAIN K. Visualization of literatures[J]. Annual review of information science and technology, 1997 (32): 99-168.

［13］MCCAIN K. Mapping authors in intellectual space: a technical overview[J]. Journal of the American society for information science, 1990, 41(6): 433-443.

［14］BÖRNER K, CHEN C, BOYACK K. Visualizing knowledge domains[J]. Annual review of information science and technology, 2003, 37(1): 179-255.

［15］COBO M, LÓPEZ-HERRERA A, HERRERA-VIEDMA E, et al. Science mapping software tools: review, analysis, and cooperative study among tools[J]. Journal of the American society for information science and technology, 2011, 62(7): 1382-1402.

［16］COBO M, LÓPEZ-HERRERA A, HERRERA-VIEDMA E, et al. SciMAT: a new science mapping analysis software tool[J]. Journal of the American society for information science and technology, 2012, 63(8): 1609-1630.

［17］肖明, 邱小花, 黄界, 等. 知识图谱工具比较研究[J]. 图书馆杂志, 2013, 32(3):61-69.

［18］杨思洛, 韩瑞珍. 国外知识图谱绘制的方法与工具分析[J]. 图书情报知识, 2012, 6(6): 101-109.

［19］ARIA M, CUCCURULLO C. Bibliometrix: an R-tool for comprehensive science mapping analysis[J]. Journal of informetrics, 2017, 11(4): 959-975.

［20］陈必坤, 詹长静, 王曰芬. 国内外学科结构与演化可视化的研究综述[J]. 图书情报知识, 2016(6): 69-79.

［21］王贤文, 方志超, 胡志刚. 科学论文的科学计量分析: 数据, 方法与用途的整合框架[J]. 图书情

报工作, 2015, 59(16): 74-82.

[22] PRIEM J, GROTH P, TARABORELLI D. The altmetrics collection[J]. PLoS One, 2012, 7(11): e48753.

[23] 梁晓婷, 奉国和. 当代知识图谱的构建方法研究[J]. 图书馆杂志, 2013, 32(5): 10-16.

[24] GARFIELD E. Historiographic mapping of knowledge domains literature[J]. Journal of information science, 2004, 30(2): 119-145.

[25] CWTS. CitNetExplorer[EB/OL]. [2022-03-06]. http://www.citnetexplorer.nl/Home.

[26] HEIMERL F, HAN Q, KOCH S. CiteRivers: visual analytics of citation patterns[J]. IEEE transactions on visualization and computer graphics, 2016, 22(1): 190-199.

[27] MCLEVEY J, MCILROY-YOUNG R. Introducing metaknowledge: software for computational research in information science, network analysis, and science of science[J]. Journal of informetrics, 2017, 11(1): 176-197.

[28] 刘启元, 叶鹰. 文献题录信息挖掘技术方法及其软件SATI的实现: 以中外图书情报学为例[J]. 信息资源管理学报, 2012, 2(1): 50-58.

[29] 王晓光, 程齐凯. 基于NEViewer的学科主题演化可视化分析[J]. 情报学报, 2013, 32(9): 900-911.

[30] TSENG Y, TSAY M. Journal clustering of library and information science for subfield delineation using the bibliometric analysis toolkit: CATAR[J]. Scientometrics, 2013, 95(2): 503-528.

[31] TANG J, ZHANG J, YAO L, et al. ArnetMiner: extraction and mining of academic social networks[C]// Proceedings of the 14th ACM SIGKDD international conference on knowledge discovery and data mining. USA, Las Vegas, 2008: 990-998.

[32] WU B, ZHANG B, TIAN H Q, et al. LiterMiner: An academic literature mining system[C]// Proceedings of international conference of information science and management engineering (ISME 2010). China, Xi'an, 2010: 220-223.

[33] 刘玉琴, 汪雪锋, 雷孝平. 科研关系构建与可视化系统设计与实现[J]. 图书情报工作, 2015, 59(8): 103-110, 125.

[34] 肖明, 栗文超, 夏秋菊. 基于Prefuse和层次聚类的信息检索主题知识图谱研究[J]. 现代图书情报技术, 2012 (4): 35-40.

[35] 唐蓓, 夏秋菊. 基于Prefuse和社会网络算法的信息检索学科合作网络研究[J]. 图书与情报, 2012, 147(5): 79-84.

[36] 李国俊, 肖明, 邱小花, 等. 作者引文耦合分析可视化研究[J]. 图书情报工作, 2012, 56(12): 81-84.

[37] 陈必坤, 赵蓉英. 学科知识可视化分析的理论研究[J]. 情报理论与实践, 2015, 38(11): 23-29.

[38] 曹雪婷, 余厚强. 科学计量工具冗余了吗？——基于常规分析路径的比较研究[J]. 图书情报知识, 2021, 38(4): 93-101, 92.

[39] CHEN C, SONG M. Visualizing a field of research: a methodology of systematic scientometric reviews[J]. PLoS One, 2019, 14(10): e0223994.

[40] 李杰, 陈超美. CiteSpace: 科技文本挖掘及可视化[M]. 北京: 首都经济贸易大学出版社, 2016.

[41] BOYACK K, KLAVANS R. Creation and analysis of large-scale bibliometric networks [M]//GLÄNZEL W, MOED H, SCHMOCH U, et al. Handbook of science and technology indicators[M]. Cham: Springer, 2019.

[42] BÖRNER K. Atlas of knowledge: anyone can map[M]. Massachusetts: The MIT Press, 2015.

[43] 马海群, 吕红. 基于中文社会科学引文索引的中国情报学知识图谱分析[J]. 情报学报, 2012, 31(5):

470-478.

[44] 赵蓉英, 王菊. 图书馆学知识图谱分析 [J]. 中国图书馆学报, 2011, 37(192): 40-49.

[45] 赵蓉英, 许丽敏. 从文献计量学到网络计量学嬗变的可视化分析 [J]. 情报科学, 2011, 29(7): 975-983.

[46] 邱均平, 吕红. 近五年国际图书情报学研究热点、前沿及其知识基础：基于17种外文期刊知识图谱的可视化分析 [J]. 图书情报知识, 2013 (3): 4-15.

[47] 张冬玲. 科学合作及其产出计量 [M]. 大连：大连理工大学, 2012.

[48] NI C, SUGIMOTO C, CRONIN B. Visualizing and comparing four facets of scholarly communication: producers, artifacts, concepts, and gatekeepers[J]. Scientometrics, 2013, 94(3): 1161-1173.

[49] 马瑞敏, 倪超群. 基于作者同被引分析的我国图书情报学知识结构及其演变研究 [J]. 中国图书馆学报, 2011, 37(6): 17-26.

[50] 马瑞敏, 倪超群. 作者耦合分析：一种新学科知识结构发现方法的探索性研究 [J]. 中国图书馆学报, 2012, 38(2): 4-11.

[51] 赵蓉英, 许丽敏. 文献计量学发展演进与研究前沿的知识图谱探析 [J]. 中国图书馆学报, 2010, 36(5): 60-68.

[52] HU C, HU J, GAO Y, et al. A journal co-citation analysis of library and information science in China[J]. Scientometrics, 2011, 86(3): 657-670.

[53] BORNMANN L, LEYDESDORFF L, WALCH-SOLIMENA C, et al. Mapping excellence in the geography of science: An approach based on Scopus data[J]. Journal of informetrics, 2011, 5(4): 537-546.

[54] MINGUILLO D, THELWALL M. Mapping the network structure of science parks: an exploratory study of cross-sectoral interactions reflected on the web[J]. Aslib proceedings, 2012, 64(4): 332-357.

[55] LEYDESDORFF L, HAMMARFELT B, SALAH A. The structure of the Arts & Humanities Citation Index: a mapping on the basis of aggregated citations among 1,157 journals[J]. Journal of the American society for information science and technology, 2011, 62(12): 2414-2426.

[56] LEYDESDORFF L, KUSHNIR D, RAFOLS I. Interactive overlay maps for US patent (USPTO) data based on international patent classification (IPC)[J]. Scientometrics, 2014, 98(3): 1583-1599.

[57] CHEN C, LEYDESDORFF L. Patterns of connections and movements in dual-map overlays: a new method of publication portfolio analysis[J]. Journal of the association for information science and technology, 2014, 65(2): 334-351.

[58] LIU S, CHEN C. The differences between latent Topics in abstracts and citation contexts of citing papers[J]. Journal of the American society for information science and technology, 2013, 64(3):627-639.

[59] HU Z, CHEN C, LIU Z. Where are citations located in the body of scientific articles? A study of the distributions of citation locations[J]. Journal of informetrics, 2013, 7(4): 887-896.

[60] PING Q, CHEN C. LitStoryTeller+: an interactive system for multi-level scientific paper visual storytelling with a supportive text mining toolbox[J]. Scientometrics, 2018, 116(3): 1887-1944.

[61] BORNMANN L, HAUNSCHILD R. Which people use which scientific papers? An evaluation of data from F1000 and Mendeley[J]. Journal of informetrics, 2015, 9(3): 477-487.

[62] COSTAS R, ZAHEDI Z, WOUTERS P. Do "altmetrics" correlate with citations? Extensive comparison of altmetric indicators with citations from a multidisciplinary perspective[J]. Journal of the association for

information science and technology, 2015, 66(10): 2003-2019.

[63] MAFLAHI N, THELWALL M. When are readership counts as useful as citation counts? Scopus versus Mendeley for LIS journals[J]. Journal of the association for information science and technology, 2016, 67(1): 191-199.

[64] 刘勘, 周丽红. 面向专家的知识地图研究[J]. 情报资料工作, 2012, 33(2): 18-22.

[65] 吴才唤. 隐性知识地图：虚拟科研团队的知识管理策略研究[J]. 图书情报知识, 2011, 6(6): 107-112.

[66] 潘有能, 贺焕振. 基于合著与引用加权的专家知识地图构建研究[J]. 情报杂志, 2018, 37(8): 128-132.

[67] 刘彤, 时艳琴. 基于社会网络分析的专家知识地图应用研究[J]. 情报理论与实践, 2010, 33(3):68-71.

[68] 胡元蛟, 王昊. 面向CSSCI的学者知识地图构建与分析[J]. 现代图书情报技术, 2011 (3): 38-43.

[69] 夏立新, 王忠义, 张进. 图书馆专家知识地图的XTM构建方法研究[J]. 中国图书馆学报, 2009, 35(2): 47-52.

[70] 陈强, 廖开际, 奚建清. 专家知识地图的关键技术与设计[J]. 计算机工程与科学, 2008, 30(2): 96-98, 114.

[71] HARUECHAIYASAK C, THAIPRAYOON S, KONGTHON A. Expertise mapping based on a bibliographic keyword annotation model[C] //The role of digital libraries in a time of global change: 12th international conference on asia-pacific digital libraries. Germany, Berlin, 2010: 256-257.

[72] 苗蕊, 刘鲁, 李明. 基于层级成长单元结构算法的虚拟实践社区知识地图的构建[J]. 系统工程理论与实践, 2011, 31(3): 530-536.

[73] 巩军, 刘鲁. 基于个人知识地图的专家推荐[J]. 管理学报, 2011, 8(9): 1365-1371.

[74] JASINEVICIUS R, KRUSINSKIENE R, PETRAUSKAS V, et al. Dynamic fuzzy expert maps: idea and implementation[J]. Information technologies, 2011: 17-22.

[75] DANG Y, ZHANG Y, HU P, et al. Knowledge mapping for rapidly evolving domains: a design science approach[J]. Decision support systems, 2011, 50(2): 415-427.

[76] MOHAMMADI E. Knowledge mapping of the Iranian nanoscience and technology: a text mining approach[J]. Scientometrics, 2012, 92(3): 593-608.

[77] 王曰芬, 邵鹏, 王新昊, 等. 情报研究中知识地图的应用探索[J]. 图书情报工作. 2006, 50(12): 83-87.

[78] 潘有能, 丁楠. 图书馆学学科知识地图的构建[J]. 大学图书馆学报, 2007, 25(4): 10-13.

[79] MA F, LYU P, YAO Q, et al. Publication trends and knowledge maps of global translational medicine research[J]. Scientometrics, 2014, 98(1): 221-246.

[80] NGUYEN S, CHOWDHURY G. Interpreting the knowledge map of digital library research (1990-2010) [J]. Journal of the American society for information science and technology, 2013, 64(6): 1235-1258.

[81] 唐超. GIS：文献信息可视化的新理念和工具：以竞争情报领域知识地图构建为例[J]. 情报理论与实践, 2007, 30(5): 593-596.

[82] YANG B, SUN Y. An exploration of link-based knowledge map in academic web space[J]. Scientometrics, 2012, 96(1): 239-253.

[83] 高劲松, 梁艳琪, 王学东, 等. 学科知识地图的本体构建方法研究[J]. 情报科学, 2013, 31(7): 72-77.

[84] 刘晓燕, 王晶, 单晓红. 基于本体的学术知识地图构建——以国内动态能力研究为例[J]. 情报理论与实践, 2017, 40(7): 122-126.

[85] 郝佳, 阎艳, 王国新, 等. 基于潜在语义分析的领域知识地图构建技术[J]. 北京理工大学学报, 2014, 34(7): 691-694, 722.

[86] 曹高辉, 王学东, 夏谦, 等. 泛在信息环境下的学科知识地图构建研究[J]. 情报科学, 2014, 32(5): 7-11.

[87] 顾东蕾. 论学科知识网络的理论基础[J]. 图书情报工作, 2008, 52(9): 32-35, 73.

[88] 顾东蕾. 论学科知识网络[J]. 情报杂志, 2008, 27(9): 50-55.

[89] 陈雪飞, 肖仙桃, 史新艳. 基于文献的领域知识网络构建研究[J]. 图书情报知识, 2011 (3): 96-102.

[90] 叶春霞, 余翔, 李卫. 企业间专利合作的多学科知识网络研究[J]. 情报杂志, 2013, 32(4): 113-120.

[91] LIU C, SHAN W, YU J. Shaping the interdisciplinary knowledge network of China: a network analysis based on citation data from 1981 to 2010[J]. Scientometrics, 2011, 89(1): 89-106.

[92] 马费成, 刘旻璇. 知识网络的结构、演化及热点探测: CSSCI(1998—2011) 经济学文献计量分析[J]. 情报科学, 2014, 32(7): 3-8.

[93] 胡昌平, 陈果. 层次视角下概念知识网络的三元关系形态研究[J]. 图书情报工作, 2014, 58(4): 11-16.

[94] 寇继虹. 学科领域知识网络的可视化构建研究: 以竞争情报为例[J]. 信息资源管理学报, 2015, 5(3): 71-77.

[95] 林德明, 陈璐璐. 科学知识网络自相似性的实证研究[J]. 科学与管理, 2015, 35(1): 34-40.

[96] 吕鹏辉, 张士靖. 学科知识网络研究（Ⅰ）引文网络的结构、特征与演化[J]. 情报学报, 2014, 33(4): 340-348.

[97] 吕鹏辉, 张凌. 学科知识网络研究（Ⅱ）共被引网络的结构、特征与演化[J]. 情报学报, 2014, 33(4): 349-357.

[98] 赵一鸣, 吕鹏辉. 学科知识网络研究（Ⅲ）共词网络的结构、特征与演化[J]. 情报学报, 2014, 33(4): 21-32.

[99] 吕鹏辉, 刘盛博. 学科知识网络实证研究（Ⅳ）合作网络的结构与特征分析[J]. 情报学报, 2014, 33(4): 367-374.

[100] CHEN Y, BÖRNER K, FANG S. Evolving collaboration networks in scientometrics in 1978-2010: a micro‐macro analysis[J]. Scientometrics, 2013, 95(3): 1051-1070.

[101] COBO M, LÓPEZ-HERRERA A, HERRERA-VIEDMA E, et al. An approach for detecting, quantifying, and visualizing the evolution of a research field: a practical application to the fuzzy sets theory field[J]. Journal of informetrics, 2011, 5(1): 146-166.

[102] 程齐凯, 王晓光. 一种基于共词网络社区的科研主题演化分析框架[J]. 图书情报工作, 2013, 57(8): 91-96.

[103] 张斌, 马费成. 科学知识网络中的链路预测研究述评[J]. 中国图书馆学报, 2015, 41(3): 99-113.

[104] WATTS D, STROGATZ S. Collective dynamics of "small-world" networks[J]. Nature, 1998, 393(6684): 440-442.

[105] BARABÁSI A L, ALBERT R. Emergence of scaling in random networks[J]. Science, 1999, 286(5439): 509-512.

[106] BARABÂSI A, JEONG H, NÉDA Z, et al. Evolution of the social network of scientific collaborations[J]. Physica a: statistical mechanics and its applications, 2002, 311(3): 590-614.

[107] NEWMAN M. The structure and function of complex networks[J]. SIAM review, 2003, 45(2): 167-256.

[108] 王晓光. 科学知识网络的形成与演化（Ⅰ）：共词网络方法的提出[J]. 情报学报, 2009, 28(4): 599-605.

[109] 王晓光. 科学知识网络的形成与演化（Ⅱ）：共词网络可视化与增长动力学[J]. 情报学报, 2010, 29(2): 314-322.

[110] 王旻霞, 赵丙军. 科学知识网络的结构特征及演化动力[J]. 情报杂志, 2014, 33(5): 88-95.

[111] 刘臣, 单伟, 于晶. 中国学科知识网络的演化研究：基于1981—2010年引文数据[J]. 系统工程理论与实践, 2013, 33(2): 430-436.

[112] LEE P, SU H, CHAN T. Assessment of ontology-based knowledge network formation by vector-space model[J]. Scientometrics, 2010, 85(3): 689-703.

[113] 刘向, 马费成. 科学知识网络的演化与动力：基于科学引证网络的分析[J]. 管理科学学报, 2012, 15(1): 87-94.

[114] 马费成, 刘向. 科学知识网络的演化模型[J]. 系统工程理论与实践, 2013, 33(2): 437-443.

[115] KOSTOFF R N. Co-word analysis[M]// Evaluating R&D Impacts: Methods and Practice. Berlin: Springer, 1993: 63-78.

[116] CALLON M, COURTIAL J, TURNER W, et al. From translations to problematic networks: an introduction to co-word analysis[J]. Social Science Information, 1983, 22(2): 191-235.

[117] CALLON M, LAW J, RIP A. Mapping the dynamics of science and technology: sociology of science in the real world[M]. London: Macmillan, 1986.

[118] THOMAS J. Illuminating the path: the research and development agenda for visual analytics[M]. New York: IEEE Computer Society Press, 2005.

[119] CHEN C, ZHANG J, VOGELEY M. Making sense of the evolution of a scientific domain: a visual analytic study of the Sloan Digital Sky Survey research[J]. Scientometrics, 2010, 83(3): 669-688.

2 学科结构与演化可视化分析的理论基础

"学科结构与演化可视化分析的理论基础"是本书得以全面展开和深入的"巨人的肩膀"。如何去构建其理论基础是要解决的首要问题。本书的解决思路如下：对"学科结构与演化可视化分析"进行概念解构，可知本书的研究对象是"学科"且研究方法是"可视化分析"，其中"学科"可看作"科学"的具体形式，"可视化分析"是当今新兴的技术和研究方法。那么，以"科学"为研究对象的科学学理论必不可少；至于"可视化分析"，它的出现和兴起具有很强的时代背景。本书在引言中提到了列夫·曼诺维奇（Lev Manovich）在《视觉繁美——信息可视化方法与案例解析》一书序言中的观点"当代有两个重要的技术与文化现象——网络及可视化。1995年前后几乎没有人关注这两个概念，现在已经成为社会和文化生活中的热点问题。"其实，无论是网络还是可视化，其之所以愈加引人注目和意义非凡，在根源上得益于数据和信息的剧增，即"大数据"的推动。据此，要研究"可视化分析"，就需要引入网络科学理论、可视化理论和数据科学理论。从工程视角看，"学科"可以表征为能够被计算机处理的数值或文本等数据形式，与网络科学理论、可视化理论和数据科学理论存在紧密联系。

陈超美[1]认为学科结构与演化可视化分析的理论和方法来源于不同的学科领域：科学哲学、科学社会学、科学史、信息科学、科学计量学和信息可视化，其中每个学科领域都有自己的研究目标、研究理论、研究方法和应用实践。在参考前人研究的基础上，本书认为学科结构与演化可视化分析的理论基础主要包括科学学理论、网络科学理论、可视化理论和数据科学理论。

2.1 科学学理论

一直以来，人们都持有这样一种观点：科学史、科学社会学和科学哲学是理解科学思想、科学社会制度及科学哲学基础起源和演化的有力工具。除早期的科学社会学应用定量研究方法外，以上学科所使用的研究方法以定性为主。其中，科学史主要利用思想史和社会史两个方面的历史研究方法对科学发展历程进行叙述，科学哲学主要运用逻辑基础和认识论的方法对科学发展史进行论述。而科学社会学，按照罗伯特·默顿（Robert Merton）的观点，综合运用了定性和定量的方法对科学发展史进行研究。随着大型科学文献数据库的出现和使用，一门研究科学发展和演化的新学科诞生（不同于传统的建构主义社会学），即文献计量学、科学计量学和信息计量学。科学计量学不仅强调定量的研究方法，它还注重理论上的分析和解读（源于图书馆学）。科学计量学将科学文献作为主要的研究样本，这种过分依赖文献数据的做法一直被人诟病。不过，随着科学文献全文本的数字化及多种软件的普及，科学计量学的影响力越来越强,并不断与传统的科学史、科学社会学和科学哲学融合,推动科学学研究的发展[1]。

不同学科领域的科学家都深受科学哲学、科学社会学和科学历史学的影响,其中影响最大的当属托马斯·库恩(Thomas Kuhn)的科学革命的结构(Structure of Scientific Revolutions)、戴安娜·克兰(Diana Crane)的无形学院(Invisible Colleges)和保罗·萨伽德(Paul Targard)的概念革命(Conceptual Revolutions)理论。众多领域的科学家通过不同方法追踪科学范式演变过程的想法也都源于以上理论的影响和启发[1]。例如,斯蒂芬·福克斯(Stephan Fuchs)的科学演化社会学理论及亚历山大·施耐德(Alexander Shneider)的学科演化四阶段理论[2]。

2.1.1 科学革命的结构理论

结构和革命被置于《科学革命的结构》一书的标题之中,可谓得其所哉。托马斯·库恩(Thomas Kuhn)认为,科学革命不仅真实存在,而且还具备某种结构。这种结构在书中被托马斯·库恩(Thomas Kuhn)细微地展开,结构中的每一个节点都被托马斯·库恩(Thomas Kuhn)赋予了一个名字。科学革命的结构如下:起先是具有一个范式和致力于解谜的常规科学;随后是严重的反常,引发危机;最终,由于新范式的诞生,危机得以平息。不可通约性意为在革命和范式转换过程中,新的思想和主张无法与旧的做严格的比较。即便是同样的用词,它们的真实含义也已改变。由此导致的一个观念是,一个新理论之所以被选择来取代旧理论,与其说是因为其真,还不如说是因为一种世界观的转变。在以上简明扼要的表述中包括以下核心的概念:常规科学和解谜,范式和科学共同体,反常、危机和革命,通过革命而进步等。

(1)常规科学和解谜

托马斯·库恩(Thomas Kuhn)认为常规科学的工作,不过是致力于求解当前的某一知识领域中给我们留下的谜题。"解谜"一词,使我们想到的是纵横字谜、拼图游戏和数独游戏,它们能帮助我们在闲暇之余打发时间。许多科学家初读至此,都不免会有些震惊,但是转念一想,也不得不承认:自己的日常工作大多也不过如此。托马斯·库恩(Thomas Kuhn)写道,如果你浏览任何一本研究期刊,就会发现其所探讨的问题不外乎以下3类:①重要事实的确定;②事实与理论相匹配;③理论的诠释(Articulation)。常规科学并不旨在图新。然而,新颖性也可以从对已有理论的确认中突现。

(2)范式和科学共同体

1974年,在《对范式的再思考》一文中,托马斯·库恩(Thomas Kuhn)再次强调《科学革命的结构》中的"范式"与"科学共同体"一词是同时引入的。对于"范式"而言,托马斯·库恩(Thomas Kuhn)界定了"范式"的两类用法:综合用法和局部用法。局部用法,指的是各种类型的"范例";综合用法首先聚焦于"科学共同体"这一概念。关于局部用法,托马斯·库恩(Thomas Kuhn)写道:"当然,正是'范式'作为标准案例的这一种意义,是促使当初我选择这一词语的本意。"然而,托马斯·库恩(Thomas Kuhn)继续说,读者似乎大都在一种比他的本意更为综合的意义上使用它,"要想重回'范式'原初的使用——

那种唯一在哲学上恰当的使用——我看是希望渺茫了"。

因此,学术界已经达成共识:一个范式就是一个科学共同体的成员所共有的东西,反过来,一个科学共同体由共有一个范式的人组成。据此,一个科学共同体由同一个科学专业领域中的工作者组成。在一种绝大多数其他领域无法比拟的程度上,他们都经受过近似的教育和专业训练;在这个过程中,他们都钻研过同样的技术文献,并从中获取许多相同的教益。通常这种标准文献的范围标出了一个科学学科的界限,每个科学共同体一般有一个属于它自己的主题。在科学中、在共同体中都有学派,即以不相容的观点来探讨同一主题。但是比起其他领域,科学中的学派少得多。他们总是在竞争,而且这种竞争通常很快就结束,其结果,科学共同体的成员把自己看作、并且别人也认为他们是唯一的去追求同一组共有的目标、包括训练他们的接班人。在这种团体中,交流相当充分,专业判断也相当一致。

范式、科学共同体与常规科学密不可分。范式是常规科学不可分割的部分,而为科学共同体所实践的常规科学,只要还有丰富的研究可做,还有按照为传统所认可的方法(定律、仪器等)去解决的开放问题,就会有持续的生命。常规科学以范式为特征,范式规定了共同体所研究的谜题和问题。一切运转良好,直到为范式规定的方法不再能应付一系列的反常现象:由此危机爆发并不断持续,直到一项新的科学成就诞生,重新指导研究,并被奉为新一代的范式。这种现象就是范式转换。

(3)反常、危机和革命

常规科学其意不在革新,而在于整理现状。它趋于去发现那些它期待发现的事情。发现不会出现于某物运转正常时,而只会出现于事情不合常规时。新奇性总是与人们的期待背道而驰。简言之,此时出现的是一种"反常"。危机与理论变化总是结伴而行。随着反常变得冥顽不化,即使再大的修补都无法使之容纳于现有科学。危机过程中存在一个非常规研究,而不是常规研究的时期,其间充斥着"相互竞争方案的增加、做任何尝试的意愿、明确不满的表示、对哲学的求助和对基础的争论"。正是在此过程中,酝酿产生出新的思想、新的方法,直到最后,产生新的理论。也就是确立起新的范式,即革命。

托马斯·库恩(Thomas Kuhn)认为,科学是达尔文式的,其中革命经常就好似物种形成的事件——一个物种分裂为两个,或是一个物种本身不变,但却衍生出另一个独立的变种,追随着它的轨迹。当危机来临时,会涌现出不止一种范式,每一种都可以包容一组反常,并拓展出新的研究方向。随着这些新的分支学科的发展,它们各自取得可作为其研究模式的成就,不同分支学科中的研究者越来越难以理解其他学科做的是什么。这并不是什么深奥的形而上学观点,对于任何职业科学家来说,这都是熟悉的日常事实。就像新物种的特征是它并没有异种杂交一样,新学科之间在一定程度上也是彼此无法理解的。不可通约性观念的这一应用有着真实的内涵,与关于理论选择之类的伪问题全然无关。

(4)通过革命而进步

科学进步的轨迹是跳跃式的。对于很多人而言,科学进展正是进步的典范。科学知识是累积的,建立在先前的基准上,以达到新的高峰。这正是托马斯·库恩(Thomas Kuhn)的常规科学的图景。它确实是累积性的,但革命摧毁了这种连续性。革命不是积累的过程,而是转变的过程。随着一个新范式提出一组新的问题,许多那些较旧的科学能做得很好的事被忘掉了。这的确是一种无可置疑的不可通约性。革命之后，研究的主题会发生实质性的转换，因此新科学根本不会去考虑那些旧的主题，它也将修改或是抛弃许多曾经一度适合的概念[3]。

2.1.2 无形学院理论

戴安娜·克兰（Diana Crane）在《无形学院》一书中详细阐述了无形学院理论。在书中，戴安娜·克兰（Diana Crane）把托马斯·库恩（Thomas Kuhn）关于科学发展的范式理论和科学共同体学说、德里克·德索拉·普赖斯（Derek John de Solla Price）关于科学知识增长的定量研究及她自己关于学科中社会组织的研究精致地结合起来。关于学科中社会组织的研究是20世纪60年代科学社会学的研究重点之一。早在20世纪50年代，就有不少学者从事有关科学交流（Scientific Communication）的研究，通过这些研究，学者们发现，科学共同体可以看成由正式的社会组织和非正式的社会组织组成的，这些社会组织相互交织、相互作用，形成了十分复杂的社会结构。正式的社会组织主要是学科和专业，不同学科或专业有其自己的正式交流渠道（如专业学会、专业学术期刊等）。由于正式的社会组织（学科与专业）有日趋庞大的势态，因此在其中就自然而然地出现了形形色色的研究网络，或称社会群体，它们构成了所谓的非正式组织。

科学社会学家中最早对这种非正式组织进行研究的是普赖斯，他在《小科学、大科学》一书中首次把非正式的交流群体称为"无形学院"。"无形学院"这个词是英国著名科学家罗伯特·波义耳（Robert Boyle）大约在1646年提出来的，指的是英国皇家学会的前身——由十多位杰出科学家组成的非正式小群体。德里克·德索拉·普赖斯（Derek John de Solla Price）借用这个词来指那些从正式的学术组织中派生出来的非正式学术群体。小群体的成员彼此保持不间断的接触，彼此分发手稿复印件，并且频频到对方所在机构进行合作研究。戴安娜·克兰（Diana Crane）在20世纪60年代对乡村社会学中农业创新扩散和数学有限群理论这两个领域的社会组织进行了详尽的经验研究。通过对这两个领域研究人员之间社会互动情况的调查结果，戴安娜·克兰（Diana Crane）把研究领域中的亚群体分成两类：一类是合作者群体；另一类是无形学院，也即合作者群体中少数多产科学家形成的交流网络。合作者群体的功能是吸收补充新的研究成员，并使之社会化，同时使现有成员对研究领域保持一种共同的信念。无形学院的作用则是使合作者群体之间联系起来。戴安娜·克兰（Diana Crane）通过对无形学院的研究，揭示了高产科学家在科学共同体中的独特地位。高产科学家们不仅在促进科学交流上发挥作用，而且在促进创新的扩散方面也举足轻重。

戴安娜·克兰（Diana Crane）在对科学共同体的社会互动进行研究时，采用了由奥地利心理学家雅各布·莫雷诺（Jacob Moreno）发明的"社交测量法"（或称人际关系测量法），该方法在小群体社会学及社会心理学中得到了广泛的应用。社交测量法的基本思路是：让被调查群体的成员填写一份问卷，要求他们就某种人际关系（如《无形学院》一书中的非正式交流、合作研究等）回答与该群体其他成员的关系，然后把问卷中被选择的成员加以分类，分析他们的特点，最后得出人际关系图式。将社交测量法用于科学社会学领域的绝非戴安娜·克兰（Diana Crane）[4]一人，但她的研究深度与规模是首屈一指的。经过几十年的发展完善，科学计量学领域的研究者通过学术文献、学术会议、电子邮箱和社交媒体等途径获取人际关系数据，然后通过社会网络分析去研究正式和非正式的学术交流群体。

2.1.3 概念革命理论

总体来讲，保罗·萨伽德（Paul Targard）的概念革命理论是在借鉴托马斯·库恩（Thomas Kuhn）的科学革命理论基础上对其进行了理性化发展。托马斯·库恩（Thomas Kuhn）的科学革命理论偏重于社会和历史视角，而保罗·萨伽德（Paul Targard）的概念革命理论偏重逻辑视角（通过计算方法体现）。科学历史学家和科学哲学家都认同科学革命的重要性，但是保罗·萨伽德（Paul Targard）除认同外更注重从定量角度研究科学革命如何产生[1]。托马斯·库恩（Thomas Kuhn）综合科学哲学、科学史、科学心理学和科学社会学等学科，结合历史、心理和社会等因素提出了科学革命理论；保罗·萨伽德（Paul Targard）继承了托马斯·库恩（Thomas Kuhn）综合多门学科、多种因素开展科学研究的方法，他从综合科学哲学、科学史、认知心理学和人工智能等学科，整合认知、社会和历史等因素提出了概念革命理论，并强调各种因素的主次地位问题因具体案例具体分析。托马斯·库恩（Thomas Kuhn）从科学发展模式入手，考虑了范式转换时类似格式塔转换的心理机制，对科学的发展进行了动态的分析；保罗·萨伽德（Paul Targard）从认知角度不但对科学发展进行了概念改变（Conceptual Change）的动态分析，而且提出了具体的概念改变的心理机制模型，系统地对概念形成与改变的心理机制进行了说明，而托马斯·库恩（Thomas Kuhn）对剧烈概念改变的心理机制只限于用格式塔转换来做解释。托马斯·库恩（Thomas Kuhn）认为没有固定的理论评价标准，理论评价是在历史和实践中得以体现的；保罗·萨伽德（Paul Targard）[5]则将解释一致性作为理论评价的固定标准，保卫了科学的理性。

概念革命理论主要包括以下 6 个命题：一是科学革命的内容，包括概念系统（Conceptual Systems）和命题系统（Propositional Systems）的主要转变；二是概念系统，主要通过种类层次（Kind-hierarchies）和部分层次（Part-hierarchies）来构建；三是新的理论概念，通常由概念结合机制（Mechanism of Conceptual Combination）产生；四是命题系统，主要通过解释一致性（Explanation Coherence）关系来建构；五是新的理论假说，通常由假设推论产生（Arise by Abduction）；六是新的命题系统，使用了新的概念且具有更强的解释一致性，因此会出现新的概念系统和命题系统的转变（Transition）[6]。在这里，要注意概念系统和命题系统的概念，它们是保罗·萨伽德（Paul Targard）概念革命理论的核心概念。保罗·萨伽德（Paul Targard）把概念与命题当作心理表征，概念与谓词对应、命题与句子对应，概念是谓词所呈现的心理结构表征、命题是句子所呈现的心理结构表征。概念与命题作为心理表征，可以互为彼此的一部分。以下分别从概念系统的转变和命题系统的转变来说明保罗·萨伽德（Paul Targard）的概念革命理论。对于概念系统的转变，保罗·萨伽德（Paul Targard）[5]提出了概念改变理论。对于命题系统的转变，保罗·萨伽德（Paul Targard）提出了基于解释一致性理论的理论评价模型。

（1）概念改变理论

对科学变化（Scientific Change）的说明主要有增生（Accretion）理论和格式塔（Gestalt）理论。前者把科学变化看作积零成整的过程，认为新的概念框架通过增加新概念和新关系而发展；后者把科学变化看作整体变化，认为科学发展中包括了概念的重组。保罗·萨伽德（Paul Targard）指出，用增生理论和格式塔理论来解释科学变化都有其不足之处。增生理论忽视了概念重组的程度、不能充分说明概念改变的结果。虽然探究重要的科学发展时，格式塔理论比增生理论更能考虑到概念重组的剧烈程度，但是从格式塔理论很难看出概念改变是如何发生的，格式塔理论没有充分考虑概念改变的过程。保罗·萨伽德（Paul Targard）[5]指出需要一个同时克服增生理论和格式塔理论弱点的概念改变理论来说明概念系统的发现者及其追随者的革命性概念改变。他认为概念改变的阶层可分为9种：增加新例子、增加弱原则、增加强规则、增加新的部分关系（Part Relations）、增加新的种类关系（Kind Relations）、增加新概念、瓦解部分种类的阶层、借由分支跳跃（Branch Jumping）重组阶层性、树的转变（Tree Switching）[6]。表2.1列出了常见的几种概念改变的类型[7]。

表2.1 常见的几种概念改变的类型 [7]

革命名称	概念增加	概念删除	分支跳跃	树的转变
拉瓦锡	氧气（Oxygen）	燃素（Phlogiston）	纳入金属氧化物的概念，黄金是一种元素	
达尔文	天择（Natural Selection）	上帝创造（Divine Creation）	人类也是一种动物	种类：历史性的
地质学	板块（Plate）	地球收缩论（Shrinking Earth）		大陆漂移和海底扩张
哥白尼			地球也是行星	
牛顿	重力理论（Force Gravity）	涡旋（Vortex）	运动也是一种状态	
爱因斯坦	相对论的质量（Relative Mass）	以太（Aether）	质能守恒	空间-时间概念

（2）解释一致性理论

对于命题系统的转变，可以通过比较新旧命题系统各自的解释一致性不同的方式进行阐释。保罗·萨伽德（Paul Targard）认为新的命题系统之所以能够代替旧的命题系统在于新的命题系统具有更好的解释一致性。那么，根据保罗·萨伽德（Paul Targard）的这一理论，当新理论的命题比旧理论的命题具有更好的解释一致性时，新理论将取代旧理论。不过，以上论述只是从理论和思辨层面进行解读，缺乏精确性。因此，保罗·萨伽德（Paul Targard）提出了"由融洽最优化达到解释一致性"（Explanatory Coherence by Harmony Optimization，ECHO），ECHO是联结主义算法对解释一致性问题的直接应用。使用ECHO算法能够把解释一致性理论中的一致性关系问题转化为相应的量化计算问题，通过这种量化计算便能够对概念革命发生前后命题系统解释一致性的状态进行动态的比较。最后，保罗·萨伽德（Paul Targard）把他的理论评价模型运用科学史案例进行了检验，结果证实了

ECHO 程序的可行性[5]。

2.1.4 科学演化的社会学理论

斯蒂芬·福克斯（Stephan Fuchs）认为托马斯·库恩（Thomas Kuhn）的"范式转换"理论过于抽象，未能反映科学的复杂性特征，他吸收兰德尔·柯林斯（Randall Collins）的知识世界理论（Theory of Intellectual Word）[8]和理查德·惠特利（Richard Whitley）的科学领域分类理论[9]并从社会学理论的视角对科学演化进行研究，提出科学组织理论（Theory of Scientific Organizations，TSO）[10-11]。该理论将科学共同体（Scientific Specialties）视为追求荣誉的业务组织（Reputational Work Organizations），该组织具有的社会结构和掌握的物质资源决定了科学家进行研究工作的方式。科学共同体是指受过相似科研训练、参加同样会议、阅读和引用同批文献的研究者，通常由一小部分高产高曝光度的核心研究者、一部分较低曝光度的半边缘研究者及一大部分不活跃或昙花一现的边缘研究者组成。

基于科学组织理论，斯蒂芬·福克斯（Stephan Fuchs）认为科学演化由科学家之间的竞争引起，目的是获得同行认可、各项名誉或多种资源。科学演化的主要类型由科学家所在的社会组织状态及所从事的研究难易程度而定，即相互依赖性（Mutual Dependence）和任务难易度（Task Uncertainty）两种因素。简单来讲，相互依赖性指科学家之间的社会与组织依赖和关联程度，任务难易度是指科学家工作过程中的科研任务难易程度，通常前沿性课题不确定性强、难度大，常规性课题不确定性较弱、难度小。依据以上两种因素可以将科学演化划分为永久性发现（Permanent Discovery）、普通专业研究（Specialization）、零碎化研究（Fragmentation）和停滞性研究（Stagnation）4 种类型[10]（表 2.2）。

永久性发现的典型特征是相互依赖性高、任务难度高。永久性发现面对的是科学前沿问题，尚未被系统全面探究，不确定性最强。要解决科学前沿问题，需要优秀科学家的通力合作。因此，该科学领域的核心高产知名研究者投入海量人力和物力，通过合作研究、学术会议和出版文献等方式共同面对和解决前沿问题，同时，这一创新性研究过程中的竞争也最激烈。普通专业研究的典型特征是相互依赖性高、任务难度低。普通专业研究面对的是科学常规问题，核心问题已经被同行基本解决，任务难度较低，多是对已有研究的扩展、补充和应用。因此，该阶段的竞争相比永久性发现不够激烈，多数科学家可以在常规化研究中修修补补、享受安逸。但是，有追求有能力的优秀科学家会逐步离开"安乐窝"，继续寻找新的学科增长点。零碎化研究和停滞性研究所依存的科学家耦合网络松散且研究资源分散，当部分科学家致力于解决科学前沿问题时，多是各自为战，很难取得系统全面的研究成果，当另一部分科学家满足于对常规科学问题的修修补补，其研究成果对于学科整体贡献十分有限。

表 2.2 科学演化的 4 种类型 [10]

相互依赖性 （Mutual Dependence）	任务难易度 （Task Uncertainty）	
	低（Low）：常规、重复、可预见	高（High）：信息缺失、含混、争议、不可预见
低（Low）：松散耦合网络、研究资源零散	停滞性研究 （Stagnation）	零碎化研究（Fragmentation）
高（High）：凝聚耦合网络、研究资源集中	普通专业研究 （Specialization）	永久性发现 （Permanent Discovery）

2.1.5 学科演化的四阶段理论

亚历山大·施耐德（Alexander Shneider）认为学科演化包括 4 个阶段：概念提出（Conceptualization）、工具开发（Tool Building）、工具应用（Applications of Tools）和知识显性化（Knowledge Codification）[12]。

第一个阶段的科学家通常引入新的学科问题并通过一门新语言对其进行描述。例如，安托万–洛朗·德·拉瓦锡（Antoine-Laurent de Lavoisier）引入化学方程式描述化学领域的研究问题。该阶段的科学家可能并未发现新的科学事实，但是会针对新的学科问题大胆提出自己的研究假设，尽管这些假设受时代限制会存在不够精确甚至错误等缺陷。他们怀揣广泛的研究兴趣，拥有独到的研究视野，敢于忍受知名同行质疑的声音，善于利用哲学、美学和文化等领域的理论思维，将看似无关的研究主题编写成章，并坚持自己的研究和观点直至第二个阶段。

第二个阶段的科学家开发了重要的技术工具，使得第一阶段引入的新学科语言变得严谨且有效，能够充分刻画众多的学科问题。与此同时，新的技术工具还会修正完善学科中已经存在的研究结果。该阶段的研究成果通常被后续研究引用最多，且较容易获得大众认可（如摘得诺贝尔奖）。一般来讲，这些重要技术工具的研发源于科学家引入其他学科领域的方法工具，并在此基础上做了独具匠心和创新的思考与本地化。与第一阶段相比，该阶段的突出科学家可能不是同一批人，但是第一阶段的科学家也会通过新的技术工具验证提出的研究问题，共同推进学科的发展进步。

第三个阶段的科学家通常会运用第二阶段科学家所开发的技术工具对学科问题进行重新研究，取得了新的见解和答案，同时提出了新的问题。通常来讲，这一阶段的研究成果最为丰硕。同时，在应用过程中，技术工具也在实践过程中不断修正和完善，以便解决更多的学科问题。当这些方法工具在不断的实践中被证明有效，它们将被更广泛地应用。与第一阶段科学家的天马行空不同，该阶段科学家必须在实践过程中勤奋、细心和精益求精，因为错误和偏差很难被同行认可。此外，在第三阶段的应用实践过程中也会出现学科难题和障碍，将学科的发展引向第四阶段。

与第三阶段相比，第四阶段的学科新成果通常很少，学科研究套路也趋于范式化，前三阶段的成果也会被梳理成章传递下去。与第一阶段的科学家类似，该阶段科学家会从整体去把握学科全貌，利用哲学和文化等综合思维，撰写系统综述和教材进行整体梳理与总结。与第一阶段科学家不同的是，该阶段科学家洞悉学科实践以及学科研究前沿，通常将当前学科进一步分支细化，成为分支学科的奠基人。

2.1.6 科学计量学理论

科学学主要研究科学本身发展规律及其组织结构。科学学的发展规律，在很大程度上是由人才、经费与成果的消长演变、增长速度、学科构成及其比例关系来体现的。科学计量学正是通过对人才、经费和成果等的计量分析去客观地衡量和评价科学[13]。目前对科学计量学并没有一个公认的定义，比较常见的定义如下：①科学计量学是对科学活动过程与管理实施量化评估、刻画和预测的科学学分支学科；②科学计量学是指科学学研究中定量方面的问题；③科学的科学。这里我们采用河南师范大学梁立明教授和中国科学技术信息研究所武夷山研究员给出的定义：科学计量学是用定量方法处理科学活动的投入（如科研人员、研究经费）、产出（如论文数量、被引数量）和过程（如信息传播、交流网络的形成）的研究领域。从本质上来讲，要进行科学计量，必须有客观存在可被计量的对象，如期刊论文、著作等。而目前最主要的可被计量的对象就是科学文献，除此之外还有科学家之间的各种信息交流痕迹，如电子邮件及新兴的社交媒体交流记录[14]。

值得提出的是，引文分析理论是科学计量学最具特色最重要的理论，科学计量学的大部分研究都是基于该理论。梁永霞认为引文分析的理论层面包括以下3个方面：①引文分析基本理论，包括引文分析的产生、历史演进、基本概念、基本问题、研究内容、基本假设、本质（引文分析的知识流动理论）、基本原理（知识的采集、生产和传播）、原则、学科结构、体系框架、学科定位、学科特征、基本类型、基本发展规律、引文数据库（包括专利数据库）的研制与利用等；②引文分析的社会学研究，包括引用的动机、引用的习惯、自引现象、引文的不规范现象（错引、误引及伪引）、引用的科学社会学因素分析、引文的科学范式、科学共同体、科学交流、引文的知识产权和学术道德规范等；③引文分析的科学学研究，包括不同学科、不同研究类型、不同文献类型的引文特征及规律，即引文分布规律的研究，包括引文的集中与离散规律分析、引文老化规律分析、引文类型分析、引文语种分析、引文国别分析等，还有以"被引频次"为基础的一系列相关的测度指标，包括科技期刊影响因子、自引率、引证率、即时指标等常规指标，以及由引文网络中的知识流动与引文分析的共引和耦合问题引起的相关网络指标，如网络密度、网络中心性、出度、入度、中介性、中心势、集聚系数、群落等新指标[15]。

2.2 网络科学理论

从通俗角度来讲，几乎每一门学科中都有网状内容，从基因到电力系统，从社群到交通线路，都能看到网络结构的存在。网络科学（Network Science）就是专门研究这种普遍存在的拓扑结构的新兴学科，致力于揭示各种各样自然或人工系统运作的内在逻辑或行为，常常表现为众多元素互相关联。网络科学帮助我们理解当代复杂而互相关联的世界，广泛应用于物理学、经济学、生物学、计算机科学、社会学、生态学及流行病学等领域[16]。

与网络科学的定义相比，更容易定义什么是网络。美国国家研究委员会（National Research Council，NRC）是通过结构（如节点和链路）及其行为（网络"所做"是节点和链路之间相互作用的结果）描述网络的。上述实用性的定义标示出了网络科学的两个关键组成：①它是研究表示某种实际节点和链路集合的结构；②它是研究汇聚节点和链路的动态行为特征。那么人们会问："随着时间的推移，网络演变时会发生什么呢，以及为什么会这样发生？"网络科学最重要的结果似乎是将形式与功能及结构与行为关联起来。当前，最有趣的行为发生在物理、生物和社会系统中。节点可能是人、分子、基因、路由器、变压器（电力网）、Web 页面或研究出版物。链路可能是指朋友之间的友谊、接触传染、神经键、缆线、互联网链路或著作目录的引用。从这一点来讲，网络科学是实际的抽象但非实际本身。但是如果抽象可以解释实际系统的行为，那么网络科学不仅有趣而且实用。

网络的结构部分很容易通过图论来建模。网络的动态部分可以通过一组用来控制节点和链路行为的微观规则来定义。网络 G 的完整定义必须既要包括结构的信息，也要包括行为的信息。例如，$G(t)=\{N(t),L(t),f(t)\}$ 是动态维数的网络 G 的集合论定义。$G(t)$ 是一个时间 t 及随时间变化的节点和链路数、值及映射的函数。$G(t)$ 的实际行为用算法来表示，一般用计算机算法的形式来表示。我们用 Java 程序设计语言表示微观规则。将上述这些定义放在一起，带有结构和行为元素的简洁网络定义表示如下：

$$G(t)=\{N(t),\ L(t),\ f(t)\colon J(t)\}。$$

其中，t 为仿真或实际的时间；N 为节点，又称为定点或"个体"（Actor）；L 为链路，又称为边；f 为连接节点对以产生拓扑的映射函数；J 为描述节点和链路行为随着时间变化的算法。

在研究网络时，我们给出一个严格的包括网络结构和行为的网络科学定义：网络科学或网络的科学，是研究网络结构/动态行为并将网络应用到很多子领域的理论基础。当前已知的子领域包括社会网络分析（Social Network Analysis，SNA）、协作网络（书目引用、产品营销、在线社会网络）、人造的涌现系统（电力网、互联网）、物理科学系统（相变、浸透理论，Ising 理论）和生命科学系统（传染病、新陈代谢过程、遗传学）。从该定义应该很清楚地了解到网络科学实质上就是系统科学。此外，因为网络经常为复杂系统建模，它与古老的复杂自适应系统领域密切相关。实际上，网络科学集成了来自复杂自适应系统（涌现）、混沌理论（同步）和平均场理论（物理学）的思想。网络科学是所有这些学科的交叉学科，它将相邻学科的思想融合在一起[17]。

"新的网络科学"是一个简称为网络科学的新出现的研究领域，其实它相当古老，根源可以追溯到 1736 年。网络科学实质上就是将数学中的图论应用到各种领域后，才在 20 世纪 90 年代后期以"新兴科学"的面目再次出现。从长远来看，网络科学似乎经历了至少两次重大的变迁：从数学理论到图的应用，从图的应用到"相互连接到一起的所有东西"的一般集合。相应的，我们将网络科学的历史划分成 3 个主要阶段：①早期的网前阶段（1736—1966

年），当时网络科学还是数学中的图；②中期网络阶段（1967—1998年），当时的网络科学还没有被称为"新的网络科学"，但实际上网络应用已经在研究文献中出现了；③现代阶段（1998年以后），网络科学的先驱们为网络科学的当前定义打下了基础，并证明这些基础具有现实意义。在现代阶段，当网络科学应用到各个似乎互不相干的领域时，倡导者们开始讨论网络科学的普遍性[17]。

也有研究者从网络科学核心概念的角度将其发展分为3个时期：①规则网络理论时期，主要基于图论和拓扑学等应用数学的研究成果，历史上有多位杰出数学家各自独立地建立和研究过图论，其中，莱昂哈德·欧拉（Leonhard Euler）于1736年首先开创了图论这门新的数学分支，因此他被誉为"图论之父"；②随机网络理论时期，1959年，两个匈牙利著名的数学家保罗·埃尔德什（Paul Erdos）和阿尔弗雷德·雷尼（Alfred Renyi）又一次对图论做出了第二个里程碑式的贡献，他们建立了著名的随机图理论，用相对简单的随机图来描述网络，简称E-R随机图理论；③复杂网络理论时期，20世纪末随着邓肯·瓦茨（Duncan Watts）和艾伯特-拉斯洛·巴拉巴西（Albert-László Barabási）分别在 *Nature* 和 *Science* 上发表的两篇开创性论文，标志着复杂网络的产生。如今人们已经认识到：规则网络和随机网络是两种极端情况下的网络，而现实中真实的网络既不规则也不随机，而是规则与随机兼得、复杂有序[18]。

如今，许多领域将网络科学归于它们的范畴。数学家声称网络科学是图论的一部分；社会学家认为网络科学属于他们研究了几十年的社会网络范畴；物理学则为网络科学的研究提供了普适性概念和许多解析工具；生物学领域投入数亿美元的经费绘制亚细胞网络；计算机科学从计算机算法角度为研究大规模网络提供了帮助；工程领域则在基础设施网络方面投入了大量精力。网络科学后续的成功依赖于我们保持其多学科特性的能力，我们希望每位科学家都能为网络科学的发展带来自己独有的视角。这种思想和观点的碰撞正是网络科学的强大之处和力量之源[19]。

科学计量学中由引文关系、科研合作和共词形成的网络关系，以及知识地图中不同知识之间的网络关系都可被看作复杂网络的一种。其中，科研合作网络（包括作者合作、机构合作和国家合作）、作者共被引网络和作者耦合网络可看作社会网络的几种类型。因此，本书着重对复杂网络理论和社会网络理论进行介绍。

2.2.1 复杂网络理论

复杂网络（Complex Network）简而言之，即呈现高度复杂性的网络。具体而言，就是具有自组织、自相似、吸引子、小世界、无标度（无尺度）中部分或全部性质的网络[20]。就目前而言，复杂网络理论的主要研究内容可以归纳为：①发现，揭示刻画网络系统结构的统计性质，以及度量这些性质的合适方法；②建模，建立合适的网络模型以帮助人们理解这些统计性质的意义与产生机制；③分析，基于单个节点的特性和整个网络的结构性质分析与预测网络的行为；④控制，提出改善已有网络性能和设计新的网络的有效方法，特别是稳定性、同步和数据流通等方面[21]。

德里克·德索拉·普赖斯（Derek John de Solla Price）[22]最早将复杂网络分析中的无标

度网络的概念引入科学论文的引文网络分析。目前，越来越多的研究者将复杂网络的理论和方法应用到科研合作网络、共词网络及共被引网络的研究中。比较常用的复杂网络分析软件是 Pajek 和 Ucinet，Ucinet 分析规模有限通常用于社会网络的研究，而 Pajek 分析规模很大可用于大样本网络的分析。随着技术的发展，许多新的复杂网络分析软件和方法纷纷出现，如 NodeXL、Cytoscape、Gephi、igraph 和 NetworkX 等。

2.2.2　社会网络理论

社会网络是复杂网络的一种重要类型，但是作为分析人与人之间关系的重要理论和方法，社会网络具有自己的特征。社会网络理论发端于社会学的研究，长期以来停留在纯社会学研究范畴之内。马克·格兰诺维特（Mark Granovetter）[23] 在 1985 年发表的《经济行动与社会结构：镶嵌问题》一文对波兰尼的"嵌入性"概念进行系统发展和阐述，认为一切经济活动都是嵌入在社会关系中。在嵌入性理论后，研究者又提出了强弱关系和结构洞理论。马克·格兰诺维特（Mark Granovetter）[24] 用时间长短、互动频率、亲密程度和互惠性服务 4 个维度去衡量强弱关系，认为互动次数多、感情较深、关系亲密、互惠交换多则为强关系，反之则为弱关系。与弱关系理论紧密相关的是罗纳德·伯特（Ronald Burt）[25] 提出的结构洞理论。结构洞理论进一步说明特殊的弱关系位置可以为角色带来"洞效应"，即信息利益和控制利益的超额获取。

此外，社会资本理论也是社会网络的重要组成部分。珍妮·纳比特（Janine Nahapiet）等 [26] 将社会资本的结构分为结构维、关系维和认知维 3 个层面，对应着结构型社会资本、关系型社会资本和认知型社会资本 3 种资本类型。在学科结构与演化可视化分析中，科学知识图谱主要侧重科学合作网络、作者共被引和作者耦合网络方面的研究；学科知识地图主要应用社会网络理论和方法去构建某一组织的专家知识地图 [27] 和隐性知识地图 [28]。比较通用的社会网络分析软件是 Ucinet 和 Pajek，后来的 NodeXL、Cytoscape、Gephi、VOSviewer 及 CiteSpace 等专门软件也都有相应的社会网络分析功能。

2.3　可视化理论

可视化作为一个正式的术语是于 1987 年在美国国家科学基金会举办的可视化会议上提出的，其目的是通过可视化的方式，将日益增多的海量科学计算数据直观地展现出来，以便人们理解和应用。可视化对应 3 个英文单词：Visualize、Visualization 和 Visual。Visualize 是动词，强调可视化的过程，意即"生成符合人类感官"的图像，通过可视元素传递信息。Visualization 是名词，强调可视化的结果，表达"使某物、某事可见的动作或事实"，对某个原本不可见的事物在人类大脑中形成一幅可感知的心里图片的过程或能力，也可用于表达对某目标进行可视化的结果，即一帧图像或动画。Visual 是形容词，强调可视化的特征，意思为"视觉的、形象的或者图示化"。归其一点，可视化将不可见或难以直接显示的数据转换为可感知的图形、符号、颜色和纹理等，增强数据识别效率，传递有效信息。进入 21 世纪，现有的可视化技术已难以应对海量、高维、多源和动态数据的分析挑战，需要综合可视化、图形学、数据挖掘理论与方法，研究新的理论模型、新的可视化方法和新的用户交互手段，辅助用户从大尺度、复杂、矛盾甚至不完整的数据中快速挖掘有用信息，以便做出有效决策。这门新兴的学科我们称之为可视分析学（Visual Analytics）[29]。

数据可视化的适用范围存在着不同的观点。例如，有专家认为数据可视化是可视化的一个子类目，主要处理统计图形、抽象的地理信息或概念型的空间数据。现代的主流观点将数据可视化看成传统的科学可视化和信息可视化的泛称，即处理对象可以是任意数据类型、任意数据特性，以及异构异质数据的组合。大数据时代的数据复杂性更高，如数据的流模式获取、非结构化、语义的多重性等。数据可视化的处理对象是数据。自然地，数据可视化包含处理科学数据的科学可视化与处理抽象的、非结构化信息的信息可视化两个分支。

广义上，面向科学和工程领域的科学可视化研究带有空间坐标和几何信息的三维空间测量数据、计算模拟数据和医学影像数据等，重点探索如何有效地呈现数据中几何、拓扑和形状特征。信息可视化的处理对象则是非结构化、非几何的抽象数据，如金融交易、社交网络和文本数据，其核心挑战是如何针对大尺度高维数据减少视觉混淆对有用信息的干扰。另外，由于数据分析的重要性，将可视化与分析结合，形成一个新的学科：可视分析学[29]。因此，科学可视化、信息可视化和可视分析学3个学科方向通常被看作可视化的3个主要分支[30]。

2.3.1 视觉感知和认知

在可视化与可视分析过程中，用户是所有行为的主体：通过视觉感知（Visual Perception）器官获取可视信息、编码并形成认知（Cognition），在交互分析过程中获取解决问题的方法。在这个过程中，感知和认知能力直接影响着信息的获取和处理过程，进而影响对外在世界环境所做出的反应[29]。加拿大英属哥伦比亚大学的塔玛拉·蒙兹纳（Tamara Munzner）在其著作中呈现了一个简化的、用户在客观世界与社会环境进行数据处理与可视分析的框架，如图2.1所示。可视化的数据来自现实世界（或模拟仿真），数据经过自动或手工的分析方法（如机器学习、统计分析等）进行处理并可视化后，被用户理解，用户、数据处理和可视化三者组成的一个直接交互的过程；当有多个用户参与这个过程时，相互之间就产生了群体协作效果。然而人的作用远不止于此，人们利用这些数据做出一些决定，从而影响了他们在世界中的行为，最终对现实世界产生影响[31]。

（1）视觉感知和认知的定义

感知是客观事物通过感觉器官在人脑中的直接反映。人类感觉器官包括眼、鼻、耳及遍布身体各处的神经末梢等，对应的感知能力分别称为视觉、嗅觉、听觉和触觉等。认知指在认识活动的过程中，个体对感觉信号接收、检测、转换、简约、合成、编码、储存、提取、重建、概念形成、判断和问题解决的信息加工处理过程。认知心理学将认知过程看成由信息的获取、编码、储存、提取和使用等一系列认知阶段组成的按一定程序进行信息加工处理的系统。信息获取是指人体的感觉器官受到来自客观世界的刺激，通过感觉的作用获得信息；编码以利于后续认知阶段的进行；储存是信息在大脑中的保存；信息提取是指依据一定的线索从记忆中寻找并获取已经储存的信息；信息使用是指利用提取的信息对信息进行认知加工。

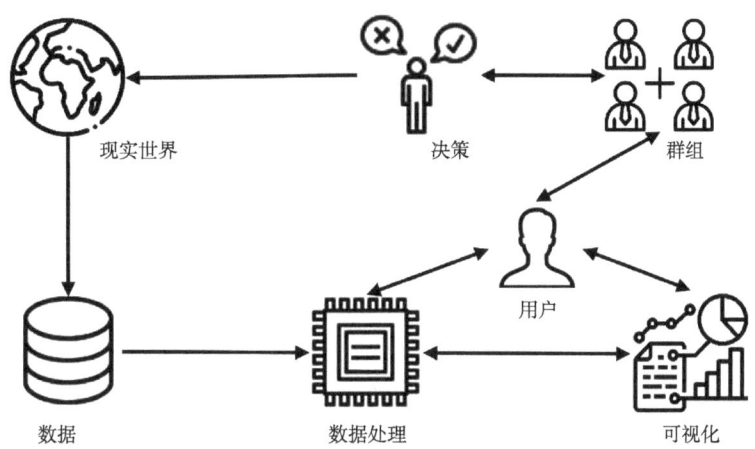

图 2.1 用户在客观世界与社会环境进行数据处理与可视分析的框架[31]

（2）视觉感知处理过程

心理学上的双重编码理论认为，负责语言方面和非语言方面（特别是视觉信息方面）的两个子系统共同组成了人类的感知系统，人类的认知能够同时对语言与非语言方面的信息进行处理，两个子系统各自的信息加工过程对于人类认知是同等重要的[32]。那么，在向用户有效传递信息时就需要处理好两种信息表征单元：适用于心理映像的"图像单元"和适用于语言实体的"语言单元"。前者根据部分与整体的关系组织，而后者根据联想与层级组织。

（3）格式塔理论

格式塔心理学诞生于 1912 年，是心理学中为数不多的理性主义理论之一。它强调经验和行为的整体性，反对当时流行的构造主义元素学说和行为主义"刺激—反应"公式。格式塔心理学认为，整体不等于部分之和，意识不等于感觉元素的集合，行为不等于反射弧的循环。如果一个人往窗外观望，他看到的是树木、天空、建筑，而构造主义元素学说认为他应该看到的是组成这些物体的各种感觉元素，如亮度、色调等。

格式塔心理学感知理论最基本的法则是简单精炼法则，认为人们在进行观察的时候，倾向于将视觉感知内容理解为常规的、简单的、相连的、对称的或有序的结构。同时，人们在获取视觉感知的时候，会倾向于将事物理解为一个整体，而不是将事物理解为组成该事物所有部分的集合。格式塔法则又称为完图法则，主要包括共势原则（Common Fate）、好图原则（Good Figure）、对称性原则（Symmetry）、经验原则（Past Experience）等。

由上面的描述不难看出，格式塔（完形理论）的基本思想是：视觉形象首先是作为统一的整体被认知的，而后才以部分的形式被认知，也就是说，人们先"看见"一个构图的整体，然后才"看见"组成这一构图整体的各个部分。可视化设计必须遵循心理学关于感知和认知的理论研究成果。信息可视化是指将信息通过图形元素的表达和重组，获得包含原始信息的视觉图像的过程。在信息可视化设计中，视图的设计者必须以一种直观的、绝大多数用户易于理解的"数据——可视化元素映射"对需要可视化的信息进行编码，其中涉及最终用户对可视化视觉图像的心物感知和认知过程。格式塔心理学是对心理感知和认知进行的一整套完整的心理学研究，并由此而产生的完备理论。尽管格式塔心理学的部分原理对可视化设计没有直接的影响,但是在视觉传达设计的理论和实践方面,格式塔理论及其研究成果都得到了应用[29]。

2.3.2 信息可视化

信息可视化是指非空间数据的可视化。信息可视化可以定义为:"使用计算机支撑的、交互性的、对抽象数据的可视表示法,以增强人们对抽象信息的认知。"[33] 信息可视化处理的对象是抽象的、非结构化数据集合(如文本、图表、层次结构、地图、软件、复杂系统等)。传统的信息可视化起源于统计图形学,又与信息图形、视觉设计等现代技术相关。其表现形式通常在二维空间,因此关键问题是在有限的展现空间中以直观的方式传达大量的抽象信息。与科学可视化相比,信息可视化更关注抽象、高维数据。此类数据通常不具有空间位置的属性,因此要根据特定数据分析的需求,决定数据元素在空间的布局。因为信息可视化的方法与所针对的数据类型紧密相关,所以通常按数据类型可大致分为如下几类。

(1)时空数据可视化

时间与空间是描述事物的必要因素,因此,地理信息数据和时变数据的可视化也显得至关重要。对于地理信息数据可视化来说,合理地选择和布局地图上的可视化元素,从而呈现尽可能多的信息是关键。时变数据通常具有线性和周期性两种特性,需要依次选择不同的可视化方法。

(2)层次与网络结构数据可视化

网络(图)数据是现实世界中最常见的数据类型之一。人与人之间的关系、城市之间的道路连接、科研论文之间的引用都组成了网络。层次结构(树)则是有一个根节点,并且不存在回路的特殊网络,如公司的组织结构、文件系统的目录结构、家谱等。层次与网络结构数据通常使用点线图来可视化,如何在空间中合理有效地布局节点和连线是可视化的关键。

(3)文本和跨媒体数据可视化

随着网络媒体,特别是社交媒体的迅速发展,每天都会产生海量的文本数据,人们对于视觉符号的感知和认知速度远远高于文本,因此,通过可视化呈现其中蕴藏的有价值的信息将大幅提高人们对于这些数据的利用率。我们需要从非结构化文本数据中提取结构化信息,并进行可视化。

(4)多变量数据可视化

用于描述现实世界中复杂问题和对象的数据通常是多变量的高维数据,如何将其在二维屏幕上呈现是可视化面临的挑战。多变量数据的可视化方法包括将数据降维到低维度空间、使用相互关联的多视图同时表现不同维度等[29]。

2.3.3 可视分析学

作为一个新的研究领域,可视分析学于2005年进入人们的视野,它被定义为一门以可视化交互界面为基础的分析推理科学[34]。其所涉及的学科与主要研究内容如图2.2所示,它综合了图形学、数据挖掘和人机交互等技术,以可视交互界面为通道,将人的感知和认知能力以可视的方式融入数据处理过程,形成人脑智能和机器智能优势互补和相互提升,建立螺旋式信息交流与知识提炼途径，完成有效的分析推理和决策[29]。

可视分析学可看成将可视化、人的因素和数据分析集成在内的一种新思路。其中，感知与认知科学研究人在可视分析学中的重要作用；数据管理和知识表达使可视分析构建数据到知识转换的基础理论；地理分析、信息分析、科学分析、统计分析、知识发现等是可视分析学的核心分析论方法；在整个可视分析过程中，人机交互必不可少，用于驾驭模型构建、分析推理和信息呈现等整个过程；可视分析流程中推导出的结论与知识最终需要向用户表达、作业和传播[29]。陈超美[1]将可视分析学看作继信息可视化之后计算机辅助下的视觉新思维，其目的是分析推理并促进决策。

可视分析学是一门综合性学科，与多个领域相关：在可视化方面，有信息可视化、科学可视化与计算机图形学；与数据分析相关的领域包括信息获取、数据处理和数据挖掘；而在交互方面，则有人机交互、认知科学和感知等学科融合[35]。

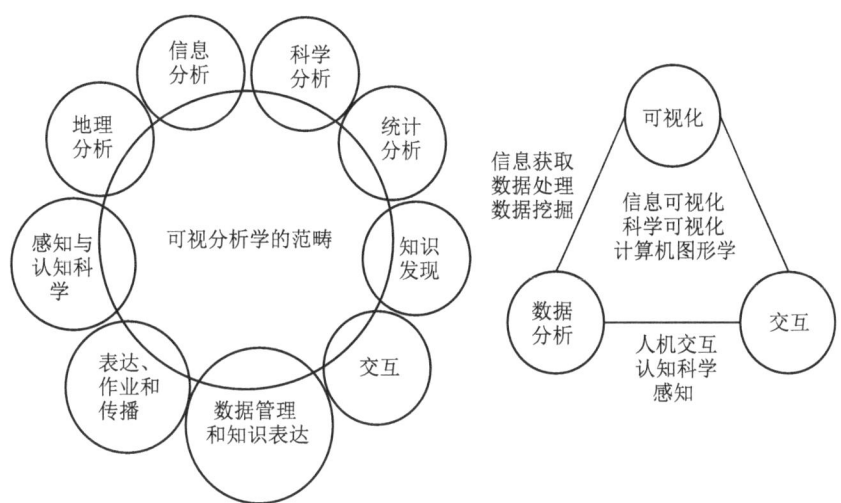

图2.2 可视化所涉及的学科（左图）与研究内容（右图）[29]

2.3.4 可视化流程

科学可视化和信息可视化分别设计了可视化流程的参考体系结构模型，并被广泛应用于数据可视化系统中。图2.3是科学可视化的早期可视化流程[36]。它描述了从数据空间到可视空间的映射，包含串行处理数据的各个阶段：数据分析、数据过滤、数据映射和图形绘制。该流程图实际上是数据处理和图形绘制的嵌套组合。

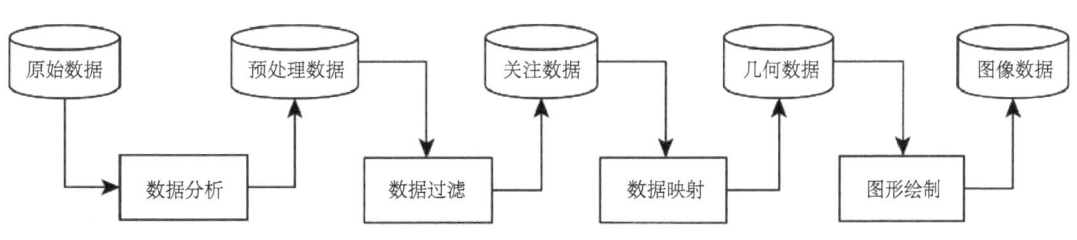

图2.3 科学可视化的早期可视化流程[36]

图 2.4 展示了信息可视化的基本流程模型,将流水线改进成回路且用户的交互可以出现在流程的任何阶段。后继几乎所有著名的信息可视化系统和工具包都支持这个模型,而且绝大多数系统在基础层都兼容,只存在细微的实现差异。图中,不同格式的原始数据经过数据转换形成数据表,视觉可视化将序化的数据表转化为视觉结构,对包含各种图形属性的视觉结构进行视觉转换(图形参数的设置)形成最后的视图,而用户根据实际情况可以对各个阶段进行人工控制,以达到最优效果[37]。

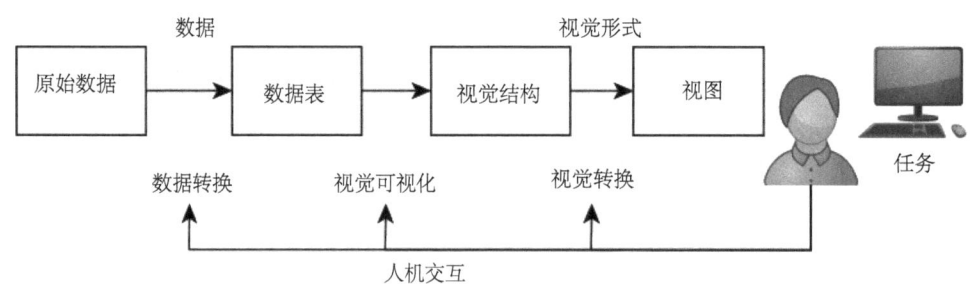

图 2.4 信息可视化的基本流程模型[37]

可视分析学的基本流程则通过人机交互将自动和可视分析方法紧密结合[36]。图 2.5 展示了一个标准的可视分析流程和每个步骤中的过渡形式[38]。这一流程的起点是输入的数据,终点是提炼的知识。从数据到知识有两条途径:交互的可视化方法和自动的数据挖掘方法。两个途径的中间结果分别是对数据的交互可视化结果和从数据中提炼的数据模型。用户既可以对可视化结果进行交互的修正,也可以调节参数以修正模型。

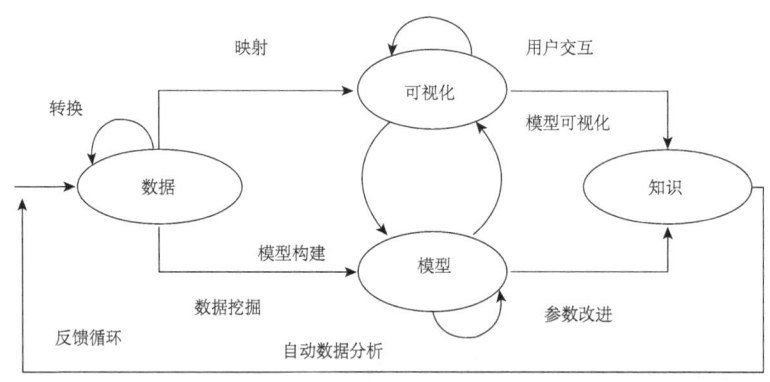

图 2.5 可视分析学标准流程[38]

从科学可视化、信息可视化及可视分析学的标准流程可知,可视化流程中的核心要素包括 3 个方面。

(1)数据表示与变换

数据可视化的基础是数据表示和变换。为了允许有效的可视化、分析和记录,输入数据必须从原始状态变换为一种便于计算机处理的结构化数据表示形式。通常这些结构存在于数据本身，需要研究有效的数据提炼或简化方法以最大程度地保持信息和知识的内涵及相应的上下文。有效表示海量数据的主要挑战在于采用具有可伸缩性和扩展性的方法，以真实地保持数据的特性和内容。此外，将不同类型、不同来源的信息合成为一个统一的表示，使得数据分析人员能及时聚焦于数据的本质也是研究重点。

（2）数据的可视化呈现

将数据以一种直观、容易理解和操纵的方式呈现给用户，需要将数据转换为可视表示并呈现给用户。数据可视化向用户传播了信息，而同一个数据集可能对应多种数据呈现形式，即视觉编码。数据可视化的核心内容是从巨大的呈现多样性空间中选择最合适的编码形式。判断某个视觉编码是否合适的因素包括感知与认知系统的特性、数据本身的属性和目标任务。大量的数据采集通常是以流的形式实时获取的，针对静态数据发展起来的可视化显示方法不能直接拓展到动态数据。这不仅要求可视化结果有一定的时间连贯性，还要求可视化方法达到高效以便给出实时反馈。因此不仅需要研究新的软件算法，还需要更加强大的计算平台（如分布式计算或云计算）、显示平台（如一亿像素显示器或大屏幕拼接）和交互模式（如体感交互、可穿戴式交互）。

（3）用户交互

对数据进行可视化和分析的目的是解决目标任务。有些任务可明确定义，有些任务则更广泛或者一般化。通用的目标任务可分为3类：生成假设、验证假设和视觉呈现。数据可视化可以用于从数据中探索新的假设，也可以证实相关假设与数据是否吻合，还可以帮助数据专家向公众展示其中的信息。交互是通过可视的手段辅助分析决策的直接推动力。有关人机交互的探索已经持续了很长时间，但智能、适用于海量数据可视化的交互技术，如任务导向的、基于假设的方法还是一个未解难题，其核心挑战是新型的可支持用户分析决策的交互方法。这些交互方法涵盖底层的交互方式与硬件、复杂的交互理念与流程，更需要克服不同类型的显示环境和不同任务带来的可扩充性难点[29]。

2.4 数据科学理论

信息化的本质是将现实世界中的事物以数据的形式存储到计算机系统中，即信息化是一个生产数据的过程。这些数据是自然和生命的一种表示形式，这些数据还记录了人类的行为，包括工作、生活和社会发展。今天，数据被快速大量地生产并存储在计算机系统中，这种现象称为数据爆炸（Data Explosion）[39]。信息科学领域面临的一个巨大挑战是数据爆炸。然而，人类分析数据的能力已经远远落后于获取数据的能力。这个挑战不仅在于数据量越来越大、高维、多元源、多态，更重要的是数据获取的动态性、数据内容的噪声和互相矛盾、数据关系的异构与异质性等。海量数据带来了相应的海量数据处理及分析需求。然而，传统方法难以应对海量原始数据的直接处理和分析，在很多情况下数据被淹没于浩瀚的"数据海洋"中，这些被淹没的数据中不乏能够提供有价值信息的数据，因此我们在解决大数据获取、存储等问题的同时，亟须一种能够针对大数据进行统计、分析和信息提取的方法。2012年3月，美国政府发布了《大数据研究和发展倡议》，提出"通过收集、处理庞大而复杂的数据信息，从中获得知识和洞见，提升能力，加快科学、工程领域的创新步伐，强化美国国土安全，转变教育和学习模式"[29]。大数据时代在科学领域的表现是数据科学的兴起。至此，学术界达成共识，即关于数据的特定科学研究成为一门新的学科——数据科学。

2.4.1 数据科学的定义

目前，数据科学尚处于发展阶段，没有一个被广泛认同的定义。朱扬勇和熊赟认为："数据爆炸在计算机系统中形成数据自然界（Data Nature）。研究数据自然界是研究自然界（Real Nature）的一种有效方法，如可以通过研究数据来研究生命（生物信息学）、研究人类行为（行为信息学）。数据学（Dataology）或数据科学（Data Science）是探索数据自然界奥秘的理论、方法和技术。与自然科学和社会科学不同，数据学和数据科学的研究对象是数据自然界的数据，是新的科学。数据学和数据科学的内涵不同：一个是研究数据本身，研究数据的各种类型、状态、属性及变化形式和变化规律；另一个是为自然科学和社会科学研究提供一种新的方法，称为科学研究的数据方法，其目的在于揭示自然界和人类行为现象和规律[40]。"

鄂维南认为：作为一门学科，数据科学所依赖的两个因素是数据的广泛性和多样性，以及数据研究的共性。现代社会的各行各业都充满了数据。而且这些数据也是多种多样，不仅包括传统的结构型数据，也包括像网页、文本、图像、视频、语音等非结构型数据。正如我们后面将要讨论到的，数据分析本质上都是在解反问题，而且是随机模型的反问题。所以对它们的研究有着很多的共性。例如，自然语言处理和生物大分子模型里都用到隐式马氏过程和动态规划方法。其最根本的原因是它们处理的都是一维的随机信号。再如，图像处理和统计学习中都用到的正则化方法，也是处理反问题的数学模型中最常用的一种手段。所以用于图像处理的算法和用于压缩感知的算法有着许多共同之处。除新兴的学科（如计算广告学）外，数据科学主要包括两个方面，即用数据的方法来研究科学和用科学的方法来研究数据。前者包括像生物信息学、天体信息学、数字地球等领域。后者包括统计学、机器学习、数据挖掘、数据库等领域。这些学科都是数据科学的重要组成部分，但只有把它们有机地放在一起，才能形成整个数据科学的全貌。用数据的方法来研究科学问题，并不意味着就不需要模型。只是模型的出发点不一样，不是从基本原理的角度去找模型。就拿图像处理来说，基于基本原理的模型需要描述人的视觉系统，以及它与图像之间的关系。而通常的方法则可以是基于更为简单的数学模型，如函数逼近的模型。怎样用科学的方法来研究数据？这包括以下几个方面的内容：数据的获取、存储和分析[40]。

陈为等认为：数据科学是 21 世纪新兴的一门交叉学科，也是一门综合学科，即以数据为原材料，以电子科学、信息科学、语义网络、数据组织与管理、数据分析、数据挖掘和数据可视化等为研究手段，有效地提取隐藏在数据中有价值的信息，并且将数据利用质量提高到传统方法所不能及的高度，最终实现提炼科学原理、验证科学假设、服务科学探索的目的。数据科学涵盖了数据管理、图书馆学、计算机科学、统计学、视觉设计、可视化、人机交互，以及基于架构式和信息技术的物理科学。它改变了所有学科个人和协作工作的模式，使得无论是商业还是科学数据分析处理都上升到一个新的"数据驱动"阶段，帮助数据分析师和科学家解决尺度、复杂度超越已有的所有工具承受范围的全局问题[29]。朝乐门[41]认为：

数据科学是一门以数据尤其是大数据为研究对象,并以数据统计、机器学习、数据可视化等为理论基础,主要研究数据加工、数据管理、数据计算、数据产品开发等活动的交叉性学科。

综上所述,本书认为:大数据时代在科学领域里的表现是数据科学的兴起。数据科学是21世纪新兴的一门交叉学科,也是一门综合学科。它以数据为原材料,以计算机科学、数学和统计学、领域知识和可视分析学等为研究手段,有效地提取隐藏在数据中有价值的信息,并且将数据利用质量提高到传统方法所不能及的高度,最终实现提炼科学原理、验证科学假设、服务科学探索的目的。数据科学主要包括两个方面:用数据的方法来研究科学和用科学的方法来研究数据。前者包括生物信息学、天体信息学、数字地球等领域,后者包括统计学、机器学习、数据挖掘、数据库等领域。此外,本书赞成鄂维南的观点,数据科学的研究视野大于数据学,可以将数据学的内容归入数据科学的范畴。

2.4.2 数据科学与其他学科的关系

目前,国内外研究者有以下两种观点:一是从大学科门类的角度(自然科学和行为科学等)讨论了数据科学与其他学科的关系;二是从信息技术企业的实践出发,将数据科学视为一种业务流程,从业务流程讨论了数据科学与其他学科的关系。

(1)大学科门类的角度

朱扬勇和熊赟认为:自然科学研究自然现象和规律,认识的对象是整个自然界,即自然界物质的各种类型、状态、属性及运动形式。行为科学是研究自然和社会环境中人的行为,以及低级动物行为的科学,已经确认的学科包括心理学、社会学、社会人类学和其他类似的学科。目前,几乎所有领域都已经或正在信息化,都或多或少地使用计算机来解决研究过程中遇到的数据存储和数据计算问题。事实上,计算机是人类的一种工具,计算机在计算领域获得成功,很快被应用到人类的日常工作和生活中。从某种意义上说,计算机首先做了行为的信息化,然后才是宇宙和生命的信息化。人类行为、宇宙和生命的信息化将数据存储到了计算机系统中,这是形成数据自然界的源泉,同时相应的研究工作也实现信息化。因此,数据学首先是支持了自然科学和行为科学的研究工作。随着数据学的进展,越来越多的科学研究工作将会直接针对数据进行,这将使人类认识数据,从而认识自然和行为[39]。

图2.6为数据学与自然科学和行为科学的关系。自然科学是研究宇宙和生命的,行为科学是研究动物行为的,包括人类行为中的社会、法律和经济等。一直以来,自然科学和行为科学支撑着人类的生存和发展。随着数据自然界的形成,宇宙、生命、社会、法律、经济等越来越多地表现在数据自然界中,因此,数据学的研究首先可以促进、帮助自然科学和行为科学的研究,另外,还可以直接支持人类的生存和发展。数据学是人类认识自然界、认识自己、发展自己的科学方法之一[39]。

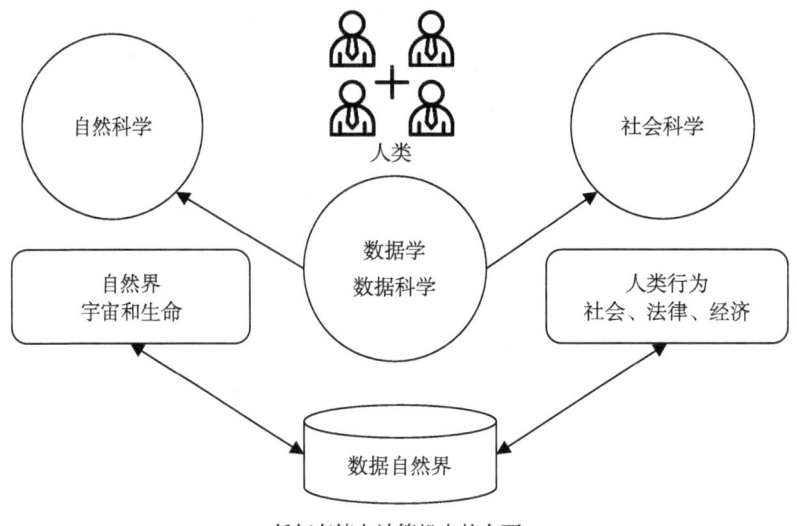

图 2.6 数据学与自然科学和行为科学的关系[39]

（2）业务流程的角度

目前，国际知名的 IT 企业已经开始探索数据科学，他们将数据科学视为一种业务流程。例如，迈克·洛基德斯（Mike Loukides）[42]认为数据科学不仅是数据向信息的转换，也是数据向产品的转换。从这个角度讲，这个领域就像当今的淘金潮——对海量信息中宝贵价值的竞争性搜索。数据淘金潮中的勘探者被称为数据科学家。国际商业机器公司（International Business Machines Corporation，IBM）的相关研究表明：数据科学家必须具备计算机科学、网络科学、数学和统计学等专业技能。理想情况下，他们还应拥有领域知识，即对数据来源有一定的了解（医疗、财务、Web 和其他领域）。因此，数据科学是计算机科学、数学、统计学和领域知识的交集。借助这个完整的技能集，数据科学家可以将领域知识和数学转换为应用程序（从计算机科学领域讲），挖掘数据并从中提炼出信息。关键在于一个多学科的关注点（它也可包含机器学习和信息检索等领域）[43]。

迈克·洛基德斯（Mike Loukides）的观点与 IBM 相似，他认为数据科学家要掌握以下技能：计算机技巧（Hacking Skill）、数学和统计知识（Math & Statistics Knowledge）和领域知识（Substantive Expertise）。其中计算机技巧用于获得并清理好数据，包括 Linux 知识，能够操纵文本文件的命令行、了解矢量（或向量）操作、算法的思想等。数学和统计方法用于从数据中提取有用的知识及如何解释其结果，如普通最小二乘回归的含义。领域知识，即从专业背景上提出问题，并用数据和统计方法进行检验，去真正的发现并构建知识。此外，洛基德斯还提出了危险区（Danger Zone）的概念，即计算机技巧和领域知识的交叉区域，有些数据科学家如何得到合适的数据，甚至掌握如何用 R 语言等工具进行线性回归并报告系数，但他们不理解那些系数的真正含义。在不了解内在统计意义，这也是数据分析经常被滥用情况[42]。

综合以上观点，本研究赞同以下观点：数据科学主要是由计算机科学、数学和统计学、领域知识的交叉学科，如图 2.7 所示。

2 学科结构与演化可视化分析的理论基础

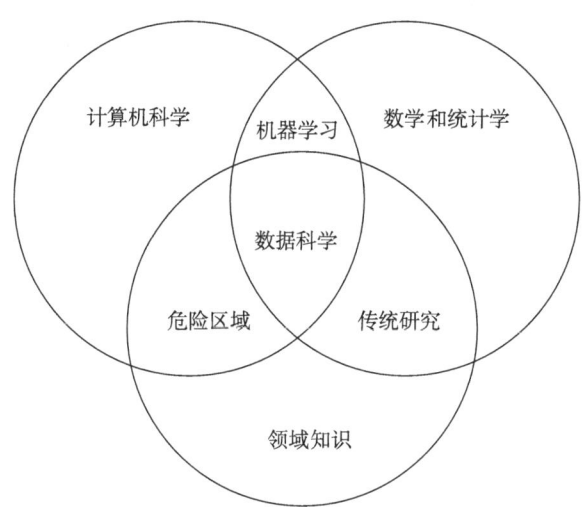

图 2.7 数据科学所涉及的主要学科[42]

2.4.3 数据科学的研究内容

国内外研究者从不同的角度讨论了数据科学的研究内容。托尼·赫伊（Tony Hey）等从宏观的角度罗列了数据科学的一些基本主题：数据和信息的历史，数据、信息、知识概念和最新进展，数据与信息科学的学术基础，信息学简介，科学的数据生命周期，数据获取、保存和保护，数据集成，元数据，数据模型和架构，数据工具、基于数据的服务范式，数据网、网页上的数据、深层网，数据工作流管理，数据可视化，数据发现，数据和信息管理。同时从应用角度出发，提出了当今适合使用数据科学的研究领域，包括地球科学、生物、天文、环境与气候、化学、物理、航空、环境工程、数据图书馆和科学出版、商业、社会学、经济等[44]。朱扬勇和熊赟认为：数据学首先需要研究的是探索数据自然界的基础理论，即研究观察数据的方法和研究数据推理的理论和方法。此外，数据学还有以下研究主题：数据分类研究、数据集的结构研究、从数据自然界中获取有用的数据、用实验和逻辑推理方法探索数据自然界规律、数据资源的开发利用[40]。

国际知名的 IT 企业从业务流程的角度提出了数据科学应包括的研究内容。IBM 公司认为，数据科学的源头是数据获取，数据可能是开放数据或来自内部业务流程的数据（如网站统计数据）；接下来是提炼，将数据化简为能回答具体问题的有用信息的创造性过程，通常，问题定义了提取信息的方法；在收集和提炼步骤中还包含其他重要的步骤，如数据清理（或预处理）和数据可视化[43]。迈克·洛基德斯（Mike Loukides）认为，数据科学家的工作自然定义了数据科学，他们的工作涵盖了从数据收集到数据整理，应用统计学和机器学习等相关技术，对数据进行解释、沟通和可视化。数据科学家有 3 个重要技能：计算机能力（数据的获取和整理）、数学和统计学能力（数据挖掘）和图形可视化（数据的提炼和展现）[42]。综合以上观点，本书从数据科学家的工作流程出发对数据科学的研究内容进行论述。

（1）数据整理

任何数据分析项目的第一步是数据整理，对应着数据的获取、清洗、格式转换等工作，使之成为可用数据。数据整理涉及数据质量管理、数据审计、数据清洗、数据变换、数据集成、数据脱敏、数据归约和数据标注等基本活动。数据审计主要用于评价数据质量,并发现不一致性数据——数据内容与相关规则要求(如来源数据中的自描述性验证规则、与领域知识冲突、或数据间自相矛盾等)之间存在不一致现象。数据清洗主要用于针对数据审核方式发现的问题数据(如错误数据、虚假数据、无效数据、数据缺失和重复数据等)进行删除、更正或插值处理。数据变换主要用于处理数据中存在类型、计量单位和大小与后续数据处理方法不一致问题(如数据的标准化处理等)。数据集成主要用于合并处理多个原始数据(或中间数据)的内容,如将多个关系表中的内容合并入同一个关系表中。数据脱敏是在不影响数据分析结果的准确性的前提下,对原始数据进行一定的变换操作,对其中的个人(或组织)敏感数据进行替换、过滤或删除操作,降低信息的敏感性,减少相关主体的信息安全隐患和个人隐私风险。数据归约是指在不影响数据完整性和数据分析结果正确性的前提下,通过减少数据规模的方式达到提升数据分析效果与效率的目的。数据标注的主要目的是通过对目标数据补充必要的词性、颜色、纹理、形状、关键字或语义信息等标签类元数据,提高其检索、洞察、分析和挖掘的效果与效率[45]。

针对目前的大规模数据,传统的关系型数据库在大规模异构数据条件下已经不在有效。为了有效地存储庞大的数据集,非关系数据库(如谷歌的 BigTable 和亚马逊的 Dynamo 等)具有非常灵活的架构设计,分布在多个节点,以提供"最终一致性"。存储数据只是数据平台建设的一部分。在目前的大规模数据计算问题上,谷歌推广 MapReduce 方法,它是利用非常庞大的计算集群进行分布计算。最流行的 MapReduce 开源实现方法是 Hadoop。Hadoop 使"敏捷"数据分析成为可能。在软件开发中,"敏捷"意味着更快的产品周期,开发商和消费者之间更密切的互动。传统的数据分析需要极长的周转时间。它可能要几个小时甚至几天才能完成。但是在 Hadoop 帮助下可以很容易地建立集群,以执行大规模数据集的迅速计算。更快的计算速度使人们更容易地测试不同的假设、不同的数据集和不同的算法。

(2)数据分析与挖掘

机器学习是数据科学家的另一项必不可少的工具。目前有许多机器学习库可以利用:在 Python 中的 PyBrain、sklearn 和 TensorFlow 等,在 Java 中的 WEKA,等等。虽然在这里没有强调传统的统计模型在数据分析中的重要作用,但是统计是"数据科学的语法"。它是至关重要的。数据科学不只是获取数据然后来猜测其意义,它也包含了假设检验,确保数据结论有效。统计已成为一项基本技能,它并没有被机器学习或商业智能所取代。虽然有许多商业统计软件包,但开源 R 语言和 Python 语言是两种重要的工具。R 语言和 Python 语言能够为大多数统计工作提供"一站式服务",还具有出色的绘图功能。2017 年,KDnuggets 的调查显示 Python 语言已超越 R 语言成为数据分析、数据科学和机器学习领域最受欢迎的语言[46]。

(3)数据可视化

数据可视化的落脚点是数据的提炼和展现。一张图片胜过千言万语,可视化是数据分析的初步探索工作,也是每个阶段的关键[42]。作为数据内涵信息的展示方法和人机交互接口,数据可视化已成为数据科学的核心要素之一。面对海量数据,大多数时候我们很难直接观察数据本身,或者对数据进行简单统计分析后得到数据中蕴含的信息。例如,我们无法通过查看海量的服务器日志来判断系统是否遭到攻击威胁，或者简单统计交友网站上所有的好友关系来发掘用户的喜好等。海量的数据通过可视化方法变成形象、生动的图形，有助于人类对数据的属性、关系进行深入探究，利用人类智慧来挖掘数据中蕴含的信息，从表面杂乱无章的海量数据中探究隐藏的规律，为科学发现、工程开发、医学诊疗和商业决策等提供依据。如图2.8所示，可视化可作用于数据科学过程中不同的部分，作为一种人机交互手段，贯穿整个数据过程[47]。

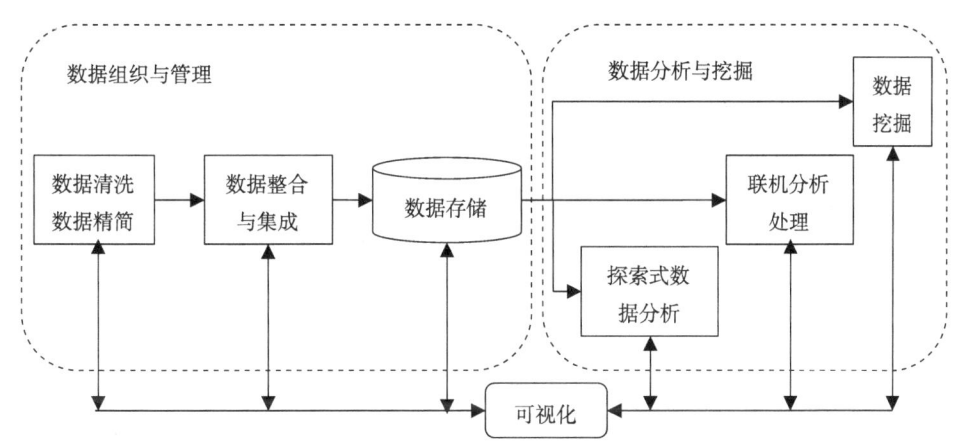

图2.8　可视化作为人机交互手段，贯穿整个数据科学过程[47]

值得提出的是，人文与社会科学领域的"数字人文（Digital Humanities）"及"计算社会科学（Computational Social Science）"可看作数据科学在人文社科领域的典型应用。其中，"数字人文"起源于20世纪50年代的"人文计算"。随着多媒体和互联网技术的发展，数字人文在对文本分析保留浓厚兴趣的同时，其研究兴趣逐渐向多媒体扩展，研究领域也从最初的语言学延伸至史学、文学、图书情报，甚至法律、哲学等，研究社区日渐成熟，新兴研究主题日渐浮现[48]。2009年2月6日，大卫·拉泽（David Lazer）等[49]在《科学》上发表题为"计算社会科学"的观点文章，标志着这一交叉领域的诞生。2020年8月28日，大卫·拉泽（David Lazer）等[50]又在《科学》的政策论坛专栏发表文章，反思计算社会科学领域研究的发展现状，包括数据分享、研究伦理及激励机制，同时提出5条建议：加强协作、完善新型数据基础设施、注重伦理和法律及社会影响、重组大学组织结构、解决实际问题。

随着数据科学的发展从快速发展期进入成熟期，人们对数据科学的关注从对外延、理念、思想认识等表层问题的讨论转向对本质、方法、技术、工具和应用等深层问题的探讨。在此过程中，数据科学的理论研究和实践应用亟待聚焦数据科学的自身问题和主要矛盾，进一步明确数据科学在人类知识体系中的合理定位，凸显其方法、技术和工具层面的价值，提升数据科学解决问题的能力，推动数据科学领域的健康发展。目前，数据科学仍是实践领先于理论的新兴学科，理论研究远远滞后于行业实践。未来，需要深入研究数据科学中的新方法、新技术和新工具，不断提炼数据科学的理论，加强理论创新，提升理论对实践应用的指导作用，推动数据科学理论与实践的协同发展[51]。

2.5 本章小结

作为本研究的理论基础部分，本章厘清了学科结构与演化可视化分析所依赖的已有学科理论。学科结构与演化可视化分析的研究对象是学科，与科学学存在紧密联系；其研究方法是可视化分析，与网络科学和可视化理论息息相关；作为一种重要的数据对象，学科与新兴的数据科学密不可分。首先是科学学理论，是学科结构与演化可视化分析的根本理论，具体从科学革命结构理论、无形学院理论、概念革命理论、学科演化的社会学理论、学科演化4阶段理论和科学计量学理论等不同视角（哲学、历史、社会和定量）进行论述。其次是网络科学理论，是学科结构与演化可视化分析的核心理论，具体从复杂网络理论和社会网络理论两个方面（一般和具体）展开论述。再次是可视化理论，是学科结构与演化可视化分析的重要理论，具体从视觉感知和认知、信息可视化、可视分析学和可视化流程4个方面展开论述。最后是数据科学理论，是学科结构与演化可视化分析的新兴理论，具体从数据科学的定义、数据科学与其他学科的关系及其研究内容3个方面进行论述。

参考文献

［1］ CHEN C. Mapping scientific frontiers: the quest for knowledge visualization[M]. Cham: Springer, 2013.

［2］ CHEN C, SONG M. Representing scientific knowledge: the role of uncertainty[M]. Cham: Springer, 2018.

［3］ 托马斯·库恩. 科学革命的结构 [M]. 2 版. 金吾伦, 胡新和, 译. 北京：北京大学出版社, 2011.

［4］ 郄晨. 科学共同体的社会组织与科学知识的增长：《无形学院》述评 [J]. 自然辩证法通讯, 1987, (5): 77-78, 31.

［5］ 石诚. 库恩、萨伽德科学革命理论比较研究 [D]. 南京：南京航空航天大学, 2006.

［6］ THAGARD P. Conceptual revolutions[M]. Princeton: Princeton University Press, 1992.

［7］ 邱美虹. 概念改变研究的省思与启示 [J]. 科学教育学刊, 2000, 8(1): 1-34.

［8］ COLLINS R. The sociology of philosophies: a global theory of intellectual change[M]. Cambridge: Harvard University Press, 1998.

［9］ WHITLEY R. The intellectual and social organization of the sciences[M]. Oxford and New York: Oxford University Press, The Clarendon Press, 1985.

［10］ FUCHS S. A sociological theory of scientific change[J]. Social forces, 1993, 71(4): 933-953.

［11］ FUCHS S. Three sociological epistemologies[J]. Sociological perspectives, 1993, 36(1): 23-44.

［12］ SHNEIDER A. Four stages of a scientific discipline：four types of scientist[J]. Trends in biochemical sciences, 2009, 34(5): 217-223.

［13］ 邱均平. 信息计量学 [M]. 武汉：武汉大学出版社, 2007.

［14］ 梁立明, 武夷山. 科学计量学：理论探索与案例研究 [M]. 北京：科学出版社, 2006.

［15］ 梁永霞. 引文分析学知识图谱 [M]. 大连：大连理工大学出版社, 2012.

［16］ 曼努埃尔·利马. 视觉繁美：信息可视化方法与案例解析 [M]. 杜明翰, 陈楚君, 译. 北京：机械工业出版社, 2013.

［17］ 泰德·路易斯. 网络科学：原理与应用 [M]. 陈向阳, 巨修练, 译. 北京：机械工业出版社, 2011.

［18］郭世泽，陆哲明.复杂网络基础理论[M].北京：科学出版社，2012.

［19］艾伯特－拉斯洛·巴拉巴西.网络科学[M].沈华伟，黄俊铭，译.郑州：河南科学技术出版社，2020.

［20］周涛，柏文浩，汪秉宏，等.复杂网络研究概述[J].物理，2005, 34(1): 31–36.

［21］汪小帆，李翔，陈关荣.复杂网络理论及其应用[M].北京：清华大学出版社，2006.

［22］李晓辉，徐跃权.复杂网络理论的情报学应用研究[J].情报资料工作，2007(3): 9–13.

［23］GRANOVETTER M. Economic action and social structure: the problem of embeddedness[J]. American journal of sociology, 1985: 481–510.

［24］GRANOVETTER M. The strength of weak ties[J]. American journal of sociology, 1973（8）: 1360–1380.

［25］BURT R. Structural holes: the social structure of competition[M]. Brighton：Harvard University Press, 2009.

［26］NAHAPIET J, GHOSHAL S. Social capital, intellectual capital, and the organizational advantage[J]. Academy of management review, 1998, 23(2): 242–266.

［27］刘彤，时艳琴.基于社会网络分析的专家知识地图应用研究[J].情报理论与实践，2010, 33(3): 68–71.

［28］吴才唤.社会网络分析在隐性知识地图构建中的应用[J].图书馆，2010 (1): 48–51.

［29］陈为，沈则潜，陶煜波，等.数据可视化[M]. 2版.北京：电子工业出版社，2019.

［30］WARD M, GRINSTEIN G, KEIM D. Interactive data visualization: foundations, techniques, and applications[M]. Boston: AK Peters, 2010.

［31］MUNZNER T. Visualization analysis and design [M]. Boca Raton: CRC Press, 2014.

［32］PAIVIO A. Mental representations: a dual coding approach[M]. Oxford: Oxford University Press,1986.

［33］周宁，陈勇跃，金大卫，等.知识可视化与信息可视化比较研究[J].情报理论与实践，2007, 30(2): 178–181,255.

［34］THOMAS J. Illuminating the path: the research and development agenda for visual analytics[M]. Los Alamitos: IEEE Computer Society Press, 2005.

［35］TOMINSIKI C. Event–based visualizaition for user–centered visual analysis[D]. Rostock: University of Rostock, 2006.

［36］HABER R, MCNABB D. Visualization idioms: a conceptual model for scientific visualization systems[M]//SHRIVER B, NEILSON G, ROSENBLUM L. Visualization in scientific computing[M]. New York: IEEE Computer Society Press, 1990: 74–93.

［37］CARD S, MACKINLAY J, SHNEIDERMAN B. Readings in information visualization: using vision to think[M]. San Francisco: Morgan Kaufmann, 1999.

［38］KEIM D, ANDRIENKO G, FEKETE J, et al. Visual analytics: definition, process, and challenges[M]. Berlin: Springer, 2008.

［39］朱扬勇，熊赟.数据学[M].上海：复旦大学出版社，2009.

［40］欧高炎，朱占星，董彬，等.数据科学导引[M].北京：高等教育出版社，2017.

［41］朝乐门.数据科学理论与实践[M]. 2版.北京：清华大学出版社，2019.

［42］LOUKIDES M. What is data science?[M]. Cambridge: O'Reilly Media, 2011.

［43］JONES M T. An introduction to data science [EB/OL]. (2019–07–09)[2022–03–27]. https://developer.ibm.

com/series/an-introduction-to-data-science.

［44］托尼·赫伊,斯图尔特·坦斯利,克里斯汀·托尔.第四范式数据密集型科学发现[M].潘教峰,张晓林,等译.北京:科学出版社,2012.

［45］朝乐门.数据科学[M].北京:清华大学出版社,2016.

［46］PIATETSKY G. Python overtakes R becomes the leader in data science, machine learning platforms[EB/OL]. (2017-07-12)[2022-03-27]. https://www.kdnuggets.com/2017/08/python-overtakes-r-leader-analytics-data-science.html.

［47］陈为,沈则潜,陶煜波.数据可视化[M].北京:电子工业出版社,2013.

［48］李慧楠,王晓光.数字人文的研究现状:"2019数字人文年会"综述[J].情报资料工作,2020,41(4): 49-59.

［49］DAVID L, ALEX P, LADA A, et al. Computational social science[J]. Science,2009, 323(5915): 721-723.

［50］DAVID L, ALEX P, LADA A, et al. Computational social science: obstacles and opportunities[J]. Science, 2020, 369(6507): 1060-1062.

［51］朝乐门,张晨,孙智中.数据科学进展:核心理论与典型实践[J].中国图书馆学报,2022,48(1): 77-93.

3 学科结构与演化可视化分析的基础理论

学科结构与演化可视化分析方面的研究正处于开发拓展阶段，相对于发展成熟的学科领域而言，其理论研究相对薄弱，本书根据已有的科学学理论和新兴的数据科学、网络科学、可视分析学、数学和计算机科学等学科领域的理论与方法技术，主要从含义、类型、特点、模式与方法等方面对学科结构与演化可视化分析的核心理论内容进行阐述。

3.1 学科结构与演化可视化分析的含义

目前学术界尚无研究者明确界定学科结构与演化可视化分析的含义，本书从可视化的重要概念着手，即科学计算可视化、数据可视化、信息可视化、知识可视化和可视分析学，去探索学科结构与演化可视化分析的含义。

3.1.1 可视化分析法

陈为等[1]提到："新时期科学发展和工程实践的历史表明智能数据分析所产生的知识与人类掌握的知识的差异正是导致新知识发现的根源，而表达、分析和检验这些差异必须充分利用人脑智能。另外，当前的数据分析方法大都基于先验模型，易于检测已知模式和规律，对复杂、异构、大尺度数据的自动处理经常会失效。例如，不知道数据中蕴含的模式，搜索空间过大，特征模式过于模糊，参数很难设置，等等。而人的视觉识别能力和智能恰好可以辅助解决这些问题。另外，自动数据分析的结果通常带有噪声，需要人工干预排除。为了有效结合人脑智能与机器智能，一个必经途径是以视觉感知为通道，通过可视交互界面，形成人脑和机器智能的双向转换，将人的智能特别是'只可意会，不可言传'的人类知识和个性化经验可视地融入整个数据分析和推理决策过程中，使得数据的复杂度逐步降低到人脑和机器智能可处理的范围。这个过程逐渐形成了可视分析这一交叉信息处理的新思路。"

在可视分析学基础上，本书提出可视化分析法的定义，即为了实现分析推理和决策的目标而将数据分析、人机交互和可视化涉及的所有技术集于一起的方法。它是一种定性方法和定量描述相结合的综合性方法。与之前的分析方法相比，可视化分析法更强调人这一因素的重要性。

3.1.2 知识可视化分析

知识和信息最大的不同在于信息存在于大脑外部，也称为社会知识（Knowledge in the World），而知识存在于大脑中。认知以大脑中的知识和社会知识为基础。大脑中的知识与社会知识类型不同，这些不同的知识类型用不同的模式表述。根据知识的基本形态可将其分为显性知识（Explicit Knowledge）和隐性知识（Tacit Knowledge）两种类型。显性知识是指可以诉诸文字或其他可记录方式而传授给他人的技能与客观事实，如报告、分析、手册、操作指令等；隐性知识是指人类拥有且无法轻易描述的技能、判断及直觉，如对策、洞察力及一些技术诀窍（Know-How）等。相比之下显性知识存在于有形的媒体，更加固定和系统化，也更容易组织和交流；而隐性知识的表现形式则是不直接的、隐含的，存在于一定的特殊背景环境，是人们自我领悟或受到启发的长期积累[2]。依照以上划分，知识可视化可分为显性知识可视化和隐性知识可视化。

赵国庆等[3]认为知识可视化除传达事实信息之外，其目标在于传输见解（Insights）、经验（Experiences）、态度（Attitudes）、价值观（Values）、期望（Expectations）、观点（Perspectives）、意见（Opinions）和预测（Predictions）等，并以这种方式帮助他人正确地重构、记忆和应用这些知识。因此，在知识可视化中，事实信息及显性化的隐性知识都可看作显性知识可视化的来源，然而这些来源又与信息可视化息息相关，因此信息可视化可以看作知识可视化的一部分。此外，信息可视化的目的是从大量抽象数据中发现新的信息，知识可视化的目的是促进知识的传播和创新，可视分析学的目的是分析推理并促进决策。依据知识管理的理论与操作环节，可将以上3个概念统一起来，即它们分别对应知识收集与处理、知识传播、知识共享与组织决策环节。

因此，依据知识的基本形态和知识管理理论，知识可视化分析的含义界定如下：知识可视化分析包括显性知识可视化分析和隐性知识可视化分析，即运用可视化分析法对不同类型的知识进行收集、处理和传播，实现知识的创新、共享及用户决策。

3.1.3 学科结构与演化可视化分析

学科结构与演化可视化分析是指将可视化分析法用于学科领域研究，以探索学科的结构（静态）与演化（动态）特征和规律。目前与学科结构与演化可视化分析最相关的学术术语是科学知识图谱、学科知识地图和学科知识网络。科学知识图谱是科学计量学领域的重要研究内容，从广义上来讲，它可看作显示科学知识发展进程与结构关系的一系列各种不同的图形。具体来说，它是把应用数学、图形学、信息科学等学科的理论和方法与计量学引文分析、共现分析等方法结合，用可视化的图谱形象地展示学科的核心结构、发展历史、前沿领域及整体知识架构的多学科融合的一种研究方法[4]。

学科知识地图则可以自动将本学科的知识单元进行关联，图形化的连接方式可以让普通学者快速实现知识检索的拓展和关联；可以借助收集显示本学科各类来源文献，并利用文献之间复杂的引用联系等建立显性知识的排序和关联；可以借助作者发文、共引、共用主题词等关系建立学科内专家学者等隐性知识之间的联系，以实现对于学科隐性知识的检索和浏览[5]。学科知识网络是由学科知识元素组成的知识节点和知识关联（知识链接）构成的网络状知识体系，它具有知识网络的一切属性，还具备知识场分布性、相对真伪性和有序性等特有属性[6]。

因此，科学知识图谱、学科知识地图、学科知识网络和可视化分析分别从不同视角对学科结构与演化的特征与规律进行研究。学科知识地图是一种知识指南，指明"人或者知识在哪儿",强调知识组织;科学知识图谱和学科知识网络具有更深层次的含义,不仅指明"人或者知识在哪儿",还揭示"人或者知识的过去、现在及将来是什么样",强调知识挖掘与知识发现。可视化分析能够将以上三者统一起来,它们都是从不同的建模视角以"可视化"的形式(图谱、地图和网络)揭示学科结构与演化的特征与规律,最终目的都是辅助决策和知识服务[7]。

3.1.4　学科结构与演化可视化分析的模型思维

科学哲学领域认为模型是特定现象、数据或理论的表征;社会科学领域认为模型是现实世界某一方面的简约化表征,是对现实世界进行观察后形成的系统化推测;系统科学和应用数学领域认为模型是对现实世界进行解构、关联后并运用数学语言进行表征的结果[8]。综合来看,模型是对现实世界的简约化表征,可以是定性概念化描述,也可以是定量数学语言描述。在建模中,数学和逻辑扮演着专家教练的角色,它们会纠正我们的缺漏[9]。

科学可以看作一个不断变化的复杂系统,不同主体按照特定的规则进行交互活动。马亚雪等[10]提出"科学社会"的概念,将科学视作一个以推动知识创新与发展为目标、以科学共同体为主体、以科学知识交流与生产为核心活动的复杂社会系统。安德莉亚·沙恩霍斯特(Andrea Scharnhorst)等提出相似观点,并认为从科学计量学和科学建模角度来看,科学由保持学术交流的研究人员群体及其所生产的一系列彼此相关的知识组成,是社会活动(Social Activity),也是知识网络(Knowledge Network)。其中社会活动包括研究人员之间的正式或非正式交流与合作、机构和国家等对研究人员的管理或资助等,而知识网络主要以类型多样且文献实体复杂关联的科学文献形式呈现[9]。从哲学层次来看,社会活动属于主体,知识网络属于客体,客体产生于主体之间的交互同时向主体提供反馈。安德莉亚·沙恩霍斯特(Andrea Scharnhorst)等[8]还提出了科学建模的基本操作流程:提出研究假设或问题、选取样本数据、围绕特定数据字段进行数学描述并计算结果、结果验证与反馈。

基于上述科学社会学理论及科学建模基本操作流程,本书对科学建模基本操作流程的内容进一步细化:首先基于经验或相关理论框架对社会活动进行定性简约化和概念化描述;然后以此为引导从样本数据中寻找、锁定并提炼能够表征特定概念的文献实体,通过文献实体的基本统计特征及其之间的关系特征等量化测度所提出的概念;最后通过应用的效果及反馈来验证和优化概念和测度指标。参考建模过程中的"奥卡姆剃刀"原则(如无必要,勿增实体。爱因斯坦则把这一原则进一步阐释为事情应该力求尽可能简单,但是不可能过于简单化)的"简化而不失真"理念[9],本书将科学建模的基本操作流程归纳为3点:场景解构、测度与实现和应用反馈。

场景是具体问题具体分析,是建模的起源也是所建模型适用与否的"试金石"。学科结构与演化可视化分析的场景聚焦于科学领域的社会活动和知识网络,如科学合作、科学主题、科学传承、学科交叉和学科前沿等。测度与实现是建模的实际操作,需要确定操作的对象和工具。得益于科学文献出版标准化及数字化,科学文献能够在很大程度上记录研究人员的交流合作情况及交流合作过程中产生的知识。因此,科学文献成为探索科学合作交流及知识网络的理想研究对象。围绕科学文献数据,不同学科已经积累了多种定性和定量的方法与工具，可以运用多学科方法工具对科学文献进行综合分析研究。应用反馈主要用于验证优化测度指标和调整研究问题，目前主要通过通用反馈指标及专家意见作为标准。

3.2 学科结构与演化可视化分析的类型

从模型实现角度来看，学科结构与演化可视化分析围绕科学文献（可以具体结构为不同粒度和不同层次的学科知识单元）展开。因此，首先要明确学科结构与演化可视化分析的对象——学科知识单元到底有哪些，然后围绕学科知识单元对学科结构与演化可视化分析的类型进行总结。

3.2.1 学科知识单元的表示方式

对学术文献进行拆解和表示可以得到不同层次和不同类型的学科知识单元。常见的文献表示包括元数据表示和内容表示两种。元数据表示方式通过对文献进行元数据标引来描述文献，而内容表示方式则通过对文献内容进行分析形成以词和概念表达的文献逻辑视图来描述文献，将文献的描述与表示拓展到了文献的内容上[11]。文献的内容表示将全文映射到一组标引词上，如果对这些标引词之间的关系和规则进行揭示和建模，将会上升至更高的知识表示层次。因此，本书从元数据表示方式（题录数据，由不同字段表示）、内容表示方式（全文数据，由一组标引词表示）和知识表示方式（如作者、机构和标引词等之间的规则和关系）3个层次进行论述。

（1）文献的元数据表示方式

文献 M 有 n 个属性 a_1，a_2，$\cdots$，a_n，用有序序列（a_1，a_2，$\cdots$，a_n）来表示该文献，则称该有序序列为文献 M 的元数据表示，或者说此有序序列描述和确定该文献 M。进一步，我们将该有序序列用行矩阵 A 来表示：

$$A = (a_1, a_2, \cdots, a_n)。$$

而由 m 篇文献所组成的文献集，由 $m \times n$ 矩阵来表示：

$$A = \begin{vmatrix} a_{11} & a_{12} & \cdots & a_{1i} & \cdots & a_{1n} \\ a_{21} & a_{22} & \cdots & a_{2i} & \cdots & a_{2n} \\ \cdots & \cdots & \cdots & \cdots & \cdots & \cdots \\ a_{i1} & a_{i2} & \cdots & a_{ii} & \cdots & a_{in} \\ \cdots & \cdots & \cdots & \cdots & \cdots & \cdots \\ a_{m1} & a_{m2} & \cdots & a_{mi} & \cdots & a_{mn} \end{vmatrix}。$$

（2）文献的内容表示方式

文献本身客观上是一个连续的统一体，在这个统一体中，文献的逻辑视图从全文表示转换为由人主观指定的更高水平的表示。我们称这种标引词集合的表示方式为文献的内容表示方式，如图 3.1 所示。图 3.1 所示文献为西文文献，如果是中文文献，还涉及词表和分词技术。严格来说，文献的元数据表示可以视为文献广义逻辑视图的一种，只是没有涉及文献的具体细节内容。当文献由文献表示进行描述和表示之后，对文献的处理就变为对这种形式化语言的处理。这样，就使得不可能解决的问题变得容易解决。文献的组织、管理、检索等均是以文献表示为基础[11]。具体到机器语言，文献的内容通常表示为向量或矩阵。

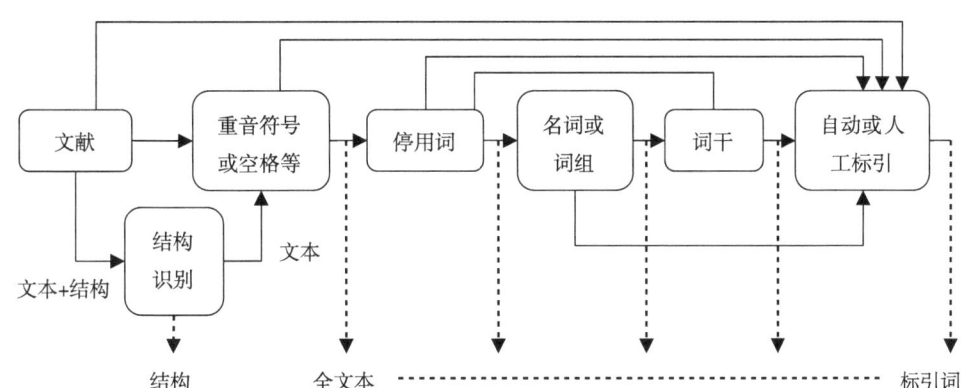

图 3.1 文献的逻辑视图：从全文到一组标引词[11]

词汇是具有明确语义的基本语言单元，文献的内容通常通过词汇进行表示，如何将词汇表示成适合机器处理的形式，是自然语言理解的核心问题。综合现有的词汇表示学习方法，基本上可归为两类：基于共现矩阵的统计和基于神经网络的预测。

无论是基于共现矩阵的统计还是基于神经网络的预测，以上两类方法的本质都是通过词汇与所在上下文的相关性来捕捉词汇语义。不同的是，前者通常使用文档作为上下文，后者通常使用滑动窗口内的词作为上下文。两类方法都以分布式假设为基础，而分布式假设的思想渊源于索绪尔的语言符号学说[12]，索绪尔将语言要素的关系归为组合（Syntagmatic）和聚合（Paradigmatic）两类，组合关系体现在词汇方面就是组字成词、连词成句、聚句为段，强调相似的词会在同一个语境中共现；聚合关系又称替换关系，强调相似的词具有相似的语境而不同时出现，具有聚合关系的语言要素一般可以互换。从这个角度看，基于"词—文档"共现矩阵的模型，如潜在语义分析（Latent Semantic Analysis，LSA）[13]、潜在狄利克雷分布（Latent Dirichlet Allocation，LDA）[14]等，可以看作对组合关系的建模，而基于滑动窗口局部上下文的模型，如神经概率语言模型（Neural Probabilistic Language Model，NPLM）[15]、对数双线性模型（Log Bi-Linear，LBL）[16]、连续词袋模型（Continuous Bag of Words，CBOW）[17]等，更多是对聚合关系的建模[18]。

（3）文献的知识表示方式

为了研究知识，更好地获取、组织、发现和利用知识，必须进行知识建模，即对知识进行形式化表达，我们称之为知识表示。一般地，知识表达的模式为：$K=F+R+C$，其中，K 表示知识项；F 表示事实，指客观世界和事物存在的状态和属性；R 表示规则和关系；C 表示概念，指事物的含义、规则和语义说明。为了把这些知识（事实、规则和概念）明白无误地用计算机所能接受和理解的形式表示出来，必须建立一组约定的、利于知识编码的适当数据结构，这就是知识表示要研究的问题。目前已经提出了多种知识表达方式，如谓词逻辑、生产式系统、关系表示、框架、脚本、本体、语义网络等[11]。

本书的研究层次主要限于文献的元数据表示方式和内容表示方式，对文献的知识表示方式涉及较少。目前来看，学术期刊是学科结构与演化可视化分析的主要研究对象，这里以期刊为例进行说明。史蒂文·莫利斯（Steven Morris）和贝西·维尔（Betsy Veer）提出用于描述期刊文献（或期刊文献集合）及其书目要素（学科知识单元）之间关系的抽象模型，认为学科知识单元间关系主要分为3类：直接关系（Direct Bibliographic Links）、间接关系（Indirect Bibliographic Links）和共现关系（Co-occurrence Links），如图3.2所示[19]。

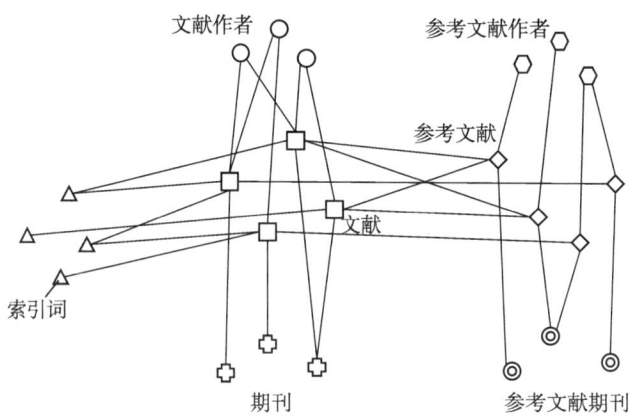

图3.2 一个期刊文献集合的简单模型[16]

图3.2的模型主要包括7种不同类型的要素：文献（Papers），是该模型的核心要素，与其他6个要素存在直接或间接的关系；文献作者（Paper Authors），文献的生产者；期刊（Paper Journals），文献所在的期刊；参考文献（References），文献所依赖的研究基础；参考文献作者（Reference Authors），参考文献的生产者；参考文献期刊（Reference Journals），参考文献所在的期刊；索引词（Index Terms），能够反映文献的研究主题。直接书目关系具体包括以下6种：论文—论文作者关系、论文—索引词关系、论文—发表论文期刊关系、论文—参考文献关系、参考文献—参考文献作者关系和参考文献—发表参考文献期刊关系，它们的路径长度均为1。间接书目关系主要由两个及两个以上的直接书目关系构造形成，共有14种情形。其中，路径长度为2的有8种，如论文作者—索引词关系；路径长度为3的有6种，如论文作者—参考文献作者关系。

显然，如果直接书目关系使用关系表（矩阵形式）进行表示和存储的话，那么，间接书目关系通过对存储直接关系的矩阵进行乘法运算即可获得。这两类关系的一个共同特点是反映了两个不同书目要素之间的关联关系。共现关系主要指两个（或多个）相同书目要素之间形成（或存在）的相互关系，与书目关系不同。例如，两篇论文因为引用了一篇或多篇相同的参考文献而形成的书目耦合（Bibliographic Coupling）关系；两篇参考文献因为被其他一篇或多篇论文引用而形成的共引（Co-citation）关系；3个论文作者因共同发表一篇或多篇论文而形成的合著（Co-authorship）关系；等等[20]。

肖明等依据计算机领域的实体关系模型对文献和学术实体之间的关系进行阐述，提出文献计量系统的通用模型——"文献—实体关系模型"。与史蒂文·莫利斯（Steven Morris）和贝西·维尔（Betsy Veer）提出的模型相比，该模型本质上与其相同，只是多了机构和基金两个书目要素（图 3.3），在此基础上，他们又以 Web of Science 数据库中的二次文献数据为例，对其 50 多种字段标识进行系统归纳，具体如图 3.4 所示。本书对 Web of Science 数据库中的字段标识进行了梳理，具体如表 3.1 所示。

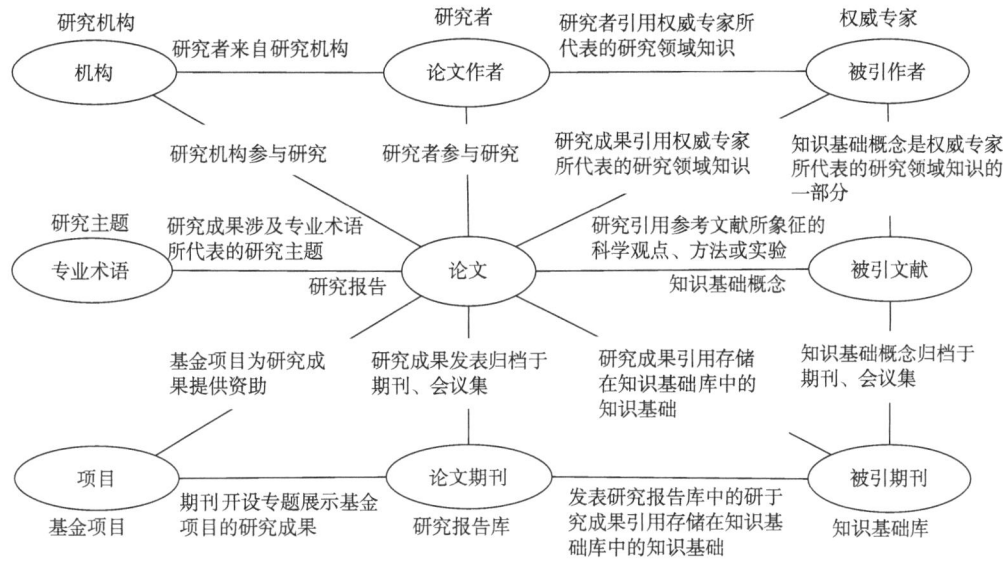

图 3.3　文献与实体关系[21]

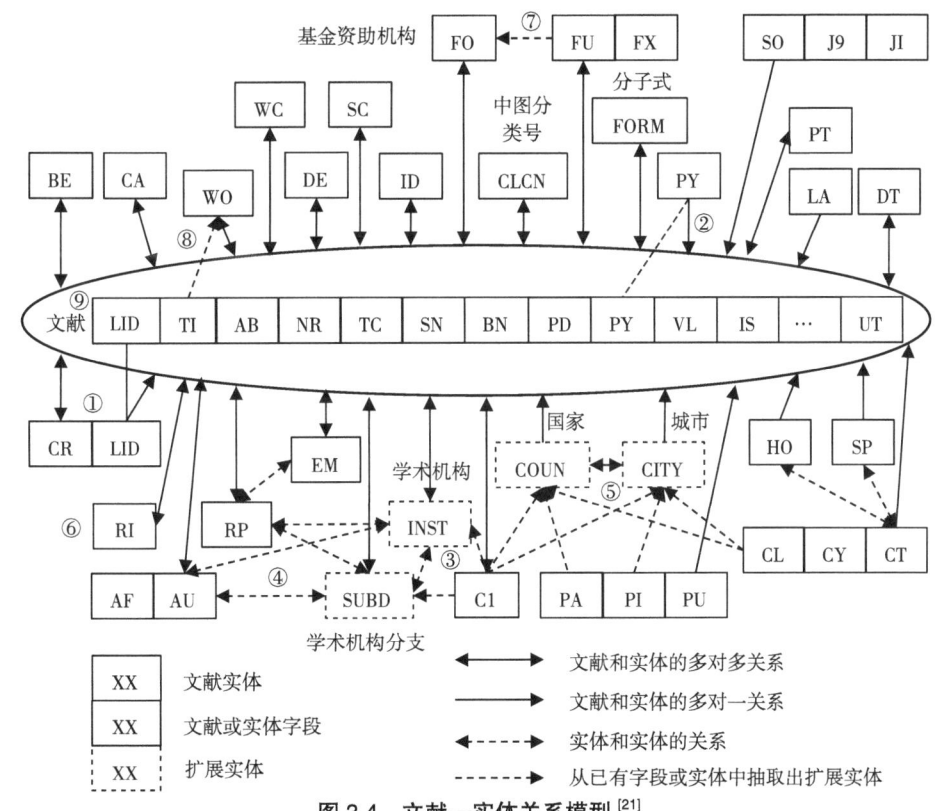

图 3.4　文献—实体关系模型[21]

表 3.1 Web of Science 数据库导出的纯文本格式的字段标识（2022 年 4 月）

标识	解释	标识	解释	标识	解释
FN	文件名称	C1	作者地址	SI	特刊
VR	版本号	RP	通讯作者地址	PN	子辑
PT	出版物类型	EM	邮箱地址	SU	增刊
AU	作者	RI	ResearcherID	MA	会议摘要
AF	作者全称	OI	ORCID	BP	起始页
BA	图书作者	FU	基金资助	EP	结束页
BF	图书作者全称	FX	基金资助信息	AR	文献号
CA	团体作者	CR	被引文献	DI	DOI
GP	图书团体作者	NR	引用数	D2	图书 DOI
BE	编辑者	TC	WoS 被引频次	EA	优先出版日期
TI	文献标题	Z9	总被引频次	EY	优先出版年份
SO	出版物名称	U1	近 180 天使用次数	PG	页数
SE	丛书标题	U2	自 2013 年使用次数	P2	图书章节数
BS	丛书副标题	PU	出版商	WC	WoS 分类
LA	语种	PI	出版商城市	SC	学科分类
DT	文献类型	PA	出版商地址	GA	文献传递号
CT	会议名称	SN	国际标准期刊编号	PM	PubMed ID
CY	会议日期	BN	国际标准图书编号	UT	WoS 入藏号
CL	会议地点	J9	29 字符来源缩写	OA	公开存取
SP	会议赞助商	JI	ISO 来源缩写	HP	ESI 热点论文
HO	会议主办方	PD	出版日期	HC	ESI 高被引论文
DE	作者关键词（主题词）	PY	出版年	DA	文件导出日期
ID	标引人员关键词（标引词）	VL	卷	ER	记录结尾
AB	摘要	IS	期	EF	文件结尾

在"文献—实体关系模型"中，以下几点值得注意（具体见图 3.4 ①~⑨）：①根据被引文献中的第一作者、来源出版物、卷号和 DOI 信息，可识别出本库中对应的文献记录；②将出版年作为实体建表储存，但考虑到时间维度的重要性，在文献表中同时存储一份年份字段；③从作者或通讯作者的地址实体中抽取出学术机构和分支数据作为实体保存；④学术机构和分支作为外键加入作者实体中，存储不同地址的作者，消除同名同姓作者被记录成相同

实体的混淆情况；⑤从作者地址、会议地址、出版商地址中抽取出国家和城市数据作为实体保存，可在地理维度上进行深入分析；⑥随着 Web of Science 对 ResearcherID 的推广，RID 字段会逐步完善，可以和 AU 字段产生关联；⑦从基金资助的信息中抽取出基金资助机构数据作为实体保存；⑧从文献标题（甚至摘要）中抽取出词作为实体保存；⑨文献记录本身其实也是一种实体，和其他实体有着直接关系[21]。

明确了学科知识单元的不同层次和不同类型后，以下便围绕学科知识单元对学科结构与演化可视化分析进行分类，主要依据以下两个原则：研究机构或个人的研究目的、学科知识单元的来源与特征。

3.2.2　依据可视化分析目标的分类

受托马斯·库恩（Thomas Kuhn）《科学革命的结构》的影响，如今的科学学研究者形成了一种共识：科学具有一定的结构，且随着时间的推移会呈现转移、汇聚和淹没等规律。因此，对科学知识体系的结构及演化规律的研究一直是人们持续关注的课题。安德莉亚·沙恩霍斯特（Andrea Scharnhorst）等[8]认为，科学学研究的目的是厘清以下问题：何时（When）、何地（Where）、何事（What）、和谁一起（With Whom）等，即科学学在时间分析（Temporal Analysis）、空间分析（Spatial Analysis）、主题分析（Topical Analysis）和网络分析（Network Analysis）方面的问题。时间问题通常需要动态模型（Dynamic Models）去解决，空间和主题问题通常需要结构模型（Structural Models）去解决，网络分析问题需要通过同质网络和异质网络的仿真和网络动力学模型等去解决。

此外，林夏总结了不同学科对知识结构的不同解释：心理学领域认为知识结构是在人脑中形成的；知识管理领域认为知识结构由于应用分类而不同；人工智能领域认为知识结构是让计算机实现推理学习；图书情报学领域认为知识结构是人类知识的分类。他还认为大数据时代的知识结构具有以下特征：以数据为基础（用简单的数据模型汇集大量的数据）；以分析为手段（大量、高速度的分析，大量、复杂的关联分析）；以互动的可视化为表现形式；以应用为检验标准。知识结构可视化有 3 种不同的策略：现有知识结构的可视化（将分类表、词汇表、文件索引中的知识结构用可视的方法显示出来，如 DDC-based Visual Interface）、探索发现型的知识结构可视化（将抽取和重构之后的知识结构用可视的方法显示出来，如 Ontology-based Visual Search Interface）、用可视模式引导的知识结构可视化（如 Google+Ripples）。

依据以上观点，本书将学科结构与演化可视化分析分为学科结构可视化分析和学科演化可视化分析两种类型，前者反映学科的静态特征，后者反映学科的动态特征。

3.2.3　依据学科知识单元数据来源的分类

从科学计量学发展的历程来看，其研究的数据来源主要包括题录数据、全文数据、用户使用数据和 Altmetrics 数据。题录数据主要通过分析标题，摘要，关键词，合作者，合作机构或合作国家（地区），参考文献等来揭示特定领域的研究主题、合作情况及引用情况等。全文数据主要用于全文本引文分析和实体计量学，前者不仅考察施引文献的参考文献列表，还对参考文献在施引文献中的引用情况（引用次数、引用位置和引用语境等）进行分析，通过比较引用情况的不同去了解其在施引文献全文中的作用和重要性，后者则是对全文中的特定实体（如软件、算法、概念和动词等）进行分析。用户使用数据和 Altmetrics 数据的时效性较强，可以用来测度期刊论文的实时使用情况和社会影响力情况，是对题录数据和全文数据的有效补充。

因此，根据学科知识单元的不同数据来源，学科结构与演化可视化分析的类型可以分为题录数据可视化分析、全文数据可视化分析、Usage Metrics 和 Altmetrics 等。

3.2.4 依据学科知识单元维度的分类

在数学中，维度又称维数，是数学中独立参数的数目。零维是一点，没有长度。一维是线，只有长度。二维是一个平面，是由长度和宽度（或曲线）形成面积；三维是二维加上高度形成"体积面"。如果将时间等属性引入，就成了多维。本·施奈德曼（Ben Shneiderman）将数据分为 7 类，并逐一描述了每类数据的信息可视化过程，具体如表 3.2 所示[22]。学科知识单元本身也是数据，根据其不同特点，可以将学科结构与演化可视化分析主要分为：零维型、一维型、二维型、三维型和时间型 5 种。根据以上描述，本书对不同类型的数据进行了抽象的可视化展示，如图 3.5 所示。

表 3.2 不同数据类型的信息可视化过程[22]

数据类型	含义	可视化设计	用户需求
一维数据	指由字母或文字组成的有序的线性数据，如文本课题、程序源代码和按字顺排列的名单等	选择字体、颜色、大小和显示方式	搜索数据项及其属性
二维数据	主要是平面或地图数据，如地理图、平面图或报纸版面等。每个数据项占有特定区域且有多种属性，如名称和数值等	选择大小、颜色、透明度等	寻找数据项之间的关系路径及相应的放大、缩小和过滤等功能
三维数据	指现实世界的物体，如分子、人体和建筑物等，以及物体之间的关系	选择不同的透视方法、颜色搭配方案、透明度参数设置等	了解物体的属性和物体间的关系
时间数据	广泛存在于不同的应用中，如医疗记录、项目管理或历史介绍	选择时间段划分、动画或视频等	明确事件发生之前、之后或之中的轨迹，以及不同阶段的信息和属性
多维数据	每一项数据拥有多个属性，可以表示为高维空间的一个点	选择二维散点图并对每个维度加滑块控制，或选择三维散点图表示	寻找特征、聚类、变量之间的相关性、差距及离群值等
层次数据	指层次关系，每个子项可连接到任一个母项（除了根节点）且不同项之间的连接有多种属性	常见的有树形图	统计整体层次数、某一母项的子项数及寻找相似的数据项等
网络数据	指数据项之间的链接关系。与层次数据类似，数据项之间的链接有多种属性	常见的有节点－链接图以及正方形矩阵图	寻找重要节点、最短路径和团体等

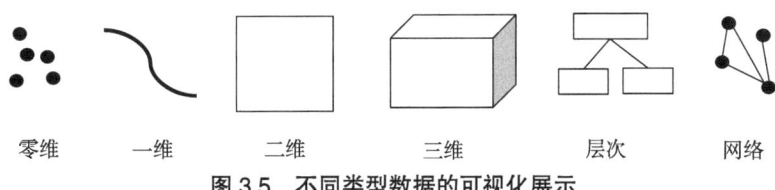

图 3.5 不同类型数据的可视化展示

3.2.5 依据可视化标记与视觉通道的分类

视觉感知系统是迄今为止人类所知的具有最高处理带宽的生物系统。人眼具有很强的模式识别能力，对可视化符号的信息获取能力远高于对文本和数字的直接识别。将数据信息以可视化视图进行呈现，其关键步骤是对数据信息进行编码，即将数据属性以标记呈现后，通过视觉通道控制标记的呈现方式。可视化编码（Visual Encoding）是信息可视化的核心内容，是将数据信息映射成可视化元素的技术，其通常具有表达直观、易于理解和记忆等特性。

数据通常包含了属性和值，因此，类似的，可视化编码由两个方面组成：（图形元素）标记和用于控制标记的视觉特征的视觉通道。前者是数据属性到可视化元素的映射，用于直观地代表数据的性质分类；后者是数据的值到标记的视觉表现属性的映射，用于展现数据属性的定量信息，两者的结合可以完整地对数据信息进行可视化表达。标记通常是一些几何图形元素，如点、线、面、体等。视觉通道用于控制标记的视觉特征，通常可用的视觉通道包括标记的位置、大小、形状、方向、色调、饱和度、亮度等，常见的视觉通道类型如图 3.6 所示[23]（见书末彩插）。其中，平面位置是最基本的，而形状、尺寸和色彩等一般融在平面位置中。

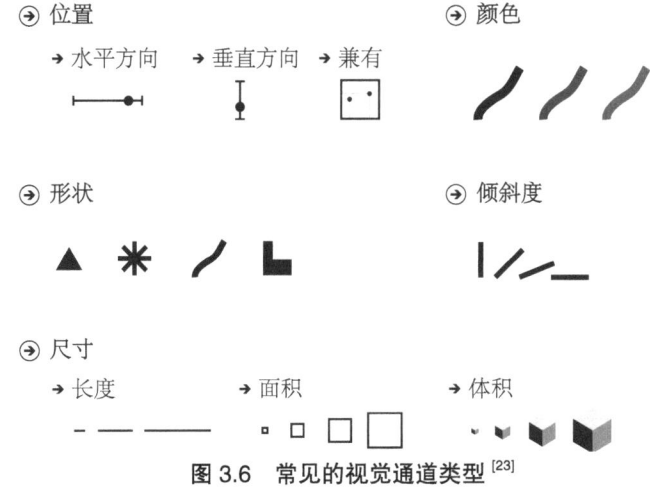

图 3.6 常见的视觉通道类型[23]

根据标记的类型可以将学科结构与演化可视化分析分为以下主要类型：直方图、条形图、箱型图（小提琴图）、散点图、线型图和网络图等，以上类型通常与数据的类型与数量结合进行展现，本书总结了常见的标记与数据类型和数量结合的可视化形式，如表 3.3 所示。视觉通道的类型可以将学科结构与演化可视化分析分为平面位置型、颜色型、尺寸型、斜度和角度型、形状型、纹理型和动画型等。

表 3.3　常见的标记与数据类型和数量结合的可视化形式

数据类型	数据数量	图
数值型	1	直方图、一维密度图、面积图
分类型	1	条形图
数值型	2	散点图、二维密度图、折线图、面积图、地图
分类型	2	条形图、噪点图
数值型和分类型	2	箱型图（小提琴图）、条形图
数值型和分类型	3	等高线图、栅格图、马赛克图

3.2.6　依据学科知识单元层次的分类

根据学科知识单元层次将学科结构与演化可视化分析分为宏观、中观和微观 3 个层次是目前通用的做法。凯蒂·伯纳（Katy Börner）从学科知识单元自身含义及数量多寡进行划分：微观层次主要针对个体层面，研究数据一般为 1～100 条；中观层次的研究数据一般为 101～10 000 条；宏观层次的研究数据一般超过 10 000 条，具体如表 3.4 所示 [24]。

表 3.4　学科结构与演化可视化分析的类型和层次比较 [24]

类型	微观（Micro/Individual）	中观（Meso/Local）	宏观（Macro/Global）
	1～100 条记录	101～10 000 条记录	10 000 条记录以上
统计分析（Statistical Analysis/Profiling）	科学家个人及其学术背景简介	实验室、中心、大学、特定研究领域及特定区域（如得克萨斯州）	美国自然科学基金委的所立项项目、全学科领域和全国区域
时间分析（Temporal Analysis）	科学家个人不同年度获得的资助	期刊 PNAS 20 年间的主题激增统计	物理学领域 113 年的研究状况
空间分析（Geospatial Analysis）	科学家个人的职业轨迹	特定区域的科学家分布状况	期刊 PNAS 所有年份的作者分布状况
主题分析（Topical Analysis）	某一个项目包含的研究主题	化学领域的知识流动情况	美国国立卫生研究院所立项目的主题分布
网络分析（Network Analysis）	科学家个人的 Co-PI（项目共同负责人）网络	作者合著网络分析	美国国立卫生研究院的核心竞争力

3.3 学科结构与演化可视化分析的特点

3.3.1 直观高效

可视化的主要出发点和落脚点都是向人们有效地传递信息或知识,使其了解事物或者事件的本质和规律。因此,直观高效成为学科知识可视化分析的首要特点。制图学中可视化的基本原则——简单(Simplicity)和明晰(Clarity)与其本质是一致的[25]。直观高效的含义就是一目了然、不需要花费太多的精力和时间便能理解可视化图表所要表达的意思。可视化具备一个清晰的目标、传递一种信息或者提供一个特别的角度来表达信息。访问这些信息必须尽可能地直截了当,而不需要牺牲任何必要的相关复杂性。可视化不允许包括太多和主题无关的内容或信息。在页面上放太多信息可能会(也可能不会)给读者传递更多的信息。然而,展现的信息越多,往往意味着读者需要花费更长的时间来查找需要的那部分信息。不相关的数据如同噪声,如果无意,则可能有害[26]。总之,是要达到一种"视物致知"的效果。

3.3.2 内容充实

对于任何可视化而言,不论美丽与否,其成功的关键是提供了获取信息的途径,人们可以借以增长知识。不能达到这个目的的可视化是失败的。信息传递能力是判断整体成功与否的最重要的因素,因此它是可视化设计的主要驱动力。这里的内容充实包含两层含义:"充"是指信息量丰富,"实"是真实准确地反映数据的本质。

3.3.3 形象美感

图形化构建——包括坐标轴、布局、形状、色彩、线条和排版——是实现可视化之美的"必要"因素而不是"充分"因素。合理地利用这些因素来引导用户、传播信息、揭示关系、突出结论及提高视觉魅力是必要的。图形方面的设计必须主要服务于表现信息这个目标。在图形处理中,任何无助于表现信息的微小方面都可能成为表现信息的潜在障碍:这些方面可能会降低效率,妨碍可视化的成功。在图形设计部分,通常是展现的数据越少,表示的信息越丰富。同样,展现的数据如果无益,则很可能有害。

3.3.4 视角新颖

一个可视化效果要真正做到"美",它必然不仅仅是作为信息渠道,还必须具备某些新颖性:一种崭新的视角观察数据,或者一种风格可以激发读者的激情从而达到新的理解高度。众所周知的可视化展现方式(如散点图)可能易于理解且有效,但是在绝大多数情况下,它们无法使我们充满惊奇和乐趣。通常情况下,让人赏心悦目的设计并非为新颖而设计,而为更加有效而设计;新颖性只是为了有效地展示对世界一些新洞察所衍生的一个副产品。通常,新颖的视觉处理方式是创新性的解决方案。然而,如果一个独特的设计是为了与众不同,而且其新颖性与使数据更易于访问并没有必然联系,那么几乎可以确定该可视化结果是更难以使用的。在最坏情况下,新颖的设计只不过是自负的产物,或者是希望创造一些视觉上令人印象深刻的欲望的产物，完全没有考虑目标受众、使用方式或功能。这种设计对任何人都没有使用价值。

3.4 学科结构与演化可视化分析的模式与方法

3.4.1 学科结构与演化可视化分析的模式

在引言中，本书对学科结构与演化可视化分析流程的研究现状进行了较为系统的论述。多位研究者提出了不同的学科结构与演化可视化分析流程，对不同观点进行归纳可知其基本模式相同，均包括学科领域选择、数据获取、数据预处理、学科知识单元选定、知识单元间关系的构建、关系数据标准化、可视化和结果解读等核心步骤，如图3.7所示。

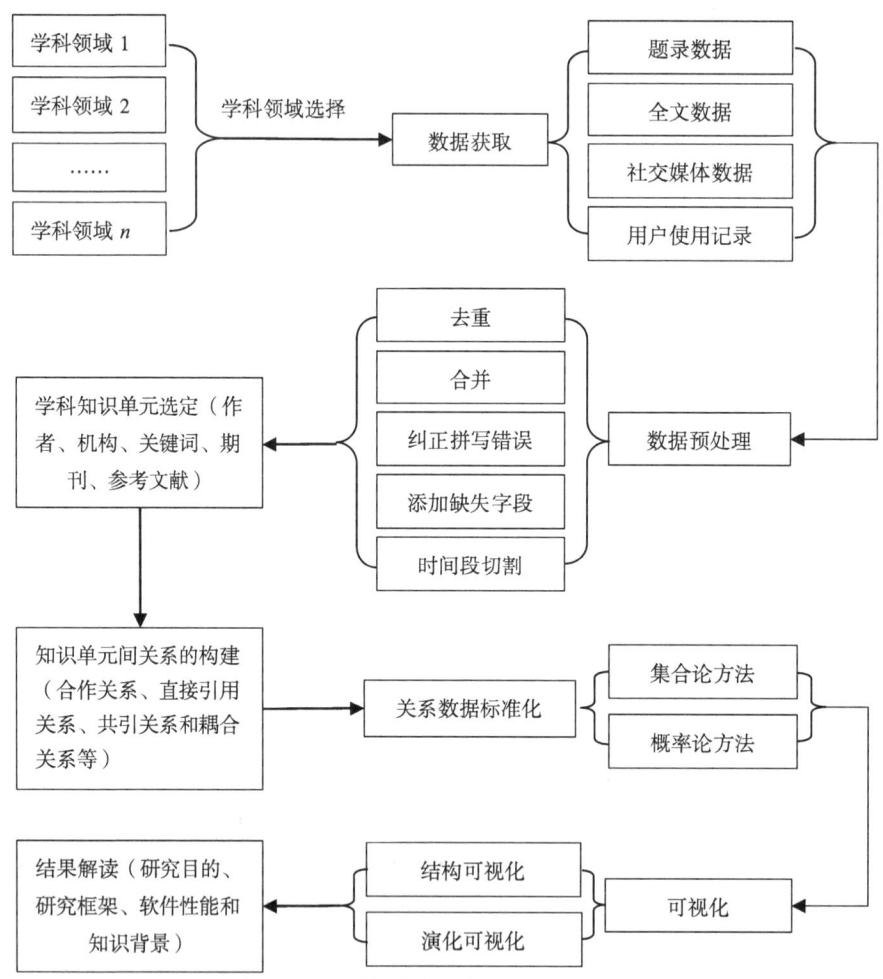

图 3.7　学科结构与演化可视化分析模式

（1）学科领域选择

学科领域选择是学科结构与演化可视化分析的起源，直接关系到整个研究的目标意义所在。从目前的研究来看，学科领域选择的要点主要包括以下几个方面：一是所选择的学科领域要具有一定的代表性,能够引起人们的兴趣、关注和重视,如人工智能和新型冠状病毒领域;二是学科发展程度比较成熟,能够提供比较充足的研究数据和研究空间;三是尽量选择自然科学领域,因为其术语专指性比社会科学领域强,能够保证较为全面和准确的数据获取;四是尽量选择研究者自身比较熟悉擅长的学科领域,能够保证研究的准确性和合理性。

(2)数据获取

样本数据是学科结构与演化可视化分析的基础。从目前的研究来看,样本数据的类型主要有题录数据、全文数据、用户使用数据和 Altmetrics 数据。关于不同类型数据的具体描述详见第 1 章。获取方法主要包括手动获取、数据库记录导出、应用程序编程接口(Application Programming Interface,API)和网络爬虫等。

(3)数据预处理

几乎所有文献数据库的题录数据都存在数据著录格式问题(如人名和地名的缺失和不统一)。因此,为了保证数据的精确性和结果的可靠性,需要对原始数据进行一系列的预处理才能进行接下来的分析工作。常用的数据预处理方法如下:①去重,题录数据中会出现相同的两条或几条文献记录,应将多余的记录删除,保留唯一值;②合并,题录数据中会出现人名、地名和期刊名的拼写不统一及使用不同的关键词来表示同一概念等情况,应予以合并为唯一值;③纠正拼写错误,由于人为或机器的原因,可能会出现作者名、机构名、期刊名及文献名的拼写错误,应予以更正;④添加缺失字段,题录数据中会出现通信地址不明确、网址不完整及关键词缺失等情况,需要额外添加相应字段予以补充,如 *PLoS* 官网的论文没有关键词,可以通过 Web of Science 数据库予以补充;⑤时间段切割,时间维度是科学研究的重点,那么,在研究的历时或分时段的对比分析中需要对数据进行时间段切割处理。

(4)学科知识单元选定

样本数据中的不同分析要素代表不同的含义,研究者可以根据自己的研究目的选取不同的分析要素。常见的研究目的如下:①合作网络,一般选取论文作者、作者所在机构、城市和国家地区字段进行分析;②学科知识结构,一般选取参考文献作者作为分析要素;③学科研究主题,一般选取关键词作为分析要素;④学科交叉分析,一般选择论文所在期刊的学科分类号或关键词等进行分析;⑤引证行为分析,一般选取参考文献在全文中的位置信息及上下文语境信息进行分析;⑥单篇文献的影响力分析,一般选取其被引频次、浏览与下载频次及在社交媒体中的传播范围等进行分析。

(5)知识单元间关系的构建

对知识单元间关系的界定和测量是学科结构与演化可视化分析的核心,它的科学合理与否直接关系到最终结果的好坏。目前,常用的关系界定和测量方法包括共被引分析、耦合分析和共词分析等。本质上来讲,共现分析(共被引分析、耦合分析和共词分析均是一种共现关系)是一种数学模型,与 h 指数、g 指数等有异曲同工之妙。知识单元关系构建的最终结果一般以矩阵形式展现,矩阵的生成方法主要有两种:一是专门软件直接生成,直接将题录数据输入软件中,选取要分析的知识单元,直接生成矩阵,如 Bibexcel、TDA、Bibliometrix 软件;二是通过编程语言生成,将下载的题录数据输入数据库,抽取相应的知识单元,然后对其进行编程即可实现,如 C++、Java 和 Python 等。

（6）关系数据标准化

为了一些可视化的需要，往往需要预先对知识单元间的关系数据（主要是通过简单频次统计得到）进行标准化处理。标准化往往通过数据间的相似度测量进行，数据间的相似度测量主要分为两大类：一是集合论方法（Set-theoretic Measures），包括 Cosine、Pearson、Spearman、Ochiai 和 Jaccard 指数；二是概率论方法（Probabilistic Measures），主要有合力指数（Association Strength）和概率亲和力指数（Probabilistic Affinity）[27]。尼斯·杨·凡·艾克（Nees Jan van Eck）和卢多·瓦特曼（Ludo Waltman）[28] 从理论和实证分析都得出第二类方法更适合于共现关系的知识单元分析。

（7）可视化

经过以上步骤形成的关系矩阵，反映了各知识单元之间关系的远近，这是一个多维的空间关系，有多少个元素就有多少个维数，对多维数据之间的复杂关系进行可视化，必须进行降维处理，这是可视化的关键，一般控制在二维和三维空间。把高维的数据转换成低维数据，同时近似地保持原对象间的关系，才能在低维空间上简单地表现高维空间的复杂对象的关系。

（8）结果解读

以上步骤所做的各种努力都是为最终的结果解读而服务，结果的正确解读也是研究的最终目的。不过，结果解读的质量是与解读者的研究目的与设计框架、对软件的熟练程度、实际经验及知识与学科背景息息相关。因此，在结果解读中要具体注意以下几点。

一是明确研究目的与设计框架。若进行空间分析，就要明确位置维度；若进行演进分析，就要加入时间维度；若进行前沿分析，也要考虑时间因素等。杨思洛等对结果解读的总结如下：历时分析，从时间角度对系列知识单元的模式、趋势、季节性和异常分析，认识现象的本质；往往通过不同时间段的对比，发现领域（知识）在不同时期的变化情况。突变检测，通过检测短时间内知识单元的急剧变化，主要分析知识的前沿趋势，发现知识演变的转折点和焦点。空间分析的数据来源于文献所著录的机构信息，主要分析知识的空间分布，明晰知识的地理位置关系。网络分析，一般借鉴社会网络分析理论，对知识节点及其关系进行测定，相关指标有中心性分析、凝聚子群分析、核心——边缘结构分析[27]。

二是熟练掌握各种软件。学科结构与演化可视化分析的不同步骤会用到不同的软件，甚至同一个步骤会用到不同的软件。每种软件都有各自的特点及不足之处。要得到理想的研究结果，常常需要在软件中进行各种参数的设置和不断调试。

三是具备相关知识与学科背景。学科结构与演化可视化分析一般围绕特定学科领域展开，揭示该学科的研究机构、研究主题、学科共同体及研究热点和前沿。因此，需要对该学科有深入的了解。通常，科学计量学领域的研究者熟练掌握了学科可视化的方法，但是在结果解读方面显得不足。最佳的解决方案是寻找该学科领域的专家进行解读和讨论，来验证最终结果。

3.4.2 学科结构与演化可视化分析的方法

目前，学科结构与演化可视化分析的方法主要来源于科学学、数据科学、网络科学、可视化分析学、数学和计算机科学等学科领域,具体包括引文分析、共词分析、多元统计分析、社会网络分析、数据挖掘、文本挖掘和可视化分析法等。

(1)引文分析

引文分析是科学计量学领域最具特色研究方法之一。引文分析就是利用各种数学及统计学的方法和比较、归纳、抽象、概括等逻辑方法,对科学期刊、论文、著者等各种分析对象的引证与被引证现象进行分析,以便揭示其数量特征和内在规律的一种文献计量分析方法。科学文献的引证和被引证是科学发展规律的表现,体现了科学知识和情报内容的积累性、连续性和继承性,也体现了科学的统一性原则,以及多个学科之间广泛的交叉和渗透[29]。因此,通过引文分析能够揭示科学的发展演进、评价科学家和期刊等及识别科学的结构等。目前,最常用的引文分析是引文耦合和引文同被引,它们是文献引证关系中比较复杂的两种形式,它们之间的复杂关系构成了文献聚类、学科聚类分析的理论基础。后来引文耦合和引文同被引又拓展至作者耦合、作者同被引、期刊耦合和期刊同被引等多种相似关系的研究。

(2)共词分析

所谓共词分析(Co-word Analysis),就是利用文献集中词汇对或名词短语共同出现的情况,来确定该文集所代表学科中各主题之间的关系。一般认为,词汇对在同一篇文献中出现的次数越多,则代表这两个主题的关系越紧密。由此,统计一组文献的主题词两两之间在同一篇文献出现的频率,便可形成一个由这些词汇对关联所组成的共词网络,网络内节点之间的远近便可以反映主题内容的亲疏关系[4]。显而易见,共词分析与引文同被引的思路和基本原理是相同的。在科学计量学领域,共词分析主要用于识别某一研究领域的研究主题和研究热点等。

(3)多元统计分析

多元统计分析是从统计学中发展起来的一个分支,是一种综合分析方法,研究客观事物中多个变量(或多个因素)之间相互依赖的统计规律性。如果每个个体有多个观测数据,或者从数学上说,个体的观测数据能表示为 P 维空间的点,那么这样的数据叫多元数据,而分析多元数据的统计方法叫多元统计分析。它是统计学的一个重要的分支学科。重要的多元统计分析方法有多元方差分析、多元回归分析、判别分析、聚类分析、主成分分析、对应分析、因子分析、典型相关分析等。

聚类分析(Cluster Analysis)是根据"物以类聚"的道理,在相似的基础上对样品或指标进行分类的一种多元统计分析法。聚类不同于分类,聚类所要求划分的类通常是未知的。聚类是将数据分到不同类的一个过程,要求同一个类中的对象有很大的相似性,而不同类之间的对象有很大的相异性。从统计学的观点看,聚类分析是通过数据建模简化数据的一种方法。从实际应用的角度看,聚类分析是数据挖掘的主要任务之一。而且聚类能够作为一个独立的工具获得数据的分布状况,观察每一簇数据的特征,集中对特定的聚簇集合作进一步分析。

主成分分析(Principal Component Analysis,PCA)采取一种降维的方法,将多个变量通过线性变换以选出较少个数的综合因子来代表原来众多的变量,使这些综合因子尽可能地反映原来变量的信息量，而且彼此之间互不相关，从而达到简化的目的。

因子分析（Factor Analysis）也是一种降维、简化数据的技术。它通过研究众多原始变量之间的内部依赖关系，探求观测数据中的基本结构，并用少数几个抽象的变量来表示其基本的数据结构。这几个抽象的变量被称作因子，能反映原来众多变量的主要信息。原始变量是可观测的显在变量，而因子一般是不可观测的潜在变量。因子分析在某种程度上可以被看成主成分分析的推广和扩展。

多维尺度分析（Multidimensional Scaling，MDS），是基于研究对象之间的相似性或距离，将研究对象在一个地维（二维或三维）的空间形象地表示出来，进行聚类或维度分析的一种图示法。通过多维尺度分析所呈现的空间定位图，能简单明了地说明各研究对象之间的相对关系。人们应用 MDS 可以解决因子分析不能对样品进行分类，也可以聚类分析无法找出分类结果背后潜在结构的问题。因此，MDS 是多元统计中分类和功能分析的方法[30]。

（4）社会网络分析

社会网络分析在人类学、心理学、社会学、经验研究、数学及统计学领域中发展起来。社会网络分析已经形成了一系列专有术语和概念，正式进入社会学量化研究的行列，成为社会科学研究的一种新的范式[31]。

刘军[32]在约翰·斯科特（John Scott）所著《社会网络分析法》（*Social Network Analysis*）一书的译者前言中提到："我们不应该仅仅把社会网络分析看成一种工具或者一套工具，而应该看成一种方法论，即方法论的关系论。也可以把网络分析看成一种关系论的思维方式。这种思维方式告诉我们，我们生活的世界是一个关系的世界，我们与他者是不可分的，是'共在'的，我们的思想、行为、生活不是独立的。"

社会网络指的是社会行动者（Actor）及其间关系的集合。也可以说，一个社会网络是由多个点（社会行动者）和各点之间的连线（行动者之间的关系）组成的集合。社会网络中的"点"是各个社会行动者，而社会网络中的"边"指的是行动者之间的各种社会关系。关系可以是有向的，也可以是无向的。同时，社会关系可以表现为多种形式，如人与人之间的朋友关系、上下级关系、科研合作关系等，组织成员之间的沟通关系，国家之间的贸易关系等。社会网络分析就是要对社会网络中行动者之间的关系进行量化研究，是社会网络理论中的一个具体工具[33]。社会网络分析庞大的学术积累已制造了一个较高的入门门槛。社会网络分析新增的三块砖头：小世界网络、无标度网络与随机网络，更使得它渐渐与物理科学的复杂性研究、计算机科学的网络科学交错在一起，走向"计算社会科学"[34]。

根据"网络的类型"进行分类，社会网络研究主要分为个体网（Ego-Network）、局域网（Partial Network）和整体网（Whole Network）3个层次，如图 3.8 所示。

3 学科结构与演化可视化分析的基础理论

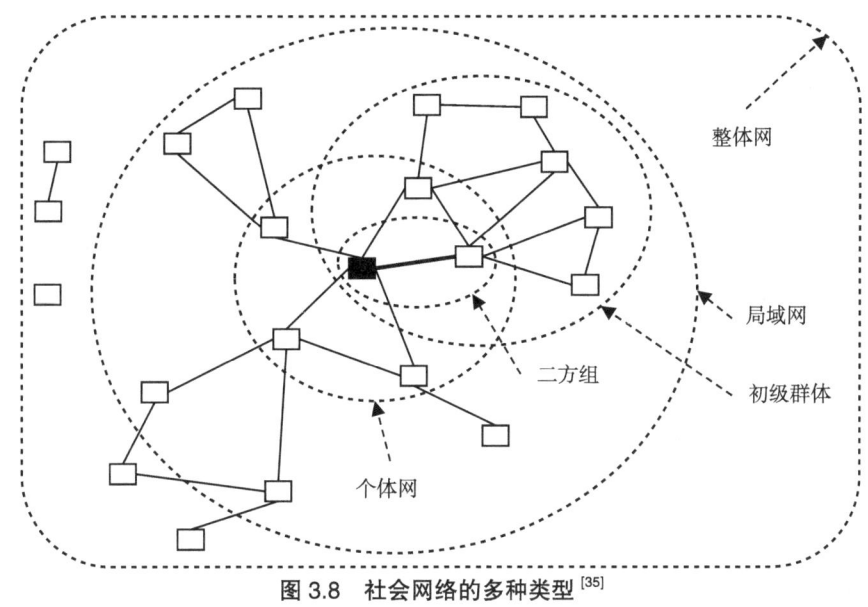

图3.8 社会网络的多种类型[35]

①个体网指由一个核心个体及与之直接相连的个体构成的网络。个体网研究的测度包括个体网的规模（Size）、关系的类型、网络的密度（Density），关系的模式（Pattern of Ties），网络成员的同质性（Homogeneity）、异质性（Heterogeneity）等。

②局域网指个体网加上与个体网络成员有关联的其他点构成的网络。这种网络中的关系数量要比个体网络中的多，但是比整体网中的关系数量又少。问题是，局域网的边界如何确定，这并没有定论，要看研究的目的。根据不同的研究目的，可以将局域网分为2-步局域网、3-步局域网等。2-步局域网是指由与"核心个体"的距离不超过2的点构成的网络，3-步局域网和4-步局域网的概念依此类推。与个体网息息相关的另外一个概念是"初级群体"，它指的是由一个人的某些关系网成员（包括直接成员和间接成员）构成的小群体。

③整体网指由一个群体内部所有成员及其间的关系构成的网络。整体网需要研究的测度包括各种图论性质（Graph Properties）、密度（Density）、子图（Sub-Groups）、角色（Role）和位置（Positions）等[35]。

从目前来看，斯坦利·沃斯曼（Stanley Wasserman）对社会网络分析进行了最为系统的综述，主要内容如下：①网络、关系和结构，介绍了社会网络分析的历史基础、理论基础、基本概念以及关系数据的整理、存储和选择等问题；②社会网络的数学表示，即收集到的关系数据主要通过图和矩阵两种方法进行表征；③结构和位置属性，对网络特征进行描述，涵盖了群和子群，尤其是派系和其一般化形式；④角色和地位，讨论了与社会角色、身份、地位这些社会学上的概念、结构对等及其与其一般形式的数学属性相关的方法，社会学色彩浓厚；⑤二元法、三元法和统计二元交互模型，着重探讨检验网络理论的方法和结构属性的统计模型，这些模型假设在观察到的网络数据之下存在一些或然的机制（甚至简单如抛硬币）[36]。

（5）数据挖掘

数据挖掘（Data Mining，DM）是指从大量数据中挖掘有趣模式和知识的过程。其中，数据源包括数据库、数据仓库、Web、其他信息存储库或动态地流入系统的数据。由于这项技术最早起源于从数据库中发现和提炼有用知识,因此这一术语的英文通常为 Knowledge Discovery in Database（KDD）[37]。通常,数据挖掘任务分为下面两大类:一是预测任务,这些任务的目标是根据其他属性的值,预测特定属性的值,被预测的属性一般称目标变量（Target Variable）或因变量（Dependent Variable）,而用来预测的属性称为说明变量（Explanatory Variable）或自变量（Independent Variable）;二是描述任务,其目标是导出概括数据中潜在联系的模式（相关、趋势、聚类、轨迹和异常）,本质上,描述性数据挖掘任务通常是探查性的,并且常常需要后处理技术验证和解释结果[38]。

数据挖掘过程主要包括6个步骤,具体如下。第1步定义问题,即首先明确定义将要解决的问题,认清数据挖掘的目的。第2步数据准备,又可分为数据集成、数据选择和数据预处理3个子步骤。数据集成将多文件或多数据运行环境中的数据进行合并处理,解决语义模糊性,处理数据中的遗漏和清洗脏数据等。数据选择的目的是辨别出需要分析的数据集合,缩小处理范围,提高数据挖掘的质量。而数据预处理则是为了克服目前数据挖掘工具的局限性,提高数据质量,同时将数据转换成一个适用于特定挖掘算法的分析模型。第3步确定主题,涉及了解研究主题的局限性,选择待完成的良好研究主题,确定待研究的合适的数据元素,以及决定如何进行数据操作等。第4步读入数据并建立模型,一旦确定要输入的数据之后,接着就是要用数据挖掘工具读入数据并从中构造出一个模型。第5步挖掘操作,依照上述准备工作,利用选好的数据挖掘工具在数据中查找。第6步结果表达和解释,根据最终用户的决策目标对提取出的信息进行分析,把最有价值的信息区分出来,并通过决策支持工具提交给决策者[39]。

（6）文本挖掘

文本数据挖掘（Text Data Mining）也称文本挖掘（Text Mining）,指的是从自然语言文本中挖掘用户感兴趣的模式及知识的方法与技术。这里所说的文本包括普通 TXT 文件、doc/docx 文件、PDF 文件和 HTML 文件等各类以语言文字为主要内容的数据文件。与广义的数据挖掘技术相比较,除解析各类文件（如 doc/docx 文件、PDF 文件和 HTML 文件等）的结构所用到的专门技术外,文本数据挖掘的最大挑战在于对非结构化自然语言文本内容的分析和理解。这里需要强调两个方面:一是文本内容几乎都是非结构化的,而不像数据库和数据仓库,都是结构化的;二是文本内容是用自然语言描述的,而不是纯用数据描述的,通常也不考虑图形和图像等其他非文字形式。当然,文档中含有图表和数据也是正常的,但文档的主体内容是文本。因此,文本数据挖掘是自然语言处理（Natural Language Processing,NLP）、模式分类（Pattern Classification）和机器学习（Machine Learning,ML）等相关技术密切结合的一项综合性技术。文本挖掘的典型技术包括文本表示、文本分类、文本聚类、主题模型、情感分析与观点挖掘、话题检测与跟踪、信息抽取和文本自动摘要等[40]。

（7）可视化分析法

在可视分析学基础上,本书提出了可视化分析法的概念,即为了实现分析推理和决策的目标而将数据分析、人机交互和可视化涉及的所有技术集于一起的方法。它是一种定性方法和定量描述相结合的综合性方法,具体内容见3.1.1。目前,可视化分析法的综合与典型应用是可视化仪表盘。仪表盘（Dashboard）的概念最初来源于汽车仪表盘，通过它可以对汽车状况有一个整体全面的了解。这种一目了然窥探全局（At-a-glance Views）的特征符合可视化发展的趋势，因此被引入到可视化领域。

其中，最为成熟和广泛的应用是商业仪表盘（Business Dashboards），即一种一目了然的图形用户界面，通常可以提供与特定业务目标或业务流程相关的多种关键绩效指标（KPI）概览视图[41]。其他领域也开始使用仪表盘理念与技术进行管理或决策，如美国印第安纳大学伯明顿分校的凯蒂·伯纳（Katy Börner）团队[42]围绕"信息可视化"慕课课程开发的可视化系统，该系统综合集成了多种类型图表，为教师、学生、研究人员和平台开发者的需求提供参考。基于Python语言的Pyxley软件包（https://github.com/stitchfix/pyxley），基于R语言的Shiny软件包（https://shiny.rstudio.com/）及支持多种语言的Plotly软件包（https://plot.ly/dash/）都可以用来开发可视化仪表盘。此外，已有公司与大学进行合作，针对开放的网络学术数据库（如Microsoft Academic、PubMed和Crossref等）的数据运用仪表盘技术进行可视化分析。图3.9展示了The Lens（https://www.lens.org/）针对开放网络学术数据库开发的仪表盘可视化分析平台。

图 3.9　The Lens 学术仪表盘可视化平台

3.4.3　学科结构与演化可视化分析的工具

本书将学科结构与演化可视化分析工具分为通用软件与专门软件。在引言部分，本书论述了通用软件与专门软件的特征与发展历程。曼纽尔·科博（Manuel Cobo）等[43]比较研究了10种专门软件，参考其研究思路，本书对另外10种专门绘制软件进行比较分析，详见表3.5。此外，本书还对几种典型的专门软件进行了概括介绍。

表 3.5 10 种专门绘制软件对比

软件名称	是否免费	是否含数据预处理	网络类型	标准化	图谱解读
HistCite	是	无	DL	无	复杂网络、历时分析
CitNetExplorer	是	无	DL	无	历时分析
SATI	是	去重、分时间段和中文分词等	ACAA、CCAA、ICAA、DCA、CWA 等	Equivalence 系数	复杂网络
NEViewer	是	无	CWA	Jaccard、Tanimoto、Cosine 等	复杂网络、历时分析（宏观和微观）
CATAR	是	去重	DBCA、CWA	Dice	复杂网络
AMiner	是	去重	ACAA	用户自定义	复杂网络
LiterMiner	是	去重和时间维 OLAP 等	ACA、DCA、CWA、ICAA 等	用户自定义	复杂网络、历时分析
ITGInsight	是	去重、合并、用户词典	ABCA、DBCA、JBCA、ACAA、CCAA、ICAA、CWA、DL 等	无	复杂网络、历时分析、热力图和矩阵图等
Bibliometrix	是	大小写转换、去除非数字字母字符、去除标点与多余空格、作者名字缩写和分时间段等	ABCA、DBCA、JBCA、ACAA、CCAA、ICAA、ACA、DCA、JCA、CWA、DL 等	Association Strength、Inclusion Index、Jaccard 系数和 Salton 系数	复杂网络、历时分析
metaknowledge	是	去重、大小写转换、去除非数字字母字符、去除标点与多余空格和分时间段等	DBCA、ACAA、ACA、CWA 等	用户自定义	复杂网络、历时分析、性别分析和文本分析等

注：ABCA 为作者耦合；DBCA 为文献耦合；JBCA 为期刊耦合；ACAA 为作者合作；CCAA 为国家合作；ICAA 为机构合作；ACA 为作者共引；DCA 为文献共引；JCA 为期刊共引；CWA 为共词分析；DL 为直接引证网。

（1）CiteSpace

CiteSpace 是由美国德雷克塞尔大学的陈超美团队开发的免费软件[44]。该软件具有以下典型特征。一是可以读取国内外多种文献数据库（包括部分开源数据库，如 PubMed、CrossRef 和 Dimensions）的导出文件格式，也是目前该领域为数不多支持中文文献数据库的软件，还支持 CSV 与 SQL 格式的数据读取。二是它具有 3 种可视化方式：聚类视图（Cluster

View)、时间线视图（Timeline View）和时间区间视图（Timezone View），也是目前为数不多支持时间分析（Temporal Analysis）的专门软件。三是该软件还集成了 3 种叠加图：网络叠加图（Network Overlays）、地理叠加图（Geographical Overlays）和双重叠加图（Dual-Map Overlays）。四是该软件还支持 PDF、TXT 和 XML 这些通用格式文件的数据格式转换。

（2）VOSviewer

VOSviewer 是由荷兰莱顿大学尼斯·杨·凡·艾克（Nees Jan van Eck）和卢多·瓦特曼（Ludo Waltman）团队开发的免费软件，软件的核心是 VOSMapping 技术该软件具有以下典型特征：一是可以读取多种国际文献数据库的文件格式数据（尤其是支持多种开源数据库，如 Crossref、Dimensions、Microsoft Academic、Semantic Scholar、OpenCitations 和 WikiData 等）及通用网络格式数据（如 .net 和 GraphML 格式数据）；二是能够实现一站式聚类和可视化功能（Clustering and Mapping），也可以根据需要单独进行聚类或可视化；三是可视化功能优异，解决了节点之间重叠显示问题，适合大规模数据的整体分析，并且提供标签视图（Label View）、密度视图（Density View）、聚类视图（Cluster View）和叠加视图（Overlay）4 种各具特色的可视化方式，用户可以通过不同方式捕捉需要的信息；四是支持主流的学科知识单元可视化分析，如共被引分析、耦合分析和共词分析（对 Title 和 Abstract 进行切词）；五是 Pajek 软件集成了调用 VOSviewer 的接口，两种软件能够进行组合分析[45]。

（3）Bibliometrix

Bibliometrix 是由意大利那不勒斯费德里克二世大学的马西莫·阿丽亚（Massimo Aria）和坎帕尼亚路易吉万维泰利大学的科拉多·库库鲁洛（Corrado Cuccurullo）基于 R 语言开发的免费软件[46]。该软件具有以下典型特征：一是基于 R 语言编写，能够直接调用 R 语言"软件生态系统"中的众多优秀软件包进行组合分析，并且在 R 语言开源环境下，软件的更新维护全面、方便和快捷；二是在数据预处理阶段，能够直接运用 R 语言进行去重、大小写转换、去除非数字字母字符、去除标点与多余空格及时间段切分等多项工作；三是能够最大限度地吸收 R 语言的统计分析功能；四是与交互可视化插件 Shiny 进行了无缝对接，可以生成多种类型的交互图。

（4）metaknowledge

metaknowledge 是由加拿大滑铁卢大学里德·麦克莱维（Reid McLevey）和美国芝加哥大学的约翰·麦克罗伊 - 杨（John McIlroy-Young）[47]基于 Python 语言开发的免费软件。该软件具有以下典型特征：一是基于 Python 语言编写，能够直接调用 Python 语言"软件生态系统"中的众多优秀软件包进行组合分析，并且在 Python 语言开源环境下，软件的更新维护全面、方便和快捷；二是在数据预处理阶段，能够直接运用 Python 语言进行去重、大小写转换、去除非数字字母字符、去除标点与多余空格及时间段切分等多项工作；三是与交互可视化插件 D3 进行了无缝对接，可以生成多种类型的交互图；四是具有更加全面的文本分析功能和人口学统计功能等。

3.4.4　学科结构与演化可视化分析的软件组合方式

如上所述，不同的学科结构与演化可视化软件具有不同的特点且使用不同的算法去聚类和可视化结果。因此，把握不同软件的特点，根据研究目的对其进行合理的组配使用能够达到较为理想的研究效果。

（1）基于流程的组合方式

由上文可知，学科结构与演化可视化分析需要通过不同的步骤来完成。因此，最常见的软件组合模式便是依据学科结构与演化可视化分析的流程，逐步使用相应的软件。具体如下：数据预处理、网络类型选择及数据标准化（如 TDA、Bibexcel、SATI 和 Bibliometrix 等）——聚类和可视化（Pajek、Cytoscape、VOSviewer、CiteSpace 和 metaknowledge 等）——图表优化（Gephi、Photoshop 和 Inkscape 等）。

（2）基于文件格式的组合方式

每一种软件工具支持多种格式文件的输入与输出，不同软件支持的格式文件通常存在交叉，这就给软件之间的组合使用提供了有效途径，这也是学科结构与演化可视化分析的流程能够顺利运行的内在原因。例如，Ucinet 能够读取 Excel 格式的文件，生成 ".net 格式" 和 ".##h 格式" 的文件，Netdraw、Pajek、CiteSpace、VOSviewer 和 Gephi 等能够读取 ".net 格式" 文件生成 GraphML、JPEG、PNG 和 GIF 等格式的文件，Photoshop 和 Inkscape 等又能对 JPEG、PNG 和 GIF 等格式的文件进行进一步处理。

（3）基于软件模块的组合方式

不同软件有自己独特的功能，如 Gephi 和 VOSviewer 能够生成绚丽的图谱，Pajek 能够处理大量数据且提供多种复杂网络统计指标，Bibliometrix 和 metaknowledge 能够直接调用 R 语言和 Python 的庞大软件库。那么，为了博采众长、高效率地进行学科结构与演化可视化分析，不同软件之间已经开始支持特定模块的直接调用。例如，最常见的 Ucinet 集成了 Netdraw、Pajek 和 Mage 3 个软件的调用模块，能够在输入数据后直接调用它们；64 位版的 Pajek 集成了 VOSviewer 的模块；Science of Science Tool 集成了 GUESS 和 Cytoscape 软件的调用模块；Bibliometrix 与 Shiny 插件等无缝对接；metaknowledge 与 Python、R 语言、VOSviewer、Geghi 和 D3 插件等无缝对接等[48]。

此外，随着海量增长数据及日新月异计算模型的推动，软件工具处于快速迭代与更新阶段。基于 R 语言或 Python 的开源社会网络分析包，如 R 语言的 sna 或 igraph、Python 的 NetworkX，在设计新模型、开发新算法、分析大数据与进行可重复分析等方面目前已经完胜传统的社会网络分析软件 Ucinet 和 Pajek[34]。近几年新兴的可视化分析软件 GeoTime、Jigsaw 和 Tableau 等，以及功能强大的信息可视化软件 Gephi、AlluvialMaps、D3 和 WebGL 等能够对不同的学科知识单元进行分析[24]。顺应这一技术趋势，科学计量学领域研究者也依托现有语言平台开发了 Bibliometrix 和 metaknowledge 等专门软件。可以预见的是，通用软件与专门软件在功能及相互调用方面会进一步融合，不断推动科学计量学的发展。

3.5 本章小结

本章内容主要从相关概念、类型、特点、模式与方法工具 4 个方面对学科知识可视化分析的理论内容进行论述。首先，梳理可视化的已有概念（科学计算可视化、数据可视化、信息可视化、知识可视化和可视分析学）并在此基础上分别提出可视化分析法、知识可视化分析和学科知识可视化分析的概念。其次，围绕不同层次、不同粒度的学科知识单元对学科知识可视化分析的类型进行划分，具体从可视化分析的目标、可视化分析的数据来源、可视化的视觉通道、学科知识单元的数据维度和学科知识单元的层次5个角度展开。再次，归纳了学科知识可视化分析的特点，包括直观高效、内容充实、形象美感和视角新颖4个方面。最后，阐述了学科知识可视化分析的模式和方法，涵盖学科知识可视化分析的模式、方法工具及常用的软件组合方式等。

参考文献

［1］陈为，沈则潜，陶煜波. 数据可视化 [M]. 北京：电子工业出版社，2013.
［2］周宁，陈勇跃，金大卫，等. 知识可视化与信息可视化比较研究 [J]. 情报理论与实践，2007, 30(2): 178-181.
［3］赵国庆，黄荣怀，陆志坚. 知识可视化的理论与方法 [J]. 开放教育研究，2005, 11(1): 23-27.
［4］李运景. 基于引文分析可视化的知识图谱构建研究 [M]. 南京：东南大学出版社，2010.
［5］邓三鸿，金莹，杨建林. 学科知识地图的构建：以图书情报学为例 [J]. 情报学报，2006, 25(1): 3-8.
［6］顾东蕾. 论学科知识网络的理论基础 [J]. 图书情报工作，2008, 52(9): 32-35，73.
［7］陈必坤，赵蓉英. 学科知识可视化分析的理论研究 [J]. 情报理论与实践，2015, 38(11): 23-29.
［8］SCHARNHORST A, BÖRNER K, BESSELAAR P. Models of science dynamics: encounters between complexity theory and information sciences[M]. Cham: Springer, 2012.
［9］斯科特·佩奇. 模型思维 [M]. 贾拥民，译. 杭州：浙江人民出版社，2019.
［10］马亚雪，毛进，李纲. 面向科学社会计算的数据组织与建模方法 [J]. 中国图书馆学报，2021, 47(1): 76-87.
［11］邹晓顺，王晓芬，邓珞华. 图书情报应用数学：知识组织、发现和利用中的数学方法 [M]. 北京：国家图书馆出版社，2012.
［12］索绪尔. 索绪尔第三次普通语言学教程 [M]. 上海：上海人民出版社，2007.
［13］DEERWESTER S, DUMAIS S, FURNAS G, et al. Indexing by latent semantic analysis[J]. Journal of the American society for information science, 1990, 41(6): 391-407.
［14］BLEI D, NG A, JORDAN M. Latent dirichlet allocation[J]. Journal of machine learning research, 2003 (3): 993-1022.
［15］BENGIO Y, DUCHARME R, VINCENT P, et al. A neural probabilistic language model[J]. Journal of machine learning research, 2003,3(6): 1137-1155.
［16］MNIH A, HINTON G. Three new graphical models for statistical language modelling[C]// Proceedings of the 24th international conference on machine learning. New York: ACM Press, 2007: 641-648.
［17］MIKOLOV T, YIH W, ZWEIG G. Linguistic regularities in continuous space word representations[C]// Proceedings of the 2013 conference of the North American Chapter of the association for computational linguistics: human language technologies. USA, Atlanta, 2013: 746-751.
［18］潘俊，吴宗大. 词汇表示学习研究进展 [J]. 情报学报，2019, 38(11): 1222-1240.

[19] MORRIS S, VEER M. Mapping research specialties[J]. Annual review of information science and technology, 2008, 42(1): 213-295.

[20] 赵丹群. 试论科学知识图谱的文献计量学研究范式[J]. 图书情报工作, 2012, 56(6): 107-110.

[21] 肖明, 陈嘉勇, 李国俊. 文献计量系统的文献：实体关系通用模型研究[J]. 图书情报工作, 2012, 56(22): 129-134.

[22] SHNEIDERMAN B. The eyes have it: a task by data type taxonomy for information visualizations[C]// Proceedings of 1996 IEEE Symposium on Visual Languages. New York: IEEE, 1996: 336-343.

[23] MUNZNER T. Visualization analysis and design [M]. Boca Raton: CRC Press, 2014.

[24] BÖRNER K. Mining, mapping and accelerating scholarly networks[EB/OL]. [2022-04-19]. https://cns.iu.edu/docs/presentations/2014-borner-ec.pdf.

[25] CHEN C. Mapping scientific frontiers: the quest for knowledge visualization[M]. Cham: Springer, 2013.

[26] 朱莉·斯蒂尔, 诺亚·伊林斯基. 数据可视化之美[M]. 祝洪凯, 李妹芳, 译. 北京：机械工业出版社, 2011.

[27] 杨思洛, 韩瑞珍. 国外知识图谱绘制的方法与工具分析[J]. 图书情报知识, 2012, 6(6): 101-109.

[28] ECK N J, WALTMAN L. How to normalize cooccurrence data? An analysis of some well - known similarity measures[J]. Journal of the American Society for Information Science and Technology, 2009, 60(8): 1635-1651.

[29] 邱均平. 信息计量学[M]. 武汉：武汉大学出版社, 2007.

[30] 管宇. 实用多元统计分析[M]. 杭州：浙江大学出版社, 2011.

[31] 刘军. 社会网络分析导论[M]. 北京：社会科学文献出版社, 2004.

[32] 约翰·斯科特. 社会网络分析法[M]. 刘军, 译. 重庆：重庆大学出版社, 2007.

[33] 朱庆华, 李亮. 社会网络分析法及其在情报学中的应用[J]. 情报理论与实践, 2008 (2): 179-183.

[34] 马克西姆·茨维托瓦特, 亚历山大·库兹内索. 社会网络分析：方法与实践[M]. 王薇, 王成军, 王颖, 等译. 北京：机械工业出版社. 2013.

[35] 刘军. 整体网分析：UCINET软件实用指南[M]. 2版. 上海：格致出版社, 2014.

[36] 斯坦利·沃斯曼, 凯瑟琳·福斯特. 社会网络分析：方法与应用[M]. 陈禹, 孙彩虹, 译. 北京：中国人民大学出版社, 2012.

[37] HAN J, KAMBER M, PEI J. Data mining: concepts and techniques [M]. 3rd Edition. Amsterdam: Morgan Kaufmann Publishers, 2012.

[38] 谭邦宁, 迈克尔·斯坦巴赫, 等. 数据挖掘导论（完整版）[M]. 范明, 范宏建, 译. 北京：人民邮电出版社, 2011.

[39] 朱明. 数据挖掘导论[M]. 合肥：中国科学技术大学出版社, 2012.

[40] 宗成庆, 夏睿, 张家俊. 文本数据挖掘[M]. 北京：清华大学出版社, 2019.

[41] Wikipedia. Dashboard [EB/OL]. [2022-03-27]. https://en.wikipedia.org/wiki/Dashboard_(business).

[42] EMMONS S, LIGHT R, BÖRNER K. MOOC visual analytics: empowering students, teachers, researchers, and platform developers of massively open online courses[J]. Journal of the Association for Information Science and Technology, 2017, 68(10): 2350-2363.

[43] COBO M, LÓPEZ-HERRERA A, HERRERA-VIEDMA E, et al. SciMAT: a new science mapping analysis software tool[J]. Journal of the American Society for Information Science and Technology, 2012,

63(8): 1609-1630.

［44］CHEN C. CiteSpace Ⅱ : detecting and visualizing emerging trends and transient patterns in scientific literature[J]. Journal of the American Society for Information Science and Technology, 2006, 57(3)：359-377.

［45］ECK N J, WALTMAN L. Software survey: VOSviewer, a computer program for bibliometric mapping[J]. Scientometrics, 2010, 84(2): 523-538.

［46］ARIA M, CUCCURULLO C. Bibliometrix: an R-tool for comprehensive science mapping analysis [J]. Journal of Informetrics, 2017, 11(4): 959-975.

［47］MCLEVEY J, MCILROY-YOUNG R. Introducing metaknowledge: software for computational research in information science, network analysis, and science of science[J]. Journal of Informetrics, 2017, 11(1): 176-197.

［48］陈必坤. 学科知识可视化分析研究 [D]. 武汉：武汉大学, 2014.

4 学科结构可视化分析

4.1 学科结构的类型与可视化分析框架

科学文献是科学技术发展的客观记录，也是科学技术体系结构的反映。科学文献的作者是知识生产的主体，且作者之间的合作是彼此进行科学交流最直接的方式，那么对科学文献的合作关系进行研究，能够最直观地揭示知识生产主体之间的科学交流关系。而科学文献的标题、摘要、关键词及正文是文献内容的有机组成部分，反映了科学研究的主题。至于科学文献的引证与被引证，从文献使用的角度反映了科学与技术之间、学科之间的相互联系。由于科学技术体系结构的影响，各个年代各种类型数量繁多的科学引文也形成了相应的分布结构。大量研究表明，学术论文之间的引证与被引证现象具体地、定量地体现着科学在纵向上的继承与发展关系和横向上的各学科之间的差别和联系[1]。

因此，按照"知识生产、知识内容、知识传承与交叉融合和知识创新"的思路（从科学文献作者、文献内容和引文、文献用户使用数据和Altmetrics数据）可以将学科结构分为学科合作结构、学科主题结构、学科引文结构、学科交叉结构、学科知识结构、Usage Metrics、Altmetrics和实体计量学8种类型，同时围绕学科结构与演化可视化分析模式中的3个核心环节（知识单元选取、知识单元关系构建和可视化）便可进行不同类型的学科结构可视化分析，整体研究内容如表4.1所示。

表 4.1 学科结构可视化分析的主要内容

类型	知识单元	知识单元间关系	可视化
学科合作结构	作者、机构、城市、国家（地区）	合著关系、学术分工关系	统计图、合作网络、地图
学科主题结构	专业术语（来自标题、摘要、关键词和正文等）	词频、共词关系、Ngram、概率分布	统计图、共词网络、地形图、战略坐标图
学科引文结构	参考文献、全文中的引文及其上下文	引文关系（直接引用、共被引和耦合）、全文引用关系（位置、语境、动机和情感）	统计图、引文网络（非时序或时序）
学科交叉结构	参考文献及其所在期刊，合作者、机构、城市与国家（地区），施引文献及其所在期刊，单篇文献学科分类号，全文中的引文及其上下文	引文关系、合著关系、发文关系、共现关系（单篇文献学科分类号）、全文引用关系（位置、语境、动机和情感）	统计图、引文网络、合作网络、地形图

续表

类型	知识单元	知识单元间关系	可视化
学科知识结构	作者、被引作者	作者耦合、作者共被引关系	作者耦合网络、作者共被引网络
Usage Metrics（静态）	文献浏览、文献下载	浏览和下载之间为递进或平行关系	统计图、地图
Altmetrics（静态）	Altmetrics 数据	Altmetrics 数据之间多为平行关系	统计图、地图、网络图
实体计量学（静态）	全文中的实体	全文实体提及关系（位置、语境、动机和情感）	统计图、实体共现网络

在第3章，本书总结了学科结构与演化可视化分析的模式。亨利·斯莫尔（Henry Small）[2]认为要有效地进行学科结构与演化可视化分析，要经过选择知识单元、寻找和定义知识单元间的关系、对知识单元及其相互之间的关系进行可视化（通常以二维形式展现）3个必不可少的环节。因此，要进行学科结构与演化可视化分析，学科知识单元选取、学科知识单元关系构建和可视化3个环节必不可少。

首先，选择学科知识单元（不同尺寸和不同层次的文献粒度）。当任何一种事物作为定量研究对象时，先要对其进行定义，并进行描述和形式化表示，为建立适当的数学模型奠定基础。当我们将文献作为研究对象时，首先要考虑选择何种尺寸的文献粒度，这与研究目的和可供选择的手段与方法有直接关系。计算机出现之前，我们不可能将一本书的章节段落甚至字词句作为管理对象，但今天不仅可行而且必须。对文献粒度的选择直接决定对文献描述的强度和准确度，粒度越细，准确度越高，强度强大，二者呈近似反比关系（$x*y=C$）[3]。其次，对学科知识单元之间的关系进行数学建模。一旦确定了学科知识单元，就需要对其相互之间的关系进行量化测度。关系的量化主要是依据学科知识单元的特征及研究目的而定。最后，需要对知识单元及其相互之间的关系进行可视化，也就是根据不同学科知识单元的特点选择常用标记（如点、线、面、体等）和视觉通道（用于控制标记的视觉特征，如标记的位置、大小、形状、方向、色调、纹理和亮度等）进行视觉呈现，在可视化的基础上进行结果解读和验证[4]。

此外，值得提出的是，对学科知识单元之间的关系进行视觉呈现是本书关注的重点。不过，为了保证研究的完整性，本章也关注学科知识单元自身数量统计特征的视觉呈现，如不同关键词词频分布的视觉呈现，虽然没有涉及知识单元间的关系，但是这种基本统计能从不同角度反映学科知识单元的特征，为结果解读提供了多种依据。

4.2 学科合作结构分析

学科合作，又叫科学合作或科研合作，指的是科学工作者为了达到生产新的科学知识这一共同目的或实现各自的科研目标而进行的协同互助的科学活动[5]。从目前的研究来看，大家一致认为文献中的多作者和多地址字段是对科学合作进行计量分析的基本单元，具体包括文献作者、作者所在机构、机构所在城市和国家地区等。

基本统计法是分析学科合作的传统方法，主要是分析作者、机构、城市、国家地区、文献和引文的数量、比例及关系，主要通过统计图（如直方图、折线图、箱型图和条形图等）和合作网络展现。运用复杂网络的理论和方法对科学合作进行分析是近些年兴起的，已经得到了研究者的认同和肯定。在同一篇文献里共同署名可视为科研合作关系，以作者为节点，他们之间的关系为连线建立的网络即作者科研合作网络。作者通常属于特定研究机构，如果将视角从作者层面上升到机构层面，通过统计机构共同署名便可以考察机构合作关系，如果将作者所在机构进行地理归属，可将其扩展至机构所在城市和国家地区，即城市合作网络和国家地区合作网络。

4.2.1 基于统计的学科合作结构分析

学科合作统计分析的主要思路如下。一是通过一系列统计指标来衡量科研合作规模与强度，如合作指数（Collaborative Index，CI）指标[6]、合作率（Degree of Collaboration，DC）指标[7]、合作系数（Collaborative Coefficient，CC）指标[8]及修正合作系数（Revised Collaborative Coefficient，RCC）指标[9]等。其中，合作指数指不同个人、研究机构、国家地区、学科领域及科学期刊的发文篇均作者数。合作率是指不同个人、研究机构、国家地区、学科领域及科学期刊的合著发文占全部发文的百分比。合作系数是在合作指数和合作率的基础上提出的，修正合作系数是对合作系数的修正。二是探索学科合作中的社会问题，如合作规模与学术影响力[10]、合作规模与科技发展[11]、合作领导力与学术影响力[12-13]、国际合作与国家开放程度[14]、合作模式与论文致谢[15]，以及合作署名顺序（Author Order）与个体贡献（Scientific Contribution 或 Division of Labor）[16-21]等。

对以上指标及统计结果可以用条形图、饼图、折线图、箱型图、小提琴图、雷达图和散点图等形式进行展现。在统计分析中，如果将时间因素引入，便可以得出其随时间的演化情况（通常以直方图与折线图展示）。考虑到基本统计分析的完整性，本章将时序统计分析归入该部分，而没有放在第5章学科演化可视化分析中的学科合作演化分析部分。图4.1展示了微软学术图谱（Microsoft Academic Graph）中超过5300万名作者和所发表的近9000万篇论文（1900—2015年）的合作分布情况，左图中作者的增长速度比论文的发表速度略高，这意味着人均论文数随着年份的增长而降低，右图中个人科学家的产出率在20世纪基本保持稳定，在20世纪末的15年内略有增长，个人产出率增加的原因在于合作[22]。

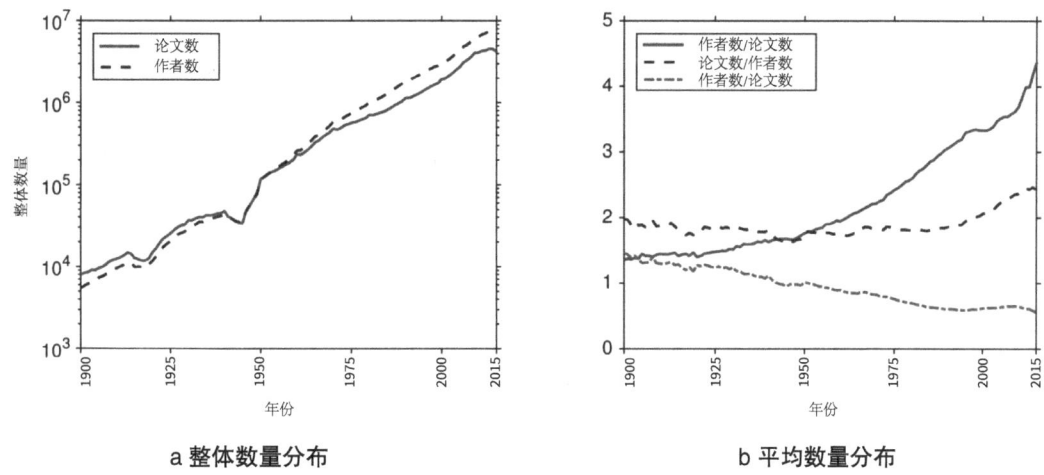

图4.1　1900 — 2015 年微软学术图谱收录的学术论文合作分布[22]

4.2.2　基于网络的学科合作结构分析

（1）合作网络的构建

学科合作网络分别通过文献作者、作者所在机构、机构所在城市和国家地区等学科知识单元进行衡量。设定文献集合 $D = \{d_1, d_2, \cdots, d_n\}$，每篇文献包含的作者、作者所在机构和机构所在国家地区 $d = \{contributor \mid contributor \in C_{author} \cup C_{institution} \cup C_{city} \cup C_{country}\}$，其中 C_{author} 表示每篇文献的所有作者，$C_{institution}$ 表示每篇文献作者的所在机构，C_{city} 表示每篇文献作者机构的所在城市，$C_{country}$ 表示每篇文献作者机构的所在国家地区。对应于文献集合 D，学科合作网络 $G = \{V, E\}$，其中，V 为网络的节点集合，E 为节点之间的关系集合。学科合作网络将文献集合中的文献作者、作者所在机构、机构所在城市和国家地区作为研究对象，学科合作网络关系的定义规则如下：对于任意作者 $C_{author\,A}$ 和 $C_{author\,B}$，如果 $C_{author\,A} \in d$ 且 $C_{author\,B} \in d$，则确定 $C_{author\,A}$ 和 $C_{author\,B}$ 有一次合作关系，值为 1；如果 $C_{author\,A}$ 和 $C_{author\,B}$ 在 n 篇文献中均有合作关系，则 $C_{author\,A}$ 和 $C_{author\,B}$ 间存在着权值为 n 的合作关系。$C_{institution}$、C_{city} 和 $C_{country}$ 的定义规则同上。

根据以上规则，给定文献集合 D，学科合作网络 G 的构造方法如下：构造一个空的学科合作网络 G；遍历文献集合 D 中的文献，对于每一个文献 d，其文献作者、作者所在机构、机构所在城市和国家地区 $d = \{contributor \mid contributor \in C_{author} \cup C_{institution} \cup C_{city} \cup C_{country}\}$，对于任意 C_{author}、$C_{institution}$、C_{city} 和 $C_{country}$，如果其没有在 G 中出现，将其作为一个节点加入 G；对于 d 中的任意组合 $C_{author\,A} C_{author\,B}$、$C_{institution\,A} C_{institution\,B}$、$C_{city\,A} C_{city\,B}$ 和 $C_{country\,A} C_{country\,B}$，如果 G 中任意组合之间没有建立关系，构建两者之间的关系，关系权值 L_{AB}（合作强度）取决于任意组合在 n 篇文献中的合作关系，介于 0 到 n 之间。还可以对关系权值 L_{AB} 进行进一步的处理，即用常用的 Salton 指数公式（S_{ij}）和 Jaccard 指数公式（J_{ij}）来表示：

$$S_{ij} = \frac{n_{ij}}{\sqrt{n_i n_j}} ; \quad J_{ij} = \frac{n_{ij}}{n_i + n_j - n_{ij}} 。$$

式中，n_{ij} 表示 i 与 j 合作的论文数（$n_{ij}=L_{AB}$）；ni 和 n_j 分别表示 i、j 发表的论文数。此外，Wang 等根据合作者数量构建权重合作强度指标用于衡量机构间合作[23]。学科合作网络构建完成之后，便可以运用复杂网络的理论和指标进行分析。

（2）合作网络的分析

一是分析合作网络的共性特征。在 2000 年前后，艾伯特-拉斯洛·巴拉巴西（Albert-László Barabási）和邓肯·瓦茨（Duncan Watts）的研究表明复杂网络具有小世界[24]和无标度特性[25]。经研究发现，作为复杂网络的一种重要形式，合作网络也有小世界和无标度特性，如科学合作网络[26]、阿根廷图情领域合作网络等[27]。此外，该网络还具有以下特点：①是自发组织，这种网络的建立方式是自发组织的，一个作者是否与另外一个作者合著论文完全取决于他的个人需要；②是不断增长，随着时间的推移，新的作者加入这个网络中，网络中的节点在不断增加，一个作者的合作者也会越来越多；③是优先连接，因为一个作者的度越大，他的科研能力和影响力会越大，其他节点更趋向于与这个作者合作（相连接）[28]。

二是分析合作网络拓扑结构特征。可从复杂网络分析指标和 H 指数类指标两个角度进行分析。①复杂网络分析指标，主要从点、边相关，子图相关及全图相关 3 个角度进行分析，包括节点度、网络密度、距离、网络中心性、膨胀率、团（或称派系）、结构洞和 Tieness 指标等，如马克·纽曼（Mark Newman）[29]、吴素春等[30]、刘璇等[31]、王贤文等[32]、晏尔佳等[33]、米歇尔·布兰多（Michele Brandão）等[34]、何塞·奥尔特加（José Ortega）等[35]。② H 指数类指标，是指将 H 指数的原理和技术引入科研合作网络关系的测量中，如 L 指数（Lobby Index）指标[36]、H 度指数（H-degree）指标[37]及合作能力指数（Partnership Ability Index）指标[38]等。

三是将个人、机构、城市和国家地区间的合作关系通过谷歌地图（Google Map）等技术标注在机构、城市、国家地区及全球图上，用最直观的地理方式展示不同类型的合作网络[39]。

四是通过机构合作网络[40]或者作者与机构关联的方式[41-43]进行科学家工作流动方面的研究。此外，针对作者合作网络，有研究者引入凸性（Convexity）指标[44]对原始网络进行修剪，以获取精简的学者合作网络[45]。图 4.2 展示了部分 arXiv 论文的作者合作网络[46]。

4.3 学科主题结构分析

科学研究的成果常以科学文献的形式呈现，这些文献中的关键词可以被视为文献的"指纹"[47]，代表了科学文献的研究主题[48]。学科主题指某一个学科领域的主要研究内容，反映了该学科领域的研究人员工作的重点。安德莉亚·沙恩霍斯特（Andrea Scharnhorst）等[49]认为从科学计量学和科学学建模角度来看，科学由一群保持学术交流的研究人员及其所生产的一系列彼此相关的知识组成。那么，作者合作、作者共被引和耦合就是从研究人员的角度研

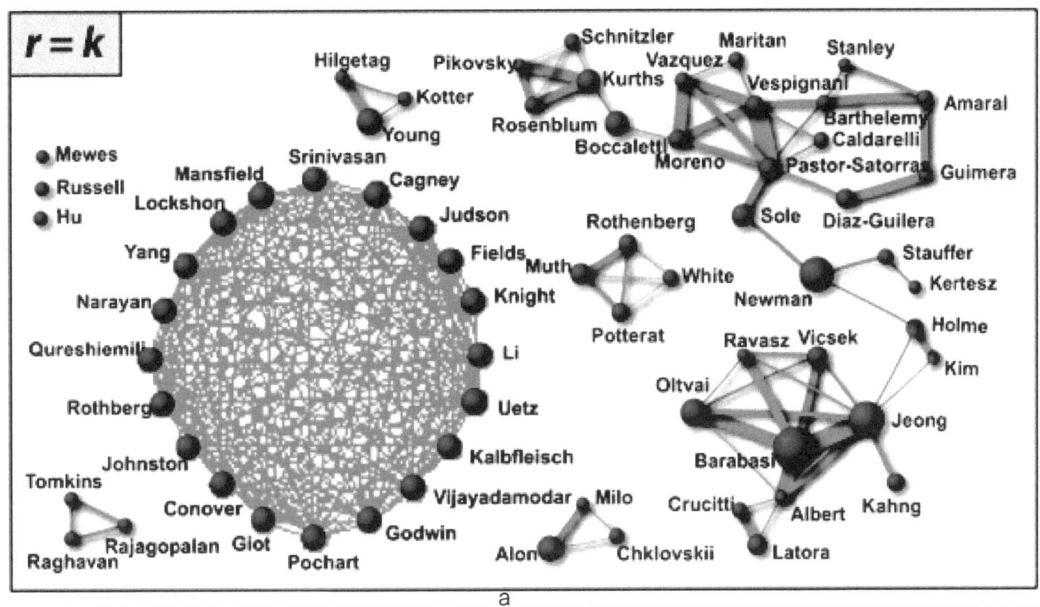

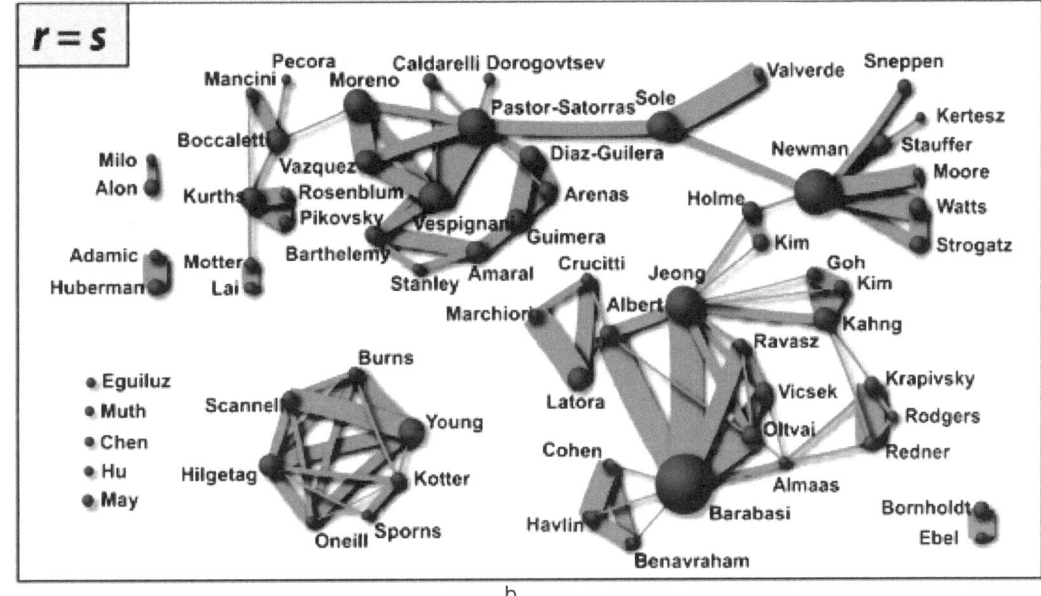

图 4.2 arXiv 论文的作者合作网络 [46]

究科学,共词分析和主题模型等就是从主题角度研究科学。总体上,学科主题分析主要以专业术语为分析对象(来自标题、主题词、摘要、标引词及全文本)。

词汇是具有明确语义的基本语言单元,如何将词汇表示成适合机器处理的形式,是自然语言理解的核心问题。综合现有的词汇表示学习方法,基本上可归为两类:基于共现矩阵的统计或基于神经网络的预测[50]。郭红梅等[51]认为学科主题结构分析的方法主要有 5 种:基于频次统计、基于外部词典、基于潜在语义索引、基于中心度和基于图挖掘的方法。其中,通过统计词频、构建共词网络及采用主题模型(如最常用的 LDA 模型)进行学科主题分析最为常见。除统计词频外，构建共词网络及采用主题模型均属于基于共现矩阵的词汇表示学习方法。

4.3.1 基于词频的学科主题结构分析

词频的波动与社会现象、情报现象之间具有内在的关系，一定的社会现象和情报现象必然引起相应的词频波动现象[52]。通过统计能够揭示或表达文献核心内容的专业术语在某一研究领域文献中出现的频次高低，可以判别该学术领域的研究主题、研究重点和发展趋势[53]。词频分析的一般流程如下：首先将来自篇名、摘要和关键词等字段的专业术语按照频次数量从高到低进行排列；其次对词频列表进行预处理，如删除没有特殊意义的词（虚词、形容词、连词、介词和泛指词等），还要对词进行同义合并、规范化等预处理，最终形成规范化的词频分布图表（如词云、树地图和填充气泡图）；最后结合研究者对专业领域的认识和经验进行分析。图 4.3 通过词云的方式比较了图书情报学不同研究范式（第一范式：经验科学；第二范式：理论科学；第三范式：计算科学；第四范式：数据密集型科学）的正文标题差异[54]。

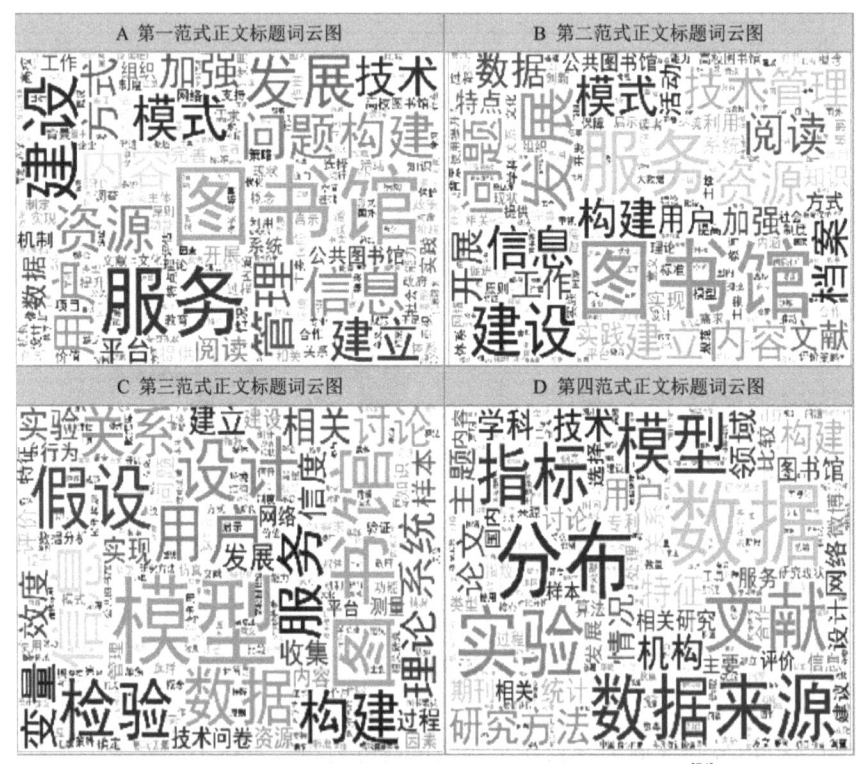

图 4.3　图书情报学不同研究范式的正文标题词云图[54]

4.3.2 基于共词网络的学科主题结构分析

通常来讲，研究者选择使用主题词（Descriptor 或 Keyword），也就是作者提供的关键词进行共词网络的构建，因为作者对自己的文献最了解，其所选择的主题词能够深刻揭示文献的研究主题。也有研究者选择使用现成的主题词表（Controlled Vocabulary Thesaurus，受控词）

进行共词网络的构建,如 PubMed 数据库会依据医学主题词表(Medical Subject Headings, MeSH)对收录的论文进行主题标引。

(1)共词网络的构建

学科主题通过专业术语(来自标题、摘要、主题词和标引词等)进行衡量。设定一个文献集合 $D = \{d_1, d_2, \cdots, d_n\}$,每一篇文献的主题词 $d = \{term \mid term \in S_{title} \cup S_{abstract} \cup S_{descriptor} \cup S_{identifier}\}$,$S_{title}$、$S_{abstract}$、$S_{descriptor}$ 和 $S_{identifier}$ 分别表示标题、摘要、主题词和标引词中的若干专业术语。对应于文献集合 D,学科主题网络 $G = \{V, E\}$,其中,V 为网络的节点集合,E 为节点之间的关系集合。学科主题网络将文献集合中的专业术语作为研究对象,学科主题网络关系的定义规则如下:①简单算法,即对专业术语两两共现的频次进行简单相加,如对于标题中的专业术语 $S_{title\,A}$ 和 $S_{title\,B}$,如果 $S_{title\,A} \in d$ 且 $S_{title\,B} \in d$,则确定 $S_{title\,A}$ 和 $S_{title\,B}$ 有一次共现关系;如果 $S_{title\,A}$ 和 $S_{title\,B}$ 在 n 篇文献中均有共现关系,则 $S_{title\,A}$ 和 $S_{title\,B}$ 间存在着权值为 n 的共现关系,$S_{abstract}$、$S_{descriptor}$ 和 $S_{identifier}$ 的加权方式同上;②包容指数[2]和临近指数[55];③相互包容系数[56];④ Ochiia 和 Jaccard 系数[57];⑤ E 指数[58];⑥其他方式,如基于关键词重要程度[59]和关键词频次高低[60]、基于文献属性的加权[61]及基于网络层次结构[62]等。

根据以上规则,给定文献集合 D,学科主题网络 G 的构造方法如下:构造一个空的学科主题网络 G;遍历文献集合 D 中的文献,对于每一个文献 d,其专业术语 $d = \{term \mid term \in S_{title} \cup S_{abstract} \cup S_{descriptor} \cup S_{identifier}\}$,对于任意 S_{title}、$S_{abstract}$、$S_{descriptor}$ 和 $S_{identifier}$,如果其没有在 G 中出现,将其作为一个节点加入 G;对于 d 中的任意组合 $S_{title\,A}S_{title\,B}$、$S_{abstract\,A}S_{abstract\,B}$、$S_{descriptor\,A}S_{descriptor\,B}$ 和 $S_{identifier\,A}S_{identifier\,B}$,如果 G 中任意组合之间没有建立关系,构建两者之间的关系,关系权值 L_{AB} 取决于任意组合在 n 篇文献中的共现关系和强度。

(2)共词网络的聚类和可视化分析

①多元统计分析,是传统的共词网络聚类和可视化分析方法,主要涉及聚类分析、主成分分析、因子分析和多维尺度分析;②复杂网络分析,主要涉及共词网络中的社区发现,典型的社区发现算法有 Newman& Girvan 算法[63]、Blondel 算法[64]和 VOSmapping 算法[65];③是战略坐标图分析,该方法由约翰·劳(John Law)等提出用于描述某一研究领域内部联系情况和领域间相互影响情况[66],一般与其他方法结合使用;④是以上三种方法的组合式分析。

(3)共词网络的语义分析

文献的内容可以通过一组标引词表示,如果对这些标引词之间的关系和规则进行揭示和建模,将会上升至更高的知识表示层次。在共词网络中,如果对词对进行语义化处理,共词分析法能更加有效地揭示学科研究主题。然而,目前的研究尚处于发展阶段,还有待于进一步深入研究。例如,李纲等[67]使用主题图刻画词语间的语义关系,通过计算共现词对在主题图中的最短路径确定其语义关系强度;唐晓波等[68]在人工构建领域本体的基础上计算词对语义相似度,综合考虑共现频次和语义相似度计算词对的相关度值,并通过实证验证该方法能够更有效地探测学科主题;牛奉高等[69]基于隐性语义分析(Latent Semantic Analysis,LSA)的思想,在对共现矩阵降维的同时合并同义词,降低了特征词空间维度和计算复杂度,提高了聚类算法的性能,且提高了文献主题聚类的精确度。

此外，值得指出的是，共词分析的实质是利用共现词对的频次高低，揭示隐含于词汇之间的语义。而共词的聚类只是一种统计手段，通过人为的方式将词汇划分成团，用以代表学科的某一个研究主题，可以说共词聚类适合语义明确、最大最小词频值落差明显的主题词。如果所有主题词的词频值相对平均，共现词对的频次相对平衡，那么利用聚类算法对词汇进行硬性的分组别类，未必是科学的做法。共而不聚的划分方式是指在构造共词矩阵后，经过词频值统计、相互包容系数的统计，不再进行聚类的运算，就共词矩阵所进行的分析[70]。赵蓉英等使用共而不聚的方式对图书情报和档案管理领域的社科基金和自科基金的项目主题进行分析，首先对项目标题进行切词生成共词网络，然后结合词频分布，以及专家的学科背景和经验去揭示项目主题[71]。尽管这种方法没有对共词矩阵进行标准化处理并加入了人为因素，但是却能避免了对聚类结果的硬性归类和解读。图4.4通过共词网络比较了图书情报学不同研究范式（第一范式：经验科学；第二范式：理论科学；第三范式：计算科学；第四范式：数据密集型科学）的正文标题差异[54]。

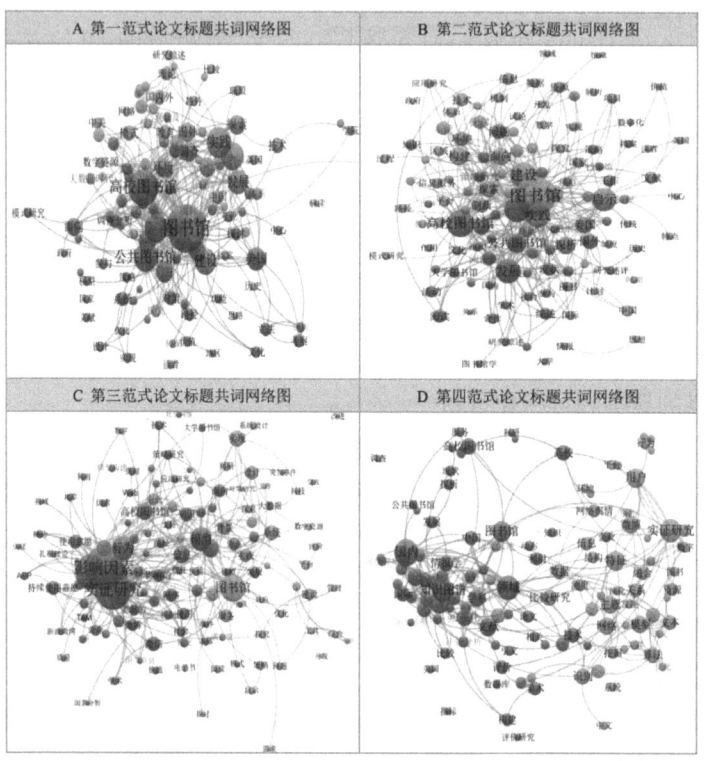

图4.4　图书情报学不同研究范式的正文标题共词网络[54]

4.3.3　基于主题模型的学科主题结构分析

基于主题模型的学科主题结构分析根据文档出现某词的概率进行主题识别，通常使用题录数据中的专业术语（来源于标题、关键词和摘要等，需要对标题和摘要进行分词抽取专业术语）进行研究。2003年大卫·布雷（David Blei）等提出隐含狄利克雷分布（Latent

Dirichlet Allocation，LDA）模型，该模型是一种概率生成模型，使用狄利克雷分布描述文档的主题混合比例和主题的词混合比例，模拟文档产生过程，实现主题的抽取。具体来讲，LDA 模型基本思想如下：将文档看作一组主题的概率分布，将主题看作一组词汇的概率分布，两者均符合二项式分布；对于一篇文档和一个主题，其主题分布和词汇分布也是不确定的，两者均符合狄利克雷分布；按照"以一定概率选择某个主题，然后从该主题中以一定概率选择某个词汇"这一过程随机生成文档中的每个词汇，最后将该过程重复多次生成整个文档[72-73]。目前有多种开源软件支持主题模型分析，如常用的 JGibbLDA、Stanford TMT、R 语言中的 lda、Topicmodels 和 LDAvis 软件包，Python 语言中的 lda 和 gensim 软件包等。

LDA 模型的出现完成了主题模型在贝叶斯层面的拓展，之后被多学科领域的研究者应用。同时，原作者及其他研究者对 LDA 模型进行了多种改进与拓展。①词袋问题的改进，如将参数分布由 Dirichlet 改为 Logistic，给出相关主题模型（Correlated Topic Model，CTM），以解决传统模型的词袋问题[74]。②主题个数的选择，如关鹏等利用主题相似度度量潜在主题之间的差异，同时结合困惑度指标（Perplexity）提出一种确定 LDA 最优主题数目的方法[75]；王婷婷等利用 LDA 和 Word2Vec 模型得出包含主题词概率信息及词义相关性的 T-WV 矩阵，并将传统 LDA 模型的主题数目选择问题转化为聚类效果评价问题[76]。③应用方面的改进，如陈果等[77]提出以领域术语作为选词方案所得到的 LDA 主题可解释性、可读性更好，情报研究中涉及细分领域主题分析可尽量采用领域术语作为分析对象；蔡永明等[78]在 LDA 模型中引入共词网络，提升其在短文本主题划分时的效果。图 4.5 展示了将 LDA 主题模型分析结果映射到原始共词网络，进而比较二者的异同[79]。

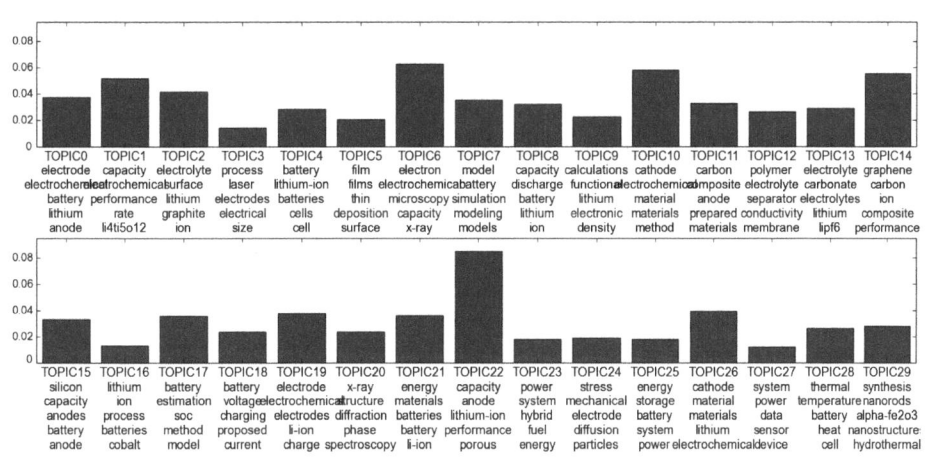

图 4.5　运用 LDA 主题模型揭示锂电子电池领域的主题分布[79]

4.4　学科引文结构分析

在引文分析法的经典研究范式中，引文在施引文献中的引用情况通常被忽略（主要受限于全文本样本数据获取困难和研究方法工具效率较低的客观条件制约），而这些被忽略的引用信息非常重要[80]。引文分析法的经典研究范式着眼于题录数据（如 WoS、Scopus、CSSCI 和 CNKI 等）中的参考文献，分析时将各参考文献同等对待，无法识别出它们在全文引用程度上的差异。而这里所讨论的学科引文结构分析，不仅考察参考文献，还对参考文献在施引文献中的引用情况（引用次数、引用位置和引用语境等）进行分析。鉴于其将研究视野从题录数据扩展至全文数据，这里所讨论的引文结构分析即全文本引文分析。要实现全文本引文分析，需要对论文正文中的引用信息进行识别和解析。受数据格式和数据处理方法的限制，早期研究者主要通过人工方式从正文中识别引用信息[81-82]。

近年来，随着信息技术的发展，结构化文献全文数据的出现和获取成为可能，全文本引文分析变得越来越常见。从数据源来看，结构化的文献全文信息主要以 XML 和 HTML 格式存储。例如，PLoS 旗下的 7 本期刊，同时提供 PDF 格式和 XML 格式的论文全文下载；预印本数据库 arXiv 在提供 PDF 全文下载的同时提供 PostScript 和 HTML 等格式的全文下载；生物医学数据库 PubMed 提供 XML 格式全文数据；知名学术出版商 Springer Nature、Elsevier、Wiley 和 CNKI 等也提供全部或部分 XML 和 HTML 格式的全文下载。围绕全文数据，全文本引文分析涉及的方法技术主要包括数据挖掘、文本挖掘、情感分析和可视化分析等。

全文本引文分析会从根本上重构引文分析的传统理论与实践体系，以及科学评价的建模和测度方式。与题录数据相比，全文本包含更多有用的信息：一是字面信息，包括引用位置、引文在全文中的紧密度（Proximity）、同一位置的多个引用、同一引用的多次提及（Op. Cit.）和词语的情感信息（如文献引用语境与情感）等；二是深层信息，包括作者的引用动机及文献的研究内容和创新之处[83]。对以上信息进行归纳可知，全文本引文分析主要包括引文总被引次数分析、引用位置分析、引文紧密度分析和引用语境分析，可以通过参考文献、参考文献在全文中的引用位置、参考文献在全文中的引用数量及引用动机与行为测度等方式进行衡量，主要的视觉呈现方式包括统计图和网络等。

4.4.1 引文总被引次数分析

对引文总被引次数进行全新的加权计算，如丁颖等利用 HTML 格式的全文数据，对期刊论文中的参考文献及其在全文中的引用情况进行提取和分析，提出一种新的加权的计算引文总被引次数的方法，即统计引文在论文中被提及（Mentioned）的次数来计算总被引次数[84]。胡志刚等[85]构建了一种基于 XML 全文的引文分析系统去解析论文正文中出现的引用语境信息并使用丁颖等[84]的计算方法进行实证和深层次的语境分析，探究了利用传统的 CountOne 统计方法与新的 CountX 统计方法所生成的高被引论文列表存在较大的差别的原因[86]。图 4.6 展示了 Journal of Informetrics（JOI）中文章的引用个数和引文篇数的分布情况[86]。

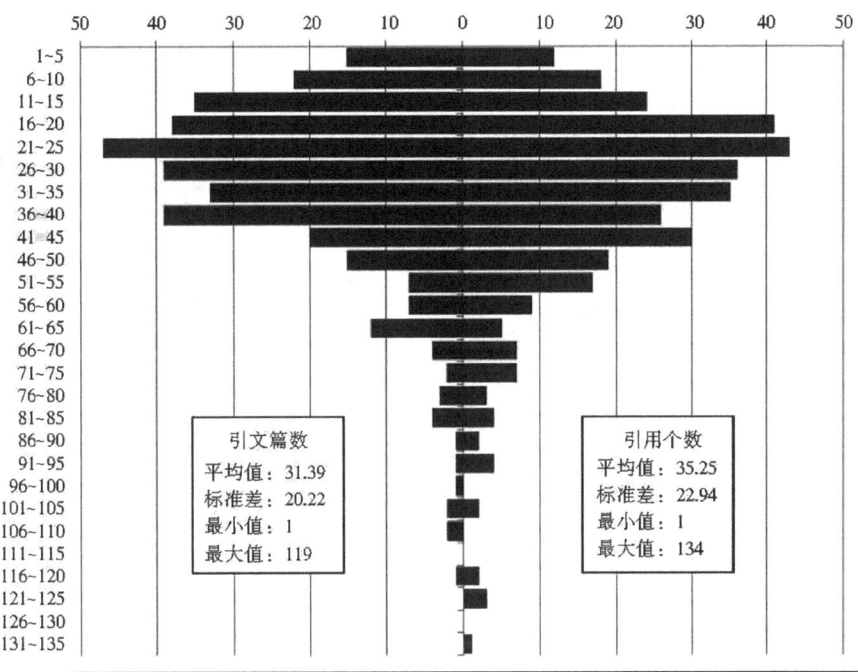

图 4.6 *Journal of Informetrics* 中文章的引用个数和引文篇数的分布 [86]

4.4.2 引用位置分析

在已有的全文本引文分析成果中，引用位置通常是研究者考虑的首要因素，因为它将各个引文准确标示在全文中的特定位置。在引用位置明确的基础上，引文在全文中的引用功能、引用动机和引用分类等方面的研究才能够更加精确有效地展开。确定引用位置的方法主要有以下几种：①依据常用行文结构将全文分为若干部分，如最常用的"引言—方法—结果—结论"结构；②统计全文的段落和语句的总数，赋予每个段落和句子唯一的编号；③统计全文单词的总数，每个引用位置的编号即距全文起始的单词数量[87]；④将全文按照百分比分为若干等份，如5%或10%，每个等份都是唯一的区间。

由上可知，不同方法围绕不同粒度的学科内容展开，如部分（Section）、段落（Paragraph）、语句（Sentence）、单词（Word）及特定百分比（Percentage）的内容，那么，引用位置分析也会呈现不同的粒度特征。目前，引用位置分析主要包括以下内容：①引用位置的分布规律及原因，包括在全文的部分、段落、语句、单词及特定百分比内容中的分布规律和背后的原因；②一篇或多篇高被引论文在全文中的位置分布规律及原因。图 4.7 展示了引文的引用位置分布情况。以 93 篇 *Journal of Informetrics* 中论文为例，每列代表一篇论文，自顶向下 4 种颜色代表论文的"引言—方法—结果—结论"4 部分，底部 4 种颜色自左向右代表论文的"引言—方法—结果—结论"4 部分，左上直方图表示每篇论文按引文数量自左向右升序排列，右上直方图表示所有论文按照引文数量的分布，右下直方图表示不同部分的引文分布[87]（见书末彩插）。

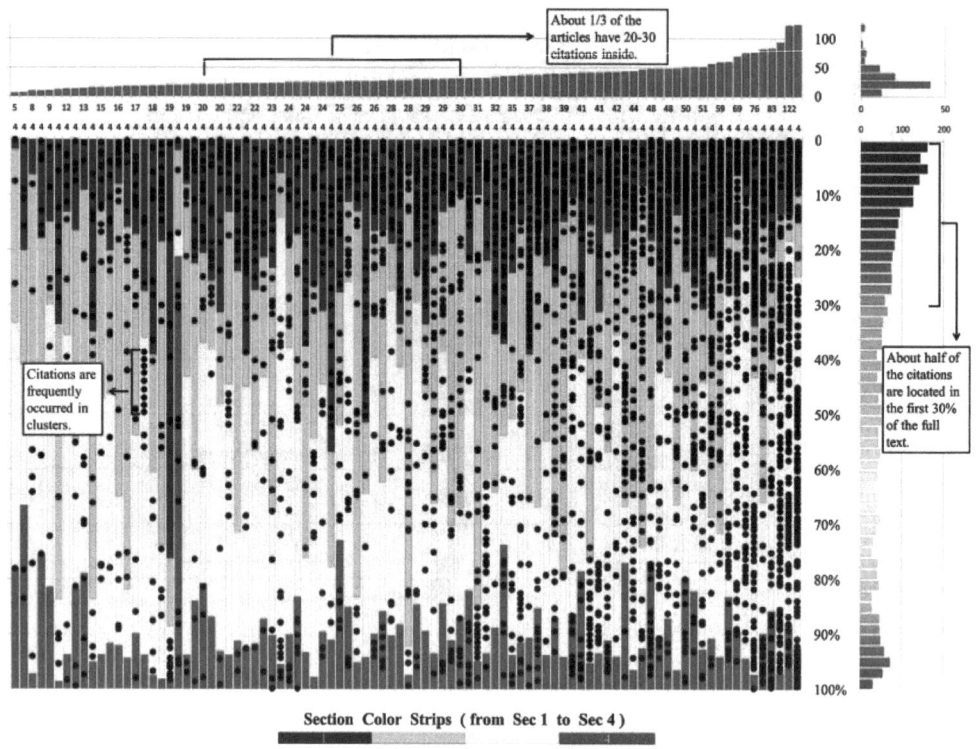

图 4.7　引文的引用位置分布 [87]

4.4.3　引文紧密度分析

对引文在全文中的引用情况进行建模和分析能够精确地测度各引文之间的紧密度[88]。凯文·博亚克（Kevin Boyack）等通过对引文在全文中的引用情况进行建模和测量，验证了新构建的文献共被引模型能更加精确地对文献进行聚类，随之而来的是类团规模与之前相比变小，但是聚类的精确性为评价和决策提供了可靠的保证[83]。

引文紧密度分析的核心是如何测量不同引文之间的紧密度，目前主要有以下几种测量方法。①将全文细分为"句子—段落—部分—全文"4个层次，然后从不同的层次进行分析[89-91]。②将全文按照百分比分为若干区间，然后对所有区间进行统计分析[92]。③将全文百分比与全文"句子—段落—部分—全文"4个层次两种方法相结合进行分析[83]。测量方法确定之后，便可对引文网络进行分析和可视化。图 4.8 展示了传统共被引网络和全文本"句子—段落—部分—全文"层面共被引网络的叠加情况，可用于比较传统共被引网络与细化共被引网络的异同[91]。

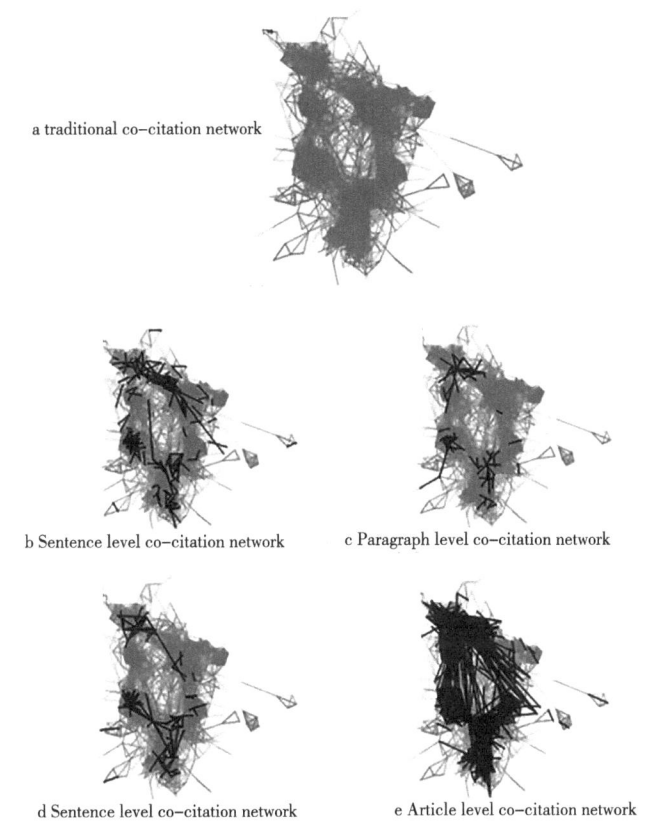

图4.8 传统共被引网络（a）和全文本"句子（b）—段落（c）—部分（d）—全文（e）"共被引网络[91]

4.4.4 引用语境分析

某条引文的引用语境（Citation Context）可被定义为包含该引文的若干个语句。普雷斯拉夫·纳科夫（Preslav Nakov）[93]等将引用语境定义为"Citances"，即围绕某条引文的一系列语句。Mei等[94]将引用语境界定为某条引文所在语句前两句和后三句的内容，亨利·斯莫尔（Henry Small）[95]将其界定为某篇引文前后的1.6个语句，刘盛博等[96]将其界定为某篇引文前后的一个语句。

目前，引用语境分析主要包括以下内容：①引用内容分析，如刘盛博等比较分析了施引文献摘要和引用语境的潜在主题，实证表明二者的潜在主题不同，后者主题要比前者更加具体详细[96]；②引用情感分析，如章成志等通过人工标注的方式研究图书被施引文献引用的引用情感[97]；③引用动机和引用行为分析，这是全文本引文分析的难点，作者的引用动机十分复杂，它深刻地影响引用行为。早期研究者对引用动机和行为的类型进行了总结，如尤金·加菲尔德（Eugene Garfield）[98]、本‑阿米·利佩兹（Ben-Ami Lipetz）[99]和梅尔文·温斯托克（Melvin Weinstock）[100]。之后的研究者进行了一系列的引用动机和行为的访谈或问卷调查，如唐荣（Tang Rong）与马丁·塞弗（Martin Safer）[101]以及马凤与武夷山[102]等。

此外，卢茨·博曼（Lutz Bornmann）和汉斯‑迪特尔·丹尼尔（Hans-Dieter Daniel）[103]对引证动机和行为进行了系统的综述和回顾。虽然目前有关引证动机和行为方面的实证研究较少，但是随着数字化的进一步普及，人类的行为变得有迹可循，同样的，引证动机和行为也会被人们进一步认识和把握。截至 2022 年 4 月，Scite 网站抽取并集成了 2900 万篇文献全文中约 10 亿条引用语句的正负和中性引用，供研究人员和管理人员使用[104]。

4.5 学科交叉结构分析

4.5.1 学科交叉的含义与分析思路

从静态与动态结合的视角看，学科交叉（Interdisciplinary、Transdisciplinary、Multidisciplinary、Crossdisciplinary、Pluridisciplinary 或 Polydisciplinary）可以抽象为学科间的知识转移（Knowledge Transfer）[105]、知识整合（Knowledge Integration）[106]、知识产生（Knowledge Production）[107]、知识扩散（Knowledge Diffusion）[108] 和知识交流（Knowledge Exchange）[109]。

悉尼·皮尔斯（Sydney Pierce）将科学活动中的学科交叉场景总结为以下 3 种：研究者撰文时引用不同学科领域的文献、不同学科领域的研究者开展合作及研究者在不同学科领域发表文献。从知识转移难易程度和效率来看，研究者在不同学科领域发表文献的学科交叉程度最为突出，其次是不同学科领域的研究者开展合作，最后是研究者撰文时引用不同学科领域的文献。原因如下：一是不同学科领域的研究范式等差异较大，学科间存在明显学科边界及诸多学科壁垒，能在不同领域发表文献难度很大；二是不同学科领域的研究者要展开合作，需要进行大量的沟通协调工作，最终成果往往是多方博弈和平衡的结果；三是研究者撰文时引用不同学科领域的文献难度最低且往往对其他学科领域的文献存在一定的主观理解偏差[110]。因此，可以从引用、合作与发文视角，即通过参考文献及其关键词与所在期刊、合作作者（及所在机构、城市或国家地区）、施引文献及其关键词与所在期刊和引文内容等文献实体进行学科交叉研究。

实际操作中，学科交叉分析主要有两种方式：一是自顶向下的方式（Top-down Approach），也叫基于分类体系的方法（Classification-based Approach），通常依据已有学科分类体系对期刊或论文等进行归类并进行不同类别内部或之间的学科交叉测度；二是自底向上的方式（Bottom-up Approach），也叫基于文献的方法，通过合著、共被引、共词、耦合或文本聚类分析等进行学科交叉测度[111-113]。其中，自顶向下的方式基于已有分类体系，重点关注文献实体的基本统计特征，而自底向上的方式重点关注文献实体之间的关系特征。

无论是自顶向下还是自底向上的方法，其操作关键点如下：①文献实体的选择，即根据学科交叉的特定场景选择合适的文献实体，如参考文献、合作作者、合作机构、施引文献及其所在期刊等；②文献实体的归类，即赋予参考文献、合作作者、合作机构、施引文献及其所在期刊等文献实体相应的学科分类号；③学科交叉指标的构建，即针对文献实体的基本统计特征及其相互关系构建量化指标（目前来看，多样性指标偏重文献实体的基本统计特征，对应自顶向下方法；凝聚性指标偏重文献实体间的关系测度，对应自底向上方法）。

传统来讲，常用的图书、期刊和专利综合学科分类体系有《美国国会图书馆分类法（LCC）》、《杜威十进制分类法（DDC）》、《中国图书馆分类法》和《国际专利分类法》

续表

等。随着信息技术和网络技术的兴起，大型学术文献数据库应运而生，出于文献组织与检索等需要，国内外大型学术文献数据库都对所收录的论文或期刊进行学科或领域的划分，常见的综合学科分类体系包括基本科学指标数据库（Essential Science Indicators, ESI）学科分类体系；Web of Science 学科类别（WoS Categories）；WoS 研究方向（WoS Research Areas）；Scopus 学科分类体系；the Leuven‐Budapest（ECOOM）学科分类体系[114]；UCSD（University of California, San Diego）学科分类体系[115]；莱顿大学学科分类体系[116]；中国知网（CNKI）学科分类体系等。此外，Scopus、Springer Nature、CSCD 和 CSSCI 等也有自己的分类体系，具体内容如表 4.2 所示。

表 4.2　国内外常用数据库的综合学科分类体系（2021 年 10 月统计）

名称	类型	备注
ESI	22 个（期刊层次）	12 000 多种期刊
WoS Categories	254 个（期刊层次）	超过 18 000 种期刊和 80 000 种图书等，属于至少一个 WoS Categories
WoS Research Areas	5 个一级、约 150 个二级（期刊层次）	每个 WoS Categories 都对应于一个 WoS Research Areas
JCR	234 个（期刊层次）	11 655 种期刊，有的期刊属于多个学科类
Scopus	27 个一级、304 个二级（期刊层次）	超过 23 452 种期刊和 19 4000 种图书等
Springer Nature	27 个一级（期刊层次）	超过 2900 种期刊和 30 0000 本图书
ECOOM	16 个一级、64 个二级（期刊层次）	基于 WoS Categories，将期刊不重复划分至各级类别
UCSD	13 个一级、554 个二级（期刊层次）	将期刊不重复划分至各级类别
莱顿大学	5 个一级、252 个二级、4535 个三级（论文层次）	与 WoS Categories 映射，将单篇文献不重复划分至三级类别
中国知网	10 个一级、178 个二级（期刊层次）；10 个一级、168 个二级、3000 多个三级（论文层次）	基于《中国图书馆分类法》对所收录的所有期刊和单篇文献进行相应归类
万方数据	8 个一级、94 个二级（期刊层次）	基于《中国图书馆分类法》对所收录的所有期刊和单篇文献进行相应归类
维普	35 个一级、463 个二级（期刊层次）；5 个一级、47 个二级、619 个三级（论文层次）	基于《中国图书馆分类法》对所收录的所有期刊和单篇文献进行相应归类

续表

名称	类型	备注
CSSCI	25 个（期刊层次）	依据《学科分类与代码》(GB/T 13745—2009) 并参照《学位授予和人才培养学科目录（2011 年）》（学位〔2011〕11 号）和《国家社会科学基金学科分类目录》进行。目前设置设 23 个基于学科分类的期刊类别，同时根据我国期刊发展的实际情况设置"高校综合学报"和"综合社科期刊"等两个综合期刊类别，总计 25 个学科类别
CSCD	12 个一级、61 个二级（期刊层次）	以《中国图书馆分类法》（第五版）一级、二级类目为基础，并通过参考文献的引用关系计算学科之间的耦合强度和期刊发表文章的语义相似度，将二级类目进一步聚类，最终确定了学科类目的数量；期刊分类体系与 WoS Categories 相互映射

从当前研究来看，研究者通常会参照国内外大型学术文献数据库的分类体系展开学科交叉研究，其中，最常用的是 WoS 学科类别、期刊引证报告（JCR）学科类别、Scopus 学科类别和 CNKI 学科分类体系等。与国际上主要基于期刊层次的单重学科分类体系不同，绝大多数中国学术数据库依据《中国图书馆分类法》构建了基于期刊层次的学科分类体系，同时赋予单篇学术论文一个或多个学科分类号（通常由作者、期刊编辑及学术数据库文献标引人员依据《中国图书馆分类法》确定），即将学术期刊和学术论文同时赋予若干个学科分类号。这种依据一种学科分类体系同时进行学术期刊和论文学科归属的做法为科学文献管理规范化及科学评价合理化奠定了基础，同时为中国特色的科学计量学带来了契机，因为从常识来看，基于单篇论文的学科分类号通常更为精准，能够从细粒度（与期刊学科分类号相比）更精确地测度学科交叉。

值得注意的是，学科分类体系的选定在学科交叉测度中处于"承接文献实体学科归属"和"落脚学科交叉结果揭示"的枢纽地位。不同国家、组织及学术出版商等根据科研管理、教育教学、文献组织、文献检索和科学评价等目的制定了多种类型的学科分类体系。鉴于科学文献的公开可获取性等特点，学术出版商的学科分类体系是目前学科交叉分析的首选。然而，科学文献只是整个科学活动的一种产出形式，其形成与发表离不开国家和组织的科研项目资助、团队成员和机构合作等前提条件支撑。因此，需要将学科交叉分析的范围扩展至科学文献的"上游"，这就需要引入除文献学科分类体系之外的其他学科分类体系（如基金项目学科目录和人才培养学科目录）并构建不同类型甚至不同语种的学科分类体系"映射对照表"，实现学科交叉分析的"全流程融合"。

4.5.2 学科交叉测度指标

艾伦·波特（Allen Porter）和伊斯梅尔·拉福尔斯（Ismael Rafols）参照安德鲁·斯特林（Andrew Stirling）的理论与测度框架[117]认为学科交叉分析要进行多样性（Diversity）分

析，即从学科的数量（Variety，即被引学科数量）、分布均衡度（Balance，即引文的学科分布）和相似度（Similarity，即学科间的相似度）3个方面进行测度[118]；伊斯梅尔·拉福尔斯（Ismael Rafols）和马丁·梅耶（Martin Meyer）[111]在前人的研究基础上引入了多样性和凝聚性（Coherence）指标，测度每个研究领域知识整合的广度和强度，进而反映研究领域的学科交叉程度。

依据学科多样性与凝聚性思想，对学科交叉指标进行梳理。常用的学科多样性指标主要包括跨领域引用指数（Citation Outside Category，COC）[119]、加权跨领域引用指数（Weighted Citation Outside Category，WCOC）[120]、Brillouin指数[121]、Jaccard系数[113]、专业度（Specialization，S）与区分度（Reach，R）[105]、作者专业度[122]、信息熵（Shannon Entropy）与基尼系数（Gini Coefficients）等[123]。学科凝聚性指标主要包括网络密度、网络平均路径长度、中介中心性等[124]、凝聚子群密度（E-I）[125]和学科势能[126]等。学科多样性与凝聚性综合指标主要包括Integration指标[105]、Rao-Stirling指标[117]、Φ指标[127]。张琳等受生态学中测度生物多样化的Leinster-Cobbold指标启发并基于Rao-Stirling指标提出了"$^2D^s$"（又称为Ture Diversity，TD）指标[128]，并基于合著机构地址提取学科分类的方法运用"$^2D^s$"指标进行学科交叉测度[129]。2018年，洛埃特·雷迪斯多夫（Loet Leydesdorff）[130]基于Rao-Stirling指标提出了DIV指标。

此外，研究者对不同指标进行了梳理及对比研究。在指标梳理方面，杨良斌等基于艾伦·波特（Allen Porter）等的理论对施引文献、文献作者机构和引文的学科门类进行划分，设计了多学科度、专业度、交叉度与合作度等学科交叉分析指标[131]。接着，卡罗琳·瓦格纳（Caroline Wagner）等[112]和徐海云等[132]对学科交叉分析的指标进行了系统全面的综述。此外，研究者针对不同指标进行了比较分析，如洛埃特·雷迪斯多夫（Loet Leydesdorff）和伊斯梅尔·拉福尔斯（Ismael Rafols）对网络指标（中介中心性）、不平衡指标（香农信息熵与基尼系数）以及Rao-Stirling指标进行比较分析[119]，之后又对Rao-Stirling指标、基尼系数和DIV指标进行比较分析[133]。2020年，王琦等对不同指标的一致性和有效性进行了研究，提出当前跨学科指标不尽完善，在科研评价和政策制定方面仍需要谨慎使用[134]。

本书也梳理了国内外常用学科交叉指标的类型、公式及参数，具体如表4.3所示。经综合分析可知，不同类型的学科交叉测度指标分别从引用、合作和发文视角出发进行构建，能够从不同角度对学科交叉进行观察。因此，不同指标本身并无优劣之分，关键在于其应用场景及应用条件，在尽可能跟踪并细致厘清学科交叉活动的全流程基础上运用学科交叉测度指标才能更精确地对其进行测度。正如爱因斯坦所告诫的那样："许多能数清楚的东西并不重要，许多数不清楚的东西却极有价值。"

表4.3 常用学科交叉指标

类型	来源	指标	公式	参数
多样性指标	Rafols等[111]	学科类别总数（N_S）	$N_S = \sum_{i \in S} S_i$	i指属于学科S的文献；S_i指文献i包含的学科类别数量

续表

类型	来源	指标	公式	参数
多样性指标	Porter 等[105]	学科专业度（S）	$S = \dfrac{\sum P_{SC_1}^2 + \ldots + P_{SC_n}^2}{\sum (P_{SC_1} + \ldots + P_{SC_n})^2}$	P_{SC_n} 指学科 n 包含的文献数量
	Porter 等[105]	学科区分度（R）	$R = 1 - [\sum f_i * \cos(C_i - SC_p)]$	SC_i 和 SC_p 指某学科 i 的参考文献和施引文献所在学科类别；f 指学科共现频次；$\cos(SC_i - SC_p)$ 指两个学科的余弦相似度
	杨良斌等[131]	作者专业度（S_A）	$S_A = \dfrac{\sum_i S_i^2}{(\sum_i S_i)^2}$	S_i 指属于学科类别 i 的作者数
	Porter 等[119]	跨领域引用指数（COC）	$COC = \dfrac{\sum_{i \in O} C_i}{\sum_{i \in I \cup O} C_i}$	I 指某学科；O 指某学科外的其他学科；C_i 指在 i 学科的引用文献数
	Chen 等[120]	加权跨领域引用指数（WCOC）	$WCOC = \dfrac{|O|}{|I \cup O|} \dfrac{\sum_{i \in O} C_i}{\sum_{i \in I \cup O} C_i}$	I 指某学科；O 指某学科外的其他学科；C_i 指在 i 学科的引用文献数
	Leydesdorff 等[123]	基尼系数（G）	$G = \dfrac{\sum_{i=1}^{n}(2i - n - 1)x_i}{n \sum_{i=1}^{n} x_i}$	n 指学科数量；x_i 指学科 i 的被引频次
	Leydesdorff 等[123]	归一化基尼系数（G_N）	$G_N = \dfrac{\sum_{i=1}^{n}(2i - n - 1)x_i}{(n-1) \sum_{i=1}^{n} x_i}$	n 指学科数量；x_i 指学科 i 的被引频次
	Leydesdorff 等[123]	Shannon 信息熵（S_E）	$S_E = -\sum_i p_i \log(p_i)$	p_i 指不同学科的概率分布
	Rafols 等[111]	Simpson 多样性指数（SI）	$SI = \sum_{ij(i \neq j)} p_i p_j = 1 - \sum_i p_i^2$	p_i 指不同学科的概率分布
	Brillouin 等[121]	Brillouin 指数（BI）	$BI = \dfrac{\log C! - \sum_i \log C_i!}{C}$	C 指文献或作者等总量；C_i 指属于 i 学科的文献或作者等数量
	马瑞敏等[113]	Jaccard 系数（J_i）	$J_i = \dfrac{I_i(A, B)}{A_i + B_i - I_i(A, B)}$	I 取值为直引、耦合和共词等；A_i 和 B_i 分别为两个学科在某一方面的数量；$I_i(A, B)$ 指两个学科在某一方面的交集

续表

类型	来源	指标	公式	参数
多样性指标	Leydesdorff 等[123]	余弦相似度（cos）	$\cos(x,y) = \dfrac{\sum_{i=1}^{n} x_i y_i}{\sqrt{\sum_{i=1}^{n} x_i^2}\sqrt{\sum_{i=1}^{n} y_i^2}}$	x 和 y 指为空间关系向量
	杨良斌 等[131]	引文类交叉度（I_C）	$I_C = \dfrac{\sum_{i,j} f_i * f_j * \cos(c_i \wedge c_j)}{\sum_{i,j} f_i * f_j}(i<j)$	f_i 指属于学科 i 的引文数所占引文总数的比值；$\cos(c_i \wedge c_j)$ 指引文所属学科的共现矩阵的列向量 c_i 和 c_j 的余弦值
	杨良斌 等[131]	文章类交叉度（I_P）	$I_P = \dfrac{\sum_{i,j} p_i * f_j * \cos(p_i \wedge p_j)}{\sum_{i,j} p_i * f_j}(i<j)$	p_i 指属于学科 i 的文章数所占文章总数的比例；$\cos(p_i \wedge p_j)$ 指文章与引文所属学科的共现矩阵的列向量 p_i 和 p_j 的余弦值
	杨良斌 等[131]	作者类交叉度（I_A）	$I_A = \dfrac{\sum_{i,j} a_i * f_j * \cos(a_i \wedge a_j)}{\sum_{i,j} a_i * f_j}(i<j)$	a_i 指属于学科 i 的作者机构数所占作者总机构数的比例；$\cos(a_i \wedge a_j)$ 指作者机构与引文所属学科的共现矩阵的列向量 a_i 和 a_j 的余弦值
凝聚性指标	Leydesdorff 等[123]	中介中心性（BC）	$BC = \sum_i \sum_j \dfrac{g_i k_j}{g_{ij}}, i \neq j \neq k$	g_{ij} 指节点 i 和 j 之间所有最短路径数量；$g_i k_j$ 指节点 i 和 j 之间经过节点 k 的所有最短路径数量
	Rafols 等[111]	网络密度（ND）	$ND = \dfrac{L}{n(n-1)/2}$	L 指网络中节点间连线数量；n 指网络中节点数量
	Rafols 等[111]	平均路径长度（MPL）	$\text{MPL} = 2\sum_{i \neq j} d_{ij} / n(n-1)$	d_{ij} 指节点 i 与 j 的路径长度；n 指网络中节点数量
	李长玲 等[125]	凝聚子群密度（E-I）	$\text{E-I} = \dfrac{EL - IL}{EL + IL}$	EL 指子群之间连线数量；IL 指子群内部关系数量

续表

类型	来源	指标	公式	参数
凝聚性指标	吕海华等[126]	学科势能（E_{ji}）	$E_{ji} = C_{ij} + (1-\alpha) * \sum_{k_1 \neq i,j} \dfrac{C_{ik_1} \times C_{k_1 j}}{C_{k_1}} + (1-\alpha)^2 * \sum_{k_1,k_2 \neq i,j, k_1 \neq k_2} \dfrac{C_{ik_1} \times C_{k_1 k_2} \times C_{k_2 j}}{C_{k_1} \times C_{k_2}} + \cdots (1-\alpha)^m * \sum_{k_1,\cdots,k_m \neq i,j, k_1 \neq \cdots \neq k_m} \dfrac{C_{ik_1} \times C_{k_1 k_2} \times \cdots \times C_{k_m j}}{C_{k_1} \times C_{k_2} \times \cdots \times C_{k_m}}$	E_{ji} 是两个学科之间各条路径知识流动的加权和；C_{ij} 表示学科 i 引用学科 j 的此数；C_k 表示学科 k 的总被引次数；假设 m 次的间接知识流动是有效的，α（$\alpha<1$ 且 $\alpha>0$）为知识流动衰减指数
综合指标	Porter 等[105]	学科集成化指数（I）	$I = 1 - \left[\dfrac{\sum (f_i * f_j * \cos(SC_i - SC_j))}{\sum (f_i * f_j)} \right]$	i 和 j 指矩阵的行与列；f 指学科共现频次；$\cos(SC_i - SC_j)$ 指两个学科的余弦相似度
综合指标	Stirling[117]	Rao–Stirling 指标（D）	$D = \sum_{ij(i \neq j)} (p_i * p_j)^\alpha * d_{ij}^\beta$	p_i 和 p_j 指不同许可的概率分布；d_{ij} 是学科网络中不同学科的距离；α 和 β 指计量参数
综合指标	张琳等[128]	$^2D^s$ 指标（TD）	$TD = \dfrac{1}{\sum_{i \neq j} P_i P_j (1 - d_{ij})}$	i 指序列指标；P_i 和 P_j 指参考文献或机构中属于学科 i 或 j 的数量占所有学科对应参考文献或机构数量之和的比例；d_{ij} 指学科 i 与 j 的距离
综合指标	陈赛君等[127]	Φ 指标	$\Phi = \sum_{ij\ i \neq j} (d_{ij})^\alpha * (p_i * p_j)^\beta * \left(1 - \dfrac{d(i,j)}{N}\right)^\gamma$	N 指学科数量；p_i 指学科 i 的比重，即领域 i 与 j 之间的差异；$d_{(i,j)}$ 指学科 i 与 j 在学科交叉网络中的最短加权距离；α、β 和 γ 指计量参数，可取值 0 或 1
综合指标	Leydesdorff[130]	DIV 指标	$Div_C = (n_C / N) * (1 - Gini_C) * \sum_{\substack{i=1, j=1 \\ i \neq j}}^{\substack{i=n_C \\ j=n_C}} d_{ij} \ [n_C * (n_C - 1)]$	n_c 指学科；N 指学科总数

4.5.3 引用、合作与发文视角下的学科交叉结构分析

（1）引用视角下的学科交叉结构分析

引用场景下的学科交叉结构分析主要从引文、引文位置[135]与引文内容[136]展开：引文场景学科交叉分析的核心环节是赋予参考文献和施引文献相应的学科分类号，引文位置场景学科交叉分析的核心环节是确定引文在全文中的位置并赋予其相应的学科分类号，引文内容场景学科交叉分析的核心环节是沿用已有或重新构建学科术语集、从样本文献的引文内容中抽取术语并对二者进行术语匹配[137-138]。

然而，目前国际常用的综合学科分类体系多限于期刊粒度（如 WoS 学科类别和 Scopus 学科类别）。因此，当前绝大多数引用场景的学科交叉分析本质上从期刊学科类别展开，即赋予参考文献和施引文献所在期刊的学科分类号。该学科归属方法存在以下问题：粒度过粗；无法对综合型期刊进行有效学科归类；对单篇文献进行学科归类时存在明显误差等。为了解决以上问题，研究者运用不同方法进行单篇文献学科归类，如作者机构分析[139]、参考文献特征分析[140-141]、文献共被引分析[142-144]、文献耦合分析[145-146]、文献直接引用分析[116,147-148]、主题词表[149-150]、单篇文献学科分类号[151]和多种方法结合分析[152-153]。

引文内容是围绕在引文标记附近的文本内容[154]，即引用句或引文上下文。引文内容是对被引用文献主题的最优表征，引文内容中的术语是引用中传递的信息内核[155]。因此，与基于学科分类号的学科交叉研究相比（从宏观角度揭示学科交叉情况），基于引文内容的学科交叉分析能够从微观主题角度揭示学科交叉情况。祝清松等对高被引论文进行引文内容分析，得出该方法识别的核心主题能够较好地揭示高被引论文的被引原因，与基于全文、标题和摘要的主题识别方法相比，该方法识别的主题更具代表性[156]。刘盛博等比较研究了引文内容的主题和施引文献摘要的主题，虽然二者存在主题上的重合，但是前者的主题更加具体，后者的主题更加宽泛[96]。章成志等从引文内容角度探索不同学科的学科专业知识交叉情况，表明引文内容术语能够探测学科的交叉融合现象，对改进传统的学科多样性测度具有重要的参考价值[136]。

徐庶睿等[137]提出了引文内容场景下的学科交叉分析流程，如图 4.9 所示。其中，从引文内容中抽取术语、构建术语集及围绕二者进行术语匹配是基础工作。在此基础上，需要设计一系列的指标来测度学科交叉程度，徐庶睿等提出了学科交叉度和学科交叉的主题分布熵两种指标，前者基于向量空间模型理论，将不同学科表征为向量空间模型中的两个向量，通过计算两个向量夹角的余弦相似度确定学科交叉度，后者通过统计学科交叉的主题分布熵分析学科交叉在主题下的不同分布[137-138]。不过，引文内容场景下的学科交叉分析需要首先构建一系列较为完整和高质量的不同学科学术术语库，然后才能进行进一步研究，研究门槛和成本较高，如学术术语本身含义多样，如何保证其准确学科归属极具挑战。

此外，张琳等[135]以 2007—2016 年发表在 *PLoS ONE* 的研究论文为例，基于论文中不同章节的引文标注位置来探究不同章节的学科交叉程度，进而根据不同章节参考文献的重要程度来计算论文的加权学科交叉度。

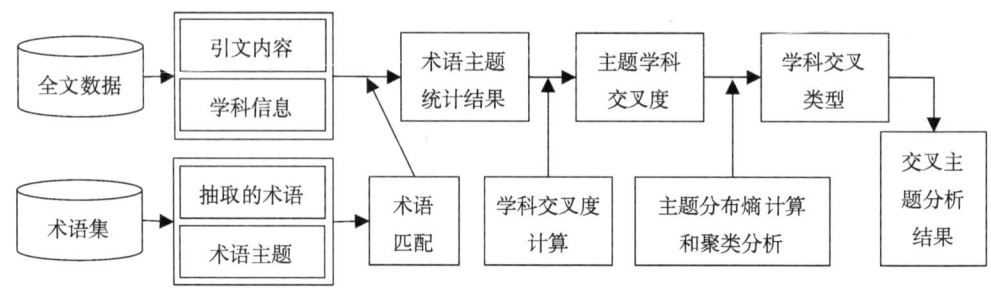

图 4.9 基于引文内容的多学科交叉测度研究框架 [137]

（2）合作视角下的学科交叉结构分析

基于跨学科合作测度论文的学科交叉主要是通过界定作者、团队或机构等研究对象的学科属性来确定论文的学科多样性 [105, 122]，其中研究对象学科属性的确定是基于科学合作测度学科交叉的关键点和难点 [157]。作者、团队或机构的学科属性通常是通过查阅论文作者简介、所属机构或查询个人主页或机构主页等多种信息源来人工判定，工作量较大且学科归属依据缺乏统一标准，客观上造成基于科学合作模式测度论文学科交叉的研究较少。目前来看，作者合作场景的学科交叉研究主要从合作要素解析 [158]、作者合作 [159-160]、机构合作 [129, 161-162] 或融合作者、机构与国家合作的方法展开 [163-164]，也有研究者对引用与合作场景的学科交叉进行比较研究 [165]。

（3）发文视角下的学科交叉结构分析

基于跨学科发文场景的学科交叉结构分析主要是通过确定作者或机构等研究对象所发表论文及其所在期刊的学科属性来确定作者或机构等的发文多样性或构建并测度"论文与发文期刊"的有向网络凝聚性。其关键点和难点也是确定研究对象的学科属性 [166]，作者、团队或机构学科属性的确定方式与基于科学合作模式的相同，单篇论文的学科属性则是通过引文分析和参照主题词表等方式确定，具体见本节"引用视角下的学科交叉研究"的相关论述。

基于发文场景的学科交叉结构分析成果较少。例如，邱均平等基于 CNKI 学科分类体系从跨学科发文的场景研究了图书情报领域的跨学科研究态势，用论文专业度指标定量测度了学者的跨学科研究程度 [167]。邓丹楠以所有学科被 CSSCI 和 CSCD 收录的 1687 本期刊共计 3 490 665 篇学术论文（2008—2018 年）为例，基于单篇文献学科分类号构建了一级学科分类号的学科发文有向网络（单篇文献学科分类号与文献所在期刊学科分类号之间的有向网络）[168]。

4.5.4 单篇论文学科分类号视角下的学科交叉结构分析

与国际上基于期刊层次的学科分类体系不同，绝大多数中国学术数据库（如 CNKI 和维普）依据《中国图书馆分类法》构建了基于期刊层次的学科分类体系，同时赋予单篇学术论文一个或几个学科分类号（通常由作者、期刊编辑及学术数据库文献标引人员依据《中国图书馆分类法》确定），即将学术期刊和学术论文同时赋予若干学科分类号。这种依据一种学科分类体系同时进行学术期刊和论文学科归属的做法给科学文献管理规范化及科学评价合理化奠定了基础，同时给中国特色的科学计量学带来了契机。从学科交叉研究领域来讲，基于单篇论文学科分类号能够从细粒度（与期刊学科分类号相比）研究学科交叉的程度。

引入单篇论文学科分类号后，可以对现有学科交叉研究体系进行细粒度优化，具体如图 4.10 所示。其中期刊与论文之间可以建立中图分类号有向网络，表征研究者在不同学科领域期刊发表文献；单篇论文中存在两个及两个以上中图分类号时，可以建立中图分类号共现网络（无向网络）；论文与参考文献之间可以建立中图分类号有向网络，表征研究者撰文时引用不同学科的文献；参考文献与参考文献之间可以建立中图分类号共现网络等。值得注意的是，中文施引文献中存在大量的英文参考文献，需要对其进行妥善归类，目前 WoS 整合了中国科学引文数据库（Chinese Science Citation Database，CSCD）的数据，两个数据平台之间已经存在学科映射表，可以依据该学科映射表进行英文参考文献归类。

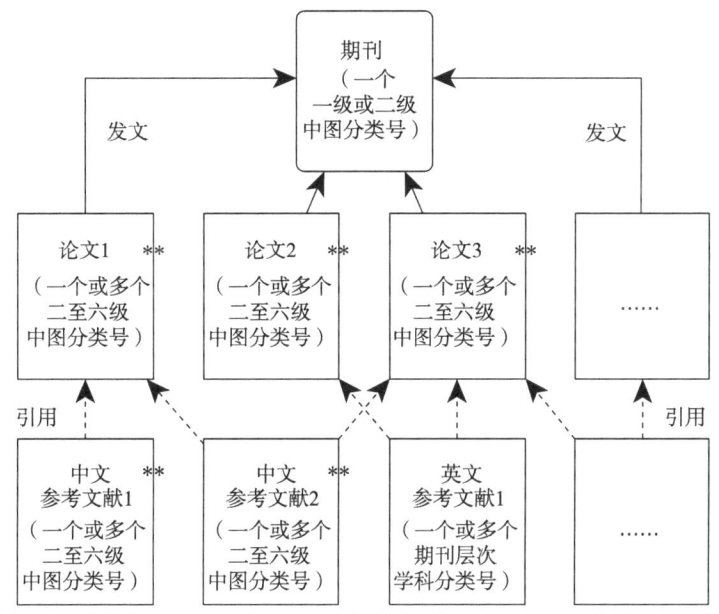

→代表发文视角下的知识流动方向；⇢代表引用视角下的知识流动方向；* 代表具有一个或多个中图分类号

图 4.10　中文期刊与单篇论文学科分类号的关系

4.5.5　学科交叉结构分析的应用

（1）特定领域学科交叉结构分析

学科交叉结构分析的应用研究主要从局部和整体两个层次展开：一是特定领域学科交叉分析（Local Map）；二是全领域学科交叉分析（Global Map），前者关注局部学科领域或主题，后者关注整体学科领域（如自然科学或人文社会科学）。

特定领域学科交叉分析主要围绕某个期刊[169]、某个领域或某几个领域展开研究。杨良斌以 WoS 为例分析了特定领域学科交叉分析的流程：选择若干有代表性研究领域；数据下载、预处理和数据集的构建；对不同研究领域的文献、文献作者、作者所在机构和引文进行学科归类；设计学科交叉测度指标并计算其学科交叉强度；进行学科交叉分析等。

基于杨良斌总结的特定领域学科交叉分析研究流程，本书进行了进一步完善和凝练，如图 4.11 所示[170]。其中学科归属和学科交叉测度指标的设计是难点和重点，国内外研究者都进行了充分的研究。例如，在设计学科交叉测度指标时，Porter 等[105]认为引文是学科交叉测度的最优知识单元，即进行学科交叉测度时重点考察引文的学科门类，同时引入其他测度因素。陈必坤等以"图书馆、情报与档案管理"学科的 55 894 篇论文（CSSCI 收录）的单篇论文学科分类号为例，构建了该学科的学科交叉网络，如图 4.12 所示[151]，其中 G2（信息与知识传播）、G3（科学、科学研究）、G4（教育）、TP（自动化技术、计算机技术）、D9（法律）、D6（中国政治）和 F2（经济计划与管理）是整个网络中最紧密的节点。

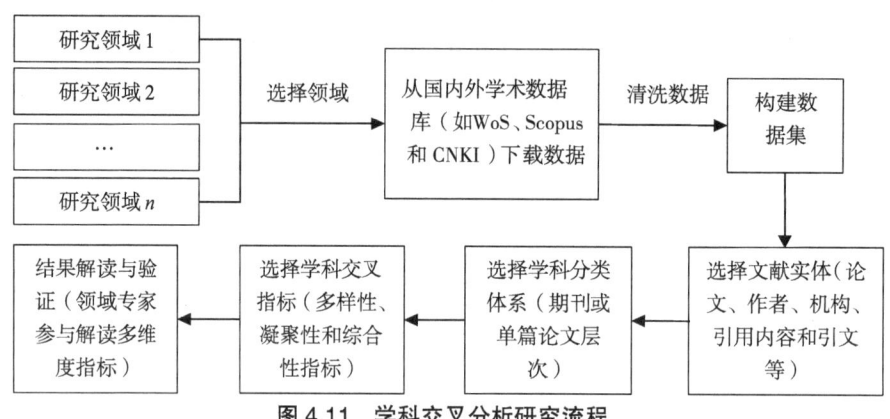

图 4.11　学科交叉分析研究流程

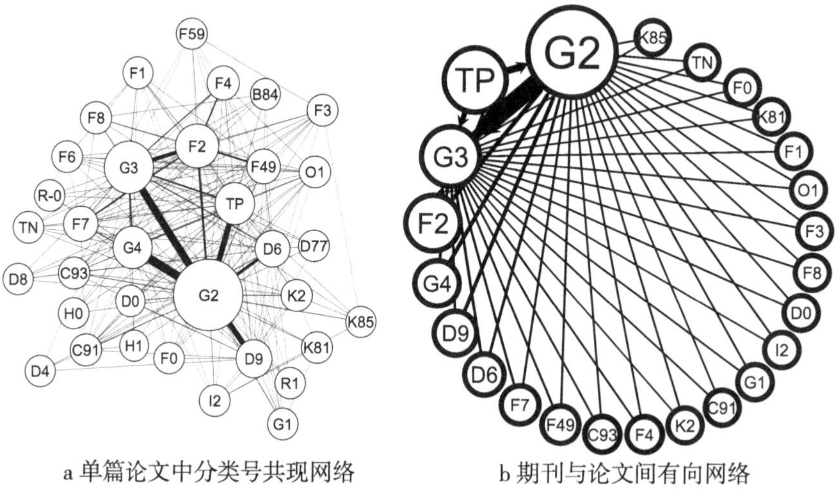

a 单篇论文中分类号共现网络　　b 期刊与论文间有向网络

图 4.12　基于二级中图分类号的图书馆、情报与档案管理学科交叉网络[151]

（2）全领域学科交叉结构分析

全领域学科交叉结构分析主要围绕自然科学、社会科学、人文科学或者所有科学展开研究。德里克·德索拉·普赖斯（Derek John de Solla Price）[171]在 1965 年认为通过分析学术数据库能够在一定程度上揭示科学结构，并提到期刊这一知识单元适合进行学科结构分析，即通过测度期刊间的引用关系强度能够揭示科学整体或特定学科的结构。洛埃特·雷迭斯多夫（Loet Leydesdorff）[172]提到 SCI 或 SSCI 的 JCR 包含了期刊之间互相引用的结构信息（包括引证期刊信息和被引期刊信息），围绕这些引用信息构建"期刊－期刊"矩阵并通过因子分析和可视化分析揭示期刊结构。洛埃特·雷迭斯多夫（Loet Leydesdorff）等在以上研究基础上赋予期刊学科分类号，相当于将"期刊－期刊"关系扩展到"学科－学科"关系，采用因子分析揭示全领域学科结构并使用Pajek软件绘制学科全景图去分析不同学科之间的交叉情况[173]，以及人文社科子学科之间的学科交叉情况[174]。借鉴洛埃特·雷迭斯多夫（Loet Leydesdorff）等的做法，马修·理查森（Matthew Richardson）运用Scopus数据进行科学整体[175]和人文社科[176]的学科交叉分析。

随着理论、方法和技术的进步，全领域学科交叉分析与特定领域学科交叉分析开始走向融合，从综合的角度去揭示学科交叉情况。例如，洛埃特·雷迭斯多夫（Loet Leydesdorff）等[177]使用Overlay Maps方法（地图叠加，来源于Google Maps）分析特定机构和作者的学科交叉研究状况。陈超美等[178]将Overlay Maps方法扩展到Dual-Map Overlays（双重地图叠加）方法。

邓丹楠[168]以所有学科被CSSCI和CSCD收录的1687本期刊共计3 490 665篇学术论文（2008—2018年）为例，基于单篇文献学科分类号构建了一级学科分类号的学科发文网络，如图4.13（见书末彩插）和表4.4所示，其中T（工业技术）、R（医药、卫生）、C（社会科学总论）、S（农业科学）、O（数理科学和化学）、P（天文学、地球科学）、N（自然科学总论）和G（文化、科学、教育、体育）整体上吸收了更多其他学科的知识，T（工业技术）、R（医药、卫生）、F（经济）、S（农业科学）、O（数理科学和化学）、P（天文学、地球科学）、X（环境科学、安全科学）和D（政治、法律）整体上更多地向其他学科贡献知识。

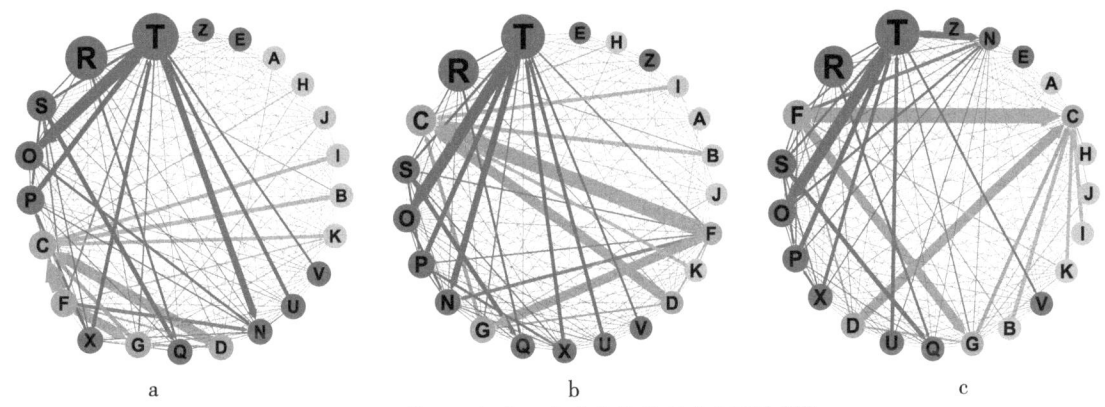

图4.13　基于一级中图分类号的学科发文网络[168]

（注：红色表示自然科学，绿色表示社会科学，蓝色表示人文科学；图a、图b和图c中的节点大小分别表示加权度、加权入度和加权出度大小）

表4.4　一级中图分类号

宏观学科	具体学科代码
人文科学	A（马克思主义、列宁主义、毛泽东思想、邓小平理论）、B（哲学、宗教）、H（语言、文字）、I（文学）、J（艺术）、K（历史、地理）
社会科学	C（社会科学总论）、D（政治、法律）、F（经济）、G（文化、科学、教育、体育）
自然科学	E（军事）、N（自然科学总论）、O（数理科学和化学）、P（天文学、地球科学）、Q（生物科学）、R（医药、卫生）、S（农业科学）、T（工业技术）、U（交通运输）、V（航空、航天）、X（环境科学、安全科学）、Z（综合性图书）

（3）学科交叉的影响力评价

学科交叉的影响力评价主要包括以下两个方面的研究：一是学科交叉研究成果的影响力评价，具体包括学科交叉程度与论文影响力[128, 179-180]、科学家影响力[181]及用户使用数据频次[182]之间的关系等；二是学科交叉研究者[183]、研究团队[184]、研究机构[162]、研究项目[185]和学术期刊[186]等的影响力评价。综合来看，前者仅关注学科交叉研究成果本身，后者的关注视野更加广阔，涉及学科交叉研究成果的创造主体、基础支撑和传播载体等。前者的影响力评价主要从学术影响力和社会影响力展开，后者的影响力评价因评价对象和目标的不同有所差异。

其中，科研人员是开展交叉科学研究的主体，对科研人员的评价通常会涉及该人员的学术成果、所在团队/机构背景、参与项目等。科研团队是实现交叉科学研究的普遍形式，对科研团队的评价通常会涉及该团队的学术成果、团队成员构成及学科背景、团队承担的项目等。科研项目是开展交叉科学的主要依托形式，交叉科学项目事前评价涉及项目成员背景、项目团队构成及项目申请书所包含的内容等，事后评价则主要以项目产出成果为评价主体[157]。至于学术期刊，它是传播学科交叉研究成果的主要载体，对学术期刊的影响力评价通常会涉及学术期刊所载论文和学术期刊等[186]。

除了上述学术领域的应用，已经有研究者将学科交叉测度应用至技术会聚[157]和科学基金项目管理[157, 187]等领域，以优化科学基金项目的资助管理，助力学科交叉研发活动、推动技术创新、引导新兴产业的形成与发展等。

4.6 学科知识结构分析

托马斯·库恩（Thomas Kuhn）认为一个科学共同体由同一个科学专业领域中的工作者组成。戴安娜·克兰（Diana Crane）认为科学共同体由合作者群体和无形学院（合作者群体中少数高产科学家）组成。从学科文献视角看，如果把一个学科领域的整体作者合作网络绘制出来的话，可以揭示该学科的合作者群体结构。如果对无形学院的结构进行可视化，便可以揭示该学科的知识结构（Intellectual Structure）。其中，学科作者合作分析与学科知识结构分析的区别在于前者是科学家之间主动直接的协作分析，而后者在科学文献引用的基础上衍生而来，只是针对科学家本身开展的研究并非科学家之间主动直接的互动。目前来看，学科知识结构分析主要与文献作者和被引作者两种学科知识单元相关，多通过作者共被引和作者耦合分析实现研究目的，两种分析方法的基本流程一致，即构建作者之间的相似矩阵，之后对相似矩阵进行聚类分析或可视化分析[188]。

4.6.1 作者共现网络的构建

作者共现网络主要包括合作网络、作者共被引网络和作者耦合网络（包括作者文献耦合、作者关键词耦合和作者期刊耦合等类型），学科知识结构分析涉及作者共被引网络和作者耦合网络两种。设定文献集合 $D = \{d_1, d_2, \cdots, d_n\}$，每篇文献包含的作者和被引作者 $d = \{intellectual \mid intellectual \in I_A \cup I_{CA}\}$，$I_A$ 和 I_{CA} 分别表示每篇文献中的作者和被引作者。对应

于文献集合 D，作者共现网络 $G = \{V, E\}$，其中，V 为网络的节点集合，E 为节点之间的关系集合。作者共现网络将文献集合中的作者和被引作者作为研究对象，作者共现网络关系的定义规则如下：①简单算法，即不考虑重复出现的情况，如果同一作者在文章中多次引用相同的文献，在计算该作者的参考文献集时进行去重，在此基础上计算两两作者间的累计共现次数；②最小值算法，考虑重复出现的情况，每出现一次均计一次，取两两作者在同一施引文献、参考文献或关键词上的较小值，然后进行累计；③组合算法，它和最小值算法的不同点在于取两两作者在同一施引文献、参考文献或关键词上的积，然后进行累计[189]。

根据以上规则，给定文献集合 D，作者共现网络 G 的构造方法如下：构造一个空的学科知识结构网络 G；遍历文献集合 D 中的文献，对于每一个文献 d，其作者和被引作者 $d=\{\text{intellectual} \mid \text{intellectual} \in I_A \cup I_{CA}\}$，对于任意 I_A 和 I_{CA}，如果其没有在 G 中出现，将其作为一个节点加入 G；对于 d 中的任意组合 I_{Ai} 和 I_{Aj}、I_{CAi} 和 I_{CAj}，如果 G 中任意组合之间没有建立关系，构建两者之间的关系，关系权值 Φ_{ij} 取决于任意组合在 n 篇文献中的共现关系，以下仅讨论最小值算法。

$$\Phi_{ij} = \sum_N \min(N_i, N_j)$$

作者共现强度 Φ 的设定是基于在第 N 篇文献中，如果作者 i 和作者 j 同时出现，取他们两人中共同出现的较小数，然后将所有文献中的较小数加总，即可得到作者 i 和作者 j 之间的作者共现强度。

4.6.2 基于作者共被引网络的学科知识结构分析

霍华德·怀特（Howard White）和贝尔弗·格里菲斯（Belver Griffith）[190]于1981年首次提出作者共被引分析。后来，不同学科领域的研究者将应用该方法去分析特定学科领域的知识结构，如霍华德·怀特（Howard White）和凯瑟琳·麦凯恩（Katherine McCain）[191]应用传统的多维统计分析法去分析信息科学领域由120位高产作者组成的知识结构，霍华德·怀特（Howard White）[192-193]使用 Pathfinder 技术对去分析信息科学领域由120位高产作者组成的知识结构。以上研究主要以传统的引文数据库作为数据源进行研究，不过，一些研究者将作者共被引分析的数据源扩展到了互联网环境下，如 Leydesdorff 等[194]使用谷歌学术（Google Scholar）的数据分析了信息科学领域的知识结构，马瑞敏等[195]使用中文谷歌学术（Chinese Google Scholar）的数据分析了中国信息科学领域的知识结构。

近几年，研究者对传统作者共被引方法进行了改进：Jeong 等[196]提出了基于引用内容的作者共被引分析法（Content-based Author Co-citation Analysis，CACA）；Kim 等提出了基于引用内容和位置的作者共被引分析法（Content and Proximity-based Author Co-citation Analysis，CPACA）[197]；步一等融合题录数据[198]、融合作者共被引、作者文献耦合和作者合作网络[199]并将全文被提及次数以及引用句的词汇数量引入作者共被引网络的计算[200]。与传统方法相比，以上方法引入了多种作者共现网络和全文本引文分析的内容，维度更全且场景更为真实。图4.14展示了肿瘤领域基于引用内容的作者共被引网络（CACA）与基于引用内容和位置的作者共被引网络（CPACA）[197]。

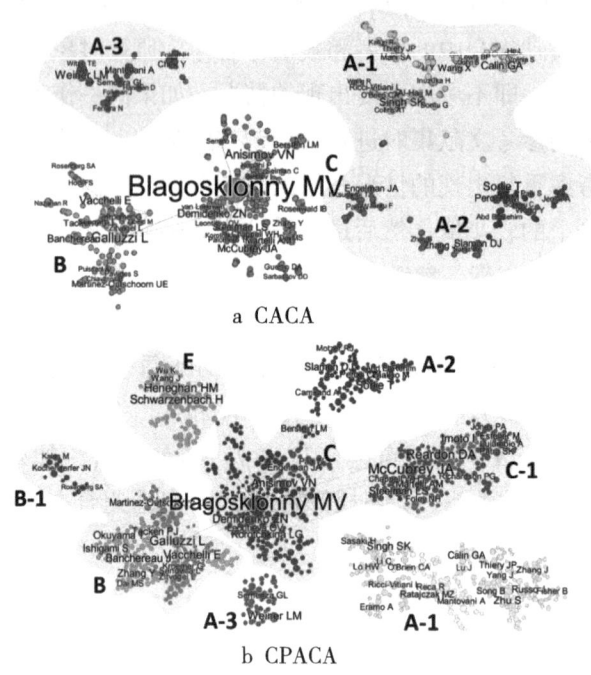

图 4.14 肿瘤领域基于引用内容的作者共被引与基于引用内容和位置的作者共被引网络[197]

4.6.3 基于作者耦合网络的学科知识结构分析

作者耦合关系与作者同被引关系的核心原理相同,均是通过第三方文献建立联系,是一种隐性、间接的学术关系。两个作者共同引用的文献越多,说明他们的研究兴趣越相近。作者耦合的提出是受到文献耦合(Bibliographic Coupling)的启发[189]。赵党志等首先对信息科学领域的作者文献耦合网络进行了实证分析,证实该方法能够从发文角度探测特定学科领域的知识结构,与从引文角度探测学科知识结构的作者共被引分析相得益彰[201]。后来,越来越多的研究者加入进来,主要从作者文献耦合[202-205]、作者关键词耦合[206-207]及二者的组合研究[208]。另外,晏尔佳等[209]及邱均平等[210]对作者合作网络、作者共被引网络和作者耦合网络等进行了系统的比较研究。

作者耦合强度是在文献耦合强度的基础上提出的,但是它的算法要比文献耦合复杂得多,借鉴作者同被引强度的算法,马瑞敏等总结了3种计算方法(只考虑第一作者情况):简单算法、最小值算法和组合算法,并运用简单算法构建了中国图书情报学知识结构[189]。图 4.15 展示了图书情报领域的作者文献耦合网络结构[210]。

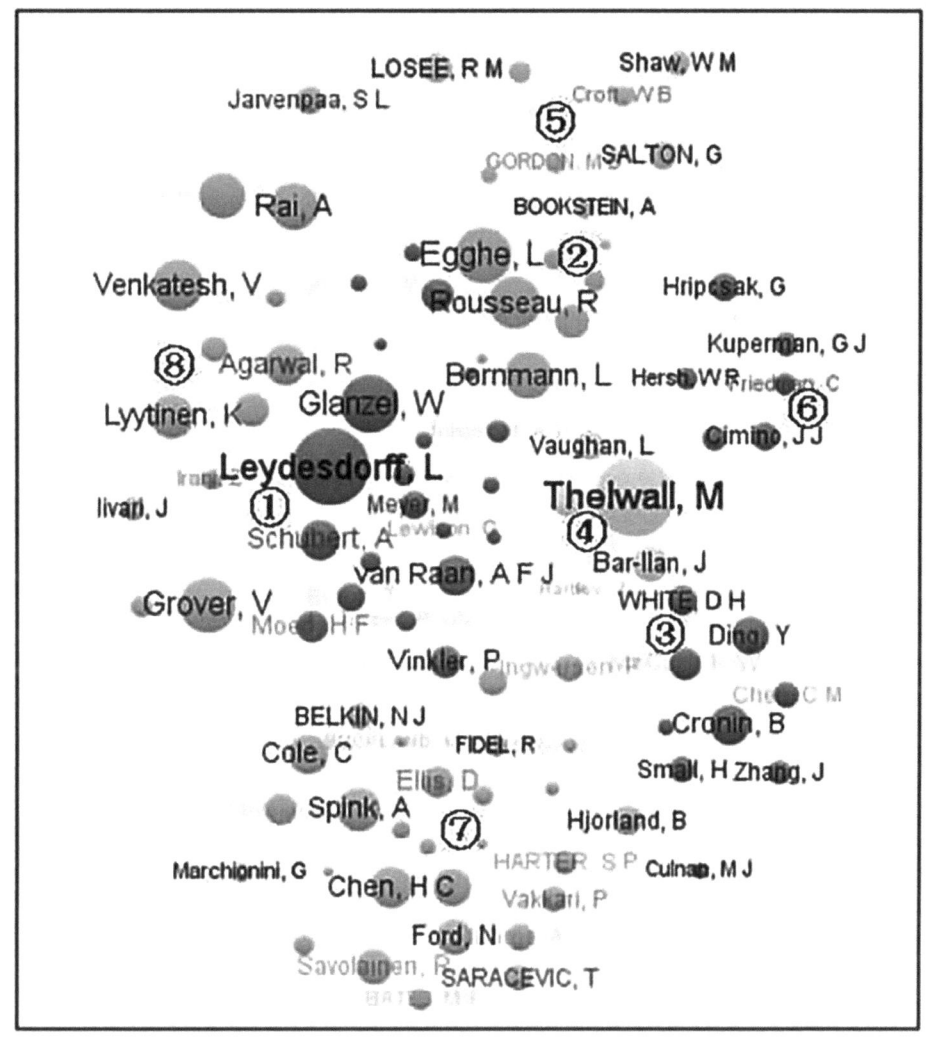

图 4.15　图书情报领域的作者文献耦合网络结构（不同编号代表不同聚类结果）[189]

4.7　学科结构视角下的 Usage Metrics

随着网络化、数字化的发展及相关技术的进步，科研人员越来越倾向于通过网络获取数字学术文献从事科学研究，这使得科研用户的学术文献使用数据（学术文献的 HTML 格式浏览数据与 PDF 等格式的下载数据[211]）得以记录。在此背景下，越来越多的研究者对学术文献使用数据进行采集、整理和挖掘分析，以发现与用户使用行为相关的特点、规律，或者通过学术文献使用数据进行相关性研究，由此产生了被国际学术界称为 Usage Metrics 的研究热点。

在科学文献交流与利用的研究中，采集与分析用户的订购、阅览、检索、引用等数据并进行相关探索一直是业界关注的主要内容。早在纸质文献出版和使用时代，就有学者通过追踪和收集纸质出版物的使用数据开展研究，如图书馆通过分析馆内订阅的纸质出版物使用数据进行资源建设与评价[212-213]和用户研究[214]。随着各种学术交流平台对用户交互信息记录功能的不断完善，使用数据被视作一种独立的数据类型，与文献题录数据、全文数据和Altmetrics数据共同构成了当前科学计量学的主要数据类型[215-216]。

4.7.1 学术论文使用数据的产生机制

信息交流是人们通过一定的方式和渠道所进行的信息传递和反馈，是信息发送者和信息接受者之间的信息传输和交换行为。为了更好地理解社会信息交流过程、结构和功能，专家学者提出了一系列的信息交流模式：申农-韦弗模式、拉斯韦尔模式、施拉姆模式、米哈依洛夫模式、兰开斯特模式和维克利模式等。兰开斯特模式是由美国信息学家弗雷德里克·兰开斯特（Frederick Lancaster）提出的，该模式总结并揭示了文献信息的正式交流过程，具体内容如图4.16所示[217]。

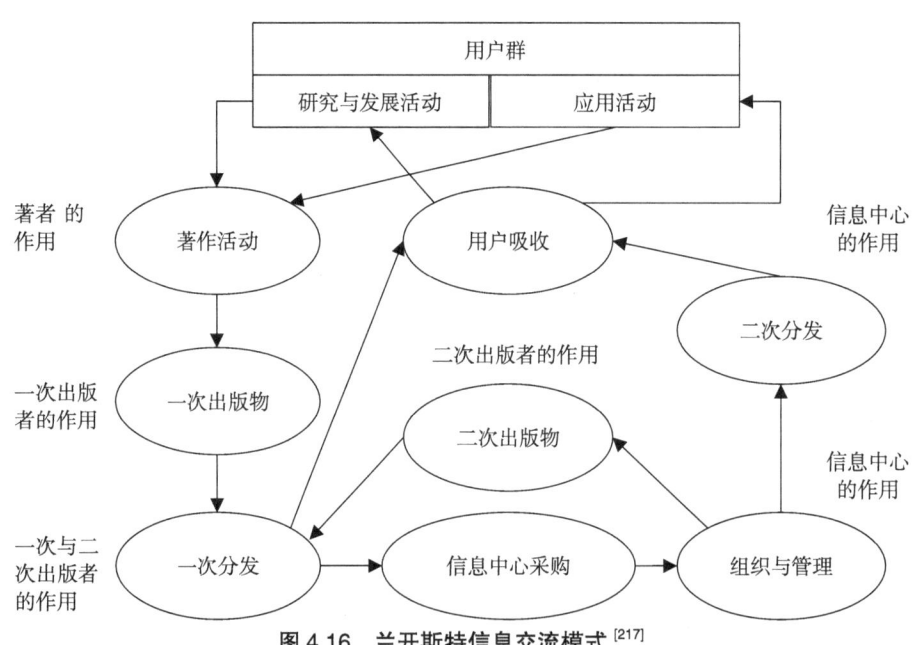

图4.16 兰开斯特信息交流模式[217]

由图4.16可知，"用户群"是指从事研究发展活动或应用开发活动的人员，他们中的一部分人首先以图书、学术论文或科技报告等形式阐述研究结果和工作经验等；其次出版社把研究者的著作等研究成果出版发行；再次信息中心（图书馆、信息集成平台、二次服务出版社等）将研究成果信息进行编目、分类、标引及其他组织管理，形成二次出版物，根据用户的需要提供多种形式的信息服务；最后用户群阅读消化研究成果，并进行新的研究活动。

在数字出版时代，用户只需打开科学论文所在的网站，输入检索词，就可以迅速获取所需文献。互联网技术使得用户的信息获取方式克服了时空障碍，同时在用户打开网站的那一刻就开始跟踪记录用户的使用过程，如用户在何时何地打开了哪个网站，检索、浏览及下载了哪些科学论文，甚至是在某篇科学论文停留了多长时间等一系列行为都能被准确记录。2010年，迈克尔·库尔茨（Michael Kurtz）等[218]从信息系统视角提出了使用数据的服务 – 请求模型（Service-Request Model），如图4.17所示。

在该模型中，一端是用户（User），即使用者；另一端为学术资源（Scholarly Resources），包括著作、期刊文献和数据集等。在两端之间由信息服务（Information Service）起到传递中介（Mediator）的作用。当用户出于对某一资源的兴趣或者需求，向信息服务发出请求（Request）时，信息服务将会对请求进行处理，然后返回与资源有关的服务（Service）或者将资源以某种形式展现给用户[216]。根据钟义信的信息传递原理（信息论视角）[219]，使用数据的服务 – 请求模型可进一步抽象以下信息传递过程：学术文献可看作信源，信息服务平台可看作信道，作为信息接受和使用的用户可看作信宿，信息服务平台是用户与学术文献之间的中介，能够根据信源和信宿的需求、特征和反馈等进行协调。

在信息服务平台根据用户请求并向其提供服务的过程中，用户的使用行为会产生一连串的使用数据，并以日志文件的形式保存在信息服务提供者的服务器中，这些使用数据包括用户的 IP 地址、访问时间、停留时间、来源地区、访问渠道和访问内容等，如 PeerJ 为每篇论文提供的用户指引链接数据（referrals），Frontiers 出版社提供的用户来源地区和人口学信息，以及 PLoS 出版商为每篇论文提供的用户时序使用数据等[216]。

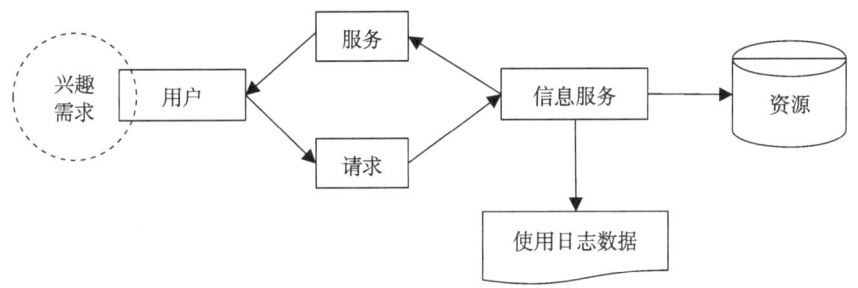

图 4.17　使用数据的服务 – 请求模型[216]

4.7.2　学术论文使用数据的主要来源

随着技术的发展及各界对学术论文使用数据的重视，越来越多的学术出版商、学术期刊和学术数据库等信息服务平台陆续以不同的形式对外免费开放论文使用数据。其中，国内外主要信息服务平台提供的论文使用数据概况如表 4.5 所示。

表 4.5　国内外主要信息服务平台提供的论文使用数据概况

平台	数据特征
ACM Digital Library	提供单篇论文最近 6 周、最近 12 个月、2003 年 5 月至 2022 年初的累积 PDF 下载数据（按月统计）
BMJ	提供单篇论文的摘要、全文 HTML 浏览和 PDF 下载数据（按天统计）

续表

平台	数据特征
eLIFE	提供单篇论文的全文 HTML 浏览和 PDF 下载数据（按天、月统计）
Frontiers	提供单篇论文的全文 HTML 浏览和 PDF 下载数据（按天统计）
IEEE Xplore	提供单篇论文的使用数据，为全文 HTML 浏览和 PDF 下载之和（按月更新）
PLoS	提供单篇论文来自 PLoS 自身平台的全文 HTML 浏览、PDF 下载、XML 下载数据（按天统计），以及来自 PubMed Central 平台的全文 HTML 浏览和 PDF 下载数据（按月统计）
PNAS	提供单篇论文的摘要和全文 HTML 浏览和 PDF 下载数据（按月统计）
Peer J	提供单篇论文的全文 HTML 浏览和 PDF 下载数据
Springer Nature	提供单篇论文的使用数据，为全文 HTML 浏览和 PDF 下载之和（按天统计）
Science	提供单篇论文的摘要、全文 HTML 浏览和 PDF 下载数据（按月统计）
Taylor & Francis	提供单篇论文的使用数据，为全文 HTML 浏览和 PDF 下载之和（按天统计）
Web of Science	提供单篇论文最近 180 天、2013 年至今的全文访问和题录保存次数（按天统计）
中国知网	提供单篇论文下载数据（按天统计）
万方数据	提供单篇论文下载数据
中国科学出版社	提供单篇论文 HTML 全文浏览、摘要浏览和 PDF 全文下载数据（按天统计）
国内部分期刊出版社	提供单篇论文 HTML 全文浏览、摘要浏览和 PDF 下载数据（按月统计）

4.7.3 学科结构视角下的 Usage Metrics

从学科结构视角来看，Usage Metrics 研究的主要包括以下几个方面：①通过使用数据研究用户行为模式，如用户使用偏好[220-224]；②将使用数据作为评价期刊、作者、机构或国家影响力的指标，具体包括作为单个指标进行评价[225-227]或与 Altmetrics 指标结合进行评价[228-229]两种形式；③探索使用数据与其他类型数据的相关性，如使用数据与引用数据的相关性[230-234]、不同平台使用数据的相关性[235]、使用数据与作者数量[236]或基金资助数据[237]的相关性等；④探索学术论文用户使用数据与论文语言学特征的关系[238]。图 4.18 展示了不同学科的 CNKI 和期刊官网论文下载次数与 CNKI 被引次数的关系[239]。

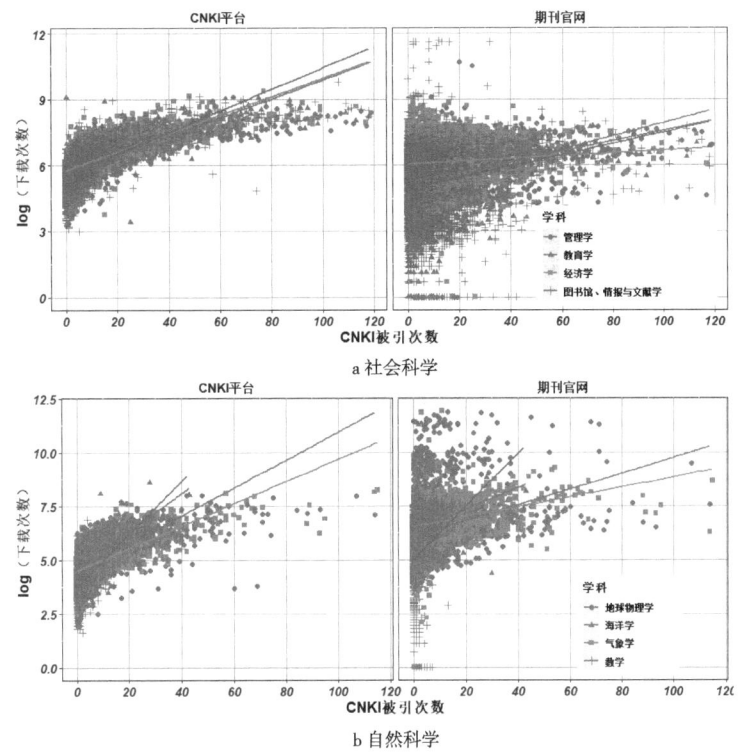

图 4.18 不同学科的 CNKI 和期刊官网论文下载次数与 CNKI 被引次数散点图[239]

4.8 学科结构视角下的 Altmetrics

Altmetrics（Alternative Metrics）由 Priem 等提出[240]，国内将其翻译为选择性计量学[241]、替代计量学[242]或补充计量学[243]。Altmetrics 数据指通过收集科学文献在网络社交新媒体（如 Facebook、Twitter 等）、学术型或通用型网站平台（如 Wikipedia、ResearchGate 等）和学术型社交媒体工具（如 Mendeley、CiteULike 等）上的传播热议的数据，来反映科学文献的社会影响力的一种计量方法[244]。部分 Altmetrics 指标不能反映学术影响力，但其可反映可见度、知名度和社会影响力[245]。目前，Altmetrics 的主要研究内容包括以下几个方面。

一是 Altmetrics 概念[246]、Altmetrics 数据基本属性[245, 247-248]与质量评估研究[249-250]。二是不同类型 Altmetrics 指标的特征研究，如国外主流社交媒体 Altmetrics 指标特征[251]、新浪微博 Altmetrics 指标特征[252]、政策文件 Altmetrics 指标特征[253]及 Altmetrics 指标的共现[254]。三是 Altmetrics 指标与传统文献计量学指标的相关性研究，如推特数与引文量的相关性[255]、11 种 Altmetrics 指标与引文的相关性[256]、18 种 Altmetrics 指标与引文的相关性[257]及 Mendeley 指标与引文和标题长度等的相关性[258]。四是 Altmetrics 指标的情境数据分析，如科学推文的非正式科学交流语言研究[259]、科学推文用户研究[260-262]及科研用户对 Altmetrics 指标的熟悉情况[263]。五是基于 Altmetrics 指标的影响力评价研究。

围绕不同类型的 Altmetrics 数据，研究者提出了多种基于 Altmetrics 数据的评价指标，如针对论文的平均标准化读者分数（Mean Normalized Reader Score，MNRE）[264]和平均领域标准化读者分数（Mean Discipline Normalized Reader Score，MDNRS）[265]，针对科学家和研究机构的平均标准化引文对数值（Mean Normalized Log-transformed Citation Score，MNLCS）、基于均衡均值的标准化被引比值（Equalized Mean-based Normalized Proportion Cited，EMNPC）和基于均值的标准化被引比值（Mean-based Normalized Proportion Cited，MNPC）指标[266]。实际应用中，赵蓉英等证实 AIF 值（基于 Altmetrics 的学术论文影响力）高的学术论文更加受大家关注，在一定程度上反映了其学术影响力，有效避免了由于假引用、马太效应等造成的高被引现象，为挖掘具有引用价值和高影响力的文献提供了新的视角和途径[267]。此外，Altmetrics 指标还能够对开源软件学术影响力进行评价[268-269]。

4.9 学科结构视角下的实体计量学

实体（Entity）是旧哲学中使用的一个概念，指能够独立存在的、作为万物本源的东西。唯心主义把它解释为精神，旧唯物主义把它解释为某种物质。在科学计量学领域，科学文献、作者、参考文献、期刊、关键词、文献中提及的数据集、方法和概念等都可看作实体。丁颖等提出了实体计量学，认为科学文献中的实体包括评价性实体（Evaluative Entities）和知识性实体（Knowledge Entities），前者包括作者、论文和期刊等，后者包括关键词等，且二者可以归为宏观实体（如作者、论文和期刊）、中观实体（如关键词）和微观实体（如数据集、方法和领域实体）3 个层次，具体如图 4.19 所示。综合来看，实体计量学能够统一科学计量学领域所做的各种研究，普适性和包容性最强。2021 年，卢超等提出了全文计量分析的概念，并系统地梳理了学术文献全文计量分析的研究对象与应用场景，具体如图 4.20 所示。本书认为实体计量学和全文计量分析的目标相同，区别在于所提出的视角不同，前者关注细节，后者关注整体。

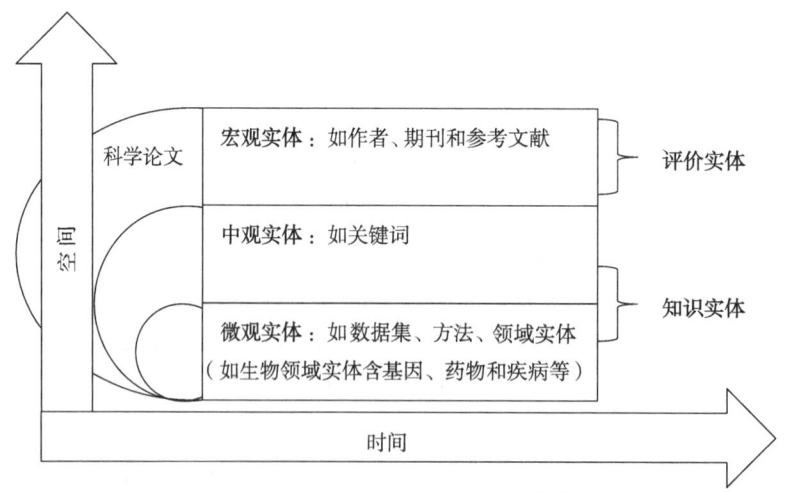

图 4.19　实体计量学核心框架[270]

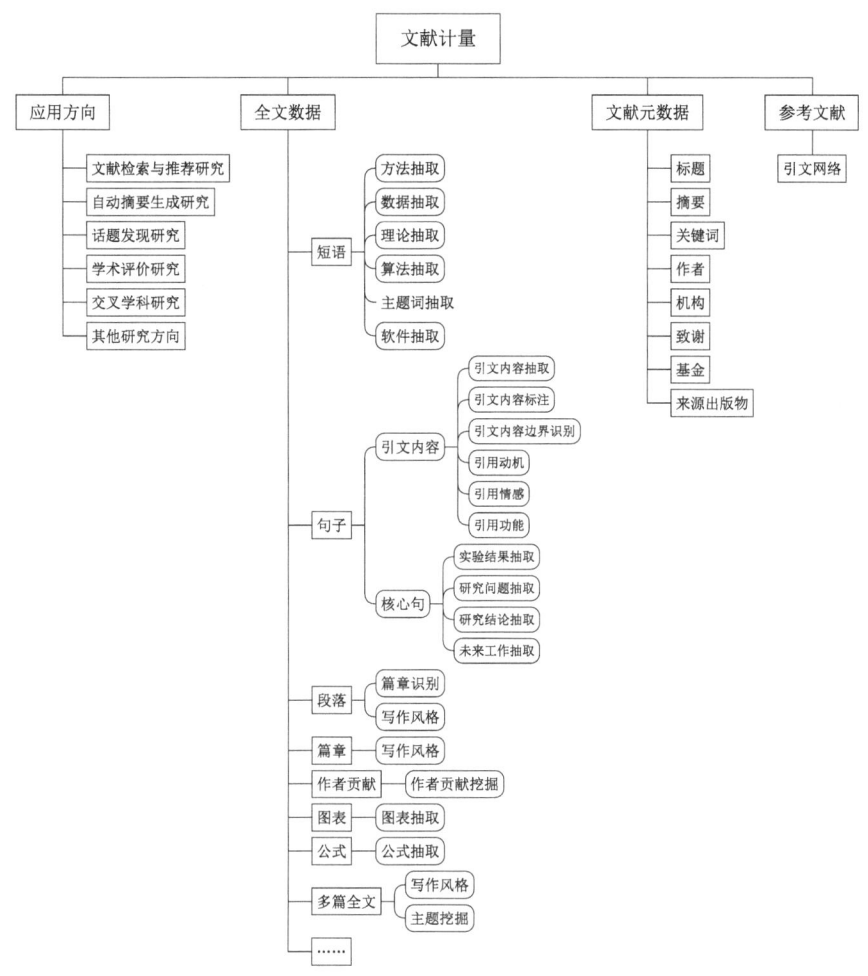

图 4.20 学术文献全文计量分析研究对象与应用场景梳理[271]

本章前 8 节内容主要围绕宏观实体和中观实体展开，本节内容则重点关注微观实体的相关研究。目前，微观视角下实体计量学的出发点是微观实体的价值和影响力评价，主要研究内容：一是数据集实体的影响力及使用行为[272-273]；二是软件实体影响力[274-277]；三是算法实体的影响力及使用行为[278]；四是科学领域概念实体的影响力[279]；五是论文中的图表数量与论文影响力的关系[280]。图 4.21 展示了 *PLoS* 学术论文中所有 R 语言软件包的共提及网络（Co-metioned Network），揭示了不同软件包的在特定任务场景中的相互支撑关系[281]。

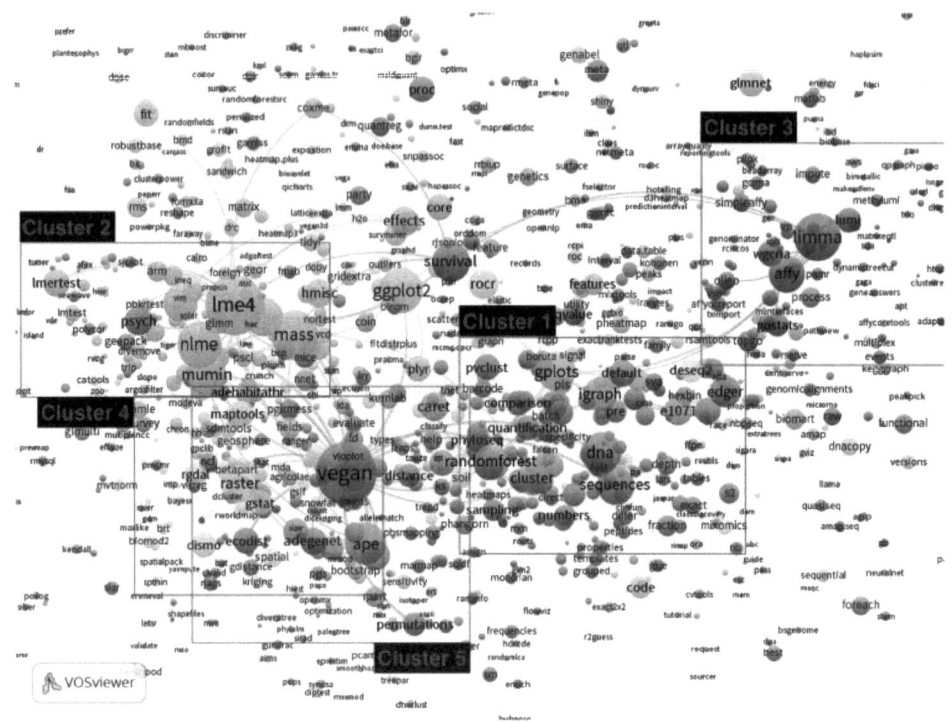

图 4.21 PLoS 学术论文中所有 R 语言软件包的共提及网络[281]

4.10 本章小结

本章按照"知识生产、知识内容、知识传承与交叉融合、知识创新"的思路将学科结构分为学科合作结构、学科主题结构、学科引文结构、学科交叉结构、学科知识结构、Usage Metrics、Altmetrics 和实体计量学 8 种,然后围绕学科结构与演化可视化分析模式中的 3 个核心环节(知识单元选取、知识单元关系构建和可视化)对不同类型的学科结构进行可视化分析。首先是学科合作结构分析,选取文献作者、作者所在机构、机构所在城市和国家等知识单元,主要根据合著关系构建合作网络,并进行合作网络的可视化分析。其次是学科主题结构分析,选取专业术语(来自标题、摘要、主题词、标引词和正文等),主要根据专业术语的共现关系构建共词网络或主题模型,并进行共词网络或主题分布的可视化分析。再次是学科引文结构分析,选取引文在全文中的位置作为研究单元,主要根据引文关系、引用关系和引用语境等关系,进行引文总被引次数分析、引用位置、引文紧密度和引用语境分析等。接着是学科交叉结构分析,选取参考文献、合作作者(或合作机构)、施引文献及其关键词或所在期刊等知识单元,主要根据知识单元的基本统计特征或文知识单元间的关系特征(如共被引、合著和耦合关系)等构建相应网络,进行统计特征或不同类型网络的可视化分析。然后是学科知识结构分析,选取文献作者和被引作者等知识单元,主要根据作者共被引和作者耦合关系构建相应网络,并进行不同类型网络的可视化分析。最后则是围绕日渐丰富的用户使用数据、Altmetrics 数据和学术文献全文本数据进行 Usage Metrics、Altmetrics 和实体计量学的结构研究。

参考文献

[1] 邱均平. 信息计量学 [M]. 武汉 : 武汉大学出版社, 2007.

[2] CHEN C. Mapping scientific frontiers: The quest for knowledge visualization[M]. London：Springer, 2013.

[3] 邹晓顺, 王晓芬, 邓珞华. 图书情报应用数学：知识组织、发现和利用中的数学方法 [M]. 北京 : 国家图书馆出版社, 2012.

[4] 陈必坤, 王曰芬. 学科结构与演化可视化分析的内容研究 [J]. 图书情报工作, 2016, 60(21): 87-95.

[5] 谢彩霞. 科学合作的功能与计量 [M]. 北京 : 中国社会科学出版社, 2010.

[6] LAWANI S. Quality, collaboration and citations in cancer research: a bibliometric study[D]. Florida：Florida State University, 1980.

[7] SUBRAMANYAM K. Bibliometric studies of research collaboration: a review[J]. Journal of information Science, 1983, 6(1): 33–38.

[8] AJIFERUKE I, BURELL Q, TAGUE J. Collaborative coefficient: a single measure of the degree of collaboration in research[J]. Scientometrics, 1988, 14(5): 421–433.

[9] EGGHE L. Theory of collaboration and collaborative measures[J]. Information processing & management, 1991, 27(2): 177–202.

[10] LARIVIÈRE V, GINGRAS Y, SUGIMOTO C, et al. Team size matters: collaboration and scientific impact since 1900[J]. Journal of the association for information science and technology, 2015, 66(7): 1323–1332.

[11] WU L, WANG D, EVANS J A. Large teams develop and small teams disrupt science and technology[J]. Nature, 2019, 566(7744): 378 – 382.

[12] CHINCHILLA-RODRÍGUEZ Z, SUGIMOTO C, LARIVIÈRE V. Follow the leader: on the relationship between leadership and scholarly impact in international collaborations[J]. PLoS One, 2019, 14(6): e0218309.

[13] QUAN W, MONGEON P, SAINTE-MARIE M, et al. On the development of China's leadership in international collaborations[J]. Scientometrics, 2019, 120(2): 1–15.

[14] WAGNER C, JONKERS K. Open countries have strong science[J]. Nature, 2017, 550(7674), 32–33.

[15] PAUL-HUS A, MONGEON P, SAINTE-MARIE M, et al. The sum of it all: revealing collaboration patterns by combining authorship and acknowledgements[J]. Journal of informetrics, 2017, 11(1): 80–87.

[16] WALTMAN L, ECK N J. Field-normalized citation impact indicators and the choice of an appropriate counting method[J]. Journal of informetrics, 2015, 9(4): 872–894.

[17] OSÓRIO A. On the impossibility of a perfect counting method to allocate the credits of multiauthored publications[J]. Scientometrics, 2018, 116(3): 2161–2173.

[18] SIVERTSEN G, ROUSSEAU R, ZHANG L. Measuring scientific contributions with modified fractional counting[J]. Journal of informetrics, 2019, 13(2): 679–694.

[19] BORNMANN L, OSÓRIO A. The value and credits of n-authors publications[J]. Journal of informetrics, 2019, 13(2): 540–554.

[20] LARIVIÈRE V, DESROCHERS N, MACALUSO B, et al. Contributorship and division of labor in knowledge production[J]. Social studies of science, 2016, 46(3): 417–435.

[21] MONGEON P, SMITH E, JOYAL B, et al. The rise of the middle author: Investigating collaboration and

division of labor in biomedical research using partial alphabetical authorship[J]. PLoS One, 2017, 12(9): e0184601.

[22] DONG Y, MA H, SHEN Z, et al. A century of science: globalization of scientific collaborations, citations, and innovations[J]. arXiv e-prints, 2017.

[23] WANG W, WU Y, PAN Y. An investigation of collaborations between TOP chinese universities: a new quantitative approach[J]. Scientometrics, 2014, 98(2): 1535–1545.

[24] WATTS D J, STROGATZ S H. Collective dynamics of "small-world" networks[J]. Nature, 1998, 393(6684): 440–442.

[25] BARABÁSI A L, ALBERT R. Emergence of scaling in random networks[J]. Science, 1999, 286(5439): 509–512.

[26] BARABÁSI A L, WANG D. The science of science[M]. New York: Cambridge University Press, 2020.

[27] CHINCHILLA-RODRÍGUEZ Z, FERLIGOJ A, MIGUEL S, et al. Blockmodeling of co-authorship networks in library and information science in Argentina: a case study[J]. Scientometrics, 2012, 93(3): 699–717.

[28] 吴斌. 复杂网络与科技文献知识发现[M]. 北京: 科学技术文献出版社, 2011.

[29] NEWMAN M. Coauthorship networks and patterns of scientific collaboration[J]. Proceedings of the national academy of sciences, 2004, 101(l 1): 5200–5205.

[30] 吴素春, 聂鸣. 创新型城市内部科研合作网络特征研究: 以武汉市论文合著数据为例[J]. 情报杂志, 2013, 32(1): 111–117.

[31] 刘璇, 张朋柱, 胡海波. 国内知识管理领域科研合作网络研究[J]. 科技进步与对策, 2013, 30(15): 138–145.

[32] WANG X, XU S, WANG Z, et al. International scientific collaboration of China: collaborating countries, instiutions and individuals[J]. Scientometrics, 2013, 95(3): 885–894.

[33] YAN E, DING Y, ZHU Q. Mapping library and information science in China: a coauthorship network analysis[J]. Scientometrics, 2010, 83(1): 115–131.

[34] BRANDÃO M, MORO M. The strength of co-authorship ties through different Topological properties[J]. Journal of the brazilian computer society, 2017, 23(1): 2–11.

[35] ORTEGA J, AGUILLO I. Institutional and country collaboration in an online service of scientific profiles: google scholar citations[J]. Journal of informetrics, 2013, 7(2):394–403.

[36] KORN A, SCHUBERT A, TELCS A. Lobby index in networks[J]. Physica A: statistical mechanics and its applications, 2009, 388(11): 2221–2226.

[37] ZHAO X, ROUSSEAU R, YE Y. h-Degree as a basic measure in weighted networks[J]. Journal of informetrics, 2011, 5(4): 668–677.

[38] SCHUBERT A. A Hirsch-type index of co-author partnership ability[J]. Scientometrics, 2012, 91(1): 303–308.

[39] LEYDESDORFF L, WAGNER C. International collaboration in science and the formation of a core group[J]. Journal of informetrics, 2008, 2(4): 317–325.

[40] SUGIMOTO C, ROBINSON-GARCÍA N, COSTAS R. Towards a global scientific brain: indicators of researcher mobility using co-affiliation data[J]. arXiv, 2016 (1609): 06499.

[41] MOED H, PLUME A. Studying scientific migration in Scopus[J]. Scientometrics, 2013, 94(3): 929–942.

[42] MOED H, HALEVI G. A bibliometric approach to tracking international scientific migration[J]. Scientometrics, 2014, 101(3): 1987–2001.

[43] ROBINSON-GARCIA N, SUGIMOTO C, MURRAY D, et al. The many faces of mobility: using bibliometric data to measure the movement of scientists[J]. Journal of informetrics, 2019, 13(1): 50–63.

[44] VEL M L J. Theory of convex structures[M]. Amsterdanm: North Holland, 1993.

[45] ŠUBELJ L, FIALA D, CIGLARIČ T, et al. Convexity in scientific collaboration networks[J]. Journal of informetrics, 2019, 13(1): 10–31.

[46] OPSAHL T, COLIZZA V, PANZARASA P, et al. Prominence and control: the weighted rich-club effect[J]. Physical review letters, 2008, 101(16–17): 168702.

[47] BÖRNER K, CHEN C, BOYACK K. Visualizing knowledge domains[J]. Annual review of information science and technology, 2003, 37(1): 179–255.

[48] 王晓光. 科学知识网络的形成和演化（Ⅰ）：共词网络方法的提出[J]. 情报学报, 2009, 28(4): 599–605.

[49] SCHARNHORST A, BÖRNER K, BESSELAAR P. Models of science dynamics: encounters between complexity theory and information sciences[M]. London：Springer, 2012.

[50] 潘俊, 吴宗大. 词汇表示学习研究进展[J]. 情报学报, 2019, 38(11): 1222–1240.

[51] 郭红梅, 张智雄. 基于图挖掘的文本主题识别方法研究综述[J]. 中国图书馆学报, 2015, 41(6): 97–108.

[52] 邓珞华. 词频分析[J]. 武汉大学学报(社会科学版), 1987(1)：18–25.

[53] 郭卫东. 技术预见理论方法及关键技术创新模式研究[D]. 北京：北京邮电大学, 2007.

[54] 周慧娴. 全文本分析视角下的科学研究范式研究：以图书情报学为例[D]. 南京：南京理工大学, 2020.

[55] 钟伟金, 李佳. 共词分析法研究（一）：共词分析的过程与方式[J]. 情报杂志, 2008, 27(5): 70–72.

[56] CALLON M, COURTIAL J, LAVILLE F. Co-word analysis as a tool for describing the network of interactions between basic and technological research: The case of polymer chemsitry[J]. Scientometrics, 1991, 22(1): 155–205.

[57] ECK N J, WALTMAN L. How to normalize cooccurrence data? An analysis of some well - known similarity measures[J]. Journal of the American society for information science and technology, 2009, 60(8): 1635–1651.

[58] 胡阿沛, 张静, 张晓宇. 共词网络分析中E指数的改进研究[J]. 情报理论与实践, 2014, 37(1): 46–50.

[59] 钟伟金. 基于主要主题词加权的共词聚类分析法效果研究[J]. 情报学报, 2009, 27(2): 214–219.

[60] 李纲, 李轶. 一种基于关键词加权的共词分析方法[J]. 情报科学, 2011, 29(3): 321–324.

[61] 吴清强, 赵亚娟. 基于论文属性的加权共词模型探讨[J]. 情报学报, 2008, 27(1): 89–92.

[62] 胡昌平, 陈果. 领域知识网络的层次结构与微观形态实证：基于k-core层次划分的共词分析方法[J]. 情报学报, 2014, 33(2): 130–139.

[63] NEWMAN M, GIRVAN M. Finding and evaluating community structure in networks[J]. Physical review E, 2004, 69(2): 26–113.

[64] BLONDEL V, GUILLAUME J, LAMBIOTTE R, et al. Fast unfolding of communities in large networks[J]. Journal of statistical mechanics: theory and experiment, 2008.

[65] ECK N J, WALTMAN L. Software survey: VOSviewer, a computer program for bibliometric mapping[J]. Scientometrics, 2010, 84(2): 523-538.

[66] LAW J, BAUIN S, COURTIAL J, et al. Policy and the mapping of scientific change: a co-word analysis of research into environmental acidification[J]. Scientometrics, 1988, 14(3): 251-264.

[67] 李纲, 王忠义. 基于语义的共词分析方法研究[J]. 情报杂志, 2012, 30(12): 145-149.

[68] 唐晓波, 肖璐. 融合关键词增补与领域本体的共词分析方法研究[J]. 现代图书情报技术, 2013 (11): 60-67.

[69] 牛奉高, 张亚宇. 基于共现潜在语义向量空间模型的语义核构建[J]. 情报学报, 2017, 36(8): 834-842.

[70] 钟伟金. 共词分析法应用的规范化研究: 主题词和关键词的聚类效果对比分析[J]. 图书情报工作, 2011, 55(6): 114-118.

[71] 赵蓉英, 赵浚吟, 陈必坤. 透视"图书馆、情报与档案管理"学科的研究主题与趋势: 以2001—2012年国家科学基金为研究视角[J]. 情报理论与实践, 2014, 37(2): 1-5.

[72] BLEI D, NG A, JORDAN M. Latent dirichlet allocation[J]. Journal of machine learning research, 2003, 3: 993-1022.

[73] 杨星, 李保利, 金明举. 基于LDA模型的研究领域热点及趋势分析[J]. 计算机技术与发展, 2012, 22(10): 66-69.

[74] BLEI D, LAFFERTY J. Correlated Topic models[J]. Advances in neural information processing systems, 2006, 18: 1-47.

[75] 关鹏, 王曰芬. 科技情报分析中LDA主题模型最优主题数确定方法研究[J]. 现代图书情报技术, 2016 (9): 42-50.

[76] 王婷婷, 韩满, 王宇. LDA模型的优化及其主题数量选择研究: 以科技文献为例[J]. 数据分析与知识发现, 2018, 2(1): 29-40.

[77] 陈果, 吴微. 细分领域LDA主题分析中选词方案的效果对比研究[J]. 情报理论与实践, 2019, 42(6): 138-143.

[78] 蔡永明, 长青. 共词网络LDA模型的中文短文本主题分析[J]. 情报学报, 2018, 37(3): 305-317.

[79] 关鹏, 王曰芬, 傅柱. 基于LDA的主题语义演化分析方法研究: 以锂离子电池领域为例[J]. 数据分析与知识发现, 2019, 3(7): 61-72.

[80] HERLACH G. Can retrieval of information from citation indexes be simplified? Multiple mention of a reference as a characteristic of the link between cited and citing article[J]. Journal of the American society for information science, 1978, 29(6): 308-310.

[81] SMALL H G. Cited documents as concept symbols[J]. Social studies of science, 1978, 8(3): 327-340.

[82] MCCAIN K, TURNER K. Citation context analysis and aging patterns of journal articles in molecular genetics[J]. Scientometrics, 1989, 17(1): 127-163.

[83] BOYACK K, SMALL H, KLAVANS R. Improving the accuracy of co-citation clustering using full text [J]. Journal of the American society for information science and technology. 2013, 64(9): 1759-1767.

[84] DING Y, LIU X, GUO C, et al. The distribution of references across texts: some implications for citation

analysis[J]. Journal of informetrics, 2013, 7(3): 583–592.

[85] 胡志刚, 陈超美, 刘则渊, 等. 基于 XML 全文数据引文分析系统的设计与实现 [J]. 现代图书情报技术, 2012 (11): 72–77.

[86] 胡志刚, 陈超美, 刘则渊, 等. 从基于引文到基于引用：一种统计引文总被引次数的新方法 [J]. 图书情报工作, 2013, 57(21): 5–10.

[87] HU Z, CHEN C, LIU Z. Where are citations located in the body of scientific articles? A study of the distributions of citation locations[J]. Journal of Informetrics, 2013, 7(4): 887–896.

[88] CALLAHAN A, HOCKEMA S, EYSENBACH G. Contextual cocitation: Augmenting cocitation analysis and its applications[J]. Journal of the American Society for Information Science and Technology, 2010, 61(6): 1130–1143.

[89] ELKISS A, SHEN S, FADER A, et al. Blind men and elephants: what do citation summaries tell us about a research article?[J]. Journal of the American society for information science and technology, 2008, 59(1): 51–62.

[90] GIPP B, BEEL J. Citation proximity analysis (CPA): a new approach for identifying related work based on co-citation analysis[C]//Proceedings of the 12th international conference on scientometrics and informetrics (ISSI 09). Brazil, Rio de Janeiro, 2009, 2: 571–575.

[91] LIU S, CHEN C. The proximity of co-citation[J]. Scientometrics, 2012, 91(2): 495–511.

[92] TEUFEL S. The structure of scientific articles: applications to citation indexing and summarization[M]. Stanford: CSLI Publications, 2010.

[93] NAKOV P, SCHWARTZ A, HEARST M. Citances: citation sentences for semantic analysis of bioscience text[C]//Proceedings of the SIGIR 2004 workshop on search and discovery in bioinformatics. UK, Sheffield, 2004: 81–88.

[94] MEI Q, ZHAI C. Generating impact-based summaries for scientific literature [C]//Proceedings of the 46th annual meeting of the association for computational linguistics. America, Columbus. 2008: 816–824.

[95] SMALL H. Interpreting maps of science using citation context sentiments: a preliminary investigation[J]. Scientometrics, 2011, 87(2): 373–388.

[96] LIU S, CHEN C. The differences between latent Topics in abstracts and citation contexts of citing papers[J]. Journal of the American society for information science and technology, 2013, 64(3): 627–639.

[97] 章成志, 李卓, 赵梦圆, 等. 基于引文内容的中文图书被引行为研究 [J]. 中国图书馆学报, 2019, 45(3): 96–109.

[98] GARFIELD E. Can citation indexing be automated? [J]. Essays of an information scientist, 1962 (1): 84–90.

[99] LIPETZ B. Improvement of the selectivity of citation indexes to science literature through inclusion of citation relationship indicators[J]. American documentation, 1965, 16(2): 81–90.

[100] WEINSTOCK M. Citation index [J]. Encyclopedia of library and information science, 1971(5): 46–54.

[101] TANG R, SAFER M. Author-rated importance of cited references in biology and psychology publications[J]. Journal of documentation, 2008, 64(2): 246–272.

[102] 马凤, 武夷山. 关于论文引用动机的问卷调查研究：以中国期刊研究界和情报学界为例 [J]. 情报杂志, 2009, 28(6): 9–14.

[103] BORNMANN L, DANIEL H. What do citation counts measure? A review of studies on citing behavior [J]. Journal of documentation, 2008, 64(1):45–80.

[104] NICHOLSON J, MORDAUNT M, LOPEZ P, et al. scite: a smart citation index that displays the context of citations and classifies their intent using deep learning[J]. Quantitative science studies, 2021, 2(3): 882–898.

[105] PORTER A, COHEN A, ROESSNER J, et al. Measuring researcher interdisciplinarity[J]. Scientometrics, 2007, 72(1): 117–118.

[106] PORTER A, ROESSNER J, COHEN A, et al. Interdisciplinary research: meaning, metrics and nurture[J]. Research evaluation, 2006, 15(3): 187–195.

[107] HVIDTFELDT R. The structure of interdisciplinary science[M]. Cham: Palgrave Macmillan, 2018.

[108] LIU Y, RAFOLS I, ROUSSEAU R. A framework for knowledge integration and diffusion[J]. Journal of documentation, 2012, 68(1): 31–44.

[109] RINIA E, LEEUWEN T, BRUINS E, et al. Citation delay in interdisciplinary knowledge exchange[J]. Scientometrics, 2001, 51(1): 293–309.

[110] PIERCE S. Boundary crossing in research literatures as a means of interdisciplinary information transfer[J]. Journal of the American society for information science, 1999, 50(3): 271–279.

[111] RAFOLS I, MEYER M. Diversity and network coherence as indicators of interdisciplinarity: case studies in bionanoscience[J]. Scientometrics, 2010, 82(2): 263–287.

[112] WAGNER C, ROESSNER J, BOBB K, et al. Approaches to understanding and measuring interdisciplinary scientific research (IDR): a review of the literature[J]. Journal of informetrics, 2011, 5(1): 14–26.

[113] 马瑞敏, 闫晓慧, 申楠. 学科交叉直接测度研究[J]. 情报学报, 2019, 38(7): 688–696.

[114] GLÄNZEL W, SCHUBERT A. A new classification scheme of science fields and subfields designed for scientometric evaluation purposes[J]. Scientometrics, 2003, 56(3): 357–367.

[115] BÖRNER K, KLAVANS R, PATEK M, et al. Design and update of a classification system: the UCSD map of science[J]. PLoS One, 2012, 7(7): 1–10.

[116] WALTMAN L, ECK N J. A new methodology for constructing a publication - level classification system of science[J]. Journal of the American society for information science and technology, 2012, 63(12): 2378–2392.

[117] STIRLING A. A general framework for analysing diversity in science, technology and society[J]. Journal of the royal society interface, 2007, 4(15): 707–719.

[118] PORTER A, RAFOLS I. Is science becoming more interdisciplinary? Measuring and mapping six research fields over time[J]. Scientometrics, 2009, 81(3): 719–745.

[119] PORTER A, CHUBIN D. An indicator of cross-disciplinary research[J]. Scientometrics, 1985, 8(3–4): 161–176.

[120] CHEN K, LIANG C. Disciplinary interflow of library and information science in Taiwan[J]. Journal of library and information studies, 2004, 2(2): 31–55.

[121] BRILLOUIN L, HELLWARTH R W. Science and information theory[J]. Physics today, 1956, 9(12): 39–40.

[122] 和晋飞, 房俊民. 一个跨学科性测度指标: 作者专业度[J]. 情报理论与实践, 2015, 38(5): 42-45.

[123] LEYDESDORFF L, RAFOLS I. Indicators of the interdisciplinarity of journals: Diversity, centrality, and citations[J]. Journal of informetrics, 2011, 5(1): 87-100.

[124] LEYDESDORFF L. Betweenness centrality as an indicator of the interdisciplinarity of scientific journals[J]. Journal of the American society for information science and technology, 2007, 58(9): 1303-1319.

[125] 李长玲, 纪雪梅, 支岭, 等. 基于E-I指数的学科交叉程度分析: 以情报学等5个学科为例[J]. 图书情报工作, 2011, 55(16): 35-38.

[126] 吕海华, 李江. 1987—2016年跨学科知识流动的规律: 一个新的视角"学科势能"[J]. 图书情报知识, 2021, 38(4):125-135.

[127] 陈赛君, 陈智高. 领域交叉性分析指标与方法新探及其实证研究[J]. 情报学报, 2013, 32(11): 1184-1195.

[128] ZHANG L, ROUSSEAU R, GLÄNZEL W. Diversity of references as an indicator of the interdisciplinarity of journals: Taking similarity between subject fields into account[J]. Journal of the association for information science and technology, 2016, 67(5): 1257-1265.

[129] 张琳, 孙蓓蓓, 黄颖. 跨学科合作模式下的交叉科学测度研究: 以ESI社会科学领域高被引学者为例[J]. 情报学报, 2018, 37(3): 231-242.

[130] LEYDESDORFF L. Diversity and interdisciplinarity: How can one distinguish and recombine disparity, variety, and balance?[J]. Scientometrics, 2018, 116(3): 2113-2121.

[131] 杨良斌, 周秋菊, 金碧辉. 基于文献计量的跨学科测度及实证研究[J]. 图书情报工作, 2009,53(10): 87-90.

[132] 许海云, 尹春晓, 郭婷, 等. 学科交叉研究综述[J]. 图书情报工作, 2015, 59(5): 119-127.

[133] LEYDESDORFF L, WAGNER C, BORNMANN L. Interdisciplinarity as diversity in citation patterns among journals: Rao-Stirling diversity, relative variety, and the Gini coefficient[J]. Journal of informetrics, 2019, 13(1): 255-269.

[134] WANG Q, SCHNEIDER J. Consistency and validity of interdisciplinarity measures[J]. Quantitative science studies, 2020, 1(1): 239 – 263.

[135] 张琳, 刘冬东, 吕琦, 等. 论文学科交叉测度研究: 从全部引文到章节引文[J]. 情报学报, 2020, 39(5): 492-499.

[136] 章成志, 徐庶睿, 卢超. 利用引文内容监测多学科交叉现象的方法与实证[J]. 图书情报工作, 2016, 60(19): 108-115.

[137] 徐庶睿, 卢超, 章成志. 术语引用视角下的学科交叉测度: 以PLOS ONE上六个学科为例[J]. 情报学报, 2017, 36(8): 809-820.

[138] 徐庶睿, 章成志, 卢超. 利用引文内容进行主题级学科交叉类型分析[J]. 图书情报工作, 2017, 61(23): 15-24.

[139] DE BRUIN R, MOED H. Delimitation of scientific subfields using cognitive words from corporate addresses in scientific publications[J]. Scientometrics, 1993, 26(1): 65-80.

[140] GLÄNZEL W, SCHUBERT A, CZERWON H. An item-by-item subject classification of papers published in multidisciplinary and general journals using reference analysis[J]. Scientometrics, 1999,

44(3): 427-439.

[141] GLÄNZEL W, SCHUBERT A, SCHOEPFLIN U, et al. An item-by-item subject classification of papers published in journals covered by the SSCI database using reference analysis[J]. Scientometrics, 1999, 46(3): 431-441.

[142] GARFIELD E, MALIN M, SMALL H. A system for automatic classification of scientific literature[J]. Journal of the Indian institute of science, 1974, 57(2): 61-74.

[143] SMALL H, SWEENEY E, GREENLEE E. Clustering the science citation index using co-citationsII mapping science[J]. Scientometrics, 1985, 8(5-6): 321-340.

[144] SMALL H. Visualizing science by citation mapping[J]. Journal of the American society for information science, 1999, 50(9): 799-813.

[145] KLAVANS R, BOYACK K. Quantitative evaluation of large maps of science[J]. Scientometrics, 2006, 68(3): 475-499.

[146] BOYACK K. Using detailed maps of science to identify potential collaborations[J]. Scientometrics, 2009, 79(1): 27-44.

[147] BOYACK K, KLAVANS R. Including cited non-source items in a large-scale map of science: what difference does it make?[J]. Journal of informetrics, 2014, 8(3): 569-580.

[148] RUIZ-CASTILLO J, WALTMAN L. Field-normalized citation impact indicators using algorithmically constructed classification systems of science[J]. Journal of informetrics, 2015, 9(1): 102-117.

[149] LEYDESDORFF L, ROTOLO D, RAFOLS I. Bibliometric perspectives on medical innovation using the medical subject headings of PubMed[J]. Journal of the American society for information science and technology, 2012, 63(11): 2239-2253.

[150] SKUPIN A, BIBERSTINE J, BÖRNER K. Visualizing the Topical structure of the medical sciences: a self-organizing map approach[J]. PLoS One, 2013, 8(3): 1-16.

[151] CHEN B, CHENG M, LI P, et al. Interdisciplinary research based on paper-level classifications of science: a preliminary case study of Chinese journals[C]//Proceedings of the 17th international conference on scientometrics and informetrics (ISSI 2019), Italy, Rome, 2019.

[152] BOYACK K, KLAVANS R. Creation of a highly detailed, dynamic, global model and map of science[J]. Journal of the association for information science and technology, 2014, 65(4): 670-685.

[153] KLAVANS R, BOYACK K. Which type of citation analysis generates the most accurate taxonomy of scientific and technical knowledge?[J]. Journal of the association for information science and technology, 2017, 68(4): 984-998.

[154] ZHANG G, DING Y, MILOJEVIĆ S. Citation content analysis (CCA): A framework for syntactic and semantic analysis of citation content[J]. Journal of the American society for information science and technology, 2013, 64(7): 1490-1503.

[155] 胡志刚. 全文引文分析：理论、方法与应用[M]. 北京：科学出版社, 2016.

[156] 祝清松, 冷伏海. 基于引文内容分析的高被引论文主题识别研究[J]. 中国图书馆学报, 2014, 40(1): 39-49.

[157] 张琳, 黄颖. 交叉科学：测度、评价与应用[M]. 北京：科学出版社, 2019.

[158] RIJNSOEVER F, HESSELS L. Factors associated with disciplinary and interdisciplinary research

collaboration[J]. Research policy, 2011, 40(3): 463–472.

[159] HE B, DING Y, TANG J, et al. Mining diversity subgraph in multidisciplinary scientific collaboration networks: A meso perspective[J]. Journal of informetrics, 2013, 7(1): 117–128.

[160] KARLOVČEC M, MLADENIĆ D. Interdisciplinarity of scientific fields and its evolution based on graph of project collaboration and co-authoring[J]. Scientometrics, 2015, 102(1): 433–454.

[161] ABRAMO G, D'ANGELO C, COSTA F. Identifying interdisciplinarity through the disciplinary classification of coauthors of scientific publications[J]. Journal of the American society for information science and technology, 2012, 63(11): 2206–2222.

[162] ZHANG L, SUN B, CHINCHILLA-RODRÍGUEZ Z, et al. Interdisciplinarity and collaboration: on the relationship between disciplinary diversity in departmental affiliations and reference lists[J]. Scientometrics, 2018, 117(1): 271–291.

[163] ROUSSEAU R, LIU Y, YE Y. A preliminary investigation on diffusion through a layered system[J]. Journal of informetrics, 2012, 6(2): 177–191.

[164] LIU Y, ROUSSEAU R, GUNS R. A layered framework to study collaboration as a form of knowledge sharing and diffusion[J]. Journal of informetrics, 2013, 7(3): 651–664.

[165] ABRAMO G, D'ANGELO C, ZHANG L. A comparison of two approaches for measuring interdisciplinary research output: the disciplinary diversity of authors vs the disciplinary diversity of the reference list[J]. Journal of informetrics, 2018, 12(4): 1182–1193.

[166] 张培, 阮选敏, 吕冬晴, 等. 人文社会科学学者的跨学科性对被引的影响研究[J]. 情报学报, 2019, 38(7): 675–687.

[167] 邱均平, 余厚强. 跨学科发文视角下我国图书情报学跨学科研究态势分析[J]. 情报理论与实践, 2013, 36(5): 5–10.

[168] 邓丹楠. 期刊与单篇论文学科分类号视角下的全领域跨学科研究[D]. 南京:南京理工大学, 2021.

[169] GATES A, KE Q, VAROL O, et al. Nature's reach: Narrow work has broad impact[J]. Nature, 2019, 575(7781): 32–34.

[170] 杨良斌. 跨学科指标测度的数据集构建及数据预处理研究[J]. 图书情报工作, 2013, 57(11): 90–95.

[171] PRICE D. Networks of scientific papers[J]. Science, 1965, 149(3683): 510–515.

[172] LEYDESDORFF L. Mapping interdisciplinarity at the interfaces between the science citation index and the social science citation index[J]. Scientometrics, 2007, 71(3): 391–405.

[173] LEYDESDORFF L, RAFOLS I. A global map of science based on the ISI subject categories[J]. Journal of the American society for information science and technology, 2009, 60(2): 348–362.

[174] LEYDESDORFF L, HAMMARFELT B, SALAH A. The structure of the arts & humanities citation index: A mapping on the basis of aggregated citations among 1,157 journals[J]. Journal of the American society for information science and technology, 2011, 62(12): 2414–2426.

[175] RICHARDSON M. Citography: the visualization of nineteen thousand journals through their recent citations[J]. Research trends, 2012, 26(3): 3–7.

[176] RICHARDSON M. Mapping the multidisciplinarity of the arts & humanities[J]. Research trends, 2013

（32）：15-19.

[177] LEYDESDORFF L, RAFOLS I, CHEN C. Interactive overlays of journals and the measurement of interdisciplinarity on the basis of aggregated journal: journal citations[J]. Journal of the American society for information science and technology, 2013, 64(12): 2573-2586.

[178] CHEN C, LEYDESDORFF L. Patterns of connections and movements in dual-map overlays: a new method of publication portfolio analysis[J]. Journal of the association for information science and technology, 2014, 65(2): 334-351.

[179] LARIVIÈRE V, GINGRAS Y. On the relationship between interdisciplinarity and scientific impact[J]. Journal of the American society for information science and technology, 2010, 61(1): 126-131.

[180] CHEN S, QIU J, ARSENAULT C, et al. Exploring the interdisciplinarity patterns of highly cited papers[J]. Journal of informetrics, 2021, 15(1):101-124.

[181] 李东, 童寿传, 李江. 学科交叉与科学家学术影响力之间的关系研究[J]. 数据分析与知识发现, 2018, 2(12): 1-11.

[182] 张琳, 孙蓓蓓, 王贤文, 等. 交叉科学成果影响力研究：使用数据与引用数据视角[J]. 情报学报, 2020, 39(5): 469-477.

[183] ABRAMO G, D'ANGELO C, COSTA F. Specialization versus diversification in research activities: the extent, intensity and relatedness of field diversification by individual scientists[J]. Scientometrics, 2017, 112(3): 1403-1418.

[184] WOOTEN K, ROSE R, OSTIR G, et al. Assessing and evaluating multidisciplinary translational teams: a mixed methods approach[J]. Evaluation & the health professions, 2014, 37(1): 33-49.

[185] BARK R, KRAGT M, ROBSON B. Evaluating an interdisciplinary research project: lessons learned for organisations, researchers and funders[J]. International journal of project management, 2016, 34(8): 1449-1459.

[186] 张慧玲, 许海云, 岳增慧, 等. 学科交叉期刊的影响力评价方法研究[J]. 情报学报, 2019, 38(10): 1030-1040.

[187] 张雪, 张志强. 美国科学基金会资助项目的学科交叉度演化规律及影响研究[J]. 情报理论与实践, 2021, 44(12): 122-132.

[188] MCCAIN K. Mapping authors in intellectual space: A technical overview[J]. Journal of the American society for information science, 1990, 41(6): 433-443.

[189] 马瑞敏, 倪超群. 作者耦合分析：一种新学科知识结构发现方法的探索性研究[J]. 中国图书馆学报, 2012 (2): 4-11.

[190] WHITE H, GRIFFITH B. Author cocitation: a literature measure of intellectual structure[J]. Journal of the American society for information science, 1981, 32(3): 163-171.

[191] WHITE H, MCCAIN K. Visualizing a discipline: an author co-citation analysis of information science, 1972—1995[J]. Journal of the American society for information science, 1998, 49(4): 327-355.

[192] WHITE H. Pathfinder networks and author cocitation analysis: a remapping of paradigmatic information scientists[J]. Journal of the American society for information science and technology, 2003, 54(5): 423-434.

[193] OSAREH F, MCCAIN K. The structure of Iranian chemistry research, 1990—2006: an author cocitation

analysis[J]. Journal of the American society for information science and technology, 2008, 59(13): 2146-2155.

[194] LEYDESDORFF L, VAUGHAN L. Co-occurrence matrices and their applications in information science: extending ACA to the Web environment[J]. Journal of the American society for information science and technology, 2006, 57(12): 1616-1628.

[195] MA R, DAI Q, NI C, et al. An author co-citation analysis of information science in China with Chinese Google scholar search engine, 2004 — 2006[J]. Scientometrics, 2009, 81(1): 33-46.

[196] JEONG Y, SONG M, DING Y. Content-based author co-citation analysis[J]. Journal of informetrics, 2014, 8(1): 197-211.

[197] KIM H, JEONG Y, SONG M. Content-and proximity-based author co-citation analysis using citation sentences[J]. Journal of informetrics, 2016, 10(4): 954-966.

[198] BU Y, LIU T, HUANG W. MACA: a modified author co-citation analysis method combined with general descriptive metadata of citations[J]. Scientometrics, 2016, 108(1): 143-166.

[199] BU Y, NI S, HUANG W. Combining multiple scholarly relationships with author cocitation analysis: a preliminary exploration on improving knowledge domain mappings[J]. Journal of informetrics, 2017, 11(3): 810-822.

[200] BU Y, WANG B, HUANG W, et al. Using the appearance of citations in full text on author co-citation analysis[J]. Scientometrics, 2018, 116(1): 275-289.

[201] ZHAO D, STROTMANN A. Evolution of research activities and intellectual influences in information science 1996 — 2005: introducing author bibliographic - coupling analysis[J]. Journal of the American society for information science and technology, 2008, 59(13): 2070-2086.

[202] MA R. Author bibliographic coupling analysis: A test based on a Chinese academic database[J]. Journal of informetrics, 2012, 6(4): 532-542.

[203] 陈远, 王菲菲. 基于CSSCI的国内情报学领域作者文献耦合分析[J]. 情报资料工作, 2011, 32(5): 6-12.

[204] 宋艳辉, 武夷山. 基于作者文献耦合分析的情报学知识结构研究[J]. 图书情报工作, 2014, 58(1): 117-123.

[205] 李国俊, 肖明, 邱小花, 等. 作者引文耦合分析可视化研究[J]. 图书情报工作, 2012, 56(12): 81-84.

[206] 刘志辉, 张志强. 作者关键词耦合分析方法及实证研究[J]. 情报学报, 2010, 29(2): 268-275.

[207] 刘萍, 王哲. 一种探测组织知识结构的新方法：基于FCA的作者关键词耦合分析[J]. 图书情报工作, 2012, 56(22): 121-128.

[208] 宋艳辉, 武夷山. 作者文献耦合分析与作者关键词耦合分析比较研究：Scientometrics 实证分析[J]. 中国图书馆学报, 2014, 40(1):25-38.

[209] YAN E, DING Y. Scholarly network similarities: how bibliographic coupling networks, citation networks, cocitation networks, Topical networks, coauthorship networks, and coword networks relate to each other[J]. Journal of the American society for information science and technology, 2012, 63(7): 1313-1326.

[210] 邱均平, 董克. 作者共现网络的科学研究结构揭示能力比较研究[J]. 中国图书馆学报, 2014, 40(1): 15-24.

[211] 王贤文, 毛文莉, 王治. 基于论文下载数据的科研新趋势实时探测与追踪[J]. 科学学与科学技术

管理, 2014, 35(4): 3-9.

[212] COOMBS K. Lessons learned from analyzing library database usage data [J]. Library Hi Tech, 2005, 23(4): 598-609.

[213] KRAEMER A. Ensuring consistent usage statistics, part 2: working with use data for electronic journals [J]. The serials librarian, 2006, 50(1/2): 163-172.

[214] PESCH O. Ensuring consistent usage statistics, part 1: project COUNTER [J]. The Serials Librarian, 2006, 50(1/2): 147-161.

[215] GLÄNZEL W, GORRAIZ J. Usage metrics versus Altmetrics: confusing terminology? [J]Scientometrics, 2015, 102(3): 2161-2164.

[216] 王贤文. 科学计量大数据及其应用 [M]. 北京：科学出版社, 2016.

[217] 岳剑波. 信息管理基础 [M]. 北京：清华大学出版社, 1999.

[218] KURTZ M J, BOLLEN J. Usage bibliometrics[J]. Annual review of information science and technology, 2010, 44(1): 3-64.

[219] 钟义信. 信息科学原理 [M]. 5版. 北京：北京邮电大学出版社, 2013.

[220] CHEN B. Usage pattern comparison of the same scholarly articles between Web of Science (WoS) and Springer [J]. Scientometrics, 2018, 115(1): 519-537.

[221] DAVIS P, SOLLA L. An IP-level analysis of usage statistics for electronic journals in chemistry: making inferences about user behavior [J]. Journal of the American society for information science and technology, 2003, 54(11): 1062-1068.

[222] DAVIS P, PRICE J. Journal interface can influence usage statistics: implications for libraries, publishers, and project COUNTER [J]. Journal of the American society for information science and technology, 2006, 57(9): 1243-1248.

[223] WANG X, FANG Z, SUN X. Usage patterns of scholarly articles on Web of Science: a study on web of science usage count [J]. Scientometrics, 2016, 109(2): 917-926.

[224] WANG X, XU S, FANG Z. Tracing digital footprints to academic articles: an investigation of PeerJ publication referral data[EB/OL]. [2022-03-26]. http://cn.arxiv.org/abs/1601.05271.

[225] WAN J, HUA P, ROUSSEAU R, et al. The journal download immediacy index (DII): Experiences using a Chinese full-text database [J]. Scientometrics, 2006, 82(3): 555-566.

[226] DE SORDI J, CONEJERO M, MEIRELES M. Bibliometric indicators in the context of regional repositories: proposing the D-index [J]. Scientometrics, 2016, 107(1): 235-258.

[227] CHI P, GLÄNZEL W. Comparison of citation and usage indicators in research assessment in scientific disciplines and journals[J]. Scientometrics, 2018, 116(1): 537-554.

[228] BOLLEN J, SOMPEL H, SMITH J, et al. Toward alternative metrics of journal impact: a comparison of download and citation data [J]. Information processing & management, 2005, 41(6): 1419-1440.

[229] KURTZ M, HENNEKEN E. Measuring metrics-a 40-year longitudinal cross-validation of citations, downloads, and peer review in astrophysics [J]. Journal of the association for information science and technology, 2017, 68(3): 695-708.

[230] O'LEARY D. The relationship between citations and number of downloads in decision support systems [J]. Decision support systems, 2008, 45(4): 972-980.

[231] SUBOTIC S, MUKHERJEE B. Short and amusing: the relationship between title characteristics, downloads, and citations in psychology articles [J]. Journal of information science, 2014, 40(1): 115-124.

[232] SCHLOEGL C, GORRAIZ J, GUMPENBERGER C, et al. Comparison of downloads, citations, and readership data for two information systems journals [J]. Scientometrics, 2014, 101(2): 1113-1128.

[233] 曹艺, 王曰芬, 丁洁. 面向学术影响力评价的科技文献引用与下载的相关性研究 [J]. 图书情报工作, 2012, 56(8): 56-64.

[234] 赵星. 学术文献用量级数据 Usage 的测度特性研究 [J]. 中国图书馆学报, 2017, 43(3): 44-57.

[235] CHEN B, ZHONG Z, ZHAN C. Usage pattern analysis of academic articles from two Chinese journals[C]// ISSI. Proceedings of the 16th international conference on scientometrics and informetrics. China, Wuhan, 2017: 366-375.

[236] CHI P, GLÄNZEL W. An empirical investigation of the associations among usage, scientific collaboration and citation impact [J]. Scientometrics, 2017, 112(1): 403-412.

[237] ZHAO X, LOU W, TAN M, et al. Do funded papers attract more usage? [J]. Scientometrics, 2018, 115(1): 153-168.

[238] CHEN B, DENG D, ZHONG Z, et al. Exploring linguistic characteristics of highly browsed and downloaded academic articles[C]//Proceedings of the 17th international conference on scientometrics and informetrics (ISSI 2019), Italy, Rome, 2019.

[239] 钟周燕. Usage Metrics 视角下的中文学术论文用户使用偏好研究 [D]. 南京: 南京理工大学, 2020.

[240] PRIEM J, TARABORELLI D, GROTH P, et al. Altmetrics: a manifesto [EB/OL]. [2022-01-09]. http://altmetrics.org/manifesto/.

[241] 刘春丽. Web2.0 环境下的科学计量学: 选择性计量学 [J]. 图书情报工作, 2012, 56(14): 52-56, 92.

[242] 邱均平, 余厚强. 替代计量学的提出过程与研究进展 [J]. 图书情报工作, 2013, 57(19): 5-12.

[243] 由庆斌, 汤珊红. 补充计量学及应用前景 [J]. 情报理论与实践, 2013, 36(12): 6-10.

[244] PRIEM J, GROTH P, TARABORELLI D. The altmetrics collection[J]. PLoS One, 2012, 7(11): e48753.

[245] 邱均平, 余厚强. 论推动替代计量学发展的若干基本问题 [J]. 中国图书馆学报, 2015, 41(1): 4-15.

[246] 余厚强, 任全娥, 张洋, 等. Altmetrics 的译名分歧: 困扰, 影响及其辨析 [J]. 中国图书馆学报, 2019, 45(1): 47-59.

[247] SUGIMOTO C, WORK S, LARIVIÈRE V, et al. Scholarly use of social media and altmetrics: a review of the literature[J]. Journal of the Association for information science and technology, 2017, 68(9): 2037-2062.

[248] DIDEGAH F, BOWMAN T, HOLMBERG K. On the differences between citations and altmetrics: an investigation of factors driving altmetrics versus citations for finnish articles[J]. Journal of the association for information science and technology, 2018, 69(6): 832-843.

[249] HAUSTEIN S. Grand challenges in altmetrics: heterogeneity, data quality and dependencies[J]. Scientometrics, 2016, 108(1): 413-423.

[250] 余厚强, 曹雪婷. 替代计量数据质量评估体系构建研究 [J]. 图书情报知识, 2019 (2): 19-27.

[251] HAUSTEIN S, COSTAS R, LARIVIÈRE V. Characterizing social media metrics of scholarly papers: the effect of document properties and collaboration patterns[J]. PLoS One, 2015, 10(3): e0120495.

[252] 余厚强, 邱均平. 新浪微博替代计量指标特征分析 [J]. 中国图书馆学报, 2016, 42(4): 20-36.

[253] 余厚强, 肖婷婷, 王曰芬, 等. 政策文件替代计量指标分布特征研究[J]. 中国图书馆学报, 2017, 43(5): 57-69.

[254] DIDEGAH F, THELWALL M. Co - saved, Co - tweeted, and Co - cited networks[J]. Journal of the association for information science and technology, 2018, 69(8): 959-973.

[255] HAUSTEIN S, PETERS I, SUGIMOTO C R, et al. Tweeting biomedicine: an analysis of tweets and citations in the biomedical literature[J]. Journal of the association for information science and technology, 2014, 65(4): 656-669.

[256] THELWALL M, HAUSTEIN S, LARIVIÈRE V, et al. Do altmetrics work? Twitter and ten other social web services[J]. PloS One, 2013, 8(5): e64841.

[257] 余厚强. 替代计量指标与引文量相关性的大规模跨学科研究：数值类型, 指标种类与用户类别的影响[J]. 情报学报, 2017, 36(6): 606-617.

[258] ZAHEDI Z, HAUSTEIN S. On the relationships between bibliographic characteristics of scientific documents and citation and Mendeley readership counts: a large-scale analysis of web of science publications[J]. Journal of informetrics, 2018, 12(1): 191-202.

[259] 余厚强, 董克, 王曰芬, 等. 基于科学推文视角的非正式科学交流语言分布研究[J]. 中国图书馆学报, 2018, 44(2): 86-96.

[260] YU H. Context of altmetrics data matters: an investigation of count type and user category[J]. Scientometrics, 2017, 111(1): 267-283.

[261] 余厚强, 王曰芬, 王菲菲, 等. 科学推文作者行为模式与地理分布研究[J]. 情报学报, 2018, 37(2): 140-150.

[262] XU S, YU H, HEMMINGER B M, et al. Who, what, why? An exploration of Jo VE scientific video publications in tweets[J]. Scientometrics, 2018, 117(2): 845-856.

[263] AUNG H H, ZHENG H, ERDT M, et al. Investigating familiarity and usage of traditional metrics and altmetrics[J]. Journal of the association for information science and technology, 2019, 70(8): 872-887.

[264] HAUNSCHILD R, BORNMANN L. Normalization of Mendeley reader counts for impact assessment[J]. Journal of informetrics, 2016, 10(1): 62-73.

[265] BORNMANN L, HAUNSCHILD R. Normalization of Mendeley reader impact on the reader-and paper-side: a comparison of the mean discipline normalized reader score (MDNRS) with the mean normalized reader score (MNRS) and bare reader counts[J]. Journal of informetrics, 2016, 10(3): 776-788.

[266] THELWALL M. Three practical field normalised alternative indicator formulae for research evaluation[J]. Journal of informetrics, 2017, 11(1): 128-151.

[267] 赵蓉英, 郭凤娇, 谭洁. 基于altmetrics的学术论文影响力评价研究：以汉语言文学学科为例[J]. 中国图书馆学报, 2016, 42(1): 96-108.

[268] 赵蓉英, 魏明坤, 汪少震. 基于Altmetrics的开源软件学术影响力评价研究[J]. 中国图书馆学报, 2017, 43(2): 80-95.

[269] 赵蓉英, 吴胜男, 王旭, 等. Altmetrics理论与实践[M]. 北京：科学出版社, 2019.

[270] DING Y, SONG M, HAN J, et al. Entitymetrics: measuring the impact of entities[J]. PLoS One, 2013, 8(8): e71416.

[271] 卢超, 章成志, 王玉琢, 等. 语义特征分析的深化：学术文献的全文计量分析研究综述[J]. 中国

图书馆学报, 2021, 47(2): 110-131.

[272] BELTER C W. Measuring the value of research data: a citation analysis of oceanographic data sets[J]. PLoS One, 2014, 9(3): e92590.

[273] 王雪, 马胜利, 佘曾溧, 等. 科学数据的引用行为及其影响力研究[J]. 情报学报, 2016, 35(11): 1132-1139.

[274] PAN X, YAN E, WANG Q, et al. Assessing the impact of software on science: a bootstrapped learning of software entities in full-text papers[J]. Journal of informetrics, 2015, 9(4): 860-871.

[275] PAN X, YAN E, HUA W. Disciplinary differences of software use and impact in scientific literature[J]. Scientometrics, 2016, 109(3): 1593-1610.

[276] PAN X, YAN E, CUI M, et al. Examining the usage, citation, and diffusion patterns of bibliometric mapping software: a comparative study of three tools[J]. Journal of Informetrics, 2018, 12(2): 481-493.

[277] PAN X, YAN E, CUI M, et al. How important is software to library and information science research? A content analysis of full-text publications[J]. Journal of informetrics, 2019, 13(1): 397-406.

[278] 章成志, 丁睿祎, 王玉琢. 基于学术论文全文内容的算法使用行为及其影响力研究[J]. 情报学报, 2018, 37(12): 1175-1187.

[279] MCKEOWN K, DAUME H, CHATURVEDI S, et al. Predicting the impact of scientific concepts using full-text features[J]. Journal of the association for information science and technology, 2016, 67(11): 2684-2696.

[280] LEE P, WEST J D, HOWE B. Viziometrics: analyzing visual information in the scientific literature[J]. IEEE transactions on big data, 2017, 4(1): 117-129.

[281] LI K, YAN E. Co-mention network of R packages: scientific impact and clustering structure[J]. Journal of informetrics, 2018, 12(1): 87-100.

5 学科演化可视化分析

5.1 学科演化的类型与可视化分析框架

生物进化的遗传变异、社会历史的更迭交替、股票价格的潮起潮落，这些不断波动、不断演化的现象充实了人类社会的各个方面。演化思想同样渗透到了科学研究领域。科学作为一种系统，其结构具有层次性和动态性。著名科学学家约翰·贝尔纳（John Bernal）[1]指出，科学研究每前进一步，都要重新建立科学结构的模式。学科演化分析（动态研究）是在学科结构分析（静态）基础上进行的，一般是通过对若干年的比较，找出其变化趋势。是否能够发现动态环境下的学科演化规律，并利用演化规律对学科未来的发展趋势进行前瞻性预测，是衡量其存在价值的重要标志之一。

演化分析是以时间为轴的。从时间节点来看，演化分析关注3个阶段：对过去的发展变化进行梳理总结；对当前的最新动态进行跟踪监测；对未来的发展趋势进行前瞻预测。①梳理总结过去的发展变化需要借助引文时序分析、生命周期分析、老化分析等方法，如通过引文时序分析挖掘学科结构及发展变化规律，通过生命周期分析探测某一产品或领域的发展轨迹。②监测当前动态需要借助突增分析、渐变分析等方法，如通过"爆发词"分析法来监测研究热点，通过"领头羊"分析法来监测网络舆情变化等。③预测未来发展需要借助趋势外推、场景预测等方法，如用反推法（Backcasting）来判断不同的未来场景对于今天的决策意味着什么[2]。

从操作难易程度来看，演化分析包括以下层次。①对单点信息进行跟踪，对其在不同时间段的状态进行连线，可以窥见其演化踪迹。例如，从单篇科技报告可以看出某个问题的技术方案，但把同一问题或同一领域的所有报告聚类在一起，或许可以看出技术方案的演化、技术参数的变化，便可从中探寻演化规律，通过规律对未来的发展进行前瞻性预测。②对整体信息进行跟踪，对其在不同时间段的状态进行"切片化快照"，然后将不同的"快照"按照时间先后顺序排列，分析其整体演化情况[3]。

第4章按照"知识生产、知识内容、知识传承与交叉融合、知识创新"的思路，从科学文献作者、文献内容、引文、文献用户使用数据和Altmetrics数据的角度对学科结构进行梳理，同时围绕学科结构与演化可视化分析模式中的3个核心环节（知识单元选取、知识单元关系构建和可视化）便可对不同类型的学科知识单元结构进行可视化分析，不同之处在于本章引入了时间这一重要因素，学科演化可视化分析的主要内容如表5.1所示，具体内容包括学科合作演化、学科主题演化、学科知识基础、学科研究前沿、学科预测、Usage Metircs和Altmetircs。学科合作演化关注学科知识生产者间的科学交流随时间的变化情况。学科主题演化关注学科知识内容随时间的变化状况。学科知识基础、学科研究前沿和学科预测，它们从整体上具有随时间演化的属性，可看作学科演化分析 3 个阶段（过去、现在和未来）的有机组成部分。至于学科演化视角下的 Usage Metircs 和 Altmetircs，它们是从时间维度研究 Usage Metircs 和 Altmetrics。

表 5.1 学科演化可视化分析的主要内容

类型	知识单元	知识单元间关系	可视化
学科合作演化	作者、机构、城市、国家地区	合著关系	折线图、柱状图、合作演化网络
学科主题演化	专业术语（来自标题、摘要、关键词等）	共词关系、概率分布	共词演化网络、冲积图、二分图
学科知识基础	被引文献、被引作者、全文中的引文及其上下文	共被引关系、全文引用关系（位置、语境、动机和情感）	共被引网络、引文演化网络（时间线图、时区图）
学科研究前沿	参考文献、主题词、引证文献、Altmetrics 数据和用户使用数据	引文关系、主题词词频突变与共现关系	引文网络、合作网络、地形图
学科预测	题录数据、全文数据、Altmetrics 数据和用户使用数据	引文关系、引用关系、共词关系	演化网络（时间线图、时区图）、时序树状图
Usage Metrics（动态）	文献浏览、文献下载	浏览和下载之间为递进或平行关系	统计图、地图
Altmetrics（动态）	Altmetrics 数据	Altmetrics 数据之间多为平行关系	统计图、地图、网络图

5.2 学科合作演化分析

学科合作演化分析指将时间因素加入学科合作分析，主要包括加入时间维度的基本统计分析和学科合作网络演化分析，前者已经在第 4 章论述，该部分主要关注学科合作网络的演化分析。自艾伯特 – 拉斯洛·巴拉巴西（Albert–László Barabási）等 [4] 发表学科合作网络演化机制的研究成果后，有关学科合作网络演化的研究不断涌现。目前来讲，学科合作网络演化主要从点、边相关、子图相关及全图相关 3 个角度展开。

5.2.1 学科合作演化网络的构建

对应于某一学科文献集合，其整体合作网络可用加权图 $G = \{V, E, W\}$ 表示，其中，每一个节点 $v \in V$ 表示一个作者、机构、城市或国家地区，每一条边 $(v, w) \in E \subseteq V \times V$ 表示任意作者、机构、城市或国家地区 v 和 w 至少合作了一次，作者、机构、城市或国家地区 v 和 w 之间合作的总次数为 $W(v, w)$。如果将时间因素引入，整体合作网络可用加权图 $G = \{G_t,$

$G_{t+1}, \cdots, G_{t+n}$} 表示，G_t, G_{t+1}, $\cdots$, G_{t+n} 表示不同时间段的合作网络。值得注意的是，在构建合作演化网络时，对作者、机构、城市或国家地区的消岐是基础工作，直接关系到合作演化网络的准确可靠性，如 Kim 等[5] 采用了多种算法对作者名字进行消岐。

5.2.2 学科合作演化网络宏观分析

一是通过一系列的网络结构指标的变化来反映其演化情况，即节点数、边数、网络密度、网络直径和中心性等指标。例如，陈云伟等[6] 以 *Scientometrics* 为例从紧密度（densification）、网络直径和点度中心性的年代分布揭示了作者、机构和国家（地区）合作网络演化情况。二是探索科研合作形成与知识扩散机制。例如，国外研究者通过计算合作网络中的三元闭包（Triadic Closure）随时间变化的比例去探究作者合作的形成机制[7]。岳增慧等[8] 采用复杂网络中的传染病模型研究科研合作网络知识扩散模型及影响机制；李纲等[9] 引入复杂网络和超图数学理论构建基于科研合作超网络的知识扩散演化模型，通过再现真实的网络组织知识传播行为揭示科研合作网络中不同网络结构特征、结点偏好性选择、知识增长老化及知识扩散途径与知识传播扩散过程的动态关系；关鹏等[10] 采用多 Agent 系统建模方法构建科研合作网络知识扩散仿真演化模型；张斌等[11] 提出了知识网络演化模型研究框架，对学科合作演化网络的主要内容进行了总结，如图 5.1 所示。

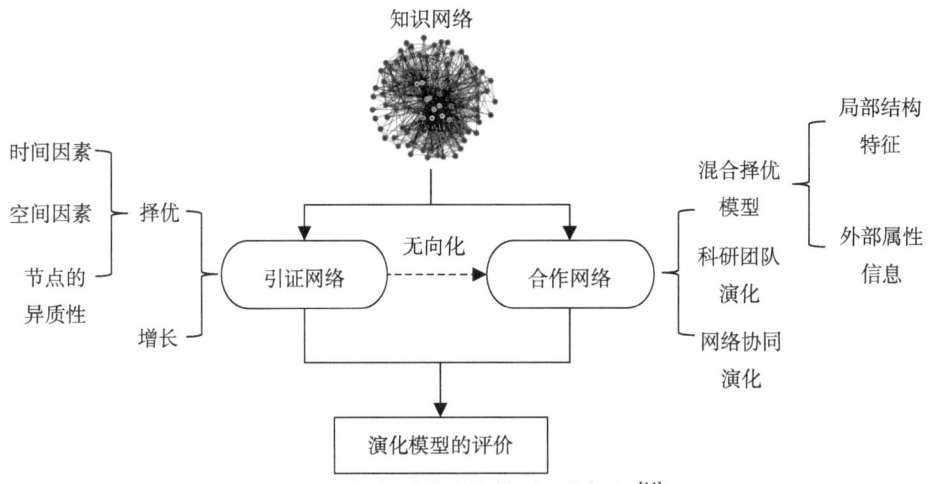

图 5.1 知识网络演化模型研究框架[11]

5.2.3 学科合作演化网络中观分析

学科合作网络的社团（或社区）演化分析，即从子图相关的角度进行研究。随着人们对网络科学研究的加深，发现在多种网络中存在一个共同体系，那就是社团。可以说，一个网络由不同的社团组成，每个社团内部关系紧密、联系较多、密度较大，而社团与社团之间的关系相对比较疏远、联系较少、密度较小。与计算网络点和边的基本特征相比，对网络多个节点构成的小群体进行计算往往会得出更有意义的结果。在学科合作网络中，通常隶属于同一个机构的研究者或者研究相同或相似课题的研究者之间容易形成社团。

在学科合作网络中，网络中的社团随着时间不断变化。在不同的时间段，社团的数量、大小、密度、结构等属性并不一致，所以社团的演化既包括社团自身内部节点、关系和结构的变化，也包括社团间关系和位置的变化。盖尔盖伊·帕拉（Gergely Palla）等将社团演化的类型分为6种：产生（Birth）、消亡（Death）、分裂（Splitting）、合并（Merging）、扩张（Growth）和收缩（Contradiction）[12]。产生指前 t 时间段不存在的社区，在 $t+1$ 时间段产生；消亡指前 t 时间段存在的社区，在 $t+1$ 时间段内不存在；分裂指前 t 时间段的社区，$t+1$ 时间段分化成为两个或多个新的社区；合并指前 t 时间段的两个或者多个社区，在 $t+1$ 时间段合成一个新的社区；扩张指前 t 时间段存在的社区，在 $t+1$ 时间段继续存在，但规模扩大；收缩指前 t 时间段存在的社区，在 $t+1$ 时间段继续存在，但规模缩小[13]。这6种演化过程均涉及 t 和 $t+1$ 两个连续时间段的社区关系，所以分析学科合作网络的演化过程就简化为 t 时段的所有网络社区寻找前驱和后继。寻找前驱和后继的方法主要有3种：两个社区点重合度、两个社区关系重合度及两者的结合。

坦尼娅·伯格－沃尔夫（Tanya Berger-Wolf）等[14]认为通过测度两个社区点重合度的大小能够追踪两个社区的演化关系，也就是设定 $C^{(t+1)}$ 是 $C^{(t)}$ 的后继社区，两个社区的点重合度 node_overlap($C^{(t)}$, $C^{(t+1)}$) $\geq s$，s 是一个阀值，当且仅当 s 达到一定的数值时则可确定两个社区存在演化关系。不过，确定一个合理的 s 值很难：如果 s 值过大并且后继社区 $C^{(t+1)}$ 的变动较大，那么 $C^{(t)}$ 很有可能失去其后继社区 $C^{(t+1)}$，造成"后继社区缺失"；如果 s 值过小，那么一些不太相关的社区很有可能同时成为 $C^{(t)}$ 的后继社区，造成"后继社区激增"。盖尔盖伊·帕拉（Gergely Palla）等[12]认为通过测度两个社区关系重合度的大小（通过边重合的大小来测度）能够追踪两个社区的演化关系，不过该方法难以对社区融合和社区分裂情况进行恰当处理。例如，在 t 时间段存在社区 $C^{(t)}$，在 $t+1$ 时间段社区 $C^{(t)}$ 分裂为社区 $C_i^{(t+1)}$ 和 $C_j^{(t+1)}$，如果社区 $C^{(t)}$ 和 $C_i^{(t+1)}$ 的边重合度大于社区 $C^{(t)}$ 和 $C_j^{(t+1)}$ 的边重合度，那么认定 $C_i^{(t+1)}$ 是 $C^{(t)}$ 的后继社区，却将社区 $C_j^{(t+1)}$ 当作新生社区，与实际情况不符。由上可知，他们分别从网络中的点和边出发对社区演化进行研究，并且将所有的点和边同等对待，但是现实中点与边的重要程度是不同的，应该予以区别对待。基于以上不足，吴斌提出了基于核心点的社区演化跟踪算法，具体如下[15]：

$C_i^{(t)} \rightarrow C_j^{(t+1)}$ 当且仅当以下两个条件成立：①至少有一个 $C_i^{(t)}$ 的核心点出现在 $C_j^{(t+1)}$，即 Core($C_i^{(t)}$) ∩ Node($C_j^{(t+1)}$) $\neq \emptyset$）；②至少有一个 $C_j^{(t+1)}$ 的核心节点出现在 $C_j^{(t)}$ 的祖先社区中，即 Core($C_j^{(t+1)}$) ∩ Node($C_x^{(t-m)}$) $\neq \emptyset$），$C_x^{(t-m)} \Rightarrow C_i^{(t)}$。

对于第一个条件，认为作为核心结点，由于它的稳定性，有必要出现在下一时刻的某一个社区中；对于第二个条件，任何一个核心结点不可能突然出现，它必然经历一个从"非核心"到"核心"的过程[16]。在前者的基础上，王晓光等[13]提出了FS指标，兼顾了对节点重合度、关系重合度、核心节点重合度3个方面的度量，可以更准确地反映社区的相似性。图5.2展示了地理学领域加州大学圣巴巴拉分校（UCSB）、俄亥俄州立大学（OSU）和亚利桑那州立大学（ASU）3个核心合作团队规模（community size）及影响力（community impact）累计时间演化情况[17]（见书末彩插）。

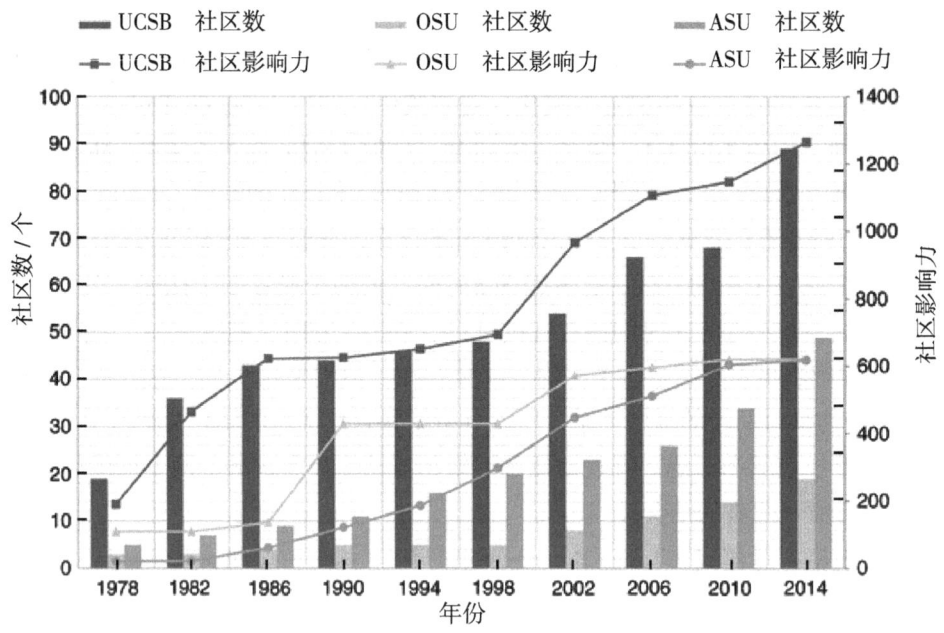

图 5.2 地理学领域 3 个核心合作团队规模和影响力累计时间演化情况[17]

5.3 学科主题演化分析

学科主题结构分析的常见方法包括统计词频、构建共词网络及采用主题模型（如最常用的 LDA 模型）。如果将时间因素引入，关键词的词频演化、共词网络演化及基于主题模型的主题演化，都可以揭示学科主题的演化。刘自强等[18]认为学科主题演化模型主要包括动态主题模型和网络社区演化模型两种，其中动态主题模型主要基于动态主题模型（Dynamic Topic Model，DTM），网络社区演化模型主要基于网络社区的演化。综合来看，学科主题演化分析主要包括词频演化分析、共词网络演化分析和基于主题模型的学科主题演化分析。

5.3.1 基于词频的学科主题演化分析

研究者根据关键词在不同时间段的出现频率可以在一定程度上探测学科研究主题随时间的变化情况，通常会采用直观的图表形式（如河流图）去反映学科研究主题的演化情况。例如，苏珊·阿弗尔（Susan Havre）等用 ThemeRiver 的方式展现关键词在时间维度上的演化情况，不同颜色的河流表示不同意义的关键词，河流的宽窄表示关键词词频的高低，图 5.3 为 1959—1961 年古巴国务委员会主席卡斯特罗相关文献记录中的主题词词频演变情况[19]（见书末彩插）。理查德·莫纳斯特斯基（Richard Monastersky）等[20]使用时序网络图展示了 *Nature* 150 年出版文献每十年关键词 TOP 5 的演化情况。

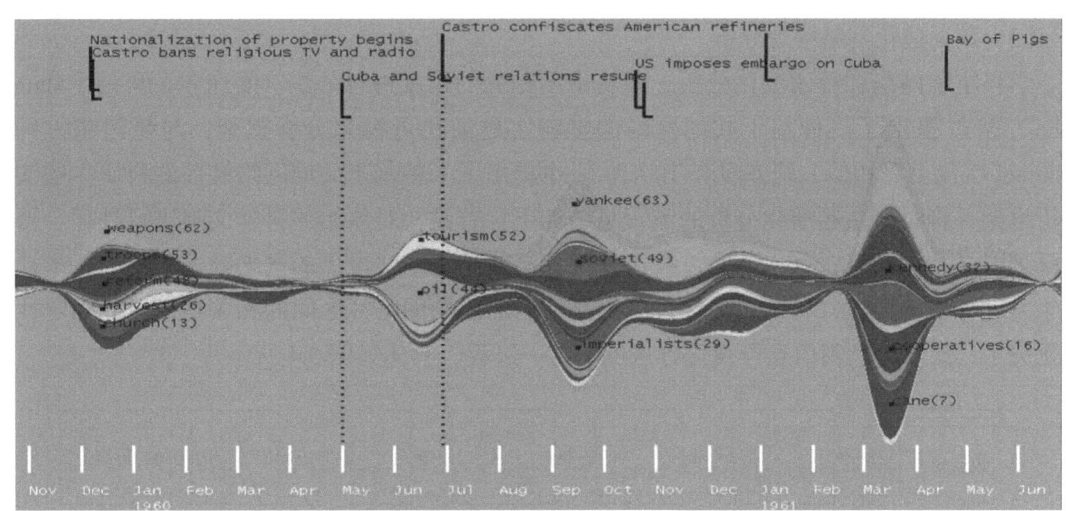

图 5.3　1959—1961 年古巴国务委员会主席卡斯特罗相关文献记录中的主题词词频演变[19]

5.3.2　基于共词网络的学科主题演化分析

与学科合作网络的演化相比，二者的理论依据和研究方法非常相似。首先，科学是由保持学术交流的研究人员群体及其所生产的一系列彼此相关的知识组成，作者和作者提供的关键词可看作"科学"问题的两个主要方面，只是研究角度不同，作者是从社会人的角度出发，作者提供的关键词是从社会人产生知识的角度出发；其次，作为特定类型的学科知识单元，网络科学和数据科学的理论和方法对其均适用。二者的主要区别在于：一是作者具有唯一性而关键词在不同语境中的含义会有所不同，在学科主题网络研究中，要进行关键词的语法、语义和语用处理，涉及自然语言处理、本体和语义技术等；二是学科合作网络中社团易于探测且社团的类名容易标识，而学科主题网络中的社团难以探测且社团名字难以标识。目前，学科主题演化网络也主要从点、边相关、子图相关及全图相关 3 个角度（宏观、中观和微观角度）进行分析。

（1）共词演化网络的构建

对应于某一学科文献集合，其学科主题网络可用加权图 $G = \{V, E, W\}$ 表示，其中，每一个节点 $v \in V$ 表示一个关键词，每一条边 $(v, w) \in E \subseteq V \times V$ 表示任意关键词 v 和 w 至少共现了一次，关键词 v 和 w 之间共现的总次数为 $W(v, w)$。如果引入时间因素，学科主题网络可用加权图 $G = \{G_t, G_{t+1}, \cdots, G_{t+n}\}$ 表示，其中，$G_t, G_{t+1}, \cdots, G_{t+n}$ 表示不同时间段的主题网络。

（2）共词演化网络宏观分析

学科主题网络整体网络的演化，即从全图相关的角度进行分析，主要通过一系列的结构特征指标的变化来反映演化情况，即节点数、边数和中心性等指标。例如，国外研究者通过构建共词网络对 Psychophysiology 1964—2008 年（分为 1964—1978 年、1979—1988 年、1989—1998 年和 1999—2008 年 4 个阶段）所刊载的论文主题演化进行了分析[21]。

（3）共词演化网络中观分析

学科主题网络的社团演化分析，即从子图相关的角度进行分析。曼纽尔·科博（Manuel Cobo）等[22]提出了一种基于共词网络的学科主题演化可视化分析框架，与曼纽尔·科博（Manuel Cobo）等相似，程齐凯和王晓光[23]也提出了一种基于共词网络社区的科研主题演化分析框架并将科研主题演化分析的流程总结如下：首先，对原始的科学文献进行处理，得到一系列时序共词网络；其次，通过社区发现算法找到每个时段上的网络社区，并为每个社区赋予主题标识；再次，利用相关性算法探测前后时段中网络社区间的相关性，以此确定社区演化关系；最后，利用信息可视化方法展示这一过程，具体如图5.4所示[13]。

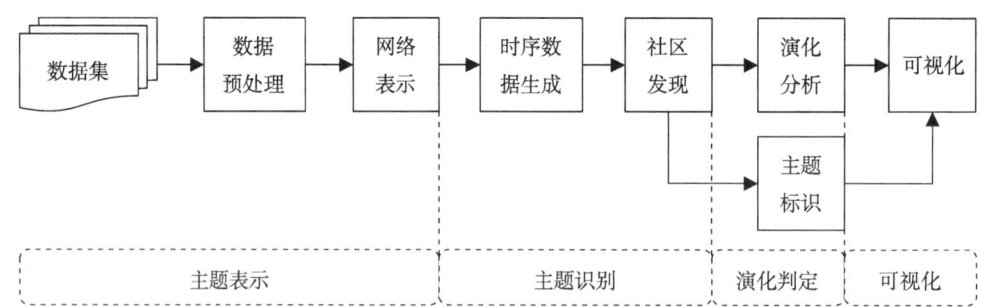

图5.4 基于共词网络的科研主题演化分析框架[13]

一是共词网络的社区发现，共词网络中典型的社区发现算法有Newman-Girvan算法[24]、Blondel算法[25]和VOSviewer mapping算法[26]等。其中Blondel算法已被验证效果良好。二是共词网络社区的主题标识，由于共词网络中的节点就是关键词，所以确定社区代表主题的过程转化是寻找社区中核心节点的过程，少数核心节点代表了社区对应的科研主题。复杂网络中确定核心节点的指标包括中心度、声望和PageRank值等，但是上述指标是从全局网络考虑，无法揭示某一节点在特定社区的重要性。罗杰·吉梅拉（Roger Guimerà）等[27]提出的Z-Value可以衡量网络中某节点于其他节点联系的紧密性，是一个在本地层面而非全局层面揭示节点重要性的指标。三是共词网络的社团演化，与学科合作网络的演化过程相同，即t时段的所有网络社区寻找前驱和后继，所用方法也相同。四是共词网络的社团演化的可视化，典型的可视化方法包括类团链（Cluster String）[28-30]、二分图（Bipartite Graph）[22, 31-32]、冲积图（Alluvial Diagram）[33]、战略坐标图[22, 34-35]、二模矩阵图[36]，以及Timeline与Timezone图[22, 37-39]。图5.5为 *PLoS Genetics* 的主题演化[40]。

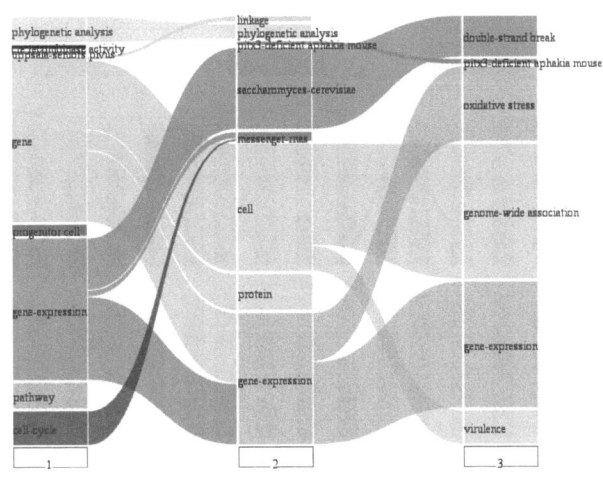

图 5.5 *PLoS Genetics* 的主题演化 [40]

5.3.3 基于主题模型的学科主题演化分析

2006 年，大卫·布雷（David Blei）和约翰·拉弗特（John Lafferty）[41] 提出了动态主题模型（Dynamic Topic Model，DTM），该模型的基本思想如下：将所要分析的文献划分至不同时间区间，针对每个时间区间构建主题模型进行分析，并将当前时间区间主题模型的参数作为下一个时间区间主题模型的参数，通过该方式建立相邻时间区间主题之间的关系，进行主题演化分析，但其缺点是针对不同时间区间只能设置相同的主题个数。Wang 和安德鲁·麦克拉姆（Andrew McCallum）[42] 提出了连续时间的主题演化模型（Topic Over Time，TOT），其未对要分析的文献预先划分时间区间，也不使用马尔科夫假设，而是将每个主题表示为关于时间变量的连续概率分布，每个主题与词的共现及文本的时间戳有关，则一个主题在概率分布的意义下是固定不变的，但是主题的内容及主题之间的关系随时间而变。耶维德（Yee Whye Teh）等[43] 提出了层级狄利克雷过程（Hierarchical Dirichlet Processes，HDP），丁蔚等[44] 认为 HDP 在学科主题演化方面要优于 LDA 模型。

从目前的研究来看，不同研究者通常根据文献发表时间将文献切分至不同时间区间，利用 LDA 模型识别每个时间区间的主题，根据相邻时间区间内主题间的相关性进行演化分析。例如，关鹏等引入生命周期理论对科学文献进行时间区间划分，然后运用 LDA 主题模型进行科学文献的主题演化分析[45-46]。曲佳彬等将科学文献按照两年时间均匀切分，然后运用 LDA 主题模型并通过人工干预主题过滤与主题关联的方式进行学科主题演化分析[47]。图 5.6 为 HDP、共词分析（Co-word）及共被引分析（Co-citation）在学科主题演化方面的异同[44]。

此外，值得指出的是，学科主题演化分析与学科热点有着天然的联系。学科热点指在某一时期引起研究人员高度关注的学科研究主题。那么，学科热点可以看作学科主题演化分析中每个时间段中受到研究人员高度关注的研究主题。相应的，高频词和共词网络中的突出社团可看作该时间段的学科热点。

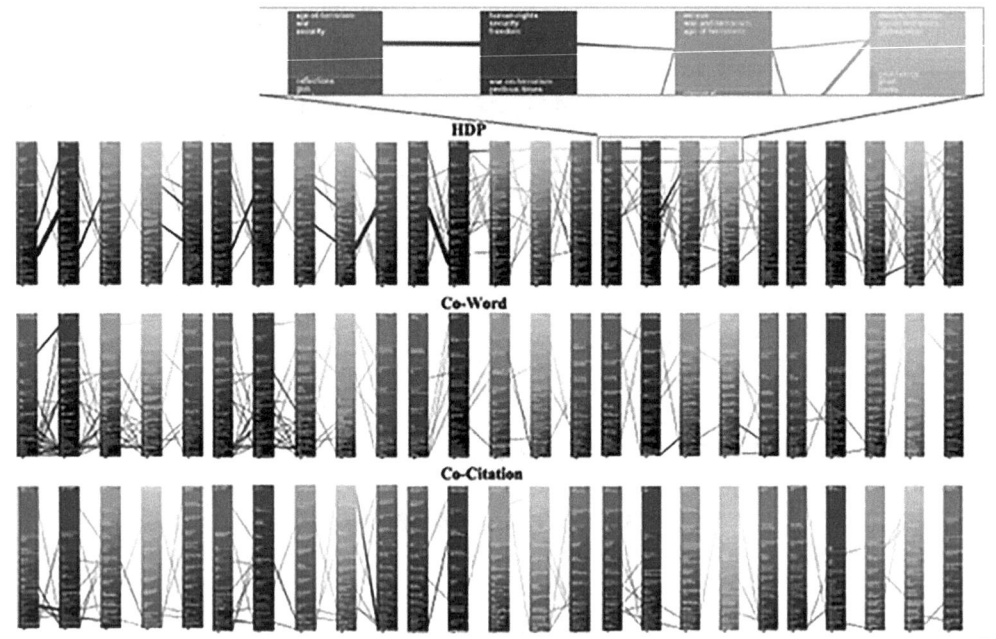

图 5.6　HDP、共词分析（Co-word）及共被引分析（Co-citation）在学科主题演化方面的异同[44]

5.4　学科知识基础分析

学科知识基础（Knowledge Base 或 Intellectual Base）指某一个研究领域中被研究人员所共知和广泛接受的学术思想、学术理论、技术方法、实验结果及尚在激烈争论中的学术思想。作为学术思想、学术理论、技术方法和实验结果记录和传播的载体，不断积累的文献可看作学科发展的知识基础。因此，参考文献（或引文）可看作学科知识基础的测度单元[48]。亨利·斯莫尔（Henry Small）[49]认为由共被引文献形成的引文簇能够测度某一个学科领域的知识基础。赵党志等[50]认为由作者共被引分析通常选定某一学科领域的高被引作者作为研究对象，其所揭示的知识结构能够代表该领域的知识基础，因此文献共被引分析和作者共被引分析是研究学科知识基础的方法。陈超美[51]认为："对于文献共被引分析和作者共被引分析，我们就像是戴了两副不同的眼镜，能够从不同的角度对同一个研究主题进行透视，进而去发现有意义的结果。"从文献撰写的角度来讲，被引文献是由被引作者撰写而成，二者是密不可分的学科知识单元，被引文献代表了被引作者当时的学术思想和学术成果。

5.4.1　基于文献共被引网络的学科知识基础分析

从文献共被引网络分析视角研究学科知识基础的核心内容是发现文献共被引网络中的早期经典文献、高被引文献和关键节点文献，也就是从时间、被引频次和中心性 3 个方面进行分析。一是发现早期经典文献，早期奠基性文献是学科领域后期发展的坚实基础。二是发现高被引文献，文献的被引频次高低可以在一定程度上反映文献的学术影响力和经典程度。通常来讲，高被引文献中传递的知识易在某一时间段内获得较多研究者的认同，并且相关研究者往往将这些高被引文献内所包含的观点、知识作为开展下一步研究的知识基础[52]。三是发现关键节点文献，文献共被引网络中具有高中介中心性的节点文献可反映该文献在某学科研究领域的枢纽和桥梁作用，即它们处于网络中不同类团的连接路径上，是学科内部交叉或学科之间交叉的重要知识基础。例如，赵蓉英等[53]以 WoS 为数据源并借助 CiteSpace 软件对图书馆学领域的知识基础进行了系统的研究。图5.7 为文献计量学领域文献共被引 Timeline 图[54]。

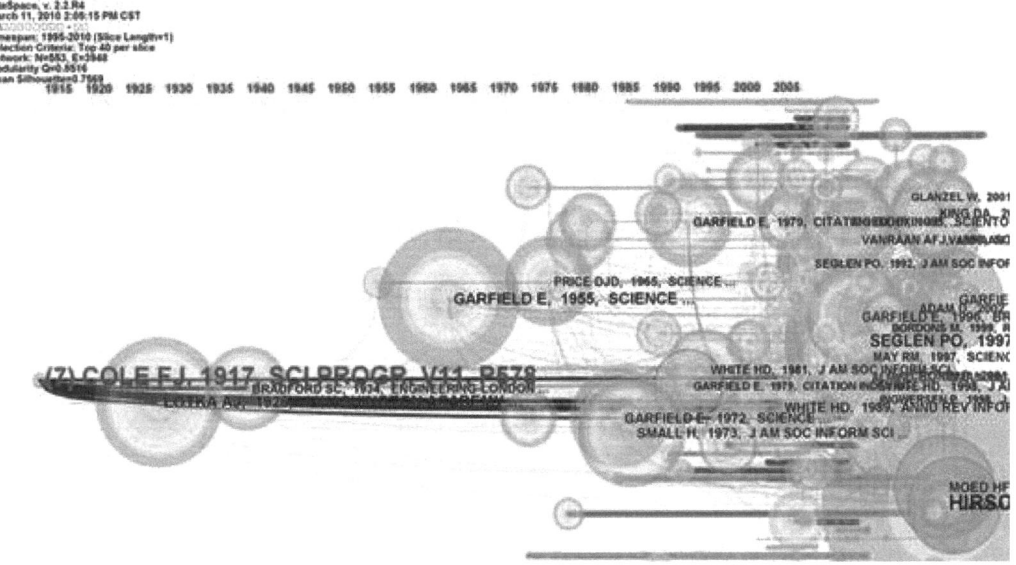

图 5.7　文献计量学领域文献共被引 Timeline 图[54]

5.4.2　基于作者共被引网络的学科知识基础分析

与文献共被引相似，这里的作者共被引网络分析主要是发现作者共被引网络中的早期奠基人、高被引作者和关键节点作者，也是从时间、被引频次和中心性 3 个方面进行分析。一是发现早期奠基人，他们的开拓性工作为后期研究打下了基础。二是发现高被引作者，即他们的研究成果获得其他多数研究者的肯定和认同，这是目前主要使用的方式。例如，奥利·佩尔松（Olle Persson）[55] 对 1986—1990 年 *Journal of the American Society for Information Science*（*JASIST*）中的高被引作者进行分析，认为他们是该领域的知识基础；赵党志等[50]以 2006—2010 年信息科学领域文献为研究对象，使用因子分析和作者共被引分析相结合的方法去发现该领域的知识基础。三是发现关键节点作者，即他们处于作者共被引网络的枢纽位置，往往是本学科不同研究主题的交叉点甚至是学科潜在的生长点。图 5.8 是通过作者共被引分析展示了引文分析领域的知识结构，其中数字 1~5 分别代表评价指标、典型性研究、传统共被引分析、新兴网络引文分析和科学知识图谱[56]。

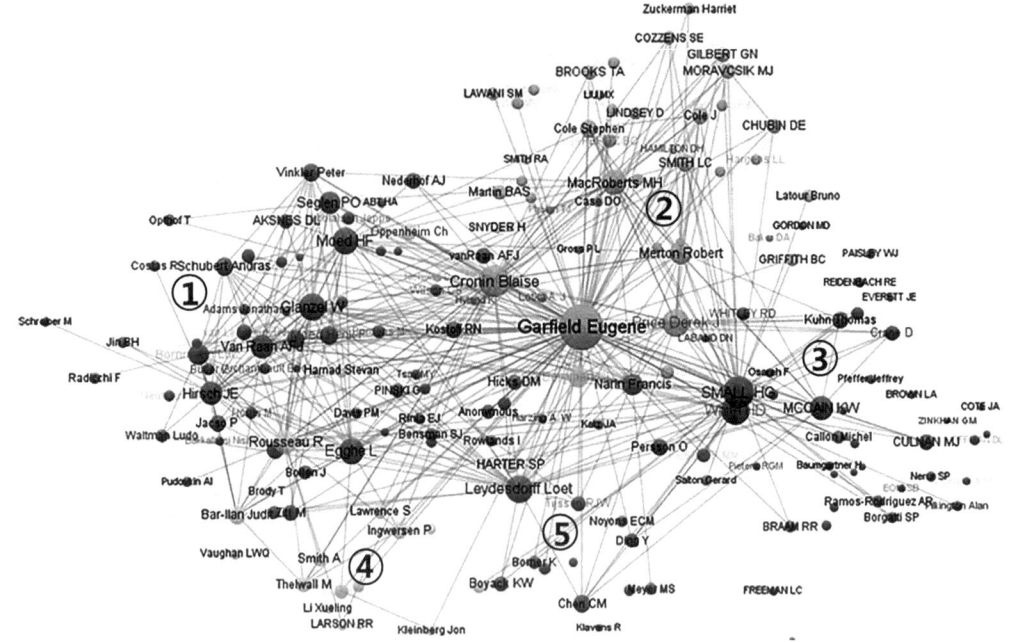

图 5.8 引文分析领域的知识结构（作者被引频次 ≥ 30 次）[56]

5.5 学科研究前沿分析

与学科知识基础密切相关的概念是学科研究前沿（Research Front），研究者经常把二者放在一起研究，根源在于学科研究前沿不是凭空出现的，而是建立在已有学科知识基础上的。目前来看，研究前沿的定义尚未统一，与研究前沿相似或相近的概念有新兴研究领域、新兴趋势、趋势及潜在知识领域等。

研究前沿这一概念最早是由美国科学计量学家普赖斯（Price D）[57] 提出的，他认为某个学科领域的研究前沿由 30～50 篇最近发表的被科学家积极引用的文章组成，即科学引文网络中经常被引用且近期发表的文献集合。亨利·斯莫尔（Henry Small）等[58] 认为特定领域的共被引文献簇代表该领域的研究前沿；奥利·佩尔松（Olle Persson）[55] 认为特定领域的研究前沿就是该领域同被引文献簇的引证文献簇；尤金·加菲尔德（Eugene Garfield）[59] 认为特定领域的研究前沿是该领域共被引文献簇及其引证文献簇一起组成的文献集合；史蒂夫·莫利斯（Steven Morris）等[60] 认为研究前沿指经常引用一组固定不变的基本文章的文献簇（通过文献耦合去确定研究前沿）；陈超美[39] 认为研究前沿是正在兴起的理论趋势和新主题的涌现（通过检测同被引文献簇的引证文献簇中的专业术语突增去确定研究前沿）。安德莉亚·沙恩霍斯特（Andrea Scharnhorst）等[48] 持有综合性的观点认为：从狭义角度讲，汤森路透的科学观察（ScienceWatch）网站将研究前沿界定为近五年的高被引论文簇；从广义角度讲，无论高被引与否，某学科领域当前发表的文献或该领域的最新进展都可看作研究前沿。本书赞同广义角度的定义，学科研究前沿指科学研究中新兴的、先进的、具有很强发展潜力的研究主题或研究领域[61]。

研究前沿的出现往往依赖于新的科学理论、技术和发现。这些新的理论、技术和发现往往伴随着异常文献计量学特征的出现，跟踪和探测这些异变特征有可能揭示某学科领域的研究前沿。典型的异常特征包括新主题词大量出现，而且增速很大；词间关系或主题关系受到其他学科的影响而发生变化；主题词由于新现象的出现而发生含义改变；某主题的文章发表数量发生异常变化，可能突增或突减；代表新领域的新期刊可能会出现；科学引文网络或期刊网络发生异常变化[61]。Wang[62]借鉴丹尼尔·罗托洛（Daniele Rotolo）等的界定提出了科学研究前沿所具有的多种文献特征：极强的新颖性、较快的增长速度、连贯性和较高的学术影响力[63]。

针对科学研究中的异常文献计量学特征，不同领域的科学家提出了不同的方法与技术用于探测和揭示研究前沿，黄晓斌等对学科领域研究前沿探测方法也进行了系统的梳理[64]。从研究前沿的发展史可知，研究者主要从引文和主题词角度对研究前沿进行研究，即以引文分析法和主题词分析法为主，其中基于引文分析法探测研究前沿主要包括直接引用分析、同被引分析和耦合分析，基于主题词分析法探测研究前沿主要包括频次分析、主题词突变、共词分析和主题模型。随着网络科学、数据科学、可视化分析和人工智能的普及与发展，不同的社团检测算法被引入进行引文网络和共词网络的聚类，自然语言处理的相关技术及 Usage Metrics 和 Altmetrics 的相关内容也被引入。

5.5.1 基于直接引文网络的学科前沿分析

通过直接引文网络分析去探测学科研究前沿的研究成果相对较少，通常会引入复杂网络的社团结构探测算法进行分析，如 Newman 算法[65]。柴田直木（Naoki Shibata）等利用马克·纽曼（Mark Newman）提出的社团结构探测算法对镓化氮（Gallium Nitride，GaN）和复杂网络两个研究领域进行引文网络聚类分析，并通过分析聚类结果中论文簇的平均年和不同时间段论文簇之间的父子关系（Parent-children Relationship）来确定研究前沿[66]；后来，柴田直木（Naoki Shibata）等[67]又以碳纳米管（Carbon Nanatube）、镓化氮及复杂网络 3 个领域为例，使用 Newman 算法对文献的直接引用网络、共被引网络和偶和网络进行聚类分析，然后比较了不同网络探测研究前沿的效果，结果显示直接引用网络的效果最好，能更早地探测学科研究前沿。此外，徐硕等将复杂网络中的主路径分析方法[68]引入直接引文网络探测研究前沿[69]。图 5.9 为 *Nature* 150 年（1869—2019 年）特色论文的引用与被引用时序，图中每个点代表一篇论文，不同环代表不同年份，不同颜色代表不同学科[70]（见书末彩插）。

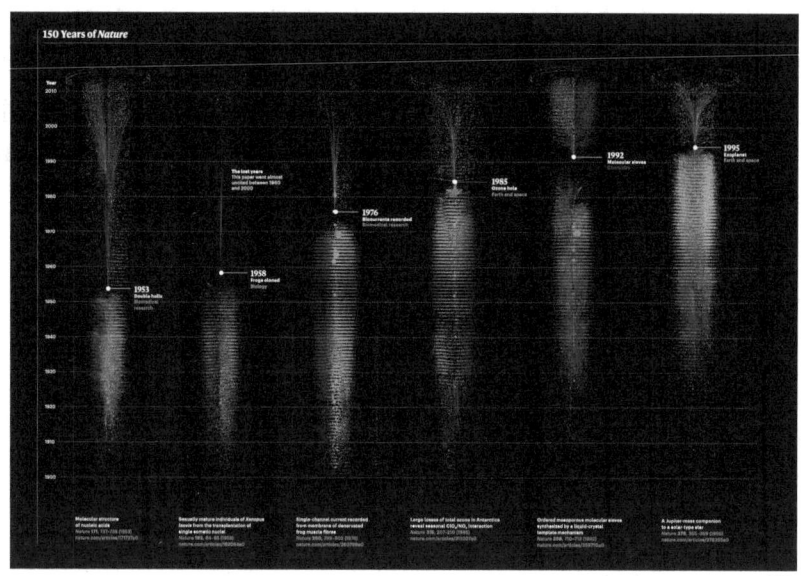

图 5.9　*Nature* 150 年（1869 — 2019 年）特色论文的引用与被引用时序[70]

5.5.2　基于共被引网络的学科前沿分析

主要是通过共被引文献的聚类分析来探测学科的研究前沿，这是目前常用的方法，其中的关键点包括：一是给数据源限定一个时间范围，一般选择近10来年发表的高被引论文；二是采用不同的文献聚类算法，如简单的共被引阈值设定法和单链接聚类法（Single-link Clustering Method）[71] 等。

（1）简单的共被引阈值设定法

基本科学指标（Essential Science Indicators，ESI）将研究前沿定义为一系列高被引论文（核心论文）的聚类。具体来讲，ESI 对过去 11 年 WoS 中所有 SCIE 和 SSCI 收录的论文的被引频次进行相应的统计，将所有 22 个学科领域中被引频次最高的前 1% 论文确定为高被引论文（Highly Cited Paper 或 Core Paper）。ESI 以近 6 年被 SCIE 和 SSCI 收录的高被引论文为基础，通过文献共被引分析和聚类分析产生一系列的论文集合作为不同学科领域的研究前沿。根据特定共被引的阈值研究前沿可划分为不同的文献聚类社团，ESI 主要采用半自动的方法（分析高频单词短语和人工判别结合）对聚类社团进行主题标识[72]。

（2）单链接聚类法

日本科学技术政策研究所沿用 ESI 的做法，使用单链接聚类法测度高被引论文两两间的共被引关系，并根据测度结果对高被引论文进行聚类，最终形成若干论文簇即研究前沿。不过，他们在此基础上利用同被引关系对研究前沿再次进行聚类（与第一次聚类方法相同，只不过将每个研究前沿当作一篇"超级文献"），得到的若干论文簇称为研究领域（Research Area），每个研究领域的命名主要采用关键词分析和专家判别相结合的方式，如图 5.10 所示[73]。

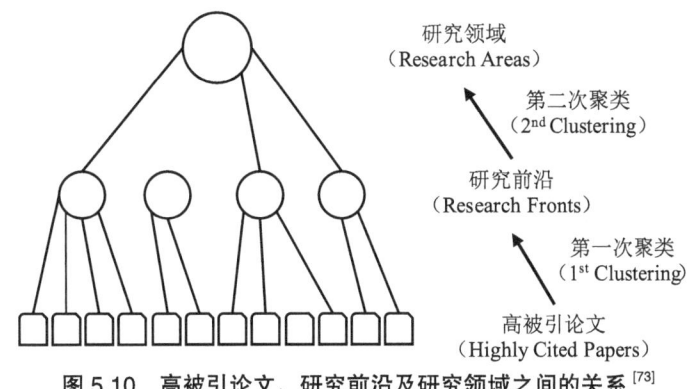

图 5.10　高被引论文、研究前沿及研究领域之间的关系[73]

此外，日本科学技术政策研究所还进行了热点研究领域（Hot Research Area）方面的研究。热点研究领域就是活动频度高的研究领域，其识别步骤如下：第一步是确定热点研究前沿，首先计算所有研究前沿的篇均被引频次及其年均增长率，其次计算 ESI 中 22 个学科类别的篇均被引频次和年均增长率，最后认定篇均被引频次及其年均增长率高于所属学科类别平均增长率的研究前沿为热点研究前沿；第二步是通过热点研究前沿的数量去判断热点研究领域，判断标准是该领域要包含 4 个及 4 个以上热点研究前沿[73]。中国科学院科技战略咨询研究院借鉴日本科学技术政策研究所的研究方法进行了全领域科学结构地图（Golbal Map）的研究[74]。

在上述论述中，ESI、日本科学技术政策研究所及中国科学院科技战略咨询研究院的研究均是围绕全领域科学结构地图展开，因此，对高被引论文聚类形成的若干论文簇命名时采用"研究领域和热点研究领域"的字眼。如果我们使用以上方法研究某一领域的科学结构图谱，那么在对高被引论文聚类形成的若干论文簇命名时应该采用"研究主题和热点研究主题"的字眼。这也从另外一个角度揭示了"研究领域和研究主题"是整体和部分的关系。

5.5.3　基于耦合网络的学科前沿分析

虽然文献共被引方法是探测学科研究前沿的常用方法，但是将文献耦合方法与特定聚类算法结合起来探测学科研究前沿是对文献共被引的有益补充，正引起越来越多研究者的关注。

（1）文献耦合分析

文献耦合是指两篇论文同时引用一篇或者多篇论文的现象[75]。通过文献耦合分析能够探测学科研究前沿。例如，史蒂夫·莫利斯（Steven Morris）等对 WoS 中 1981—2001 年炭疽病相关论文进行文献耦合分析，用层次聚类法进行聚类（共 10 个聚类，聚类的类名由相应领域的专家人工确定），然后用时序树状图展示不同聚类随时间的演化情况，并从中识别该领域的研究前沿[60]；Huang 等将文献划分至不同时间窗口，然后运用文献耦合方法识别研究前沿[76]。文献耦合有两个显著的特点：反映的是引证文献之间的静态结构，其耦合关系不会随时间的变化而变化。这种静态特征保证其在探测学科研究前沿时具有较强的可靠性。

（2）作者耦合分析

作者耦合的提出受到文献耦合的启发。虽然他们的关系相似，但是作者耦合有自己独有的特点。作者耦合具有动态的特征，两个作者之间的关系并不是固定不变的，因为作者之间的耦合强度会随着时间的推移增强（至少保持不变），也就是只要他们不断地发表论文，他们之间的关系至少保持不变。目前，运用作者耦合去探测学科研究前沿的研究相对较少。例如，赵党志等[50]认为作者文献耦合分析直接研究某一学科领域的活跃研究者，认为其所揭示的知识结构能够代表该领域的研究前沿。本书认为，使用作者耦合去探测学科研究前沿是对文献耦合的一个有益补充，文献耦合反映的是作者已有的成果，而作者耦合反映的是作者正在进行的研究，如果将二者结合去分析学科研究前沿，将会取得更加全面的结论。图 5.11 是赵党志等基于作者耦合网络所探测的国际信息科学领域的研究前沿（2006—2010 年）[50]。

此外，凯文·博亚克（Kevin Boyack）等对直接引用、文献共被引和文献耦合 3 种方法进行学科前沿探测比较分析，发现文献耦合的结果准确性高于文献共被引，直接引用的正确率最低[77]。鉴于不同方法的特点，亨利·斯莫尔（Henry Small）等[78]综合运用直接引用和文献共被引，通过寻找两种方法探测结果的交集识别研究前沿。

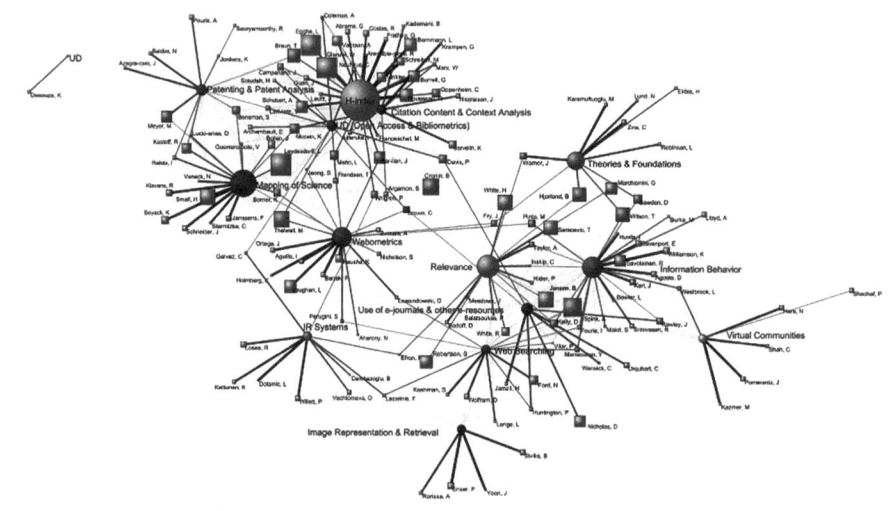

图 5.11　国际信息科学领域的研究前沿（2006—2010 年，基于作者耦合网络）[50]

5.5.4　基于文本挖掘的学科前沿分析

通过文本挖掘方法识别学科前沿的方法主要包括词频分析、共词分析、主题模型、专业术语突变分析及基于自然语言处理的方法。通过词频分析、共词分析和主题模型对某一学科领域的研究前沿进行识别，实现方式与学科主题演化分析部分雷同，这里不再论述。因为学科研究主题通常是由一组相互关联的专业术语构成。一方面通过分析专业术语随年代的频次变化可以探测研究主题的变化，从中发现研究前沿的存在；另一方面依据专业术语间的某种关系（如共现关系和语义关系）对特定文献集合中的专业术语进行聚类和语义分析，会形成具有特定意义的术语集合,通过分析这些术语集合在不同时间段的演化情况也可以识别特定学科领域的研究前沿。以下仅讨论专业术语突变分析和基于自然语言处理的方法。

(1)专业术语突变分析

陈超美认为某一研究领域的发展演化基于两个概念——研究前沿和知识基础间的时变对偶。他认为研究前沿可定义为一个研究领域的发展状况(如研究思路),那么研究前沿的引文就形成了相应的知识基础。一个研究领域可以被概念化成一个从研究前沿 $\psi(t)$ 到知识基础 $\Omega(t)$ 的时间映射 $\Phi(t)$,即

$$\Phi(t): \psi(t) \to \Omega(t)。$$

并且他提出了一种能够识别和显示 $\Phi(t)$ 随时间发展的新趋势和突变的普适方法。在这里,$\psi(t)$ 是一组在 t 时刻与新趋势和突变密切相关的词和短语(如专业术语),这些专业术语被称作研究前沿术语。$\Omega(t)$ 是由出现前沿术语的文章引用的大量文章和它用的大量文章组成,它们之间的关系如下:

$$\Phi(t): \psi(t) \to \Omega(t),$$

$$\psi(t) = \left\{ \text{term} \mid \begin{array}{l} \text{term} \in S_{\text{title}} \cup S_{\text{abstract}} \cup S_{\text{descriptor}} \cup S_{\text{identifier}} \\ \wedge \text{IsHotTopic}(\text{term}, t) \end{array} \right\},$$

$\Omega(t) = \{\text{arrticle} \mid \text{term} \in \psi_t \wedge \text{term} \in \text{article}_0 \wedge \text{article}_0 \to \text{article}\}$。

其中,S_{title} 表示一系列标题专业术语,IsHotTopic(term, t) 表示布尔函数,article$_0$ → article 表示 article$_0$ 引用 article[79]。那么,通过对共被引文章和引用这些文章的术语的复合网络进行研究,能够探测正在兴起的理论和主题发展新趋势,即研究前沿,可用从题目、摘要中提取的专业术语和频率激增的专业术语进行标识。

乔恩·克莱因伯格(Jon Kleinberg)提出了考虑词频变化密度的跳跃检测算法(Burst Detection Algorithm),辨识数据集合中具有高集中性、高密度性(具有突然增长特性)的关键词,这一特性适用于辨别新兴研究前沿中的专业术语概念[80]。陈超美开发的 CiteSpace 软件就采用了跳跃检测算法用于检测突变专业术语。凯坦·马内(Ketan Mane)等[81]以 1982—2001 年 *The Proceedings of the National Academy of Sciences*(*PNAS*)论文为研究数据,使用 Kleinberg 跳跃检测算法选择高频词来做共词分析,探测其主要研究主题及发展。He 和帕克·道格拉斯(Parker Douglas)[82]设计了新的突变词探测方法,艾玛·塔特沙尔(Emma Tattershall)等[83]参考该方法探测了 1988—2017 年计算机领域的突变词。

(2)基于自然语言处理的方法

近些年开始兴起运用自然语言处理的方法识别学科前沿,主要采用机器学习和深度学习的模型方法。例如,毛里西奥·马里隆(Mauricio Marrone)[84]将自然语言处理中的实体链接(Entity Linking)方法引入学科前沿识别;玛丽·卡苏莱(Marie Katsurai)等[85]将稀疏表示(Sparse Representation)方法引入时序共词网络探测学科前沿;徐硕等融合动态影响力模型(Dynamic Influence Model,DIM)[86]、引文影响力模型(Citation Influence Model,CIM)[87]等去探测学科前沿[88]。

2021 年 4 月 30 日,中国科学院科技战略咨询研究院发布了《科学结构图谱 2021》,以

科睿唯安公司的基本科学指标数据库（Essential Science Indicators，ESI）为信息源，提取了 2012—2017 年 10 223 个研究前沿中包含的高被引论文，通过再次的同被引聚类分析，得到了 1169 个研究领域，形成了全球视野的科学结构图谱，可视化地展示 2012—2017 年的科学研究宏观结构及其内在关系，揭示了国际社会普遍关注的热点研究领域，并分析了中国和世界主要国家的科研发展情况。《科学结构图谱 2021》是继 2009 年、2012 年、2015 年、2017 年之后第 5 次发布的《科学结构图谱》。首次改进了原有《科学结构图谱》的研制方法，使用深度学习算法改进了网络聚类及可视化算法[89]。

5.5.5 基于 Usage Metrics 和 Altmetrics 的学科前沿分析

除了上述引文分析方法和文本挖掘方法外，Usage Metrics 和 Altmetrics 的相关理论方法也被引入探测学科研究前沿。引入 Usage Metrics 和 Altmetrics 相关理论方法的根本原因是 Usage Metrics 数据和 Altmetrics 数据早于引用数据产生，能够即时反映用户的关注点。例如，早在 2003 年，约翰·博伦（Johan Bollen）等[90]分析用户网络日志识别数字图书馆领域的研究趋势；王贤文等[91]认为用户使用数据的实时性特征能够弥补引文的时间相对滞后性，科学文献的即时下载情况也可用来探测科学研究前沿；王贤文等[92]通过分析 *Scientometrics* 的用户实时下载数据来测度学科前沿]；段庆锋等[93]提出基于 Altmetrics 数据的学科前沿监测指标（关注热度与关注强度），并在监测指标的基础上提出以两者的回归直线为基准的新兴主题识别方法。

5.6　学科预测分析

学科预测是指依据已有的经验知识和学科发展规律等并通过一定的方法技术对某一学科的总体发展趋势做出判断。具体到细节，指的是对潜在科学合作关系、潜在高水平作者、潜在高被引论文、潜在高水平期刊及潜在研究主题等做出判断，然后做出推荐。常用的学科预测分析方法包括定性方法和定量方法，前者主要包括专家意见法等，后者主要包括科学计量学方法、复杂网络分析法（如链路预测[94]）、机器学习和深度学习等，如柴田直木（Naoki Shibata）等使用经典机器学习方法从文本语义特征（TF-IDF 向量的 Cosine 相似度）、拓扑特征（如共同拥有的相邻节点数、中介中心性的不同和入链数的不同等）和属性特征（如所拥有的共同作者数、是否自引和是否发表在相同杂志等）对引文网络进行研究，能够实现学者撰文时推荐引用哪些参考文献及识别核心文献等功能[95]。

5.6.1　学科合作预测分析

学科合作预测主要包括依据学科合作网络拓扑结构进行预测和依据学科合作的地域、社会、心理和认知特征等进行预测。依据合作网络的拓扑特征易于操作，而从社会、地域或心理特征出发进行研究比较困难。例如，晏尔佳和拉夫·贡斯（Raf Guns）以图书情报学为例从作者、机构和国家合作网络的 8 种拓扑结构特征（如 Katz 系数、优先链接系数、Jaccard 系数和 SimRank 系数等）出发对潜在的合作关系进行预测[96]；余传明等[97]从复杂网络视角出发，提出了融合基于邻居节点和基于路径的网络特征的科研合作推荐模型。

后来，研究者引入融合链路预测与机器学习的方法进行科研合作推荐。例如，拉夫·贡斯（Raf Guns）等[98]以非洲国家在疟疾和结核病领域的作者合作网络为例运用链接预测和机器学习通过一系列预测指标（如加权 Katz 系数、加权图的距离和加权 SimRank 系数等）去预测潜在的作者合作关系；吕伟民等[99]融合链路预测和机器学习进行科研合作推荐。最近，深度学习的方法被引入科研合作推荐。例如，张金柱等基于深度学习的网络表示学习方法（Network Embedding）学习作者所处网络的语境信息，并通过向量余弦相似度指标计算作者间的语义相似度，实现科研合作预测和推荐[100]；余传明等将网络表示学习与机器学习相结合进行科研合作推荐[101]。

5.6.2 学术影响力预测分析

学术影响力预测主要包括作者、论文和期刊的影响力预测。目前，国内外研究者主要从以下文献特征进行研究，如引用数据[102]、期刊特征[103-104]、作者特征[105]、题录文本[106]与全文文本特征[107]、浏览与下载特征[108-109]、社交媒体提及特征[110-111]及多种特征融合[112]。以全文本引文分析为例，考虑到全文环境可以对引文在论文中被提及（Mentioned）的次数来计算总被引次数，即对引文总被引次数进行全新的加权计算，比传统的方法更容易发现较新的高被引论文，或者说更早更快地识别出高被引论文。因此，可以用来挖掘和预测新的高被引论文，在科学评价和科学预测等领域有着非常重要的应用价值。

例如，胡志刚等以 *Journal of Informetrics* 为例对传统方法与新方法在确定高被引论文方面的结果进行了比较分析[113]。由表 5.2 和表 5.3 可知，用传统方法得到的高被引论文列表中，有两篇论文没有在新的高被引论文列表中出现（字体已加粗），即尤金·加菲尔德（Eugene Garfield）和加布里埃尔·平斯基（Gabriel Pinski）的论文。它们有一个共同的特点：发表的时间较早，属于经典文献。作者在引用较早的经典文献时，经常是出于对其学术地位的尊重而引用，而非根据它对文章的实际帮助而引用，因此通常在单篇施引文章的全文中被提及次数很少。在用新方法得到的高被引论文列表中，有两篇新文献出现（字体已加粗），即菲利波·拉迪奇（Filippo Radicchi）和卢茨·博曼（Lutz Bornmann）的论文，它们发表时间较晚但对文章的实际帮助大，因此在单篇施引文章的全文中被多次提及，排名也就相应提高。

此外，还有学科研究主题方面的预测，这与学科研究前沿几乎相同，即要揭示潜在的研究主题和研究趋势，如可以通过关键词词频的历年变化和专业术语的突变分析等能够检测到学科的新兴研究主题。

表 5.2 利用传统方法得到的 Journal of Informetrics 中的高被引论文 [113]

排序 （传统/新方法）	高被引论文（传统方法）	总被引次数 （传统/新方法）
1/2	Hirsch. *PNAS*, 2005,（102）：16569	132/257
2/2	Egghe L. *Scientometrics*, 2006,（69）：131	61/128
3/3	Jin B H. *Chinese Science Bulletin*, 2007,（52）：855	32/72
4/5	Egghe L. *Scientometrics*, 2006,（69）：121	29/45
5/4	Egghe L. *Power Laws in the Information Production Process*, 2005	27/65
6/9	Lundberg J. *Journal of Informetrics*, 2007（1）：145	26/37
7/17	**Garfield E. *Science*, 1972,（178）：471**	25/32
8/11	**Pinski G. Information Processing & Management, 1976,（12）：297**	24/35
8/9	Opthof T. *Journal of Informetrics*, 2010（4）：423	24/37
8/7	Egghe L. *ISSI Newsletter*, 2006（2）：8	24/41

表 5.3 利用新方法得到的 Journal of Informetrics 中的高被引论文 [113]

排序 （传统/新方法）	高被引论文（新方法）	总被引次数 （传统/新方法）
1/2	Hirsch. *PNAS*, 2005（102）：16569	132/257
2/2	Egghe L. *Scientometrics*, 2006（69）：131	61/128
3/3	Jin B H. *Chinese Science Bulletin*, 2007（52）：855	32/72
5/4	Egghe L. *Power Laws in the Information Production Process*, 2005	27/65
4/5	Egghe L. *Scientometrics*, 2006（69）：121	29/45
22/6	**Radicchi F. *PNAS*, 2008（105）：17268**	18/42
8/7	Egghe L. *ISSI Newsletter*, 2006（2）：8	24/41
24/8	**Bornmann L. *JASIST*, 2008（59）：830**	17/40
6/9	Lundberg J. *Journal of Informetrics*, 2007（1）：145	26/37
8/9	Opthof T. *Journal of Informetrics*, 2010（4）：423	24/37

5.7 学科演化视角下的 Usage Metircs

国内外不同学术出版商、学术期刊和学术数据库等信息服务平台提供的科学文献使用数据各异，其中最明显的区别是数据类型差异，即累计数据和时序数据。围绕科学文献时序使用数据，可以进行时序视角下的 Usage Metrics 研究。

从学科演化视角来看，时序视角下的 Usage Metrics 研究主要包括以下几个方面：①通过时序使用数据研究用户的行为模式，如科学家工作时间[114-115]和用户时序使用模式[109, 116-117]

等；②通过使用数据研究文献老化规律，一般从历时或共时两个方面进行分析，如亨克·莫德（Henk Moed）和加利·哈勒维（Gali Halevi）[118-119]先后从期刊和国家等视角研究使用数据的历时和共时老化规律，胡安·戈雷兹（Juan Gorraiz）等[120]从学科视角进行了相关研究；③此外，运用使用数据探测学科领域的研究趋势[90, 92]，王贤文等认为用户使用数据的实时性特征能够弥补引文的相对滞后性，科学文献的即时下载情况也可用来探测科学研究前沿[91]。

图 5.12 比较了《科学通报》和《数据分析与知识发现》两本中文期刊的论文官网 HTML 浏览和 PDF 下载次数随时间变化的累计情况，揭示了使用数据受期刊网站信息架构特征的影响，"递进式"网站架构（《科学通报》）导致 HTML 浏览数据大于 PDF 下载数据，"平行式"网站架构（《数据分析与知识发现》）导致 HTML 浏览数据小于 PDF 下载数据[116]。

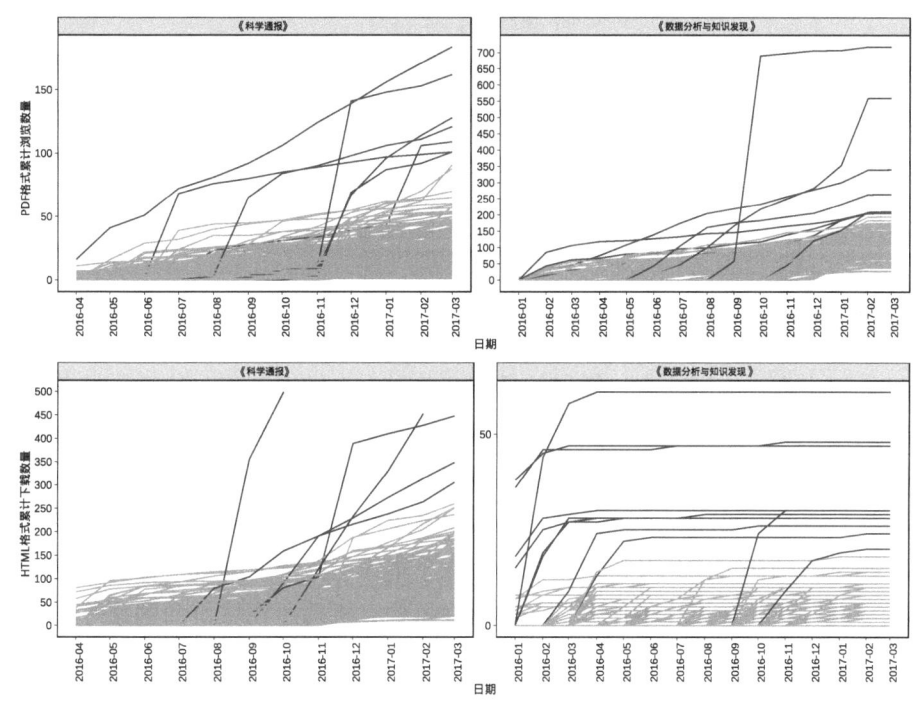

图 5.12　《科学通报》与《数据分析与知识发现》期刊论文官网的使用数据时序累计情况[116]

5.8　学科演化视角下的 Altmetircs

与传统文献计量学指标相比，Altmetrics 指标的优势主要包括时效性（Speed）和广泛性（Breadth），前者指当学术文献在网络上出现后就会被用户浏览、转发和保存，时效性强，而传统的文献计量学指标（如被引频次）则需要积累更长的时间，后者指学术文献的评价已经跳出传统的评价体系（如同行评议和被引频次），覆盖了社交媒体和通用网站等平台[121]。

从学科演化视角来看，时序 Altmetrics 研究的主要包括以下几个方面。一是多种类型 Altmetrics 指标的时序分布及其相关性时序分布，何塞·奥尔特加（José Ortega）对不同类型的 Altmetrics 指标、Usage Metrics 指标及引用类指标的生命周期进行比较研究，提及类 Altmetrics 指标（如推特和博客提及次数）产生最早且生命周期最短；书签类 Altmetrics 指标（如 Mendeley）产生晚于提及类 Altmetrics 指标，早于引用指标且增长速度最快；Usage Metrics 指标生命周期最长，引用类指标产生最晚，如图 5.13 所示[122]。二是特定类型 Altmetrics 指标的时序分析及其相关性时序分布，如推特 Altmetrics 指标[123]、书签类指标 Mendeley[121, 124–125]、新浪微博 Altmetrics 指标[126] 和政策文件 Altmetrics 指标[127] 等。

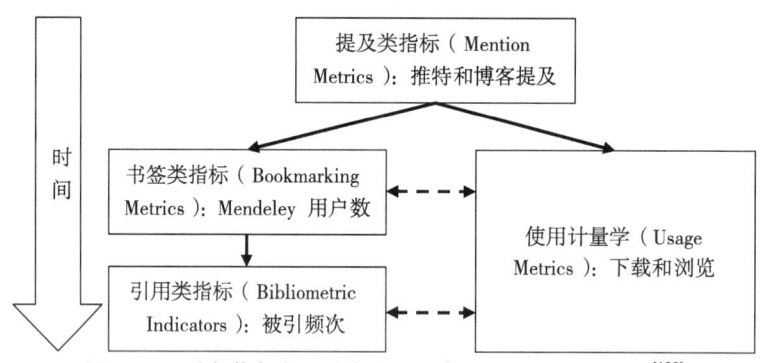

图 5.13　测度学术论文影响力不同类型指标的生命周期[123]

5.9　本章小结

按照"知识生产、知识内容、知识传承与交叉融合、知识创新"的思路将学科演化分为学科合作结构演化、学科主题结构演化、学科知识基础、学科研究前沿、学科预测、学科演化视角下的 Usage Metrics 和 Altmetrics 7 种，然后围绕学科结构与演化可视化分析模式中的 3 个核心环节（知识单元选取、知识单元关系构建和可视化）对不同类型的学科演化进行可视化分析，与学科结构可视化分析的不同之处在于本章引入了时间这一重要因素。首先是学科合作结构演化分析，选取文献作者、作者所在机构、机构所在城市和国家等知识单元，主要根据合著关系构建合作网络，并进行合作网络演化的可视化分析。其次是学科主题演化分析，选取专业术语（来自标题、摘要、主题词、标引词和正文等），主要根据专业术语的共现关系构建共词网络，并进行共词网络演化和主题模型演化的可视化分析。再次是学科知识基础分析，选取被引文献和被引作者等学科知识单元，主要根据文献共被引和作者共被引关系构建相应网络，并进行不同类型网络的可视化分析。然后是学科研究前沿分析，选取引文和主题词等知识单元，主要从引文关系（直接引用、同被引和耦合）、主题词词频突变与共现关系等进行学科研究前沿的可视化分析。接着是学科预测分析，选取题录数据和全文本数据中的不同知识单元，依据不同知识单元之间的各种关系进行学科合作、潜在高水平作者、潜在高被引论文和潜在研究主题等的可视化分析。最后是学科演化视角下的 Usage Metrics 和 Altmetrics 研究。

参考文献

[1] 邱均平. 信息计量学 [M]. 武汉：武汉大学出版社, 2007.

[2] 化柏林, 武夷山. 动态环境需要演化分析 [J]. 情报学报, 2013, 32(9).

[3] 陈必坤, 王曰芬. 学科结构与演化可视化分析的内容研究 [J]. 图书情报工作, 2016, 60(21): 87-95.

[4] BARABÁSI A L, JEONG H, NÉDA Z, et al. Evolution of the social network of scientific collaborations[J]. Physica a: statistical mechanics and its applications, 2002, 311(3): 590-614.

[5] KIM J, DIESNER J. The effect of data pre-processing on understanding the evolution of collaboration networks[J]. Journal of informetrics, 2015, 9(1): 226-236.

[6] CHEN Y, BÖRNER K, FANG S. Evolving collaboration networks in scientometrics in 1978-2010: a micro-macro analysis[J]. Scientometrics, 2013, 95(3): 1051-1070.

[7] KIM J, DIESNER J. Over-time measurement of triadic closure in coauthorship networks[J]. Social network analysis and mining, 2017, 7(1): 9.

[8] 岳增慧, 许海云, 方曙. 基于微分动力学的科研合作网络知识扩散模型及影响机制研究 [J]. 情报学报, 2015, 34(11): 1132-1142.

[9] 李纲, 巴志超. 科研合作超网络下的知识扩散演化模型研究 [J]. 情报学报, 2017, 36(3): 274-284.

[10] 关鹏, 王曰芬, 傅柱. 基于多 Agent 系统的科研合作网络知识扩散建模与仿真 [J]. 情报学报, 2019, 38(5): 512-524.

[11] 张斌, 李亚婷. 知识网络演化模型研究述评 [J]. 中国图书馆学报, 2016, 42(5): 85-101.

[12] PALLA G, BARABÁSI A L, VICSEK T. Quantifying social group evolution[J]. Nature, 2007, 446(7136): 664-667.

[13] 王晓光, 程齐凯. 基于 NEViewer 的学科主题演化可视化分析 [J]. 情报学报, 2013, 32(9): 901-911.

[14] BERGER-WOLF T, SAIA J. A framework for analysis of dynamic social networks[C]//Proceedings of the 12th ACM SIGKDD international conference on knowledge discovery and data mining. USA, Philadelphia, 2006: 523-528.

[15] 吴斌. 复杂网络与科技文献知识发现 [M]. 北京：科学技术文献出版社, 2011.

[16] 王翼. 复杂网络社区结构挖掘及演化分析 [D]. 北京：北京邮电大学, 2009.

[17] ZHENG J, GONG J, Li R, et al. Community evolution analysis based on co-author network: a case study of academic communities of the journal of "annals of the association of American geographers" [J]. Scientometrics, 2017, 113(2): 845-865.

[18] 刘自强, 王效岳, 白如江. 多维度视角下学科主题演化可视化分析方法研究：以我国图书情报领域大数据研究为例 [J]. 中国图书馆学报, 2016, 42(6): 67-84.

[19] HAVRE S, HETZLER E, WHITNEY P, et al. Themeriver: visualizing thematic changes in large document collections[J]. IEEE transactions on visualization and computer graphics, 2002, 8(1): 11.

[20] MONASTERSKY R, NOORDEN R. 150 years of Nature: a data graphic charts our evolution[J]. Nature, 2019, 575(7781):22-23.

[21] VIEDMA-DEL-JESUS M, PERAKAKIS P, MUÑOZ M, et al. Sketching the first 45 years of the journal Psychophysiology (1964-2008): a co-word-based analysis[J]. Psychophysiology, 2011, 48(8): 1029-1036.

[22] COBO M, LÓPEZ HERRERA A, HERRERA-VIEDMA E, et al. An approach for detecting, quantifying, and visualizing the evolution of a research field: a practical application to the fuzzy sets theory field[J]. Journal of informetrics, 2011, 5(1): 146-166.

[23] 程齐凯, 王晓光. 一种基于共词网络社区的科研主题演化分析框架 [J]. 图书情报工作, 2013, 57(8): 91-96.

[24] NEWMAN M, GIRVAN M. Finding and evaluating community structure in networks[J]. Physical review E, 2004, 69(2): 26-113.

[25] BLONDEL V, GUILLAUME J, LAMBIOTTE R, et al. Fast unfolding of communities in large networks[J]. Journal of statistical mechanics: theory and experiment, 2008（10）: 10008.

[26] ECK N J, WALTMAN L. Software survey: VOSviewer, a computer program for bibliometric mapping[J]. Scientometrics, 2010, 84(2): 523-538.

[27] GUIMERÀ R, SALES-PARDO M, AMARAL L. Classes of complex networks defined by role-to-role connectivity profiles[J]. Nature physics, 2007, 3(1): 63-69.

[28] SMALL H. Tracking and predicting growth areas in science[J]. Scientometrics, 2006, 68(3): 595-610.

[29] SMALL H, UPHAM P. Citation structure of an emerging research area on the verge of application[J]. Scientometrics, 2009, 79(2): 365-375.

[30] UPHAM S, SMALL H. Emerging research fronts in science and technology: patterns of new knowledge development[J]. Scientometrics, 2010, 83(1): 15-38.

[31] KANDYLAS V, UPHAM S, UNGAR L. Analyzing knowledge communities using foreground and background clusters[J]. ACM transactions on knowledge discovery from data, 2010, 4(2): 1-35.

[32] COBO M, LOPEZ-HERRERA A, HERRERA F, et al. A note on the ITS Topic evolution in the period 2000 - 2009 at T-ITS[J]. IEEE transactions on intelligent transportation systems, 2012, 13(1): 413-420.

[33] ROSVALL M, BERGSTROM C. Mapping change in large networks[J]. PLoS One, 2010, 5(1): e8694.

[34] LAW J, BAUIN S, COURTIAL J, et al. Policy and the mapping of scientific change: a co-word analysis of research into environmental acidification[J]. Scientometrics, 1988, 14(3): 251-264.

[35] MUÑOZ-LEIVA F, VIEDMA-DEL-JESÚS M, SÁNCHEZ-FERNÁNDEZ J, et al. An application of co-word analysis and bibliometric maps for detecting the most highlighting themes in the consumer behaviour research from a longitudinal perspective[J]. Quality & quantity, 2012, 46(4): 1077-1095.

[36] CHAVALARIAS D, COINTET J. Bottom-up scientific field detection for dynamical and hierarchical science mapping, methodology and case study[J]. Scientometrics, 2008, 75(1): 37-50.

[37] CHEN C. Searching for intellectual turning points: progressive knowledge domain visualization[J]. Proceedings of the national academy of sciences, 2004, 101(11): 5303-5310.

[38] CHEN C, IBEKWE-SANJUAN F, HOU J. The structure and dynamics of cocitation clusters: a multiple-perspective cocitation analysis[J]. Journal of the American society for information science and technology, 2010, 61(7): 1386-1409.

[39] CHEN C. CiteSpace II: detecting and visualizing emerging trends and transient patterns in scientific literature[J]. Journal of the American society for information science and technology, 2006, 57(3): 359-377.

[40] 詹长静. 基于 Usage Metrics 的科学论文用户使用行为研究 [D]. 南京：南京理工大学, 2019.

［41］BLEI D, LAFFERTY J. Dynamic Topic models[C]//Proceedings of the 23rd International conference on machine learning. New York: ACM, 2006: 113–120.

［42］WANG X, MCCALLUM A. Topics over time: a non-Markov continuous-time model of Topical trends[C]// Proceedings of the 12th international conference on knowledge discovery and data mining. New York: ACM, 2006: 424–433.

［43］TEH Y W, JORDAN M, BEAL M, et al. Hierarchical dirichlet processes[J]. Journal of the American statistical association, 2006, 101(476): 1566–1581.

［44］DING W, CHEN C. Dynamic Topic detection and tracking: A comparison of HDP, co - word, and cocitation methods[J]. Journal of the Association for information science and technology, 2014, 65(10): 2084–2097.

［45］关鹏,王曰芬. 基于 LDA 主题模型和生命周期理论的科学文献主题挖掘[J]. 情报学报, 2015, 34(3): 286–299.

［46］关鹏,王曰芬,傅柱. 基于 LDA 的主题语义演化分析方法研究：以锂离子电池领域为例[J]. 数据分析与知识发现, 2019, 3(7): 61–72.

［47］曲佳彬,欧石燕. 基于主题过滤与主题关联的学科主题演化分析[J]. 数据分析与知识发现, 2018, 2(1): 64–75.

［48］SCHARNHORST A, BÖRNER K, BESSELAAR P. Models of science dynamics: Encounters between complexity theory and information sciences[M]. Berlin:Springer, 2012.

［49］SMALL H. A co-citation model of a scientific specialty: A longitudinal study of collagen research[J]. Social studies of science, 1977: 139–166.

［50］ZHAO D Z, STROTMANN A. The knowledge base and research front of information science 2006–2010: an author cocitation and bibliographic coupling analysis[J]. Journal of the association for information science and technology, 2014, 65(5): 995–1006.

［51］CHEN C M. Mapping scientific frontiers: the quest for knowledge visualization[M]. Berlin:Springer, 2013.

［52］邱均平,吕红. 近五年国际图书情报学研究热点、前沿及其知识基础：基于 17 种外文期刊知识图谱的可视化分析[J]. 图书情报知识, 2013 (3): 4–15,58.

［53］赵蓉英,王菊. 图书馆学知识图谱分析[J]. 中国图书馆学报, 2011, 37(2): 40–50.

［54］赵蓉英,许丽敏. 文献计量学发展演进与研究前沿的知识图谱探析[J]. 中国图书馆学报, 2010, 36(5): 60–68.

［55］PERSSON O. The intellectual base and research fronts of JASIS 1986–1990[J]. Journal of the American society for information science, 1994, 45(1): 31–38.

［56］陈必坤. 学科知识可视化分析研究[D]. 武汉：武汉大学, 2014.

［57］PRICE D. Networks of scientific papers[J]. Science, 1965, 149(3683): 510–515.

［58］SMALL H, GRIFFITH B. The structure of scientific literatures I: Identifying and graphing specialties[J]. Science studies, 1974（4）: 17–40.

［59］GARFIELD E. Research fronts[J]. Current Contents, 1994, 41(10): 3–7.

［60］MORRIS S, YEN G, WU Z, et al. Time line visualization of research fronts[J]. Journal of the American society for information science and technology, 2003, 54(5): 413–422.

［61］陈仕吉. 科学研究前沿探测方法综述[J]. 现代图书情报技术, 2009 (9): 28–33.

［62］ROTOLO D, HICKS D, MARTIN B. What is an emerging technology?[J]. Research policy, 2015, 44(10): 1827-1843.

［63］WANG Q. A bibliometric model for identifying emerging research Topics[J]. Journal of the association for information science and technology, 2018, 69(2): 290-304.

［64］黄晓斌, 吴高. 学科领域研究前沿探测方法研究述评[J]. 情报学报, 2019, 38(8): 872-880.

［65］NEWMAN M. Fast algorithm for detecting community structure in networks[J]. Physical review E, 2004, 69(6): 066133.

［66］SHIBATA N, KAJIKAWA Y, TAKEDA Y, et al. Detecting emerging research fronts based on Topological measures in citation networks of scientific publications[J]. Technovation, 2008, 28(11): 758-775.

［67］SHIBATA N, KAJIKAWA Y, TAKEDA Y, et al. Comparative study on methods of detecting research fronts using different types of citation[J]. Journal of the American society for information science and technology, 2009, 60(3): 571-580.

［68］LIU J, LU L. An integrated approach for main path analysis: development of the hirsch index as an example[J]. Journal of the American society for information science and technology, 2012, 63(3): 528-542.

［69］XU S, HAO L, AN X, et al. Review on emerging research Topics with key-route main path analysis[J]. Scientometrics, 2020, 122(1): 607-624.

［70］Nature. Reference tree infographic: on the shoulders of giants[EB/OL]. [2022-01-08]. https://www.nature.com/magazine-assets/d42859-019-00124-x/d42859-019-00124-x.pdf.

［71］SMALL H, SWEENEY E, GREENLEE E. Clustering the Science Citation Index using co-citations II. mapping science[J]. Scientometrics, 1985, 8(5): 321-340.

［72］Clarivate. Essential Science Indicators Introduction[EB/OL]. [2022-04-21]. http://clarivate.libguides.com/esi.

［73］IGAMI M, SAKA A. Capturing the evolvingnature of science, the development of new scientific indicators and the mapping of science[R]. OECD Publishing, 2007.

［74］王小梅, 韩涛, 李国鹏, 等. 科学结构图谱2017[M]. 北京: 科学出版社, 2017.

［75］马瑞敏, 倪超群. 作者耦合分析: 一种新学科知识结构发现方法的探索性研究[J]. 中国图书馆学报, 2012 (2): 4-11.

［76］HUANG M, CHANG C. Detecting research fronts in OLED field using bibliographic coupling with sliding window[J]. Scientometrics, 2014, 98(3): 1721-1744.

［77］BOYACK K, KLAVANS R. Co-citation analysis, bibliographic coupling, and direct citation: Which citation approach represents the research front most accurately?[J]. Journal of the American society for information science and technology, 2010, 61(12): 2389-2404.

［78］SMALL H, BOYACK K, KLAVANS R. Identifying emerging Topics in science and technology[J]. Research policy, 2014, 43(8): 1450-1467.

［79］陈超美, 陈悦, 侯剑华, 等. CiteSpace Ⅱ: 科学文献中新趋势与新动态的识别与可视化[J]. 情报学报, 2009, 26 (3): 402-403.

［80］KLEINBERG J. Bursty and hierarchical structure in streams[J]. Data mining and knowledge discovery, 2003, 7(4): 373-397.

［81］MANE K, BÖRNER K. Mapping Topics and Topic bursts in PNAS[J]. Proceedings of the national academy of sciences, 2004, 101(11): 5287–5290.

［82］HE D, PARKER D. Topic dynamics: an alternative model of bursts in streams of Topics[C]//Proceedings of the 16th ACM SIGKDD international conference on knowledge discovery and data mining. USA, Washington, 2010: 443–452.

［83］TATTERSHALL E, NENADIC G, STEVENS R. Detecting bursty terms in computer science research[J]. Scientometrics, 2020, 122(1): 1–19.

［84］MARRONE M. Application of entity linking to identify research fronts and trends[J]. Scientometrics, 2020, 122(1): 357–379.

［85］KATSURAI M, ONO S. TrendNets: mapping emerging research trends from dynamic co-word networks via sparse reprsentation[J]. Scientometrics, 2019, 121(3): 1583–1598.

［86］GERRISH S, BLEI D. A language-based approach to measuring scholarly impact[C]//Proceedings of the 27th international conference on machine learning, New York: ACM, 2010: 375–382.

［87］DIETZ L, BICKEL S, SCHEFFER T. Unsupervised prediction of citation influences[C]//Proceedings of the 24th International conference on machine learning. New York: ACM, 2007: 233–240.

［88］XU S, HAO L, AN X, et al. Emerging research Topics detection with multiple machine learning models[J]. Journal of informetrics, 2019, 13(4): 100983.

［89］王小梅, 李国鹏, 陈挺. 科学结构图谱 2021[EB/OL]. [2022-04-21]. http://www.casisd.cn/mtsm/202105/t20210505_6008179.html.

［90］BOLLEN J, LUCE R, VERMULAPALLI S, et al. Usage analysis for the identification of research trends in digital libraries[EB/OL]. [2022-01-12]. http://www.dlib.org/dlib/may03/bollen/05bollen.html.

［91］王贤文, 毛文莉, 王治. 基于论文下载数据的科研新趋势实时探测与追踪[J]. 科学学与科学技术管理, 2014, 35(4): 3–9.

［92］WANG X, WANG Z, XU S. Tracing scientist's research trends realtimely[J]. Scientometrics, 2013, 95(2): 717–729.

［93］段庆锋, 潘小换. 利用社交媒体识别学科新兴主题研究[J]. 情报学报, 2017, 36(12): 1216–1223.

［94］LIBEN-NOWELL D, KLEINBERG J. The link-prediction problem for social networks[J]. Journal of the American society for information science and technology, 2007, 58(7): 1019–1031.

［95］SHIBATA N, KAJIKAWA Y, SAKATA I. Link prediction in citation networks[J]. Journal of the American society for information science and technology, 2012, 63(1): 78–85.

［96］YAN E, GUNS R. Predicting and recommending collaborations: An author-, institution-, and country-level analysis[J]. Journal of informetrics, 2014, 8(2): 295–309.

［97］余传明, 龚雨田, 赵晓莉, 等. 基于多特征融合的金融领域科研合作推荐研究[J]. 数据分析与知识发现, 2017, 1(8): 39–47.

［98］GUNS R, ROUSSEAU R. Recommending research collaborations using link prediction and random forest classifiers[J]. Scientometrics, 2014, 98(1): 1–13.

［99］吕伟民, 王小梅, 韩涛. 结合链路预测和 ET 机器学习的科研合作推荐方法研究[J]. 数据分析与知识发现, 2017, 1(4): 38–45.

［100］张金柱, 于文倩, 刘菁婕, 等. 基于网络表示学习的科研合作预测研究[J]. 情报学报, 2018, 37(2): 132–139.

[101] 余传明, 林奥琛, 钟韵辞, 等. 基于网络表示学习的科研合作推荐研究[J]. 情报学报, 2019, 38(5): 6.

[102] MANJUNATHA J, SIVARAMAKRISHNAN K, PANDEY R, et al. Citation prediction using time series approach kdd cup 2003 (task 1)[J]. ACM SIGKDD explorations newsletter, 2003, 5(2): 152–153.

[103] CALLAHAM M, WEARS R, WEBER E. Journal prestige, publication bias, and other characteristics associated with citation of published studies in peer-reviewed journals[J]. JAMA, 2002, 287(21): 2847–2850.

[104] ABRAMO G, D'ANGELO C, FELICI G. Predicting publication long-term impact through a combination of early citations and journal impact factor[J]. Journal of informetrics, 2019, 13(1): 32–49.

[105] CASTILLO C, DONATO D, GIONIS A. Estimating number of citations using author reputation[C]// International symposium on string processing and information retrieval. Berlin: Springer, 2007: 107–117.

[106] FU L, ALIFERIS C. Models for predicting and explaining citation count of biomedical articles[J]. AMIA Annual Symposium Proceedings. 2008, 2008: 222–226.

[107] MCKEOWN K, DAUME III H, CHATURVEDI S, et al. Predicting the impact of scientific concepts using full - text features[J]. Journal of the Association for Information science and technology, 2016, 67(11): 2684–2696.

[108] BRODY T, HARNAD S, CARR L. Earlier web usage statistics as predictors of later citation impact[J]. Journal of the American society for information science and technology, 2006, 57(8): 1060–1072.

[109] KHAN M, YOUNAS M. Analyzing readers behavior in downloading articles from IEEE digital library: astudy of two selected journals in the field of education[J]. Scientometrics, 2017, 110(3): 1523–1537.

[110] EYSENBACH G. Can tweets predict citations? Metrics of social impact based on Twitter and correlation with traditional metrics of scientific impact[J]. Journal of medical Internet research, 2011, 13(4): e123.

[111] WOOLDRIDGE J, KING M. Altmetric scores: an early indicator of research impact[J]. Journal of the association for information science and technology, 2019, 70(3): 271–282.

[112] BAI X, ZHANG F, LEE I. Predicting the citations of scholarly paper[J]. Journal of informetrics, 2019, 13(1): 407–418.

[113] 胡志刚, 陈超美, 刘则渊, 等. 从基于引文到基于引用: 一种统计引文总被引次数的新方法[J]. 图书情报工作, 2013, 57(21): 5–10.

[114] WANG X, XU S, PENG L, et al. Exploring scientists' working timetable: do scientists often work overtime?[J]. Journal of informetrics, 2012, 6(4): 655–660.

[115] WANG X, PENG L, ZHANG C, et al. Exploring scientists' working timetable: a global survey[J]. Journal of informetrics, 2013, 7(3): 665–675.

[116] CHEN B, ZHONG Z, ZHAN C. Usage pattern analysis of academic articles from two Chinese journals[C]// Proceedings of the 16th International conference on scientometrics and informetrics. China, Wuhan, 2017: 366–375.

[117] 詹长静. 基于 Usage Metrics 的科学论文用户使用行为研究[D]. 南京: 南京理工大学, 2019.

[118] MOED H. Statistical relationships between downloads and citations at the level of individual documents within a single journal[J]. Journal of the American society for information science and technology, 2005, 56(10): 1088–1097.

[119] MOED H, HALEVI G. On full text download and citation distributions in scientific-scholarly journals[J].

Journal of the association for information science and technology, 2016, 67(2): 412–431.

［120］GORRAIZ J, GUMPENBERGER C, SCHLÖGL C. Usage versus citation behaviours in four subject areas[J]. Scientometrics, 2014, 101(2): 1077–1095.

［121］POOLADIAN A, BORREGO Á. A longitudinal study of the bookmarking of library and information science literature in mendeley[J]. Journal of informetrics, 2016, 10(4): 1135–1142.

［122］ORTEGA J. The life cycle of altmetric impact: a longitudinal study of six metrics from plumX[J]. Journal of informetrics, 2018, 12(3): 579–589.

［123］HAUSTEIN S. Scholarly twitter metrics[M]//GLÄNZEL W, MOED H, SCHMOCH U, et al.Handbook of Science and Technology Indicators. Basel: Springer–Nature, 2019: 729–760.

［124］THELWALL M, SUD P. Mendeley readership counts: an investigation of temporal and disciplinary differences[J]. Journal of the association for information science and technology, 2016, 67(12): 3036–3050.

［125］MAFLAHI N, THELWALL M. How quickly do publications get read? The evolution of mendeley reader counts for new articles[J]. Journal of the association for information science and technology, 2018, 69(1): 158–167.

［126］余厚强, 邱均平. 新浪微博替代计量指标特征分析[J]. 中国图书馆学报, 2016, 42(4): 20–36.

［127］余厚强, 肖婷婷, 王曰芬, 等. 政策文件替代计量指标分布特征研究[J]. 中国图书馆学报, 2017, 43(5): 57–69.

6 学科结构与演化可视化分析的应用

6.1 国家基金项目视角下学科结构的可视化分析研究

鉴于国家基金项目选题的学术权威性与新颖性，有研究者以国家基金项目数据为例进行学科主题与发展趋势分析，但是其方法多限于基本统计与共词分析，研究有局限性。针对以上问题，本书以中国国家基金项目数据为例，从共词分析和多层次关键词耦合分析相结合的视角对图书馆、情报与档案管理学科（简称"图情档学科"）结构进行可视化分析，力图从知识生产者和知识内容两个方面揭示该学科的主题结构、知识结构、机构结构和省份结构。

国内外研究者主要对项目名称、摘要、项目申请书、项目结报告与项目资助论文等进行统计分析和文本挖掘，发现有价值的信息，为研究者或机构部门的决策提供支持。例如，布林贾尔·格雷塔松（Brynjar Gretarsson）等[1]开发 TopicNets 系统对 5 万份美国国家自然科学基金项目申请书进行文本分析、大卫·麦克阿瑟（David McArthur）等[2]使用 SAS Miner 对美国国家自然科学基金会"在线学习"类项目进行文本挖掘。其中，以科学计量学为视角的研究主要如下。①分析某一学科领域的整体情况，如赵星[3]等通过分析经济学领域的项目资助论文区探索全球不同国家的基金项目资助情况，赵蓉英等[4]分析了中国图书馆、情报与档案管理学科的国家基金项目资助情况，王贤文等[5]分析了 2009 年发表 SCI 论文 TOP 10 国家基金项目的资助情况。②分析某一学科领域的合作情况，如安吉拉·佐斯（Angela Zoss）等[6]通过对美国国家自然科学基金会"科技创新政策科学计划"（SciSIP）项目的共同资助网络、项目资助论文合作网络和邮件往来网络进行分析，去探索"科技创新政策科学计划"项目的合作情况；Zhou 等[7]探索了中国国家科学基金项目资助的中国数学领域科技论文的合作情况。③分析某一学科领域的主题分布，如赵蓉英等[8]通过 ICTCLAS 中文分词系统对中国图书馆、情报与档案管理学科的国家科学基金项目标题进行分词并进行分析学科主题；张春博等[9]通过对中国科技创新管理与政策领域的国家自然科学基金项目进行共词分析，探索其研究主题。

综上所述，学科结构可视化分析方面的研究主要集中在科技论文与专利数据，较少关注基金项目数据；而基于科学计量学视角国家基金项目方面的研究主要关注某一学科领域的整体情况（年代分布、机构分布、省份分布和资助比例等）、项目资助论文的合作情况及学科主题分布，且研究方法以统计分析和共词分析为主、相对单一。针对以上问题，本书以图情档学科的国家基金项目数据为例，从共词分析和多层次耦合分析相结合的崭新视角揭示该学科的主题结构、知识结构、机构结构与省份结构。

6.1.1 数据与方法

6.1.1.1 数据与处理

本节的研究数据是图情档学科 1997—2016 年的国家社会科学基金（NSSFC）项目和国家自然科学基金（NSFC）项目数据。前者来自全国哲学社会科学工作办公室"国家社科基金项目数据库"（http://www.nopss.gov.cn/）中"图书馆、情报与文献学"类别下所有年份的基金项目，覆盖 1991—2015 年（1992 年与 1993 年的数据为空），删除其中的重复数据，并补充该类别 2010 年、2011 年、2015 年的国家社会科学基金重大项目数据（未补充 2010 年之前的重大项目数据因为这些项目的学科分类号缺失，无法确定其准确类别）及 2016 年的各类项目数据，最后共计 1466 条数据。后者来自国家自然科学基金委员会"科学基金共享服务网"（https://output.nsfc.gov.cn/）中"G0314 信息资源管理类"和"G030701 科学计量学与科技评价"两个类别下所有年份的基金项目，覆盖 1997—2016 年，共计 308 条数据，去除国际会议、国际研讨会、研讨班等专项基金数据 12 条，最终共计 296 条数据。

其中 NSSFC 项目数据主要包括项目批准号、项目类别、项目名称、立项时间、项目负责人、工作单位（也称机构）和所属省（自治区、直辖市，简称省份）等字段。NSFC 项目数据主要包括项目批准号、项目类别、项目名称、项目负责人、关键词和工作单位等字段。为了保证 NSSFC 与 NSFC 项目数据的一致性，本书首先将 NSFC 项目数据的立项时间和所属省份字段补充完整，其次对 NSSFC 与 NSFC 项目数据的项目负责人、工作单位与和所属省份字段进行预处理（如同名负责人的识别、工作单位名称统一化、所属省份名称统一化）。至于关键词字段的具体处理细节，将在方法部分详细介绍。

6.1.1.2 研究方法

安德莉亚·沙恩霍斯特（Andrea Scharnhorst）等认为从科学计量学和科学学建模角度来看，科学由保持学术交流的研究人员群体及其所生产的一系列彼此相关的知识组成[10]。那么，作者合作、作者共被引和耦合就是从研究人员的角度研究科学，共词分析和主题模型等就是从主题和知识的角度研究科学。同样，本书也是从研究人员和主题知识两个角度探索学科结构。考虑到数据自身特点（关键字段有限），主要采用共词分析、负责人关键词耦合、机构关键词耦合和省份关键词耦合的方法展开研究，也就是把关键词作为核心要素和中介对待。那么，对关键词的处理就要格外认真和严谨。整体技术路线如图 6.1 所示。

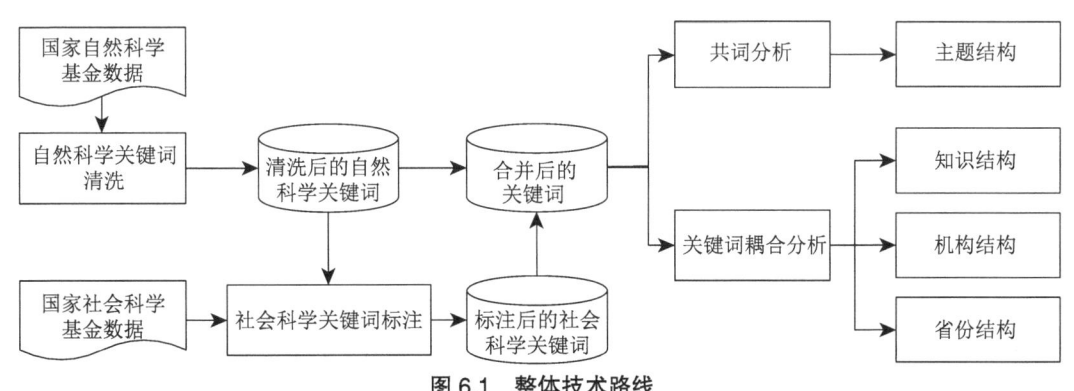

图 6.1 整体技术路线

（1）关键词字段的清洗与标注

一是 NSFC 关键词字段的清洗。该字段由项目负责人提供，质量较高，但是也存在个性化色彩浓重、粒度不统一等问题。因此，按照以下原则对 NSFC 关键词字段进行处理：尽量保持关键词的原貌，在此基础上进行统一化处理。统一化处理的手段有：关键词粒度主要为短语，尽量避免单个词汇（尤其是动词）的出现；中英文关键词统一为中文；同义词和近义词合并；停用词表的使用。其中，统一化处理所依据的工具主要是"CNKI 工具书总馆"（https://gongjushu.cnki.net/rbook/）和"CNKI 概念知识元库"（https://concept.cnki.net/）。二是 NSSFC 关键词字段的标注。已有研究通常采用 ICTCLAS 中文分词系统对项目名称进行分词获得关键词，本书也尝试采用该方法，虽然效率很高但是关键词的粒度比较粗糙，共词分析和耦合分析的结果不尽人意。因此，本书通过人工标注的方式补充 NSSFC 项目缺失的关键词字段。关键词标注的原则如下：尽量依据 NSFC 项目的关键词对 NSSFC 项目的项目名称进行人工标注。之后，关键词统一处理的手段与 NSFC 项目相同。如果遇到新术语，则依据"CNKI 工具书总馆"和"CNKI 概念知识元库"进行核实与标注。NSSFC 项目关键词字段的标注工作共进行了 5 轮，尽量保证与 NSFC 项目关键词字段的一致性。最终，将所有统一处理后的 NSSFC 项目各字段数据与 NSFC 项目各字段数据进行合并。

（2）共词分析

在科学计量学领域，共词分析主要用于识别某一研究领域的研究主题和研究热点等。传统的共词分析通常使用多维尺度分析、因子分析和聚类分析 3 种方法相结合的方式去分析研究领域。后来引入了社会网络分析的理论和方法、Pathfinder 算法、VxOrd mapping 技术及 VOSmapping 技术等理论和方法，使得其研究更加深入。共词网络在软件 Gephi[11] 中由 ForceAtlas2 算法绘制，该算法基于力学模型，通过模拟物理系统对网络节点进行空间布局，能够帮助用户解读网络[12]。图中每个圆点代表关键词，圆点的大小表示它们在网络中度（Degree）的情况，圆点之间的连线粗细表示节点之间的联系强度。值得一提的是，本书并未使用聚类算法对共词网络进行聚类，而是使用共而不聚的划分方式寻找自然类团。共而不聚的划分方式是指在构造共词矩阵后，经过词频值统计、相互包容系数的统计，就共词矩阵所进行的分析[13]。

（3）关键词耦合分析

在科学计量学领域，耦合分析方法独具特色，其中，作者耦合分析主要用于揭示某一学科领域的知识结构，包括作者文献耦合分析和作者关键词耦合分析，前者以参考文献为"中介"产生联系，后者以关键词为"中介"产生联系。本书以关键词为纽带进行项目负责人、机构和省份的耦合分析，从而来揭示"图书馆、情报与档案管理"学科的知识结构、机构结构和省份结构。负责人耦合网络在 Gephi 中绘制，基本参数设置与共词网络一致，不同之处在于使用了网络模块度算法对其进行聚类[14]。机构关键词耦合网络在软件 VOSviewer[15] 中由 VOS 算法绘制，该算法绘制结果优于多维尺度分析[16]。另外，不同颜色的聚类由 VOSviewer 的内置聚类算法生成，该算法同样基于网络模块度[17]。此外，考虑到小规模网络的可视化效果，省份关键词耦合网络也是由 Gephi 生成，所有基本参数设置与共词网络相同。

6.1.2 研究内容与结果

6.1.2.1 基本统计

由图 6.2 可知，图书馆、情报与档案管理学科国家基金项目的立项数量整体呈现指数增长模式，由 1991 年的 4 项到 2013 年的近 200 项，2013 年之后的立项数量趋于平稳状态，表明经过前些年的高速增长，图书馆、情报与档案管理学科的国家基金项目立项已经进入平稳阶段，有利于学科持续健康的发展。不过，目前图书馆、情报与档案管理学科的 NSFC 立项数量远低于 NSSFC 的，表明该学科的整体研究范畴在人文社科领域。作为一门交叉学科，图书馆、情报与档案管理学科应抓住当前大数据、数据科学与人工智能的背景与发展机遇，扩展研究视野，在自然科学领域谋求更多的发展和席位。

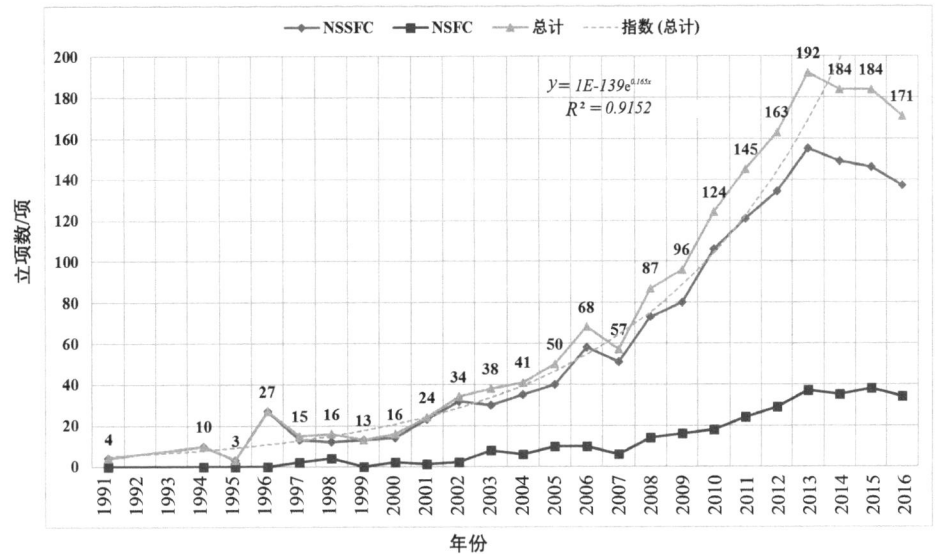

图 6.2 图书馆、情报与档案管理学科国家基金项目年代分布

6.1.2.2 学科主题结构分析

由图 6.3（见书末彩插）可知，图书馆、情报与档案管理学科的研究主题主要包括：①图书馆（涵盖图书馆服务与用户、资源组织与建设和阅读推广等）；②信息服务（除了传统的各类图书馆服务，还包括互联网信息服务、弱势群体和偏远地区的信息服务等）；③用户信息行为（涵盖不同类型用户使用图书馆和互联网的信息行为，通常采用数据挖掘等技术进行研究）；④数字图书馆（包括不同类型信息服务及用户信息行为方面的内容）；⑤语义（包括不同类型数字资源的语义化建设和知识服务等）；⑥网络舆情（主要是在大数据背景下借助数据挖掘等手段对社交媒体等数据进行舆情监测与分析，为政府等提供决策支持）；⑦企业竞争情报（主要是围绕企业创新借助数据挖掘等手段对专利等数据进行分析，获取有价值的竞争情报）；⑧信息资源管理和知识管理（涵盖各类型图书馆、科研院所与政府的信息资源管理与知识管理）；⑨文献整理（包括不同载体、不同语种、不同地区古代文献的整理及数字化建设）；⑩信息素养与信息素养教育；⑪科学计量学与科技评价（主要是通过引文分析等方法进行学科交叉和科技评价等方面的研究）；⑫电子文件管理。

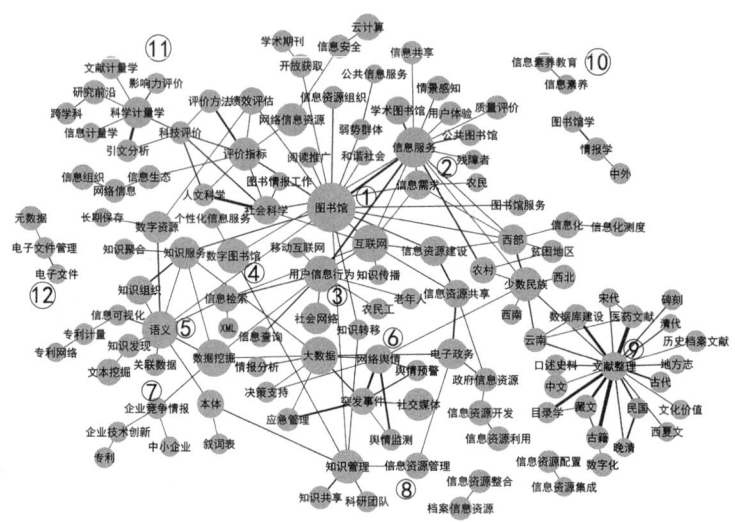

图 6.3　图书馆、情报与档案管理学科的主题结构（词频≥5，共现频次≥3）

6.1.2.3　学科知识结构分析

由图 6.4（见书末彩插）和表 6.1 可知，图情档学科的知识结构大致包括：①图书馆学相关；②情报理论与科学计量学相关；③用户服务相关；④用户行为相关；⑤情报技术相关；⑥档案学相关；⑦文献学相关。从宏观视角来看，以上结果反映了图情档学科的内部知识结构。其中，图书馆学、档案学与文献学的研究对象非常明确，研究队伍规模相对较小，其知识结构紧凑。与此相比，情报学的研究对象比较宽泛，研究队伍规模较大，其知识结构之相互交叉、界限比较模糊。不过，也存在一些问题，如缪其浩、武夷山、黄先蓉、李财富、李贤民、任树怀、杨新涯和赵彦龙 8 位知名学者是孤立节点，回溯到原始数据，发现其项目关键词比较具体，缪其浩的一项 NSSFC 项目名称为"国家竞争情报研究"，其关键词为国家竞争情报，词频为 1，分析时因词频过低被过滤掉了。

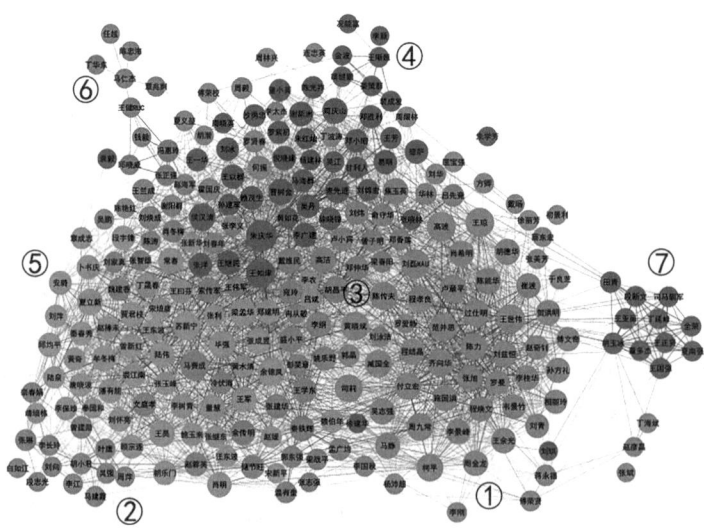

图 6.4　图书馆、情报与档案管理学科的知识结构（主持项目数≥2，耦合频次≥1）

6 学科结构与演化可视化分析的应用

表 6.1 学科知识结构的聚类情况

聚类	项目负责人（Degree 从大到小排列）
①	刘磊 NJAU、高波、王琼、王世伟、陈传夫、黄晓斌、司莉、范并思、臧国全、柯平、周九常、付立宏、卢章平、齐向华、过仕明、陈力、陈能华、胡德华、吴志强、肖希明、程结晶、程孝良、马静、施国洪、刘兹恒、王余光、周金龙、贺洪明、张旭、程焕文、李桂华、崔波、孙方礼、李景峰、韦景竹、傅文奇、赵奇钊、刘青、罗曼、相丽玲、郭晶、蒋永福、杨沛超、于良芝、傅荣贤、屈宝强、方卿、徐丽芳、李刚、蔡东宏、张美芳、赵彦昌、初景利、丁海斌、罗爱静、张斌
②	马费成、高洁、盛小平、秦铁辉、余传明、李纲、王学东、张建华、赵蓉英、储节旺、何振、姚乐野、文庭孝、魏建香、刘焕成、冷伏海、曾建勋、霍国庆、罗贤春、孟广均、郭东强、谢阳群、刘春年、温有奎、周毅、张琳、赵海军、胡小君、梁战平、叶鹰、马建霞、王伟军、周耀林、李国秋、栾春娟、彭斐章、夏义堃、李江、李长玲、吴强、陈涛、吴鹏、周萍、傅荣校、冉从敬、陈艳红、丁波涛、刘向、胡潜、白如江、连志英、李太杰、周林兴、戴旸、段志光、张志强
③	焦玉英、胡昌平、戴维民、索传军、刘炜、邓仲华、卢小宾、王兰成、宛玲、俞守华、肖冬梅、吕先竞、曾子明、梁春阳、邓香莲、华林、刘家真、刘华、张智雄、刘泳洁、张李义
④	朱庆华、王知津、侯汉清、曹树金、周庆山、查先进、谢新洲、李广建、倪晓建、易明、王以群、德萨、赖茂生、王继民、张洋、邓胜利、邓小昭、吴丹、刘冰、马海群、沙勇忠、王一华、罗紫初、董小英、徐晓锋、陈光祚、刘锦宏、王芳、甘利人、孙建军、吴江、黄如花、裴成发、朱红灿、娄策群、杨建林、靖继鹏、周晓英、王晰巍、袁毅、张晓林、金波、李颖、徐建华、朱学芳、况能富
⑤	苏新宁、余锦凤、毕强、梁孟华、夏立新、王昊、常春、董慧、陆伟、王军、牟冬梅、肖明、张成昱、潘有能、丁晟春、贾君枝、朝乐门、段宇锋、李树青、曾新红、邱均平、卜书庆、秦春秀、唐晓波、裘江南、王曰芬、安璐、张玉峰、郑建明、顾宗连、鲍玉来、李保珍、刘怀亮、赖伯年、赵捧未、黄奇、刘萍、陆泉、宋培彦、王东波、张继东、黄水清、章成志、吕斌、赵媛、张利、汪东波、李农、奉国和、靖培栋、宋新平、张新华
⑥	冯惠玲、张正强、邱晓威、覃兆刿、王健 RUC、马仁杰、陈忠海、丁华东、任越、钱毅
⑦	胡玉冰、田青、王国强、段新文、王亚丽、董多杰、丁延峰、全荣、司马朝军、王正贤、夏南强、刘琪

注：NJAU 表示南京农业大学，RUC 表示中国人民大学。

6.1.2.4 学科机构结构分析

由图 6.5（见书末彩插）和表 6.2 可知，图情档学科的机构结构可以大致分为以下 4 个部分：①图书馆学特色较强（如北京大学）；②情报学特色较强（如武汉大学和南京大学）；③档案学特色较强（如中国人民大学）；④地方文献学特色较强（如云南大学）。结合目前图情档学科博士点进行分析（表 6.2 中的粗体部分），从宏观上可知上述聚类比较合理，基本反映了图情档学科的整体机构风貌。与图 6.4 结合分析可进一步验证聚类结果的整体合理性。事实上，学科机构结构是从中观视角揭示学科的研究队伍，学科知识结构是从微观视角揭示学科的研究队伍。

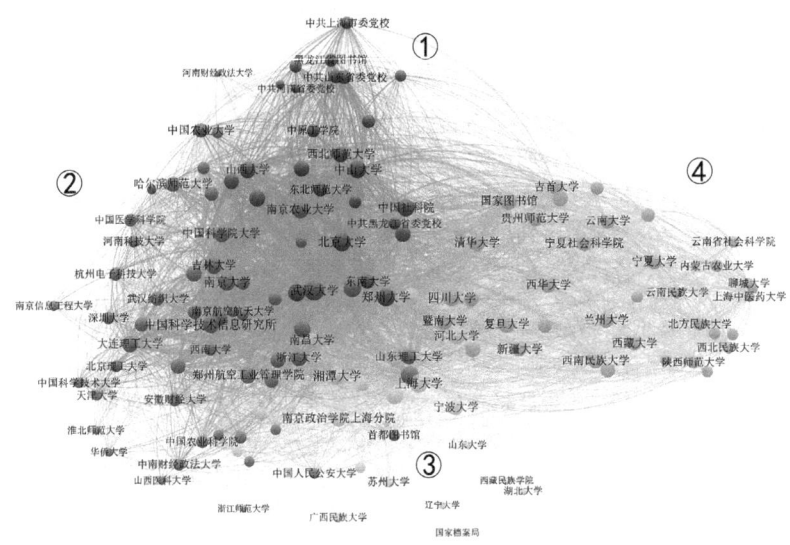

图 6.5　图书馆、情报与档案管理学科的机构结构（立项数 ≥ 3，耦合频次 ≥ 1）

表 6.2　学科机构结构的聚类情况

聚类	机构（Degree 从大到小排列）
①	**北京大学**、郑州大学、**中山大学**、华南师范大学、中国社科院、北京师范大学、山西大学、**南开大学**、华东师范大学、甘肃省社会科学院、西北师范大学、东南大学、中国农业大学、东北师范大学、中共山东省委党校、江苏大学、黑龙江省图书馆、中原工学院、河北省社会科学院、广西师范大学、成都理工大学、中共黑龙江省委党校、中共上海市委党校、中共甘肃省委党校、武汉科技大学、中共河南省委党校、山东社会科学院
②	**武汉大学**、**华中师范大学**、安徽大学、**中国科学技术信息研究所**、**南京大学**、南京农业大学、郑州航空工业管理学院、**中国科学院大学**、浙江大学、天津师范大学、**吉林大学**、大连理工大学、上海社会科学院、中南大学、山东理工大学、南京理工大学、上海交通大学、哈尔滨师范大学、江西财经大学、浙江工商大学、上海师范大学、西安电子科技大学、武汉纺织大学、安徽财经大学、中国医学科学院、杭州电子科技大学、广西大学、武汉理工大学、中国农业科学院、湖北工业大学、深圳大学、西南大学、华中科技大学、北京理工大学、华南农业大学、河南科技大学、内蒙古大学、中南财经政法大学、南京航空航天大学、首都图书馆、华南理工大学、中国人民公安大学、广东财经大学、天津大学、中国科学技术大学、南京邮电大学、中南民族大学、南京信息工程大学、山西医科大学、淮北师范大学、华侨大学、河南财经政法大学、浙江师范大学
③	上海大学、**中国人民大学**、湘潭大学、黑龙江大学、河北大学、**南京政治学院上海分院**、宁波大学、南昌大学、西北大学、苏州大学、中央财经大学、重庆大学、兰州交通大学、广西民族大学、山东大学、湖北大学、北京联合大学、西藏民族学院、辽宁大学、国家档案局
④	四川大学、国家图书馆、清华大学、复旦大学、暨南大学、西华大学、上海图书馆、曲阜师范大学、吉首大学、**云南大学**、西南民族大学、福建师范大学、宁夏大学、宁夏社会科学院、南通大学、贵州师范大学、兰州大学、青海师范大学、新疆大学、西藏大学、内蒙古科技大学、河南大学、云南民族大学、北方民族大学、内蒙古农业大学、陕西师范大学、嘉兴学院、中国民族图书馆、海南大学、西北民族大学、云南省社会科学院、云南师范大学、河南省社会科学院、聊城大学、上海中医药大学、扬州大学

注：粗体系 2016 年之前设置有博士点的机构。

6.1.2.5 学科省份结构分析

由图 6.6 可知，在 31 个省级行政区（不含港澳台）中，北京与湖北、江苏、上海和广东的连线最多，表明其研究相似度高；其次与河南、浙江、四川、甘肃、湖南和云南连线较多，而与其他省份的连线相对较少，表明地域和经济因素会对不同省份的学科研究特色产生重要影响。笔者对北京与四川、甘肃和云南的连线较多产生兴趣，追溯原始数据发现它们在档案学与文献学研究方面相似度较高。另外，云南与贵州、北京、甘肃、四川、宁夏、内蒙古和青海等省份的连线较多，追溯原始数据同样发现它们在档案学与文献学研究方面相似度较高。此外，新疆、广西、青海和福建等省份与其他省份连线较少，表明其研究地方特色明显，追溯原始数据发现其研究多以地方特色文献整理为主，其他省份则不具备这种得天独厚的条件。与图 6.4 和图 6.5 相比，图 6.6 从宏观视角揭示了图情档学科的研究队伍情况。

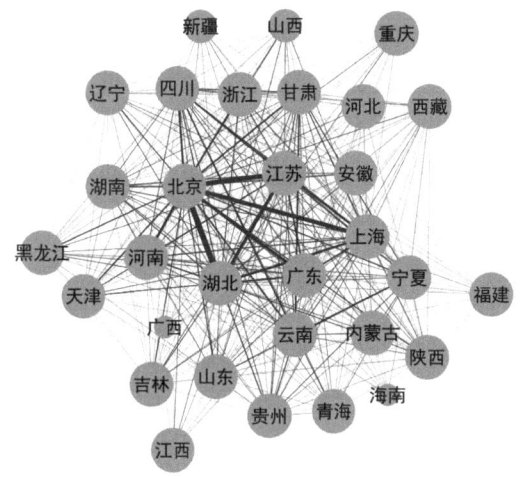

图 6.6　图书馆、情报与档案管理学科的省份结构（耦合频次 ≥ 1）

6.1.3　结论

① 本书以国家基金项目数据为例，通过共词分析和多层次关键词耦合分析（微观、中观和宏观视角）从整体上揭示了"图书馆、情报与档案管理"学科的主题、知识结构与机构结构和省份结构。图情档学科的研究主题主要包括图书馆相关、信息服务与用户、信息资源管理与知识管理、数字图书馆和语义相关等。图情档学科的知识机构与机构结构整体上包括图书馆学特色、情报学特色、档案学特色和文献学特色。图情档学科的省份结构整体呈现中东部省份的研究相似度高，西部与边境省份研究特色明显的特点。

② 作为一种特色方法，作者关键词耦合分析（本书将其拓展为负责人关键词耦合、机构关键词耦合和省份关键词耦合）的关键是关键词的质量，而关键词的质量控制是一项困难的工作。本书在 NSFC 项目关键词基础上，依据"CNKI 工具书总馆"和"CNKI 概念知识元库"对其进行标准化处理，之后对 NSSFC 项目进行关键词人工标注，实现了 NSFC 项目数据与 NSSFC 项目数据的良好融合，并在数据融合的基础上采用共词分析和多层次耦合关键词分析进行图情档学科结构分析，取得了较为合理的分析结果，证明了该方法的适用性和有效性。

③与科技论文解决具体问题不同，国家基金项目的选题处于宏中观层面，其关键词也相对宏观。并且大多数学者在其整个学术生涯很难主持5项以上的国家基金项目，但可以发表几十篇科技论文。这种差异产生了以下结果：通过分析国家基金项目能够较好地揭示某一学科领域的整体结构，不过，在细节方面会存在部分聚类不够精确、知名学者被忽略等一系列问题。在接下来的研究中，将会加入项目负责人的科技论文数据和社会背景数据等，从更加多元的视角研究图情档学科结构。

6.2　中文学术论文用户平台偏好和兴趣偏好比较研究

Usage Metrics 当前研究的数据来源主要是英文使用数据（如 Web of Science、Elseiver 和 Springer Nature 等），而中文使用数据方面的研究仅限于 CNKI 平台，数据类型单一且样本数量有限。目前越来越多的中文期刊官网开始提供学术论文的 HTML 浏览数据或 PDF 下载数据，给中文 Usage Metrics 的研究提供了新契机。那么，通过中文学术论文交流与利用平台，尤其是对期刊官网平台和信息集成平台（如 CNKI）的使用数据进行用户平台偏好与用户兴趣偏好比较分析，可以得出哪些用户使用模式的规律，进而提供哪些应用决策的依据，是本节研究的出发点。

本书选取图书馆、情报与文献学，管理学，经济学，教育学，计算机科学技术，地球科学，数学和生物学 8 个学科被 CSSCI 或 CSCD 收录的 61 种开放获取期刊发表于 2014 — 2015 年的学术论文为样本，通过网络爬虫等方式获取其在期刊官网与 CNKI 上的浏览、下载与被引数据，尝试比较研究不同平台中用户平台选择偏好与内容兴趣偏好，进而发现用户使用模式的规律及其影响因素，为新技术背景下中文 Usage Metrics 的理论研究与应用提供参考。

6.2.1　数据与方法

6.2.1.1　数据与处理

本书笔者自 2014 年 1 月起开始追踪调研 CSSCI 和 CSCD 中文期刊（均含扩展版）的使用数据，选取当时即开放获取的期刊作为追踪对象。最终依据《中文社会科学引文索引（2017—2018）来源期刊及收录集刊目录》和《中国科学引文数据库（2017—2018）来源期刊目录》，选取图书馆、情报与文献学，管理学，经济学，教育学，计算机科学技术，地球科学，数学和生物学 8 个学科（前 4 个属于社会科学，后 4 个属于自然科学）中的 61 种学术期刊为研究样本。具体选择条件如下。①样本期刊官网所有论文可开放获取且被 CNKI 收录，保证用户能够在期刊官网和 CNKI 浏览并下载学术论文。②样本期刊论文发表时间跨度为 2014 年 1 月至 2015 年 12 月，以保证文献浏览、下载和引用数据积累到稳定状态（通常是文章发表后的 2～3 年[18]）。③样本期刊官网的 2014—2015 年论文浏览或下载数据必须完整并且为即时数据，即从论文正式出版后，期刊官网即可浏览或下载摘要或全文；若是在 2014 年 2 月之后启用新网站或 2014—2015 年部分论文浏览或下载数据缺失，则不纳入抽样范围。

数据处理步骤如下。首先，从 CNKI 获取所有论文的下载次数、被引次数及其他元数据（如论文标题、作者、关键词等）；其次，通过网络爬虫从期刊官网采集所有论文的浏览次数、下载次数及其他元数据（如论文标题和作者等）；再次，通过论文标题、作者字段或DOI字段匹配将CNKI与期刊官网数据融合；最后，删除公告、新闻等，仅保留学术论文，样本数据如表6.3所示。图书馆、情报与文献学，管理学，经济学和教育学的样本数据获取与预处理时间为2018年3月14—21日，计算机科学技术、地球科学、数学和生物学的样本数据获取与预处理时间为2018年4月1—2日。此外，CNKI使用数据是学术论文的PDF格式与CAJ格式下载次数总和，期刊官网使用数据是学术论文的HTML浏览次数（摘要浏览或全文浏览）和PDF下载次数。由于CNKI不提供HTML浏览次数，无法与期刊官网浏览次数进行比较，故本书仅关注两个平台的学术论文下载次数。

表6.3 样本数据

学科	论文数量/篇	期刊
图书馆、情报与文献学	2189	《中国图书馆学报》《情报资料工作》《图书情报知识》《情报杂志》《现代情报》
管理学	3237	《管理学报》《中国管理科学》《系统工程理论与实践》《科学决策》《科技进步与对策》
经济学	1378	《经济学家》《经济理论与经济管理》《政治经济学评论》《南方经济》《贵州财经大学学报》《经济与管理研究》
教育学	1152	《高校教育管理》《研究生教育研究》《华东师范大学学报（教育科学版）》《远程教育杂志》《学位与研究生教育》
计算机科学技术	9173	《计算机工程》《计算机应用》《计算机科学》《计算机应用研究》《计算机工程与应用》《计算机科学与探索》《计算机集成制造系统》《小型微型计算机系统》
地球科学	4466	《地学前缘》《地质科学》《地球科学》《地球科学进展》《地球物理学报》《地球物理学进展》《天然气地球科学》《石油地球物理勘探》《大地测量与地球动力学》《矿物岩石地球化学通报》《吉林大学学报（地球科学版）》
数学	1418	《数学进展》《数学学报》《应用数学学报》《数学物理学报》《系统科学与数学》《应用数学和力学》
生物学	6055	《生态学杂志》《生物多样性》《微生物学报》《水生生物学报》《生物技术通报》《生物工程学报》《微生物学通报》《医用生物力学》《中国生物防治学报》《中国生物制品学杂志》《生态与农村环境学报》《食品与生物技术学报》《应用与环境生物学报》《中国生物医学工程学报》《中国生物化学与分子生物学报》

6.2.1.2 研究范围与方法

确定研究范围和选择研究方法的关键：一是要弄清所分析的数据是如何产生及如何表现出来的；二是要明辨通过数据可以做哪些研究及如何研究。

首先，从来源与表现来看，学术论文用户使用数据是在学术交流的过程中产生的，是交流要素在一定交流模式下相互关联、相互作用的表征。借助于经典的科学文献信息正式交流模式——兰开斯特模式[19]，结合网络环境下信息交流的情景，梳理用户、期刊出版机构、信息集成商与信息中心（主要指非营利性的图书馆等机构）等交流要素在科学交流中的角色与相互作用关系，可将产生使用数据的学术交流过程与模式描述为：用户主要通过投稿等方式与期刊出版机构建立论文生产关系；期刊出版机构通过出版、转让纸质或电子版论文与用户、信息中心和信息集成商建立出版发行关系；信息集成商通过购买多个期刊出版机构的电子版论文使用权构建学术数据库，与期刊出版机构建立关系；信息中心通过购买纸质期刊或学术数据库与期刊出版机构和信息集成商建立关系；用户是通过期刊出版机构（纸质版或者期刊官网）、信息集成商或信息中心等多种渠道使用学术论文（图6.7）。本书重点关注用户通过学术期刊官网或信息集成商平台（用户直接访问或者通过信息中心间接访问）进行学术交流过程中的用户使用数据，基于 Usage Metrics 进行研究。

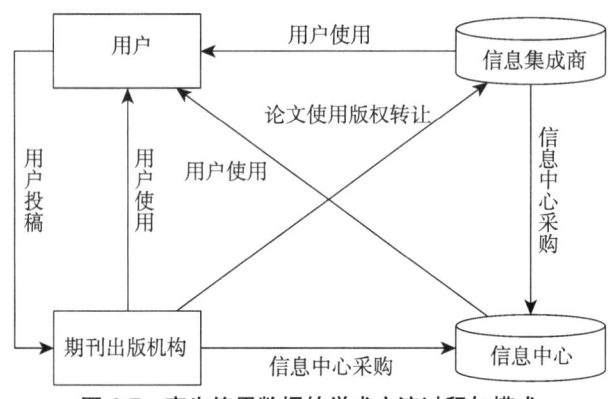

图 6.7　产生使用数据的学术交流过程与模式

其次，结合已有研究，基于不同平台的数据，笔者认为利用 Usage Metrics 可以比较研究用户使用偏好，从而揭示用户使用模式的特点与规律。用户使用偏好主要包括平台选择偏好（渠道）和研究兴趣偏好（信息资源），其中平台选择偏好会影响研究兴趣偏好（渠道选择对信息资源的影响）。此外，已有研究表明：使用数据次数在一定程度上反映了用户对论文的关注与兴趣程度（如论文主题、作者和机构等），使用次数越高，用户对论文的关注与兴趣越高[20-22]。因此，本书通过使用数据研究用户平台偏好和用户兴趣偏好，进而达到发现用户使用模式及其影响因素的目的。具体研究问题如下：学术期刊官网与信息集成平台存在哪些用户兴趣偏好差异？其中影响用户使用模式的因素包括哪些？

由上，本书通过 Usage Metrics 研究和比较用户平台偏好与用户兴趣偏好，以探索用户使用模式的规律及其影响因素。本书选择的研究方法与设计的操作环节如下：首先，采用数量统计和斯皮尔曼系数计算方法，对 CNKI 使用数据和期刊官网使用数据分别进行描述性统计和相关性分析，以揭示用户平台偏好特征及其影响因素；然后，分别采用杰卡德（Jaccard）系数计算和共词分析方法，从指标和内容两个不同测度进行比较分析，以研究用户兴趣偏好特征及其影响因素。其中，描述性统计、相关性分析和用户兴趣分析（指标视角）通过 R 语言实现，用户兴趣分析（内容视角）通过软件 VOSviewer[15] 实现（图6.8）。

6 学科结构与演化可视化分析的应用

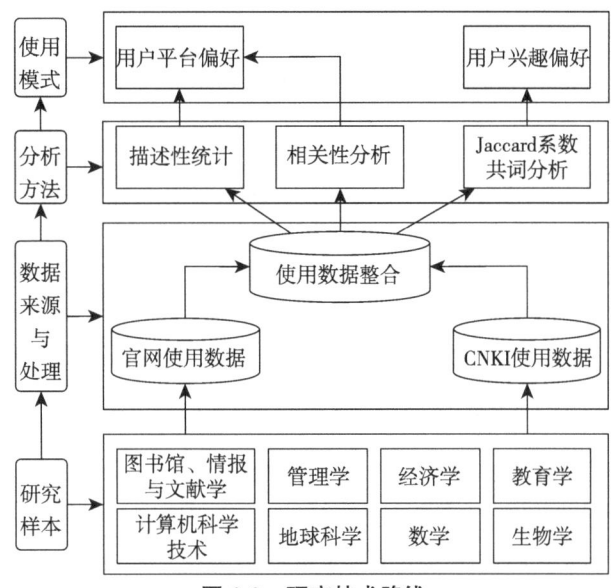

图 6.8 研究技术路线

6.2.2 研究内容与结果

6.2.2.1 用户平台偏好比较分析

根据前面所获得的数据，与用户平台偏好有关的使用数据主要包括学科属性、平台类型、期刊名称、下载次数、被引次数。下面分别对上述数据进行统计分析。

（1）基本统计分析

一是从学科视角来看（表 6.4），除管理学外，其他学科的官网篇均下载次数均大于 CNKI 篇均下载次数，表明用户整体倾向于使用开放获取论文数据的期刊官网，而不是通过付费的信息集成平台获取所需论文。对不同学科的官网篇均下载次数和 CNKI 篇均下载次数进行汇总，首先可知地球科学的篇均下载次数最高，其次是图书馆、情报与文献学，经济学，教育学，生物学和管理学，最后是计算机科学技术和数学。此外，在 CNKI 篇均下载次数上，社会科学均大于自然科学。

表 6.4 8 个学科使用数据的基本统计

学科	类型	中值	均值[①]	均值汇总	学科	类型	中值	均值	均值汇总
图书馆、情报与文献学	官网下载	366	894.9	1389	计算机科学技术	官网下载	369	517.3	663
	CNKI 下载	270	494.4			CNKI 下载	95	146.1	
管理学	官网下载	334	434.1	928	地球科学	官网下载	475	1978.3	2221
	CNKI 下载	362	493.9			CNKI 下载	175	242.9	

续表

学科	类型	中值	均值①	均值汇总	学科	类型	中值	均值	均值汇总
经济学	官网下载	287	761.4	1339	数学	官网下载	289	359.6	434
	CNKI下载	370.5	577.2			CNKI下载	52	75.2	
教育学	官网下载	371	586.1	1139	生物学	官网下载	494	900.2	1134
	CNKI下载	312.5	553.2			CNKI下载	153	233.5	

注：①均值为各学科的篇均下载次数。

二是从单个期刊视角来看，其统计结果与学科视角存在差别，1/3 的 CSSCI 收录的期刊与 37/40 的 CSCD 收录的期刊官网篇均下载次数大于 CNKI 篇均下载次数，这表明：在社会科学中，大多数用户倾向于使用付费的 CNKI 获取所需论文；而在自然科学中，大多数用户倾向于使用官网获取所需论文。

（2）偏离度分析

表 6.4 显示，各个学科的篇均下载次数均高于中值，表明数据的分布存在集聚效应。为了进一步揭示数据分布的集聚效应，本书应用偏度（Skewness）方法展开分析，首先将不同学科学术论文的官网下载次数、CNKI 下载次数和 CNKI 被引次数分别降序排列，然后计算 3 种数据的文献数量累积百分比，最后绘制文献数量累积百分比与使用数据累积百分比函数，如图 6.9 和图 6.10 所示。结合图 6.9 与图 6.10 可知，官网下载次数、CNKI 下载次数及 CNKI 被引次数均存在集聚效应，其中 CNKI 下载次数的集聚效应最弱，官网下载次数和 CNKI 被引次数的集聚效应相当。

从学科视角来看，各个学科前 25% 的学术论文贡献了超过 50% 的下载次数和 60% 左右的被引次数。具体来讲，在 CNKI 平台中，图书馆、情报与文献学和教育学的下载次数集聚效应最强，其次是经济学、计算机科学技术、生物学、管理学、地球科学和数学；教育学和数学的被引次数集聚效应最强，其次是计算机科学技术和图书馆、情报与文献学，最后是经济学、生物学、地球科学和管理学。在官网平台中，图书馆、情报与文献学和地球科学的下载次数集聚效应最强，其次是教育学、经济学、管理学和生物学，最后是计算机科学技术与数学。结合基本统计数据，可以发现，均值汇总数最高的专业性较强的地球科学的下载次数集聚效应在官网中较强，在 CNKI 平台上较低，其被引集聚也较低；在均值汇总数最低的基础性较强的数学的下载次数集聚效应在两个平台中都处于最弱，而被引却较强；均值汇总数处于中列的应用性较强的教育学的下载次数集聚效应在两个平台中都处于前列，被引也最强。

本书还对图 6.9 和图 6.10 中 8 个学科的官网下载次数、CNKI 下载次数"尾部数据"（80%～100%）进行分析，发现官网下载次数"尾部数据"普遍低于 CNKI 下载次数的，表明"尾部数据"在信息集成平台的被关注度要高于期刊官网。从下载次数的"头部数据"和"尾部数据"的整体分布情况来看，在学术论文交流与传播及期刊影响力方面，信息集成平台具有吸引更宽泛用户并可能使每一篇学术论文有更多被利用机会的独特作用，而期刊官网呈现出的更为明显的"两级分化"现象使其的专业性作用更强。进而证实，用户对于资源集聚平台与资源专业平台的使用选择上存在偏好差异。

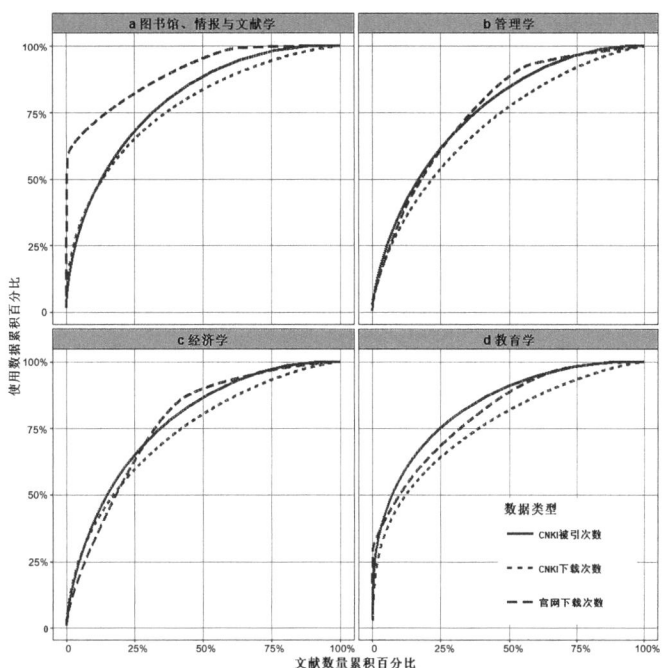

图 6.9　社会科学不同类型数据的偏度分布

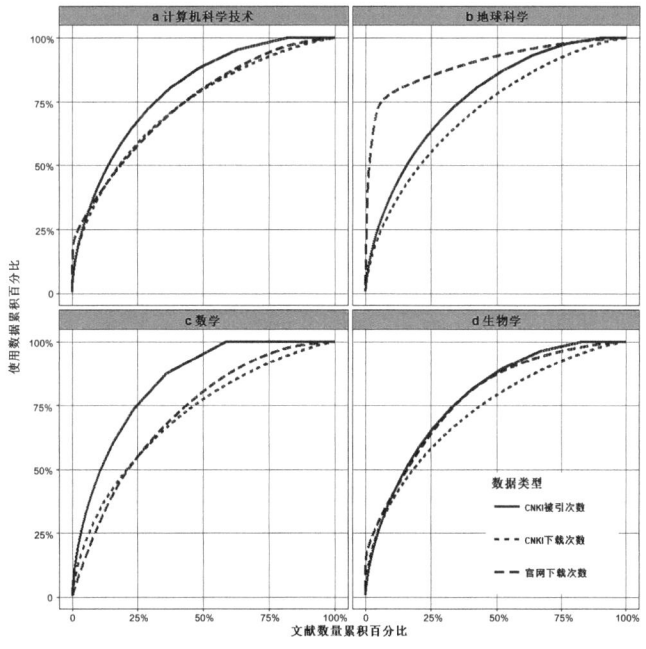

图 6.10　自然科学不同类型数据的偏度分布

（3）不同平台下载次数与被引次数分析

图 6.11 是不同学科的期刊官网下载次数、CNKI 下载次数与 CNKI 被引次数的散点图（见书末彩插）。图 6.11a（期刊官网）与图 6.11b（CNKI）是社会科学 4 个学科的散点图，红色圆点代表管理学、绿色三角形代表教育学、蓝色正方形代表经济学、紫色加号代表图书馆、情报与文献学；图 6.11c（期刊官网）和图 6.11d（CNKI）是自然科学 4 个学科的散点图，红色圆点代表地球科学、绿色三角形代表计算机科学技术、蓝色正方形代表生物学、紫色加号代表数学；图中的直线是不同学科的线性回归拟合线，标签代表不同学科的线性回归系数与显著性检验 P 值。为了清晰地揭示下载次数与被引次数之间的关系，对期刊官网下载次数和 CNKI 下载次数分别取自然对数，并且仅保留数值小于 125 的 CNKI 被引次数。

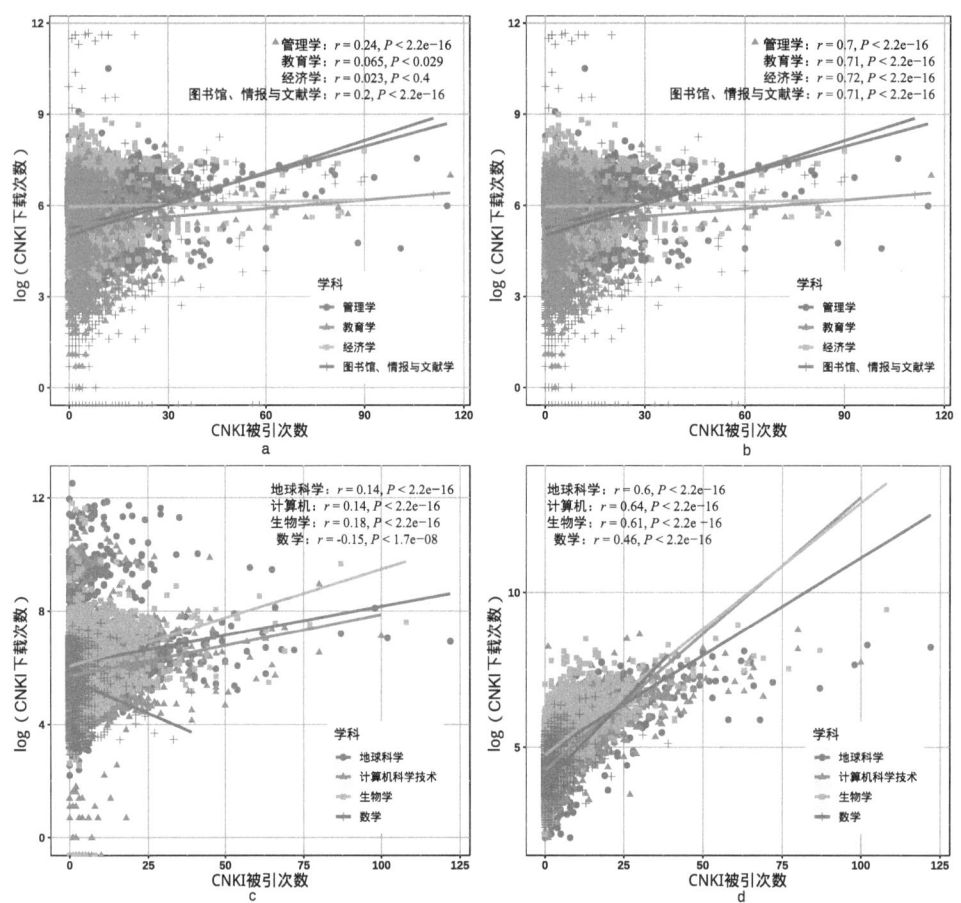

图 6.11 不同学科的期刊官网下载次数 CNKI 下载次数与 CNKI 被引次数散点图

由图 6.11 可知，社会科学与自然科学的整体分布情况类似，图 6.11a 和图 6.11c 的学科分层明显，而图 6.11b 和图 6.11d 的学科分层模糊，并且图 6.11a 和图 6.11c 的线性回归拟合线未呈现正相关关系，而图 6.11b 和图 6.11d 的线性回归拟合线呈现正相关关系（若 CNKI 下载次数未取自然对数，线性回归系数会更高；但是若官网下载次数未取自然对数，线性回归系数依旧很低）。该现象与 Web of Science 数据平台存在相似之处。赵星[22] 以 Web of Science 数据为例，证实在物理学和图书馆、情报与文献学中引文次数与使用次数的正相关性相对较强，计算机科学技术和经济学的相关系数强度不高，但显著性检验均已通过。具体来看，在期刊官网平台，社会科学和自然科学的线性回归系数均较低，且数学的线性回归系数为负数。在 CNKI 平台，社会科学（图 6.11b）的线性回归系数均大于自然科学（图 6.11d）的，且社会科学中的 4 个学科线性回归系数相近；自然科学中地球科学、计算机科学技术与生物学的线性回归系数相近，而数学的较低。

上述研究表明，下载次数与被引次数在期刊官网平台上不存在相关关系，而在 CNKI 平台上存在相关关系。结合 CNKI 平台所提供的功能，发现 CNKI 的默认检索结果页面同时提供论文下载次数与被引次数，用户点击下载或者被引链接就很容易看到"双高"的期刊论文，即论文下载次数或被引次数越高，关注度较高且影响力越大，高关注度和高影响力的论文更能吸引用户下载阅读；而期刊官网不提供上述检索服务，用户只能根据需求自行判断下载。因此，上述研究结果也表明，用户的下载和引用模式受到平台所提供功能的限制。

（4）不同平台下载次数的相关性分析

前文从基本统计和偏度等角度分析了期刊官网与 CNKI 平台的学术论文下载次数，为了进一步分析二者的关系，本书计算了不同学科和不同期刊 CNKI 下载次数与官网下载次数的斯皮尔曼系数，如表 6.5 和表 6.6 所示。由表 6.5 可知，在学科上，仅有图书馆、情报与文献学的官网下载次数与 CNKI 下载次数呈现中度相关关系，其他学科均呈现不相关甚至为负相关关系。由表 6.6 可知，在期刊上，仅《中国生物制品学杂志》的官网下载次数与 CNKI 下载次数呈现很强的相关关系，另有 14 种期刊（表 6.6 中加粗字体）的官网下载次数与 CNKI 下载次数呈现中度相关关系。整体而言，官网下载次数与 CNKI 下载次数的相关性较低，表明不同平台的用户使用偏好存在较大差异。

表 6.5 不同学科 CNKI 下载次数与官网下载次数的斯皮尔曼系数

学科类型	相关性	学科类型	相关性
图书馆、情报与文献学	0.406[***]	计算机科学技术	0.087[***]
管理学	0.324[***]	地球科学	−0.013
经济学	0.035	数学	−0.219[***]
教育学	0.065[*]	生物学	0.316[***]

注：*$P < 0.05$；**$P < 0.01$；***$P < 0.001$，下同。

表 6.6 不同期刊 CNKI 下载次数与官网下载次数的斯皮尔曼系数

期刊	相关性	期刊	相关性
中国图书馆学报	0.127	地球物理学进展	0.317[***]
情报资料工作	0.479[***]	地学前缘	0.228[**]
图书情报知识	0.291[***]	地质科学	−0.249[**]
情报杂志	0.363[***]	天然气地球科学	0.367[***]

续表

期刊	相关性	期刊	相关性
现代情报	0.143***	地球科学	0.187***
管理学报	0.249***	大地测量与地球动力学	0.073
系统工程理论与实践	0.240***	吉林大学学报（地球科学版）	0.336***
中国管理科学	0.272***	矿物岩石地球化学通报	−0.247***
科学决策	0.211*	石油地球物理勘探	0.408***
科技进步与对策	0.215***	数学进展	0.076
经济学家	0.406***	数学学报	0.281***
经济理论与经济管理	−0.043	系统科学与数学	−0.075
南方经济	0.156*	应用数学和力学	−0.019
贵州财经大学学报	−0.009	应用数学学报	0.114
经济与管理研究	−0.017	数学物理学报	0.123*
政治经济学评论	0.300***	生态学杂志	0.462***
高校教育管理	0.311***	生态与农村环境学报	0.242***
研究生教育研究	0.060	生物技术通报	0.613***
华东师范大学学报（教育科学版）	0.267**	水生生物学报	0.414***
远程教育杂志	0.146	中国生物化学与分子生物学报	0.526***
学位与研究生教育	−0.018	生物多样性	0.418***
计算机工程	0.297***	中国生物制品学杂志	0.951***
计算机集成制造系统	0.302***	中国生物医学工程学报	0.415***
计算机科学与探索	0.559***	中国生物防治学报	0.394***
计算机应用	0.287***	生物工程学报	0.502***
小型微型计算机系统	0.333***	食品与生物技术学报	0.069
计算机工程与应用	0.380***	微生物学报	0.489***
计算机科学	0.084**	微生物学通报	0.544***
计算机应用研究	0.377***	医用生物力学	0.091
地球科学进展	0.341***	应用与环境生物学报	0.339***
地球物理学报	0.465***	—	—

6.2.2.2 用户兴趣偏好比较分析

通过上述描述性统计分析与相关性分析获知,不同学科及不同期刊的用户平台偏好存在较大差异,那么不同学科及不同期刊的用户兴趣偏好到底如何?下面从指标测度与内容分析两个不同层面进行比较。

（1）基于指标测度的比较

在已有研究中,研究者大多选取某一学科或某一期刊在特定时间内（如一年或一个月）下载次数前10[22]、前20[23]或前20%[24]的论文作为用户兴趣分析的样本。另外,在图书馆、情报与文献学案例研究中,前100、前1000、前5%、前10%或前20%的高频次实体（如作者、机构或关键词等）通常被作为研究样本。本书根据帕累托提出的二八定律,分别选取每个期刊CNKI下载次数与官网下载次数前20%的学术论文作为研究样本,运用杰卡德相似系数判断不同期刊CNKI下载次数与官网下载次数前20%的学术论文的相似度,即用二者的交集与并集的比值从整体上比较不同平台用户兴趣的相似程度（表6.7）。

由表6.7可知,15/61的期刊杰卡德相似系数大于等于0.3,即有15本期刊的CNKI下载次数与官网下载次数前20%的学术论文拥有约50%及以上的交集；9/61的期刊杰卡德相似系数大于等于0.25且小于0.3,即9本期刊的CNKI下载次数与官网下载次数前20%的学术论文拥有40%~50%的交集；其余期刊的杰卡德相似系数小于0.25,即交集少于40%。总体而言,期刊官网与CNKI的用户兴趣偏好存在较为明显的差异。

表6.7 期刊CNKI下载次数与官网下载次数前20%学术论文的杰卡德相似系数

期刊	杰卡德相似系数	期刊	杰卡德相似系数
中国图书馆学报	0.14	地球物理学进展	0.21
情报资料工作	0.24	地学前缘	0.21
图书情报知识	0.23	地质科学	0.10
情报杂志	0.25	天然气地球科学	0.24
现代情报	0.19	地球科学	0.22
管理学报	0.19	大地测量与地球动力学	0.14
系统工程理论与实践	0.21	吉林大学学报（地球科学版）	0.18
中国管理科学	0.23	矿物岩石地球化学通报	0.04
科学决策	0.26	石油地球物理勘探	0.32
科技进步与对策	0.20	数学进展	0.19
经济学家	0.36	数学学报	0.23
经济理论与经济管理	0.05	系统科学与数学	0.09
南方经济	0.18	应用数学和力学	0.11

续表

期刊	杰卡德相似系数	期刊	杰卡德相似系数
贵州财经大学学报	0.12	应用数学学报	0.17
经济与管理研究	0.09	数学物理学报	0.20
政治经济学评论	0.26	生态学杂志	0.30
高校教育管理	0.30	生态与农村环境学报	0.24
研究生教育研究	0.13	生物技术通报	0.44
华东师范大学学报（教育科学版）	0.20	水生生物学报	0.28
远程教育杂志	0.25	中国生物化学与分子生物学报	0.43
学位与研究生教育	0.11	生物多样性	0.31
计算机工程	0.23	中国生物制品学杂志	0.97
计算机集成制造系统	0.25	中国生物医学工程学报	0.31
计算机科学与探索	0.44	中国生物防治学报	0.25
计算机应用	0.22	生物工程学报	0.38
小型微型计算机系统	0.27	食品与生物技术学报	0.17
计算机工程与应用	0.31	微生物学报	0.38
计算机科学	0.15	微生物学通报	0.38
计算机应用研究	0.30	医用生物力学	0.09
地球科学进展	0.24	应用与环境生物学报	0.28
地球物理学报	0.24	—	—

（2）基于内容分析的比较

共词分析方法从内容层面比较不同平台的用户兴趣偏好。限于篇幅及作者的专业背景，本书仅以"图书馆、情报与文献学"为例进行分析。首先，分别对每本期刊官网下载次数前20%和CNKI下载次数前20%学术论文的关键词进行预处理（如去除停用词、合并同义词等）；然后，将处理后的结果输入VOSviewer中进行共词分析，结果如图6.12和图6.13所示。图6.12和图6.13中的节点代表关键词，节点大小代表度数，节点之间的连线粗细代表共现关系强弱，不同颜色代表不同聚类。为了使图表更清晰，图6.12舍去1个离散节点，仅保留 89 个节点；图 6.13 无离散节点，共计 124 个相连节点。此外，为了更好地进行比较，图 6.12 与图 6.13 的节点大小、字体大小、连线粗细均采用相同参数。

由图 6.12 和图 6.13 可知（见书末彩插），图 6.12 节点较少且连线较稀疏，共聚为 5 类（网络舆情相关、图书馆服务相关、科学计量相关、科学知识图谱相关、知识管理与知识服务相关）；图 6.13 节点较多且连线密集，共聚为 5 类（图书馆相关、大数据相关、科学知识图谱相关、社会化媒体相关、网络舆情相关）。具体来看，图 6.12 中节点大小差异较小且主题分布较为均衡，而图 6.13 中节点大小差异较大且主题分布较为集中，这表明，期刊官网用户关注的研究主题比较平衡，而 CNKI 用户关注的研究主题比较集中，如 CNKI 中的用户对"大数据"和"网络舆情"等社会热门主题的关注度要高于期刊官网中的用户。这说明，在热点研究主题采集上，用户更倾向于使用信息集成平台获取更多的相关研究成果。期刊官网锁定的用户主要是该领域的研究者，而 CNKI 用户群体则是多个领域的研究者。

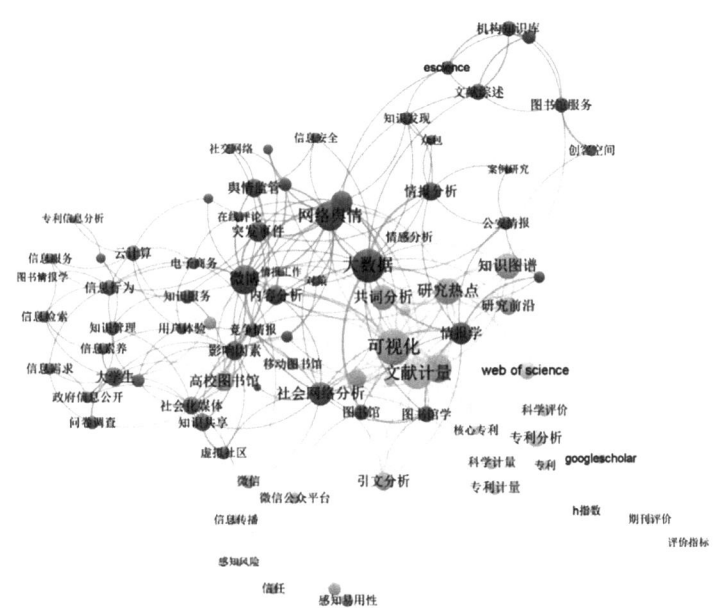

图 6.12 图书馆、情报与文献学期刊官网下载次数前 20% 学术论文的关键词共现网络
（共现频次 ≥ 3）

（注：因图片为软件自动生成，图中个别点缺少关键词，英文关键词均为小写，无法修改。下同）

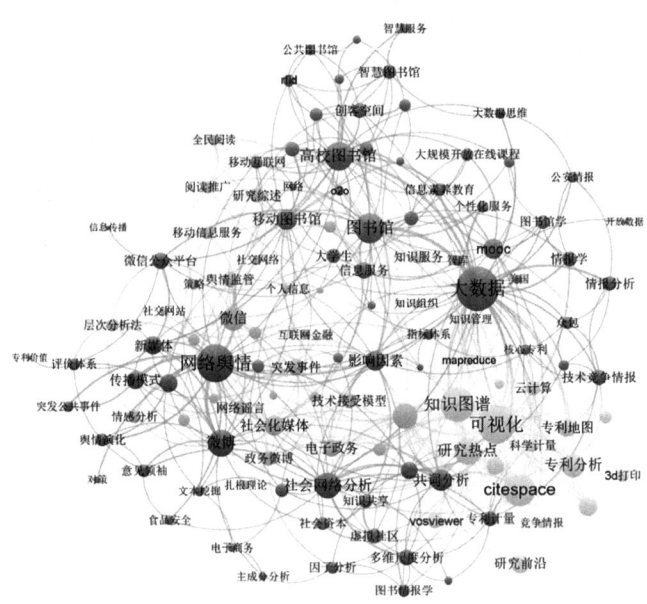

图 6.13　图书馆、情报与文献学 CNKI 下载次数前 20% 学术论文的关键词共现网络
（共现频次≥3）

6.2.3　结论

本节以 8 个学科的 61 种中文学术期刊为例，借助数理统计和共词分析等方法，通过对期刊官网和 CNKI 上的使用数据进行用户平台偏好和用户兴趣偏好比较分析，进而发现了中文学术论文用户使用模式的规律及其影响因素，得出如下结论。

（1）用户平台偏好方面

学术期刊官网与信息集成平台的选择和使用存在较多差异。①在平台的选择上，从学科视角来看，用户整体上倾向于选择开放获取论文数据的期刊官网而不是通过付费信息集成平台获取所需论文。此外，社会科学的 CNKI 篇均下载次数均大于自然科学的 CNKI 篇均下载次数。从期刊视角来看，在社会科学中，大多数用户更倾向于选择付费的 CNKI 获取所需论文，而在自然科学中，大多数用户更倾向于使用官网获取所需论文。②在平台的使用上，从集聚效应看，学术期刊官网与信息集成平台使用数据均存在集聚效应，与信息集成平台相比，学术期刊官网的用户下载数据呈现更为明显的"两级分化"现象；从相关性效应来看，无论是学科视角还是单个期刊视角，官网下载次数与信息集成平台下载次数整体上的相关性较低。

（2）用户兴趣偏好方面

学术期刊官网与信息集成平台的指标测度和内容分析都存在偏好差异。①基于指标测度，不同期刊官网下载次数与信息集成平台下载次数前 20% 学术论文的杰卡德相似系数较低；②基于共词分析，期刊官网与信息集成平台用户关注的研究主题内容不同，其中，期刊官网用户关注的研究主题比较平衡，而信息集成平台用户关注的研究主题相对集中。

（3）其他

通过比较发现，学术期刊官网与信息集成平台各自具有独特的特点。通过数据分析，笔者认为造成不同平台用户使用模式不同的影响因素包括以下4个方面。①学术论文交流与利用的生态，由于现有的"开放获取期刊官网资源有限，信息集成平台集中了绝大部分的学术期刊资源"的格局[25]，使得学术资源的多寡影响着用户渠道的选择；②学术论文交流与利用的付费方式，"机构付费、机构个体用户免费"是当前我国信息集成平台资源的主流使用方式，高校、研究院所大量用户能够直接免费使用信息集成平台的产品，也影响了用户的使用模式；③学术论文交流与利用平台的功能设置，学术期刊的自身质量、网站建设与网站访问设置，以及信息集成平台的检索结果排序机制等会影响用户的使用；④学术论文交流与利用的主体类别与需求，用户群体规模差异和任务目标差异也会影响用户使用资源，信息集成平台用户群体规模要远大于各期刊官网，期刊官网用户群体多为该领域的研究者，而信息集成平台用户群体则是多领域的研究者。此外，当用户需要检索特定主题的研究论文时，一般会优先选择信息集成平台作为浏览或获取的途径，信息集成平台的资源集聚优势能够保证用户所需论文的全面系统性，而期刊官网更多的是吸引本学科或相关学科领域的研究者定期浏览、下载学术论文，以把握本学科的整体研究主题及研究动态与趋势。

6.3 英文学术论文用户平台偏好和兴趣偏好比较研究

6.2节通过中文学术论文交流与利用平台，尤其是对期刊官网平台和信息集成平台（如CNKI）的使用数据进行了用户平台偏好与用户兴趣偏好比较分析。那么，通过不同英文学术论文交流与利用平台的使用数据分析，能够得到哪些有别于中文数据的用户平台偏好与兴趣偏好？本节以出版商Springer Nature上4个学科的学术论文为样本，采集论文在Springer Nature平台和Web of Sience（WoS）平台上的使用数据进行比较分析。

6.3.1 数据与方法

6.3.1.1 数据与处理

本书以出版商Springer Nature上4个学科（生物医学、计算机科学、工程学和数学）共计20种学术期刊的学术论文为研究对象。选择以上期刊的原因是：20种期刊均为各领域的知名期刊，且均被WoS收录。研究样本的出版时间限制在2013年2月至2014年12月，原因是WoS平台的论文使用数据于2013年2月开始记录，且使用数据一般需要2~3年积累至稳定水平。Springer Nature和WoS平台上使用数据获取的时间均为2017年8月24—28日。对下载的样本数据进行整理，根据DOI或者标题对两个平台的数据进行合并，并且仅保留研究论文、会议论文和综述论文，最终结果如表6.8所示。

值得提出的是，Springer Nature平台仅提供学术论文的累计下载数据，WoS平台也提供累计使用数据，不过，WoS 平台的累计使用数据与 Springer Nature 平台的不同，WoS 平台的累计使用数据的确切内涵是用户下载 WoS 题录数据和点击全文链接的总和。尽管存在以上差异，但是 WoS 平台知名度高且其累计使用数据也具有一定价值和意义。此外，WoS 平台累计使用数据与 Springer Nature 平台累计使用数据存在一个共同点，即均反映了用户的兴趣。

表 6.8　样本数据

学科	论文数量 / 篇	期刊名称
生物医学	1250	Archives of Toxicology, Brain Structure and Function, Histochemistry and Cell Biology, Journal of Molecular Medicine, Journal of Neural Transmission
计算机科学	1297	Applied Intelligence, International Journal of Computer Vision, Knowledge and Information Systems, Numerical Algorithms, Scientometrics
工程学	1282	Biotechnology for Biofuels, Experimental Mechanics, Fire Technology, Heat and Mass Transfer, Nano Research
数学	657	Inventiones Mathematicae, Journal of Nonlinear Science, Mathematical Programming, Metrika, Probability Theory and Related Fields

6.3.1.2　研究方法

首先，采用数量统计和斯皮尔曼系数计算方法，对 Springer Nature 和 WoS 平台使用数据分别进行描述性统计和相关性分析，以揭示用户平台偏好特征及其影响因素；其次，分别采用杰卡德系数计算、文献耦合分析与叠加图分析方法，从指标和内容两个不同测度进行比较分析，以研究用户兴趣偏好特征及其影响因素。其中，描述性统计、相关性分析和用户兴趣分析（指标视角）通过 R 语言实现，用户兴趣分析（内容视角）通过软件 VOSviewer[15] 实现。

6.3.2　研究内容与结果

6.3.2.1　用户平台偏好比较分析

（1）基本统计分析

由表 6.9 和表 6.10 可知，不同学科不同期刊论文的 WoS 平台使用数据远远低于 Springer Nature 平台。该结果与王贤文等[26]的研究一致，他们以 PeerJ 的 1432 篇论文为例，发现约有 43% 的访问来自"书签或 URL 输入"，约 26% 的访问来自搜索引擎（如谷歌、必应、雅虎和维基百科等），约 13% 的访问来自社交媒体（如脸书、推特和 Reddit 等），约 10% 的访问来自新闻和博客（如 IO9、Science Daily 和 the Annals of Improbable Research），约 5% 的访问来自学术平台（如 NCBI、WoS 和 doi.org 等），WoS 约占访问数的 0.38%。现实中，WoS 使用数据的确切含义是"存储题录数据与点击全文链接数据"。因此，通过 WoS 平台访问 Springer Nature 平台全文的数据比目前的 WoS 使用数据低。

造成以上情况的原因的主要原因在于 WoS 平台是索引数据库，而 Springer Nature 是学术论文出版商。用户通常通过 WoS 平台检索论文，如果想浏览或下载全文就必须访问出版商平台。换句话说，可以通过多种途径进入出版商平台浏览或下载全文，WoS 只是一种付费途径，大多数用户倾向于用免费和便捷的途径获取所需信息，如书签或者通用搜索引擎。

表 6.9　不同期刊使用数据的基本统计

期刊名称	使用数据类型	中值	均值	期刊名称	使用数据类型	中值	均值
Archi Toxicol	WoS	18	31.32	Biotechnol Biofuels	WoS	45	51.74
	Springer Nature	556	954.1		Springer Nature	5800	7176
Brain Struct Funct	WoS	9	11.22	Exp Mech	WoS	18	20.16
	Springer Nature	582	752.7		Springer Nature	361	406.7
Histochem Cell Biol	WoS	9	15.31	Fire Technol	WoS	17	21.74
	Springer Nature	462	590.1		Springer Nature	424	545.1
J Mol Med	WoS	12	15.82	Heat Mass Transfer	WoS	13	15.07
	Springer Nature	682	875.8		Springer Nature	311.5	381.9
J Neural Transm	WoS	8	10.68	Nano Res	WoS	81	97.93
	Springer Nature	390	541.8		Springer Nature	606	784.9
Appl Intell	WoS	13	15.33	Inven Math	WoS	2	2.536
	Springer Nature	339	418.5		Springer Nature	502	611.9
Int J Comput Vision	WoS	16	19.96	J Nonlinear Sci	WoS	7.5	10.41
	Springer Nature	957.5	1596.5		Springer Nature	267	314.8
Knowl Inf Syst	WoS	12	13.68	Math Program	WoS	6	7.821
	Springer Nature	374.5	473		Springer Nature	374	512.6
Numer Algorithms	WoS	4	5.138	Metrika	WoS	4	4.495
	Springer Nature	225	318.9		Springer Nature	214	253.3
Scientometrics	WoS	42	51.42	Probab Theory Rel	WoS	2	227
	Springer Nature	544	650.2		Springer Nature	2.408	263.5

表 6.10　不同学科使用数据的基本统计

学科	使用数据类型	中值	均值	学科	使用数据类型	中值	均值
生物医学	WoSU2013	11	16.95	工程学	WoSU2013	27	42.85
	SpringerDown	522	734.1		SpringerDown	497	2288.2
计算机科学	WoSU2013	20	29.09	数学	WoSU2013	4	5.495
	SpringerDown	469	650.1		SpringerDown	318	410.5

（2）不同平台下载次数与被引次数分析

图 6.14 是不同学科 WoS 使用数据、Springer Nature 下载次数与 WoS 被引次数的散点图，图中红色圆点代表生物医学、绿色三角形代表计算机科学、蓝色正方形代表工程学、紫色加号代表数学（见书末彩插）。为了清晰地揭示使用数据与被引次数之间的关系，对 WoS 和 Springer Nature 的论文使用数量分别取对数，并且删除 WoS 被引次数中的异常值。与图 6.14a 相比，图 6.14b 中不同学科的使用数据呈现更为明显的分层现象，其中工程学处于顶层，其次是计算机科学与生物医学，最后是数学，而图 6.14a 中不同学科的使用数据分层现象不明显，但是数学依旧处于最底层。

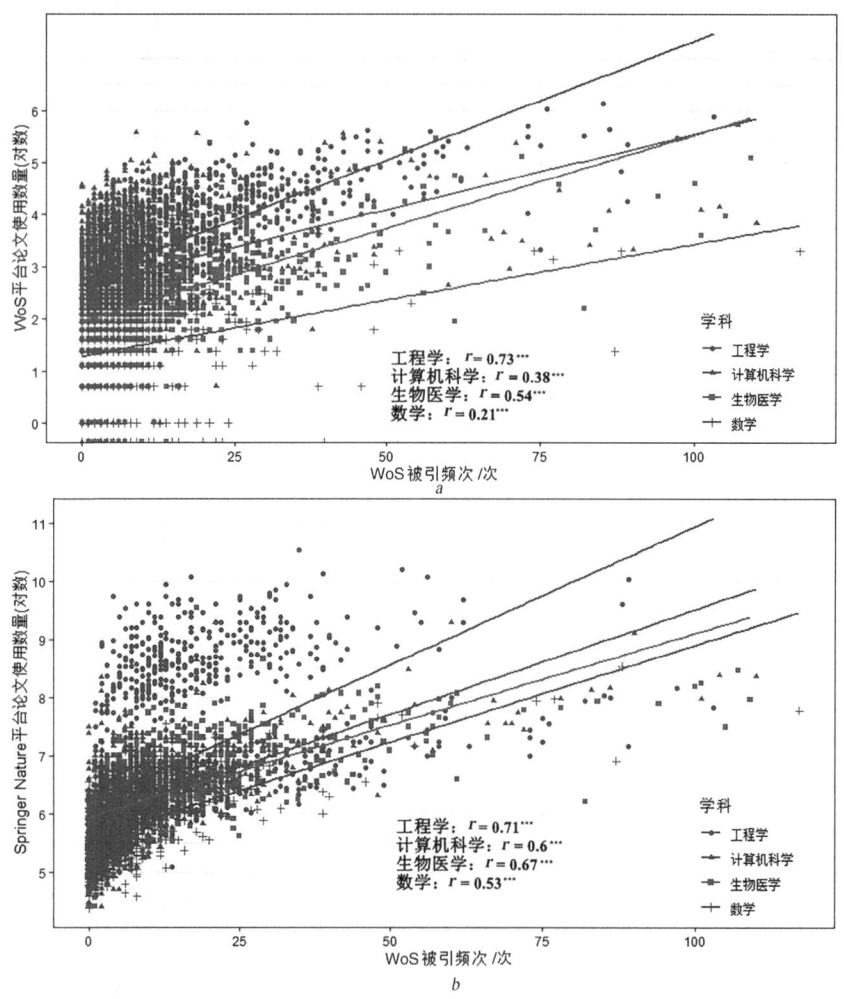

图 6.14　不同学科 WoS 使用数据、Springer Nature 下载次数与 WoS 被引频次的散点图

为了揭示数据分布的集聚效应，本书应用偏度（Skewness）方法展开分析，首先将不同学科学术论文的 WoS 使用次数、Springer Nature 下载次数和 WoS 被引次数分别降序排列，然后计算 3 种数据的累积百分比，最后绘制数据累积百分比与论文数量累积百分比函数图，如

图 6.15 所示。由图 6.15 可知，WoS 使用次数、Springer Nature 下载次数和 WoS 被引次数均存在集聚效应，其中 WoS 使用次数的集聚效应整体上强于 Springer Nature 下载次数（工程学除外），WoS 被引次数的集聚效应整体上强于 WoS 使用次数和 Springer Nature 下载次数。

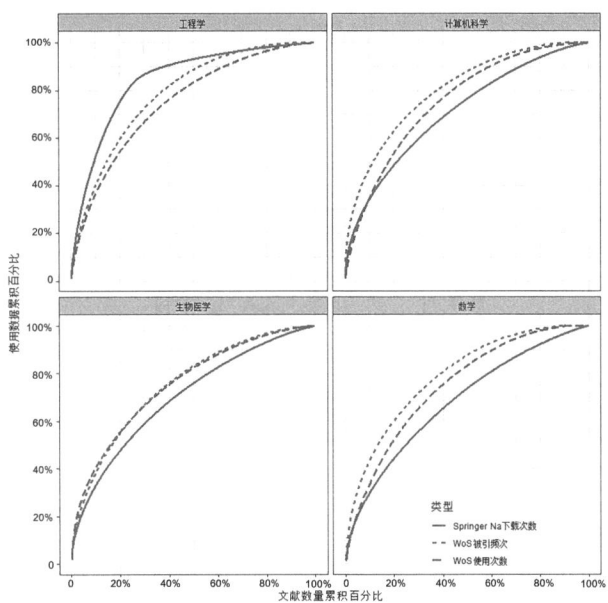

图 6.15 不同学科不同类型数据的偏度分布

（3）不同平台使用数据的相关性分析

前文从基本统计和偏度等角度分析了 WoS 平台与 Springer Nature 平台的学术论文使用数据，为了进一步分析二者的关系，本书计算了各期刊及各学科的斯皮尔曼系数，如表 6.11 和表 6.12 所示。由表 6.11 和表 6.12 可知，无论在期刊层次还是学科层次，生物医学、计算机科学与工程学的数据呈现中度相关或强相关关系，而数学的相关性相对较低（仅 Journal of Nonlinear Science 除外）。

表 6.11 不同期刊 WoS 使用数据与 Springer Nature 下载次数的斯皮尔曼系数

学科	期刊	相关性	学科	期刊	相关性
生物医学	*Archi Toxicol*	0.675	工程学	*Biotechnol Biofuels*	0.410
	Brain Struct Funct	0.444		*Exp Mech*	0.644
	Histochem Cell Biol	0.606		*Fire Technol*	0.533
	J Mol Med	0.590		*Heat Mass Transfer*	0.575
	J Neural Transm	0.492		*Nano Res*	0.829

续表

学科	期刊	相关性	学科	期刊	相关性
计算机科学	Appl Intell	0.597	数学	Inven Math	0.253
	Int J Comput Vision	0.537		J Nonlinear Sci	0.771
	Knowl Inf Syst	0.589		Math Program	0.620
	Numer Algorithms	0.548		Metrika	0.451
	Scientometrics	0.691		Probab Theory Rel	0.315

注：所有结果均通过显著性检验（$P < 0.01$）。

表6.12 不同学科WoS使用数据与Springer Nature下载次数的斯皮尔曼系数

学科	相关性	学科	相关性
生物医学	0.556	工程学	0.679
计算机科学	0.616	数学	0.373

注：所有结果均通过显著性检验（$P < 0.01$）。

6.3.2.2 用户兴趣偏好比较分析

通过上述描述性统计分析与相关性分析可知，不同学科及期刊的用户平台偏好存在较大差异，那么不同学科及期刊的用户兴趣偏好到底如何？下面从指标测度与内容分析两个不同层面进行比较。

（1）基于指标测度的比较

在已有研究中，研究者大多选取某一学科或期刊在特定时间内（如一年或一个月）下载次数前10、前20或前20%的论文作为用户兴趣分析的样本。另外，在图书馆、情报与文献学案例研究中，前100、前1000、前5%、前10%或前20%的高频次实体（如作者、机构或关键词等）通常被作为研究样本。本书根据帕累托提出的二八定律，分别选取每个期刊WoS使用数据与Springer Nature下载次数前20%的学术论文作为研究样本，运用杰卡德相似系数判断不同期刊WoS使用数据与Springer Nature下载次数前20%的学术论文的相似度，即用二者的交集与并集的比值从整体上来测度不同平台用户兴趣的相似程度。

由表6.13可知，17/30的期刊杰卡德相似系数≥0.3，即有17本期刊的WoS使用数据与Springer Nature下载次数前20%的学术论文拥有约50%及以上的交集；1/20的期刊杰卡德相似系数大于等于0.25且小于0.3，即有1本期刊的WoS使用数据与Springer Nature下载次数前20%的学术论文拥有40%~50%的交集；其余期刊的杰卡德相似系数<0.25，交集少于40%。总体而言，期刊官网与CNKI的用户兴趣偏好存在较为明显的差异。

表 6.13 期刊 WoS 使用数据与 Springer Nature 下载次数前 20% 学术论文的杰卡德相似系数

学科	期刊	Springer Nature 下载次数/次	WoS 使用数据/次	交集/次	并集/次	杰卡德相似系数
生物医学	Archi Toxicol	54	54	31	77	0.403
	Brain Struct Funct	46	51	23	74	0.311
	Histochem Cell Biol	44	44	24	64	0.375
	J Mol Med	47	47	25	69	0.362
	J Neural Transm	65	66	33	98	0.337
计算机科学	Appl Intell	41	44	21	64	0.328
	Int J Comput Vision	31	32	16	47	0.340
	Knowl Inf Syst	41	41	20	62	0.323
	Numer Algorithms	39	40	20	59	0.339
	Scientometrics	108	110	67	151	**0.444**
工程学	Biotechnol Biofuels	68	69	27	110	0.245
	Exp Mech	55	61	30	86	0.349
	Fire Technol	22	22	10	34	0.294
	Heat Mass Transfer	60	64	32	92	0.348
	Nano Res	53	54	37	70	**0.529**
数学	Inven Math	20	20	6	34	0.176
	J Nonlinear Sci	14	14	8	20	**0.400**
	Math Program	45	46	24	67	0.358
	Metrika	21	22	12	31	0.387
	Probab Theory Rel	38	38	18	58	0.310

（2）基于作者分析的比较

学术论文使用数据反映了用户的兴趣，其中，对论文作者的关注是一个重要方面。本书统计了 WoS 使用数据与 Springer Nature 下载次数前 20% 学术论文的中国大陆作者（第一作者），如表 6.14 所示。由表 6.14 可知，WoS 使用数据前 20% 学术论文的中国大陆作者（第一作者）整体上多于 Springer Nature 下载次数前 20% 学术论文，尤其是期刊 *Scientometrics* 和 *Nano Research*。本书推断中国大陆学者将 WoS 作为一条重要的路径检索论文，尤其是本国学者的论文。因为在中国，WoS 作为一种科研评价的重要标准，被绝大多数管理者和学者所接受。

为了进一步验证上述推断，本书列出了 WoS 使用数据前 20% 学与 Springer Nature 下载次数前 20% 的 *Scientometrics* 论文中国大陆作者数及论文情况，分别如表 6.15 和 6.16 所示。由表 6.15 和表 6.16 可知，WoS 使用数据中有 9 位中国大陆学者的论文排在前 20 位，Springer Nature 下载次数中仅有 2 位入围（黑色加粗字体显示）。虽然这只是从一个期刊着手进行研究，但是可以作为研究参考。

表 6.14 WoS 使用数据前 20% 与 Springer Nature 下载次数前 20% 的学术论文中国大陆作者数（第一作者）

单位：人

学科	期刊	Springer Nature	WoS
生物医学	*Archi Toxicol*	3	5
	Brain Struct Funct	1	4
	Histochem Cell Biol	2	1
	J Mol Med	6	7
	J Neural Transm	2	1
计算机科学	*Appl Intell*	9	14
	Int J Comput Vision	7	8
	Knowl Inf Syst	8	13
	Numer Algorithms	8	12
	Scientometrics	18	28
工程学	*Biotechnol Biofuels*	16	23
	Exp Mech	7	9
	Fire Technol	4	6
	Heat Mass Transfer	11	20
	Nano Res	21	34
数学	*Inven Math*	0	0
	J Nonlinear Sci	4	5
	Math Program	4	3
	Metrika	7	8
	Probab Theory Rel	0	0

表 6.15 WoS 使用数据前 20% 的 *Scientometrics* 论文

排序	论文题目	第一作者	WoS 使用数据 / 次
1	Visualization of patents and papers in terahertz technology: a comparative study	Liu Guifeng	267
2	Evaluating altmetrics	Sud Pardeep	260

续表

排序	论文题目	第一作者	WoS 使用数据/次
3	Doctoral dissertations of Library and Information Science in China: A co-word analysis	Zong QianJin	259
4	Coverage and adoption of altmetrics sources in the bibliometric community	Haustein Stefanie	220
5	Prediction of emerging technologies based on analysis of the US patent citation network	Erdi Peter	217
6	How well developed are altmetrics? A cross-disciplinary analysis of the presence of 'alternative metrics' in scientific publications	Zahedi Zohreh	215
7	Global maps of science based on the new Web-of-Science categories	Leydesdorff Loet	187
8	Global remote sensing research trends during 1991-2010: a bibliometric analysis	Zhuang Yanhua	174
9	A bibliometric study of service innovation research: based on complex network analysis	Zhu Wenjia	170
10	The expansion of Google Scholar versus Web of Science: a longitudinal study	de Winter	155
11	Comparative study on structure and correlation among author co-occurrence networks in bibliometrics	Qiu Jun-Ping	154
12	Journal clustering of library and information science for subfield delineation using the bibliometric analysis toolkit: CATAR	Tseng Yuen-Hsien	152
12	How to combine term clumping and technology roadmapping for newly emerging science & technology competitive intelligence: "problem & solution" pattern based semantic TRIZ tool and case study	Zhang Yi	152
14	Tracing scientist's research trends realtimely	Wang Xianwen	145
14	A co-word analysis of library and information science in China	Hu ChangPing	145
16	Triple Helix innovation in China's dye-sensitized solar cell industry: hybrid methods with semantic TRIZ and technology roadmapping	Zhang Yi	138
17	Information literacy in social sciences and health sciences: a bibliometric study (1974-2011)	Pinto Maria	134
18	LIS journals scientific impact and subject categorization: a comparison between Web of Science and Scopus	Abrizah A	132
19	Citation and co-citation analysis to identify core and emerging knowledge in electronic commerce research	Shiau WenLung	131
20	Capturing new developments in an emerging technology: an updated search strategy for identifying nanotechnology research outputs	Arora Sanjay K	128

表 6.16　Springer Nature 下载次数前 20% 的 Scientometrics 论文

排序	论文题目	第一作者	Springer Nature 下载次数 / 次
1	Global maps of science based on the new Web-of-Science categories	Leydesdorff Loet	4800
2	Trends in and contributions to entrepreneurship research: a broad review of literature from 1996 to June 2012	Luor Tainyi	3300
3	The expansion of Google Scholar versus Web of Science: a longitudinal study	de Winter	2600
4	Evaluating altmetrics	Sud Pardeep	2500
5	Prediction of emerging technologies based on analysis of the US patent citation network	Erdi Peter	2300
5	How well developed are altmetrics? A cross-disciplinary analysis of the presence of 'alternative metrics' in scientific publications	Zahedi Zohreh	2300
7	Disciplinary differences in Twitter scholarly communication	Holmberg Kim	2100
8	Coverage and adoption of altmetrics sources in the bibliometric community	Haustein Stefanie	2000
9	A preliminary test of Google Scholar as a source for citation data: a longitudinal study of Nobel prize winners	Harzing Anne-Wil	1900
9	How do you define and measure research productivity?	Abramo Giovanni	1900
11	A bibliometric analysis of NOAA's Office of Ocean Exploration and Research	Belter Chris W	1800
11	An analysis on communication theory and discipline	Chung Chung Joo	1800
13	Social media-based systems: an emerging area of information systems research and practice	Khan Gohar Feroz	1700
14	Interactive overlay maps for US patent (USPTO) data based on International Patent Classification (IPC)	Leydesdorff Loet	1600
14	Do citations and impact factors relate to the real numbers in publications? A case study of citation rates, impact, and effect sizes in ecology and evolutionary biology	Lortie ChrisTopher J	1600
14	Trend and impact of international collaboration in clinical medicine papers published in Malaysia	Low Wah Yun	1600
14	Toward a more precise definition of self-citation	Carley Stephen	1600
14	The relationship between scientists and science: knowledge-based innovation output	Tang Erzi	1600

续表

排序	论文题目	第一作者	Springer Nature 下载次数/次
19	Doctoral dissertations of Library and Information Science in China: A co-word analysis	Zong QianJin	1500
19	Search strategies along the academic lifecycle	Horlings Edwin	1500

（3）基于内容分析的比较

本书应用文献耦合分析方法从内容层面比较不同平台的用户兴趣偏好。限于篇幅及作者的专业背景，本书仅以 Scientometrics 中 WoS 使用数据前 20% 与 Springer Nature 下载次数前 20% 学术论文为例，取二者并集进行文献耦合分析，结果如图 6.16 所示（见书末彩插）。图 6.16 中节点代表文献，节点标签代表文献的第一作者及出版年，节点大小代表度数，节点之间的连线粗细代表耦合关系强弱，不同颜色代表不同聚类，聚类结果如表 6.17 所示。为了保证理想的显示效果，独立节点被排除。

以图 6.16 为基础图，通过图叠加技术将 Scientometrics 中 WoS 使用数据前 20% 与 Springer Nature 下载次数前 20% 的学术论文交集标识出来（紫色），如图 6.17 所示（见书末彩插），交集的具体内容见表 6.17 中的正常字体文献。同样以图 6.16 为基础图，通过图叠加技术分别将 Scientometrics 中 WoS 使用数据前 20% 与 Springer Nature 下载次数前 20% 的学术论文独有文献标识出来（红色为 WoS 平台独有，蓝色为 Springer Nature 平台独有），如图 6.18 所示（见书末彩插）。各自独有内容见表 6.17 中的加粗字体（Springer Nature 平台）和斜体字体（WoS 平台）文献。由图 6.17 和表 6.17 可知，两个平台在 9 个主题中存在交集，只有大学排行主题除外。由图 6.18 和表 6.17 可知，大学排行主题为 Springer Nature 独有，WoS 平台比 Springer Nature 平台更加关注科学知识图谱主题。

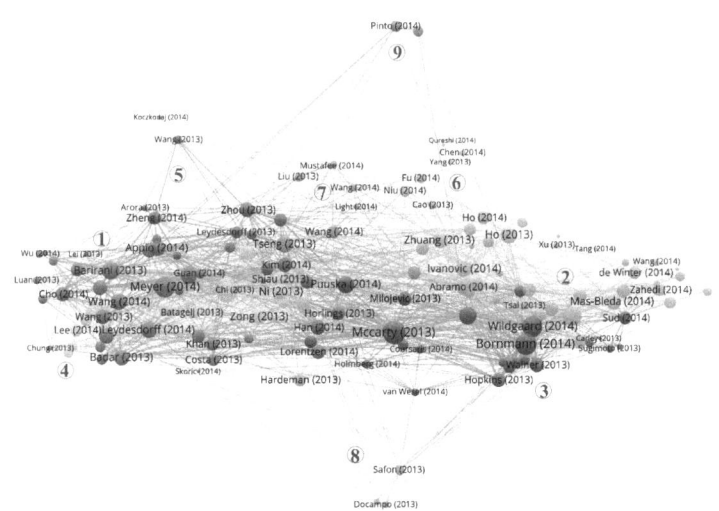

图 6.16　Scientometrics 中 WoS 使用数据前 20% 与 Springer Nature 下载次数前 20% 的学术论文并集耦合

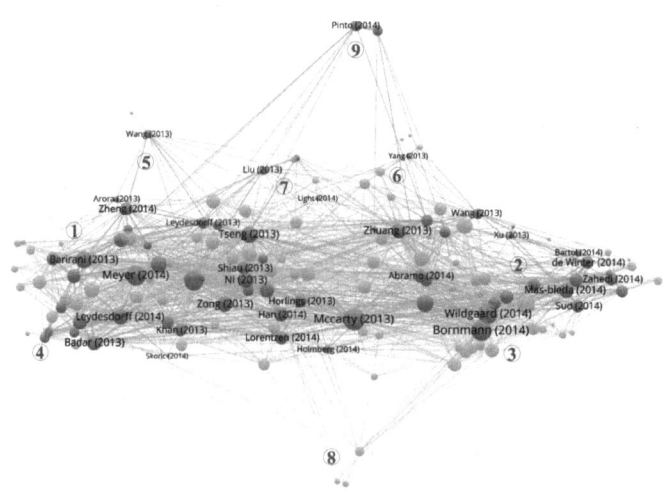

图 6.17　*Scientometrics* 中 WoS 使用数据前 20% 与 Springer Nature 下载次数前 20% 的学术论文交集叠加（基础图为并集）

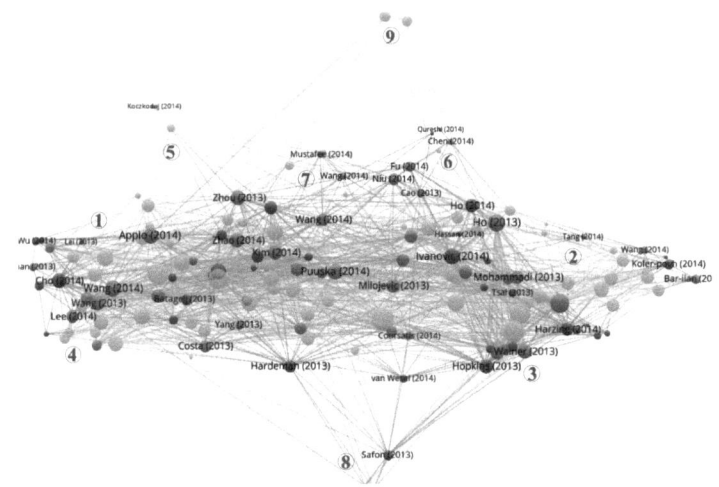

图 6.18　*Scientometrics* 中 WoS 使用数据前 20% 与 Springer Nature 下载次数前 20% 各自独有学术论文叠加

表 6.17　*Scientometrics* 中 WoS 使用数据前 20% 与 Springer Nature 下载次数前 20% 的学术论文并集聚类结果

聚类	节点
专利计量和三重螺旋	Badar (2013), Barirani (2013), Khan (2013), Erdi (2013), Huang (2013), Chi (2013), Eslami (2013), Kim (2014), Leydesdorff (2014), Barnett (2014), Leydesdorff (2014), Kim (2014), Meyer (2014), Skoric (2014), Lorentzen (2014), **Jang (2013), Inglesi-Lotz (2013), Chung (2013), Wu (2014), Park (2014), Cho (2014), Radosevic (2014)**, *Li-Ying (2013), Costa (2013), Yang (2013), Lei (2013), Wang (2013), Luan (2013), Ivanova (2014), Guan (2014), Appio (2014), Wang (2014)*

续表

聚类	节点
扩展文献计量学	Parker (2013), Lortie (2013), Abrizah (2013), Wang (2013), Harzing (2013), Gumpenberger (2013), Glänzel (2013), Waltman (2013), Xu (2013), Romo-Fernandez (2013), Bartol (2014), de Winter (2014), Abramo (2014), **Tsai (2013), Sangwal (2013), Bjork (2014), Harzing (2014), Koler-Povh (2014), Laakso (2014), Hassan (2014),** *D'Este (2013), Dorta-Gonzalez (2013), Mohammadi (2013), Radicchi (2013)*
作者评价	Ausloos (2013), Mccarty (2013), Bornmann (2014), Sud (2014), Wildgaard (2014), Holmberg (2014), **Carley (2013), Sugimoto (2013), Ketzler (2013), Hopkins (2013), Bornmann (2014), van Wesel (2014), Paolucci (2014),** Reijnhoudt (2014), *Milojevic (2013), Egghe (2013), Bigdeli (2013), Wainer (2013), Kretschmer (2013), Dehdarirad (2014), Coursaris (2014), Abrizah (2014)*
传统文献计量学	Zong (2013), Ni (2013), Zhu (2013), Shiau (2013), Belter (2013), Hu (2013), Park (2013), Zhang (2014), Luor (2014), Zhou (2014), Qiu (2014), Zhang (2014), **Song (2013), Batagelj (2013), Meyer (2014), Ferreira (2014), Yau (2014),** *Huang (2014), Kim (2014), Lee (2014), Wang (2014), Zhao (2014)*
学科交叉和科研合作	Roessner (2013), Leydesdorff (2013), Wang (2013), Horlings (2013), Arora (2013), Wang (2013), Arora (2013), Han (2014), Zheng (2014), **Low (2014), Zhou (2014), Koczkodaj (2014), Nichols (2014),** *de Souza (2013), Zhou (2013), Kato (2013), Puuska (2014), Kim (2014)*
Altmetrics 和研究前沿	Wang (2013), Yang (2013), Zhuang (2013), Mas-Bleda (2014), Haustein (2014), Zahedi (2014), **Ho (2014), Tang (2014), Akhmat (2014), Qureshi (2014), Ivanovic (2014),** *Ho (2013), Cao (2013), Fu (2014), Niu (2014), Chen (2014), Wang (2014), Bar-Ilan (2014)*
科学知识图谱	Liu (2013), Tseng (2013), Hu (2014), Light (2014), *Mustafee (2014), Jaric (2014), Wang (2014), Wang (2014)*
大学排行	**Safon (2013), Docampo (2013), Hardeman (2013), Freyer (2014)**
信息素养	Pinto (2013), Pinto (2014)

注：粗体系 Springer Nature 平台独有，斜体系 WoS 平台独有。

6.3.3 结论

本节以 4 个学科的 20 种英文学术期刊为例，借助数理统计、文献耦合和叠加图等方法，通过对 WoS 平台和 Springer Nature 平台上的使用数据进行用户平台偏好和用户兴趣偏好比较分析，进而发现了英文学术论文用户使用模式的规律及其影响因素，得出如下结论。

（1）用户平台偏好方面

WoS 平台和 Springer Nature 平台的选择和使用存在着较多差异。①在平台的选择上，很少用户通过点击 WoS 平台中的论文全文链接访问论文全文官网。②在平台的使用上，从集聚效应看，WoS 平台和 Springer Nature 平台使用数据均存在集聚效应，其中 WoS 使用次数的集聚效应整体上强于 Springer Nature 下载次数（工程学除外），WoS 被引次的集聚效应整体上强于 WoS 使用次数和 Springer Nature 下载次数。从相关性效应看，生物医学、计算机科学与工程学的数据呈现中度相关或强相关关系，而数学的相关性相对较低。

（2）用户兴趣偏好方面

WoS 平台和 Springer Nature 平台的指标测度、作者特征和内容分析都存在偏好差异。

①基于指标测度，不同 WoS 平台和 Springer Nature 平台下载次数前 20% 的学术论文的杰卡德相似系数较低；②基于统计分析，WoS 平台和 Springer Nature 平台的作者特征存在区别；③基于文献耦合分析，WoS 平台和 Springer Nature 平台用户关注的研究主题既有联系又有区别。

6.4 高浏览与高下载英文学术论文的语言学特征研究

英文已成为国际通用的学术语言，英文学术论文在全球传播的范围远大于其他语种。本节内容关注英文学术论文的语言学特征与用户使用数据的关系。具体研究问题如下：高浏览与高下载英文学术论文的语言学特征有哪些？不同语言学特征是否对学术论文的浏览与下载有影响？为了验证以上假设，本书以 PLoS 出版的全文本论文数据为例，采集其浏览和下载数据，并选取计算语言学领域的多个指标（包括标题长度、摘要长度、全文长度、句子平均长度、词汇多样性、词汇密度和词汇复杂度）进行研究。

6.4.1 数据与方法

6.4.1.1 数据与处理

本书选取了美国公共图书馆（The Public Library of Science，PLoS）出版的 7 种生命科学与医学领域的学术期刊为研究样本，即 *PLoS Biology*、*PLoS Medicine*、*PLoS Computational Biology*、*PLoS Genetics*、*PLoS Pathogens*、*PLoS One*、*PLoS Neglected Tropical Diseases*。2009 年 3 月，PLoS 开始为所有期刊的每篇文章提供文章级别度量标准（Article-Level Metrics，ALM）。其中，PLoS 提供了 3 种格式（HTML 浏览、PDF 下载和 XML 下载）的用户使用数据，以图表格式逐月提供，以天为单位不断更新，但在最新数据可用之前会有 48 小时的延迟。

同时，PLoS 也提供来自美国国立卫生研究院生命科学期刊全文数据库（PubMed Central，PMC）的 HTML 浏览数据和 PDF 下载数据。PMC 是美国国立卫生研究院国家医学图书馆的生物医学和生命科学期刊文献的免费全文档案，该研究院不是出版商，因此也不出版期刊论文。PMC 于 2010 年 1 月开始向 PLoS 平台提供使用数据。需要注意的是，PMC 以月为单位向 PLoS 提供其最新的浏览和下载的数据，所以在 PLoS 平台上发表时间不到 1 个月的学术论文无法显示其 PMC 使用数据。

本书选择 PLoS 的主要原因如下。①笔者曾对国内外提供使用数据的信息服务平台或出版商进行调研，发现越来越多的信息服务平台或出版商开始提供论文使用数据，但是不同平台的使用数据特征各异，如 Springer Nature 和 CNKI 只提供论文累积下载数据，IEEE Xplore 未将时序浏览和下载数据分开统计，而 PLoS 分别提供了每篇论文的总浏览次数和总下载次数及全文本数据下载。②除了提供自身平台的使用数据，PLoS 也整合了 PMC 平台的使用数据，为平台比较提供了契机。③ PLoS 所有期刊均被 Web of Science（WoS）收录，WoS 于 2015 年 9 月开始提供自身平台使用数据，进一步提供了平台比较的契机。

本书以 PLoS 在 2014 年 1 月至 2015 年 12 月发表的学术论文作为研究对象。首先，于 2018 年 11 月 1 日从 WoS 核心合集获取所有论文的使用次数、被引频次及其他元数据（如论文标题、作者和关键词等）。其次，于 2018 年 11 月 1 日利用 ALM Reports（http://almreports.plos.org/）工具获取所有论文在 PLoS 官网的总浏览次数、总下载次数及其他元数据（如论文标题和作者等）。再次，通过论文数字对象唯一标识符（Digital Object Identifier，DOI）将 WoS、期刊官网和 PMC 的数据进行匹配合并。最后，删除评论、新闻、编者寄语等，仅保留文献类型为"Research Article"的学术论文，并从 PLoS 官网获取样本论文的全文本数据，存入 MySQL 数据库中，以便后续数据分析，最终结果如表 6.18 所示。

表 6.18 研究对象的期刊和论文数量

期刊	论文数量/篇
PLoS Biology（BIO）	288
PLoS Computational Biology（CBI）	1115
PLoS Genetics（GEN）	1514
PLoS Medicine（MED）	171
PLoS Neglected Tropical Diseases（NTD）	1372
PLoS One（ONE）	57361
PLoS Pathogens（PAT）	1181

6.4.2.2 研究方法

（1）论文分组策略

根据帕累托提出的二八定律，本书将高浏览与高下载学术论文界定为特定平台（PLoS 期刊官网或 PMC 平台）HTML 格式浏览次数与 PDF 下载次数排名前 20%（TOP 20%）的论文。为了进行分组对比分析，特定平台（PLoS 期刊官网或 PMC 平台）HTML 格式浏览次数与 PDF 下载次数排名后 20%（Bottom 20%）的论文和特定平台的全部论文均作为一个小组，具体分组信息如表 6.19 所示。为了方便论述，TOP 20%、Bottom 20% 和全部论文分别简称为高浏览与高下载论文、低浏览与低下载论文和全部论文。

表 6.19 论文分组情况

单位：次

类别	BIO	CBI	GEN	MED	NTD	ONE	PAT
TOP 20% PLoS 浏览	57	223	302	34	274	11472	236
Bottom 20% PLoS 浏览	57	223	302	34	274	11496	237
TOP 20% PLoS 下载	57	224	302	34	275	11488	236
Bottom 20% PLoS 下载	57	223	303	34	275	11552	236
TOP 20% PMC 浏览	57	224	302	34	274	11476	236
Bottom 20% PMC 浏览	57	224	304	34	274	11489	237
TOP 20% PMC 下载	57	224	302	34	274	11492	237
Bottom 20% PMC 下载	57	228	304	34	283	11474	240

（2）语言学特征测度指标

测度语言学特征的指标主要包括两类：句法复杂度和词汇复杂度。句法复杂度包括平均句子长度、句子复杂度等指标，词法复杂度包括词汇多样性、词汇密度和词汇复杂度等指标[27-29]。卢超等[30-31]选择了一系列的语言学特征指标对不同合作模式学术论文及高影响力学术论文的语言学特征进行了分析。陈必坤等[32]选择了一系列语言学特征指标对高浏览与高下载学术论文进行了初步分析。本节的实证研究中，更多类型的语言学特征指标被引入。依据学术论文的基本结构及语言粒度，本书围绕"标题、摘要、关键词、全文、句子和词汇"的思路展开。具体来讲，标题长度、摘要长度、全文长度、句子平均长度、词汇多样性、词汇密度和词汇复杂度等指标被选择用来测度语言学特征，具体如表6.20所示。关键词未被选用的原因是 PLoS 期刊官网并不提供关键词；合作作者数量未被选用的原因是该指标用以测度合作情况[33]，与语言学特征无关。此外，本书在进行语言学特征抽取时，将标点符号予以排除。

表 6.20 语言学特征测度指标

指标	内容	公式
标题长度	计算每篇论文标题的总词汇数量	$TTL = \sum_{i=1}^{N} Title$
摘要长度	计算每篇论文摘要的总词汇数量	$TAL = \sum_{i=1}^{N} Abstract$
全文长度	计算每篇论文正文的总词汇数量	$TFL = \sum_{i=1}^{N} Full\ text$
句子平均长度	计算每篇论文正文句子的平均词汇数量	$MSL = \dfrac{\sum_{i=1}^{N} SL_i}{N}$
词汇多样性	计算每篇论文正文的不重复词汇占总词汇的比例	$TTR = \dfrac{\#\ of\ Distinct\ words}{\#\ of\ Tokens}$
词汇密度	不同类型词汇（如名词、动词和副词）占总词的比例	$Type\ Ratio = \dfrac{\#\ of\ Type\ items}{\#\ of\ Tokens}$
词汇复杂度	不同类型词汇（如名词、动词和副词）的长度	$MWL = \dfrac{\sum_{i}^{N} WL_i}{N}$

(3)语言学特征的适用性

本节的核心思想是讨论语言学特征是否对学术论文的浏览与下载次数有影响。因此,假设的出发点是语言学特征对用户浏览和下载学术论文有影响。为了验证语言学特征选择的适用性,本书分别在 PLoS 官网和 PMC 平台进行了用户学术论文浏览与下载实验,发现在浏览全文之前只能看到论文题目和作者名;在下载全文之前可以看到论文题目、作者名、摘要、全文和参考文献,等等。因此,仅有标题长度可用于分析浏览数据,标题长度、摘要长度、全文长度、平均句子长度、词汇多样性、词汇密度和词汇复杂度等语言学特征可用于分析下载数据。

6.4.2 高浏览与高下载学术论文的语言学特征

6.4.2.1 高浏览与高下载论文的标题长度

在图 6.19 中,不同颜色的矩形代表 PLoS 的不同期刊,矩形内外的点代表一篇论文,矩形中的垂直线和中空方框分布分别代表不同分组论文的中值和均值,不同期刊分组论文的具体均值如表 6.21 所示。由图 6.19 和表 6.21 可知,PLoS 期刊官网高浏览与高下载论文的平均标题长度比低浏览与低下载论文、全部论文要短(*PAT* 高浏览论文与 *BIO* 高下载论文除外),PMC 平台则未呈现固定分布特征。整体上,PLoS 期刊官网高浏览与高下载论文的平均标题长度比 PMC 平台的要短。不同 PLoS 期刊的高浏览与高下载论文中,*MED* 平均标题最长,*ONE*、*PAT*、*NTD* 和 *NTD* 次之,*GEN*、*CBI* 和 *BIO* 的较短。

对各 PLoS 期刊的投稿指南进行调研后发现,不同期刊均有标题长度字符数限制,期刊 *BIO*、*ONE* 和 *NTD* 的不超过 250 个字符,期刊 *CBI*、*GEN*、*PAT* 和 *MED* 的不超过 200 个字符。为了进一步厘清投稿指南的影响,本书研究了不同平台、不同期刊高浏览与高下载论文的标题长度(字符数量)分布,如图 6.20 所示。由图 6.20 可知,各期刊的标题长度均在限制范围内,但是在同等限制范围内,各期刊的平均标题长度各异。

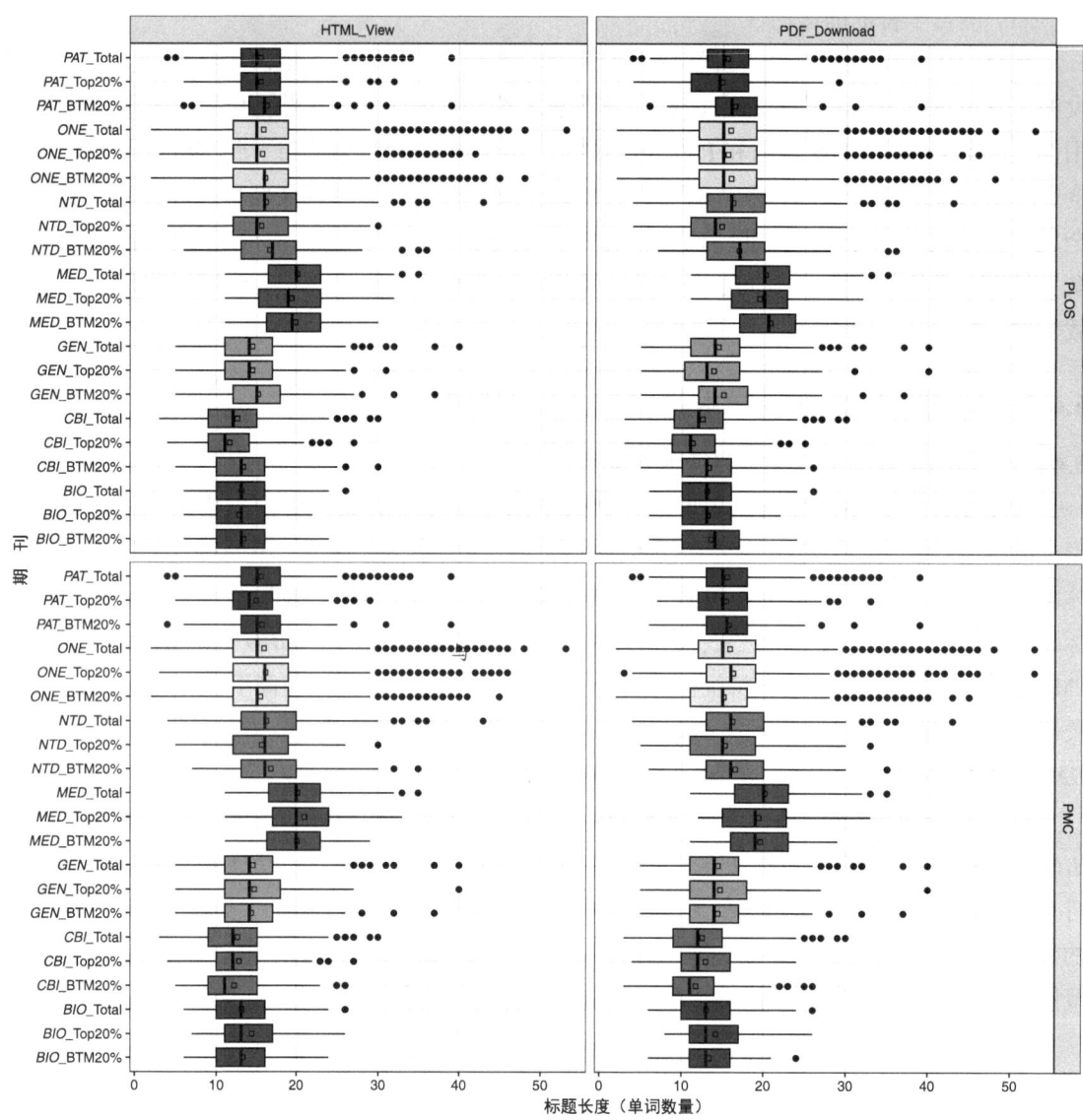

图 6.19 不同平台、不同期刊高浏览与高下载论文的标题长度（单词数量）分布

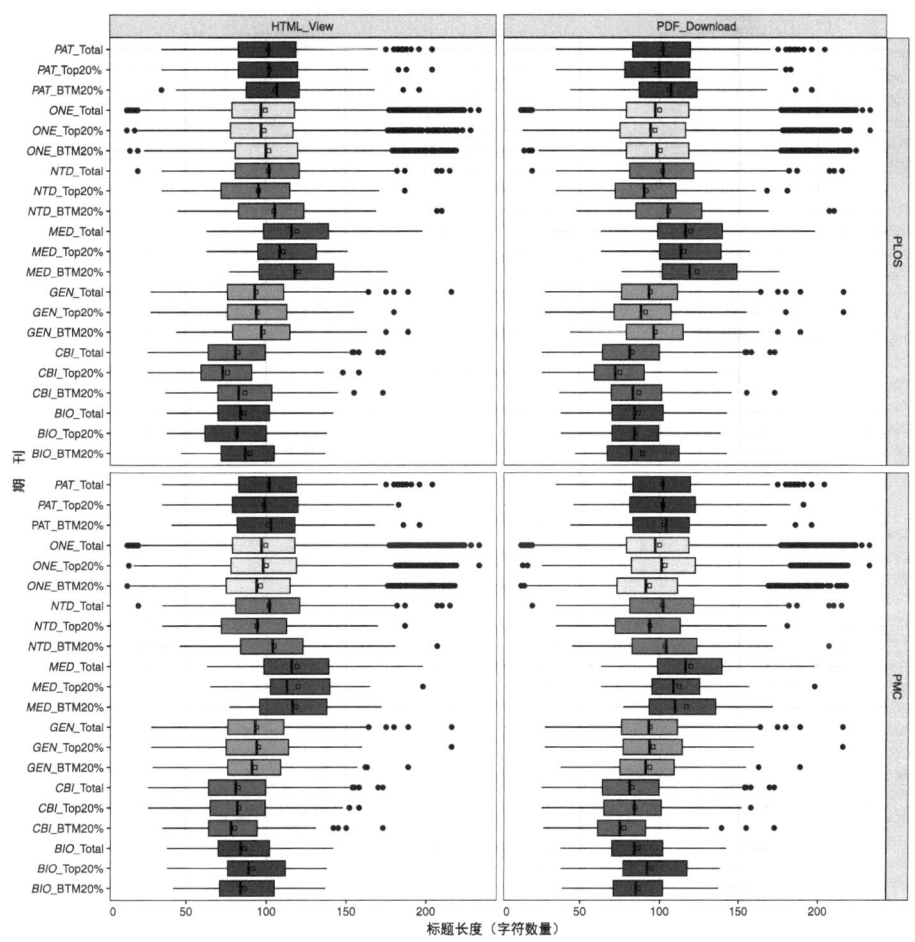

图 6.20 不同平台、不同期刊高浏览与高下载论文的标题长度（字符数量）分布

6.4.2.2 高下载论文的摘要和全文长度

由图 6.21a 和表 6.21 可知，大多数期刊高下载论文的平均摘要长度大于其他两组，尽管差距很小。其次，不同 PLoS 平台期刊高下载论文中，MED 平均摘要长度最长，NTD 的次之，其他期刊均较短。对各 PLoS 期刊的投稿指南进行调研后发现，不同期刊均有摘要长度单词数规定，BIO 无限制，CBI、GEN、ONE 和 PAT 限制在 300 个单词以内，NTD 限制在 250~300 个单词，MED 限制在 500 个单词以内。以上规定很有可能对不同期刊摘要的平均长度存在影响。

由图 6.21b 和表 6.22 可知，PLoS 平台高下载论文的平均全文长度大于其他两组。然后，整体上来看，BIO、CBI、GEN 和 PAT 高下载论文的平均全文长度较多，其次是 MED、ONE 和 NTD。另外，除 PAT 外 PLoS 平台各期刊高下载论文的平均全文长度大于 PMC 平台的。

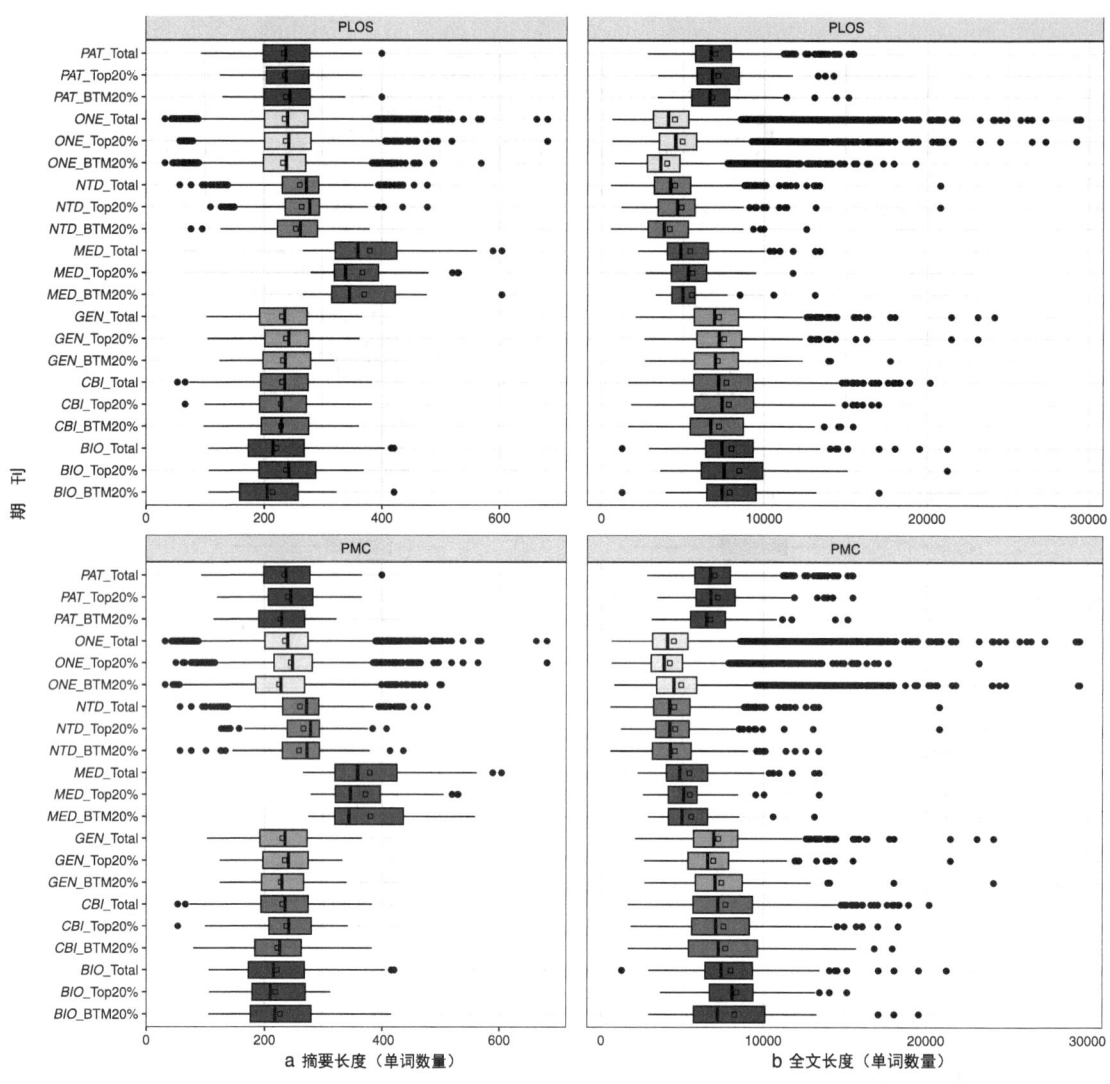

图 6.21 不同平台、不同期刊高下载论文的摘要长度与全文（单词数 ≤ 3000）长度分布

表 6.21 不同论文分组的平均标题与摘要长度

分组	PLoS 标题（浏览）	PMC 标题（浏览）	PLoS 标题（下载）	PMC 标题（下载）	PLoS 摘要（下载）	PMC 摘要（下载）
BIO_BTM 20%	13.298	13.193	13.544	13.404	214.544	226.947
BIO_TOP 20%	12.702	14.316	13.158	14.228	237.719	218.719
BIO_Total	13.056	13.056	13.056	13.056	221.587	221.587
CBI_BTM 20%	13.260	12.143	13.287	11.754	229.668	221.974
CBI_TOP 20%	11.610	12.732	11.286	12.960	228.996	238.045

续表

分组	PLoS 标题（浏览）	PMC 标题（浏览）	PLoS 标题（下载）	PMC 标题（下载）	PLoS 摘要（下载）	PMC 摘要（下载）
CBI_Total	12.534	12.534	12.534	12.534	231.053	231.053
GEN_BTM 20%	15.189	14.237	15.089	14.451	232.568	228.507
GEN_TOP 20%	14.460	14.629	13.868	14.725	237.788	235.384
GEN_Total	14.463	14.463	14.463	14.463	231.014	231.014
MED_BTM 20%	19.912	20.088	20.706	19.618	369.500	380.206
MED_TOP 20%	19.441	21.029	19.441	19.412	366.559	371.912
MED_Total	20.152	20.152	20.152	20.152	379.123	379.123
NTD_BTM 20%	16.682	16.774	16.953	16.551	254.942	260.286
NTD_TOP 20%	15.624	15.588	14.829	15.310	265.000	267.854
NTD_Total	16.220	16.220	16.220	16.220	261.966	261.966
ONE_BTM 20%	16.119	15.426	15.973	15.135	232.989	225.529
ONE_TOP 20%	15.747	16.094	15.572	16.298	237.643	246.135
ONE_Total	15.901	15.901	15.901	15.901	235.824	235.824
PAT_BTM 20%	16.367	15.637	16.415	15.721	237.907	228.100
PAT_TOP 20%	15.559	14.881	14.873	15.418	236.419	240.873
PAT_Total	15.549	15.549	15.549	15.549	234.800	234.800

6.4.2.3 高下载论文的平均句子长度和词汇多样性

由图 6.22a 与表 6.22 可知，整体上，高下载论文的平均句子长度小于其他两组，尤其在 PMC 平台更是如此。其次，MED 平均句子长度最长。由图 6.22b 与表 6.22 可知，高下载论文的词汇多样性高于 20%。其次，PLoS 平台大多数期刊高下载论文的平均词汇多样性低于其他两组，而 PMC 平台却与此相反。NTD 和 ONE 高下载论文平均词汇多样性丰富。

表 6.22 不同论文分组的平均全文与平均句子长度及词汇多样性

分组	PLoS 全文	PMC 全文	PLoS 句子	PMC 句子	PLoS 词汇多样性	PMC 词汇多样性
BIO_BTM 20%	7863.421	8208.316	24.062	25.044	0.225	0.218
BIO_TOP 20%	8450.772	8317.842	25.017	23.299	0.220	0.230
BIO_Total	7974.319	7974.319	23.911	23.911	0.227	0.227

分组	PLoS 全文	PMC 全文	PLoS 句子	PMC 句子	PLoS 词汇多样性	PMC 词汇多样性
CBI_BTM 20%	7216.628	7648.026	23.691	24.206	0.201	0.199
CBI_TOP 20%	7809.321	7535.031	23.801	23.403	0.200	0.205
CBI_Total	7661.292	7661.292	23.630	23.630	0.199	0.199
GEN_BTM 20%	7134.413	7405.829	23.243	23.915	0.230	0.222
GEN_TOP 20%	7525.510	6906.444	23.050	22.496	0.226	0.240
GEN_Total	7208.145	7208.145	22.896	22.896	0.232	0.232
MED_BTM 20%	5531.206	5539.882	26.902	27.368	0.234	0.235
MED_TOP 20%	5572.059	5451.441	26.992	26.744	0.235	0.245
MED_Total	5424.035	5424.035	26.919	26.919	0.240	0.240
NTD_BTM 20%	4188.084	4539.777	23.416	23.938	0.286	0.278
NTD_TOP 20%	4894.236	4559.478	23.324	23.076	0.270	0.275
NTD_Total	4497.738	4497.738	23.283	23.283	0.280	0.280
ONE_BTM 20%	4017.922	4919.450	23.323	23.734	0.275	0.253
ONE_TOP 20%	4946.275	4229.520	23.076	22.652	0.262	0.277
ONE_Total	4477.960	4477.960	23.081	23.081	0.269	0.269
PAT_BTM 20%	6781.716	6707.604	23.145	23.654	0.240	0.243
PAT_TOP 20%	7125.322	7154.751	22.708	22.612	0.241	0.238
PAT_Total	6965.152	6965.152	22.877	22.877	0.240	0.240

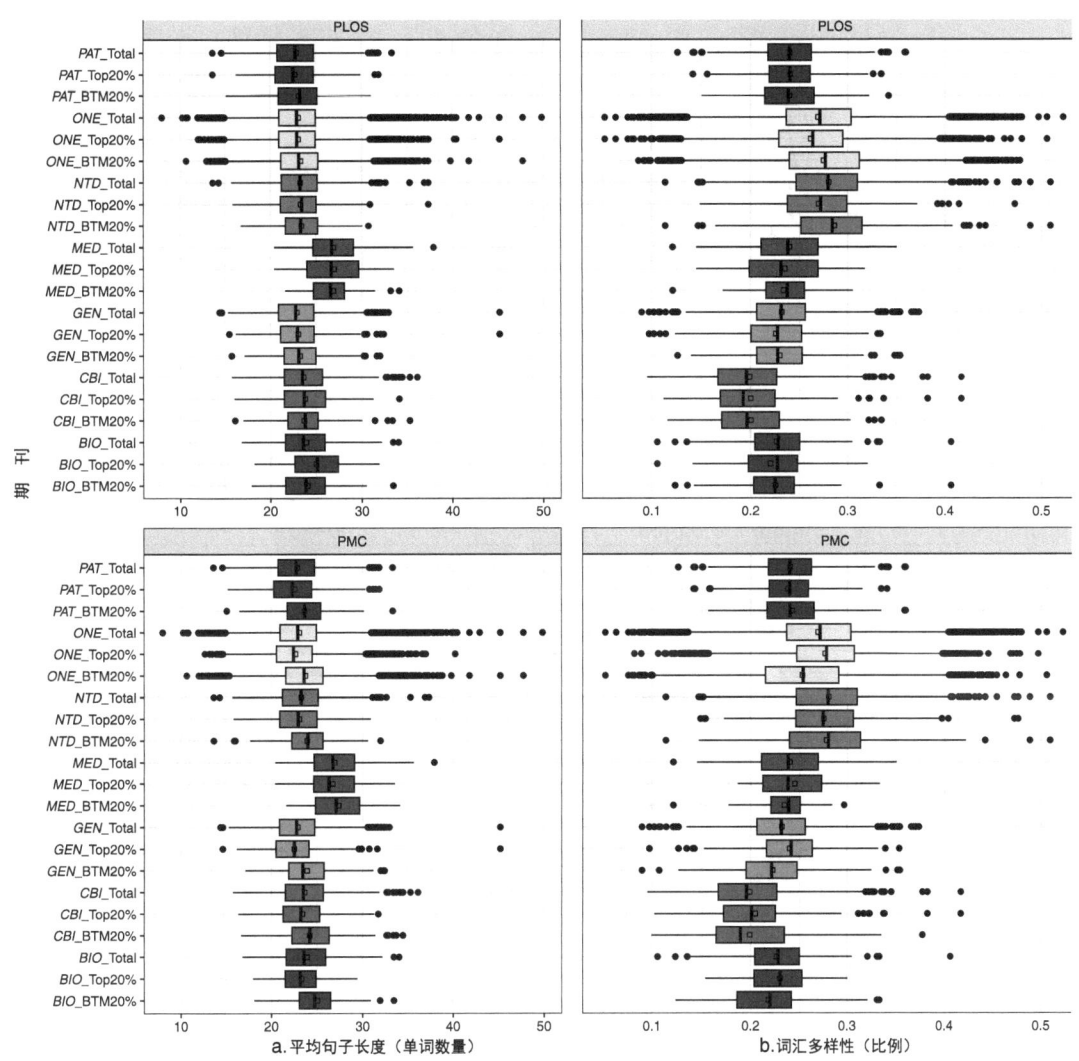

图 6.22 不同平台、不同期刊高下载论文平均句子长度（单词数 ≤ 50）与词汇多样性分布

6.4.2.4 高下载论文的词汇密度

本节的词汇密度仅以名词、动词、形容词和副词为例，其他类型的词汇并未考虑。由图 6.23 和图 6.24 可知，名词用得最多，其次是动词和形容词，最后是副词。由图 6.23a 可知，PMC 平台多数期刊的高下载论文平均名词比例高于其他两组，但是 PLoS 平台未呈现特定规律。其次，PAT 和 GEN 高下载论文的平均名词比例在 38% ~ 39%，NTD、ONE、MED 和 BIO 的在 36% ~ 37%，CBI 的在 34% 左右。由图 6.23b 可知，三组论文平均动词比例的差异很小，总体维持在 15% 左右。由图 6.24a 可知，三组论文平均形容词比例的差异很小，总体维持在 11% 左右。由图 6.24b 可知，三组论文平均副词比例的差异很小，总体维持在 3% 左右（CBI 例外，维持在 4% 左右）。

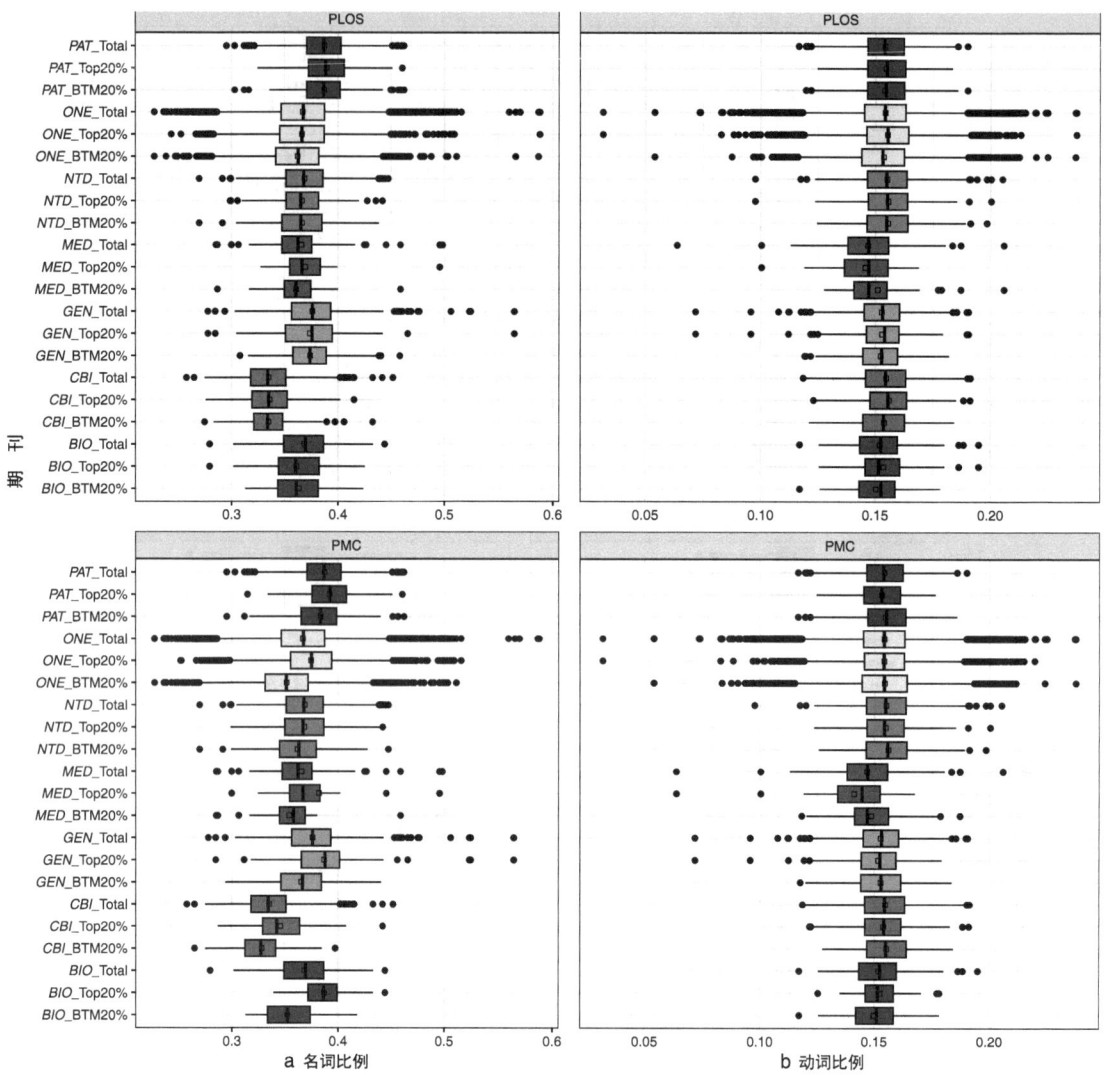

图 6.23 不同平台、不同期刊高下载论文的名词比例（名词所占比例 ≤ 0.6）与动词比例分布

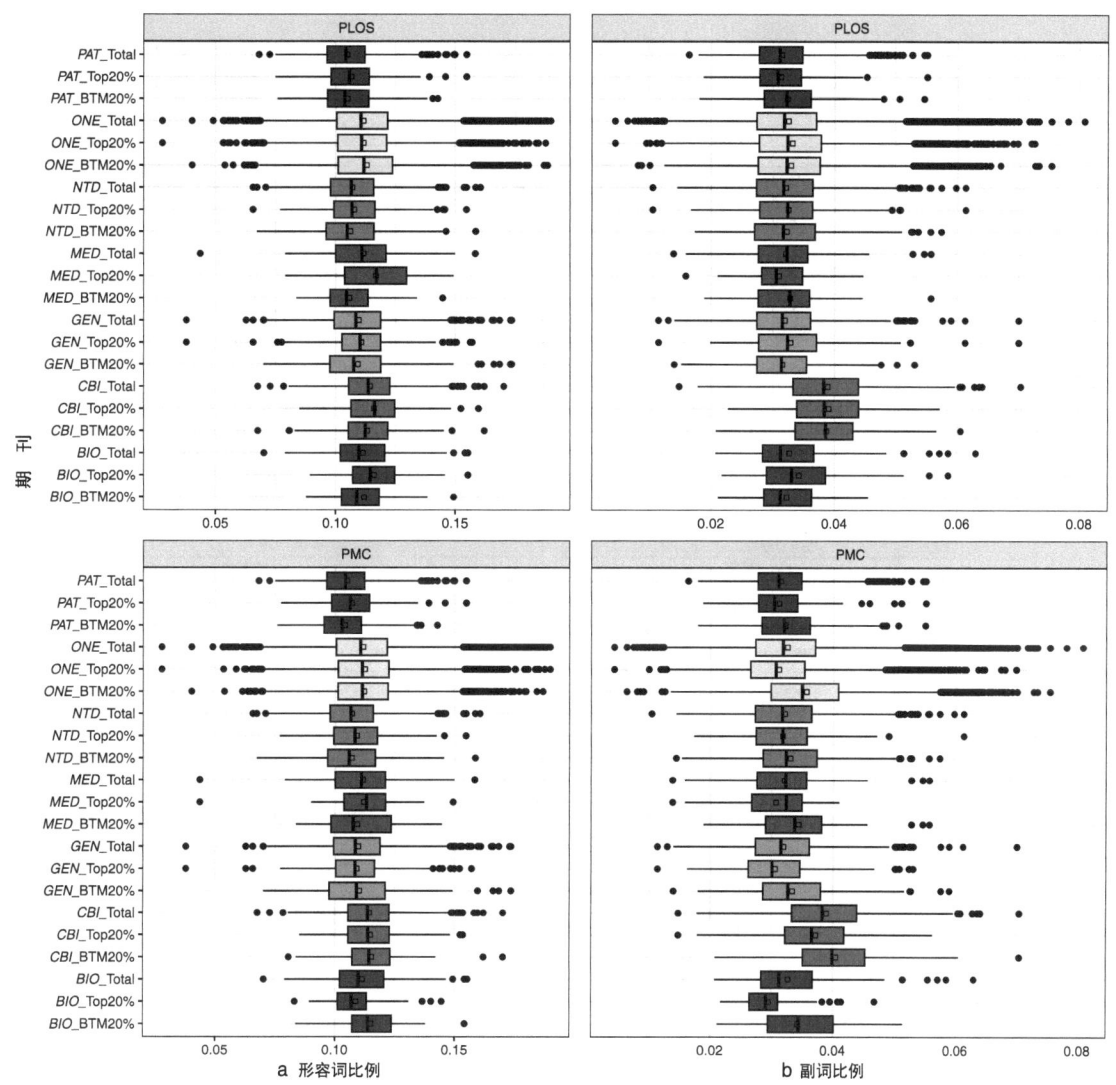

图 6.24 不同平台、不同期刊高下载论文的形容词比例与副词比例分布

6.4.2.5 高下载论文的词汇复杂度

图 6.25 与图 6.26 展示了不同分组论文的平均名词、动词、形容词和副词长度。总体来看,"全部论文"小组中,平均名词、动词、形容词和副词长度分别为 6.68、6.13、6.48 和 7.92。"高下载论文"小组中,平均名词、动词、形容词和副词长度分别为 6.72、6.17、7.96 和 6.53。

由图 6.25a 可知,CBI 和 MED 的平均名词长度较大,其次是 NTD、ONE、GEN、BIO 和 PAT 的较短。由图 6.25b 可知,PAT 的平均动词长度最大,其次是 BIO、GEN、ONE、MED 和 NTD,CBI 的最短。由图 6.26a 可知,PAT 的平均形容词长度最长,由图 6.26b 可知,PAT 平均副词长度最长,其次是 ONE、BIO、NTD 和 MED,CBI 的最短。

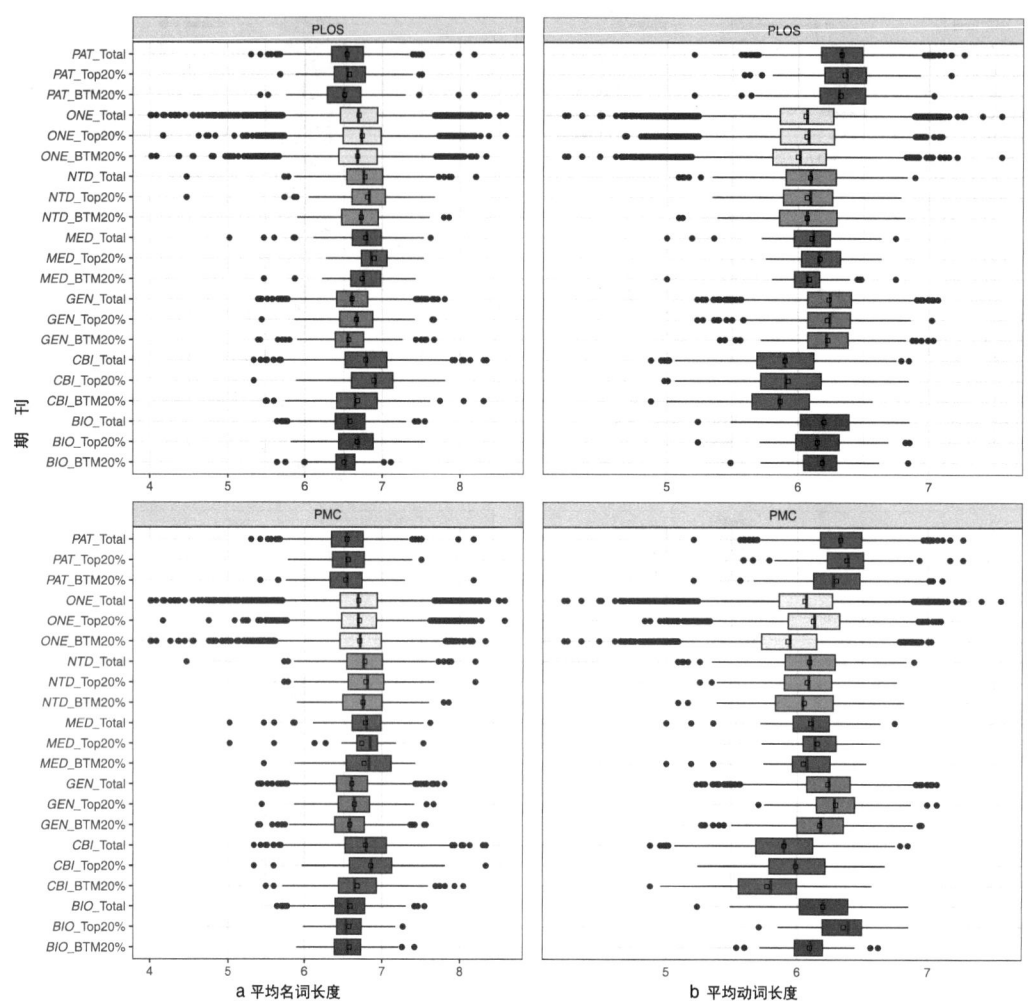

图 6.25 不同平台、不同期刊高下载论文的平均名词与动词长度分布

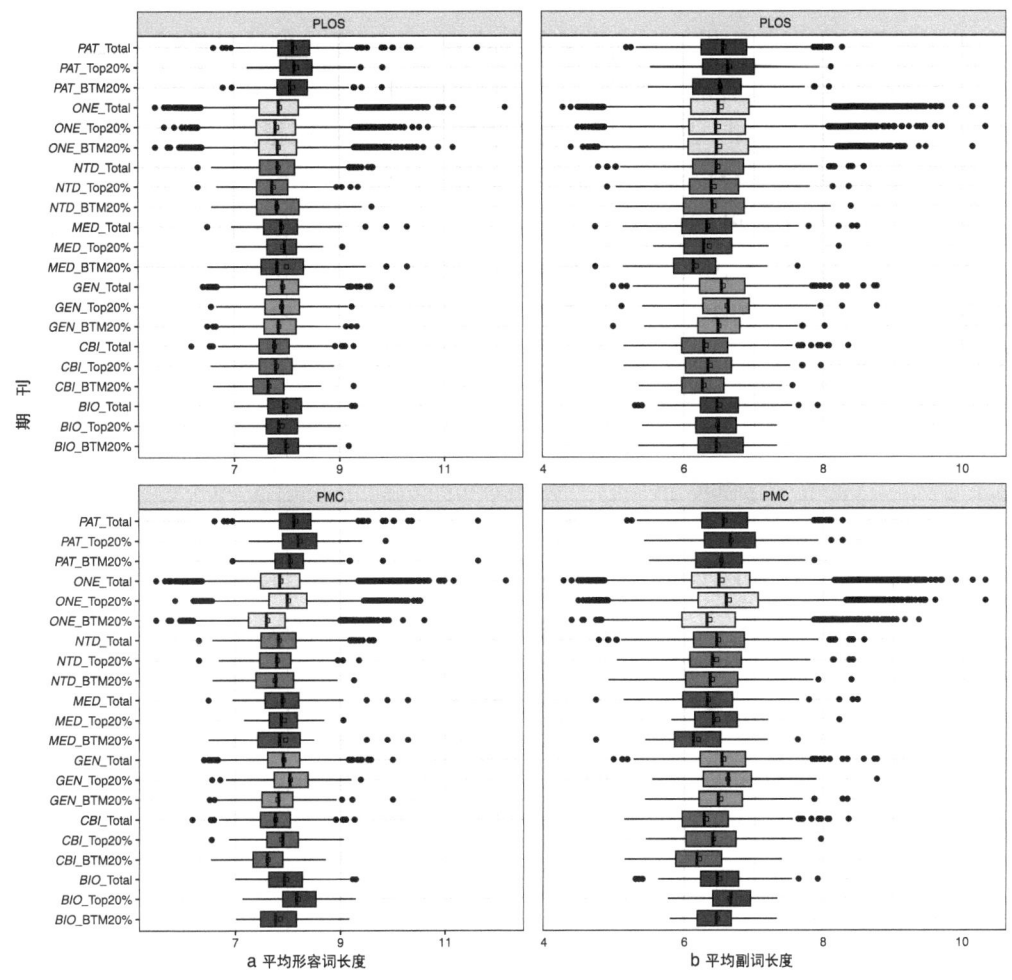

图 6.26 不同平台、不同期刊高下载论文的平均形容词长度与副词长度分布

6.4.3 统计显著性检验

为了进一步验证高浏览与高下载学术论文与语言学特征指标之间的关系，本书应用双样本柯尔莫可洛夫-斯米洛夫检验［Two-sample Kolmogorov–Smirnov (K-S) test］对"高浏览与高下载论文"小组和"低浏览与低下载论文"小组进行统计检验，检验的 P 如表 6.23 和表 6.25 所示。此外，本书还对高浏览与高下载频次与语言学特征指标的斯皮尔曼（Spearman）相关性进行计算如表 6.24 和表 6.26 所示。

由表 6.23 和表 6.25 可知，整体上约 40% 的 K-S 检验结果通过了显著性检验。其中，高浏览与低浏览小组之间，CBI、NTD、ONE 和 PAT 通过了显著性检验，PLoS 期刊官网的结果最好。高下载与低下载小组之间，CBI、GEN、NTD、ONE 和 PAT 的标题长度指标通过了显著性检验，PLoS 期刊官网的结果最好。高下载与低下载小组之间，*BIO*、*CBI*、*GEN*、*NTD*、*ONE* 和 *PAT* 的平均句子长度指标通过了显著性检验，PMC 平台的结果最好。至于其他语言学指标，也或多或少通过了显著性检验，但仍然需要通过具体平台具体期刊而定。

由表 6.24 和表 6.26 可知，从整体看，使用数据与语言学特征指标之间呈现很弱的正负相关性。其中，*GEN*、*NTD*、*ONE* 和 *PAT* 论文的高浏览频次与标题长度呈现弱负相关关系，尤其是在 PLoS 期刊官网上。PLoS 期刊官网平台下，*NTD* 和 *ONE* 论文的高下载频次与标题长度呈现弱负相关关系。*ONE* 论文的高下载频次与词汇多样性、名词比例、动词长度、形容词长度及副词长度呈现弱负相关关系，尤其是在 PLoS 期刊官网。PMC 平台下，*BIO* 期刊的高下载频次与形容词长度及副词长度呈现弱负相关关系。PLoS 期刊官网平台下，期刊 *BIO* 的高下载频次与副词长度呈现中度负相关关系。

表 6.23　标题长度指标双样本 K–S 检验的 *P*（高浏览小组 vs. 低浏览小组）

平台	*BIO*	*CBI*	*GEN*	*MED*	*NTD*	*ONE*	*PAT*
PLoS	0.9807	0.0007339	0.05432	0.9727	0.1398	4.349e−05	0.04042
PMC	0.3442	0.396	0.4851	0.9727	0.03758	6.994e−15	0.05228

表 6.24　高浏览次数与标题长度指标的 Spearman 相关系数

平台	*BIO*	*CBI*	*GEN*	*MED*	*NTD*	*ONE*	*PAT*
PLoS	0.208	−0.022	−0.139*	0.050	−0.141*	−0.053***	−0.201**
PMC	0.229	−0.013	0.046	0.109	−0.014	−0.036***	−0.073

($* P \leq 0.05, ** P \leq 0.01, *** P \leq 0.001$)

表 6.25 语言学特征指标双样本 K-S 检验的 P 值（高下载小组 vs. 低下载小组）

	标题长度	摘要长度	全文长度	平均句子长度	词汇多样性	名词比例	动词比例	形容词比例	副词比例	名词长度	动词长度	形容词长度	副词长度
BIO_PLoS	0.9103	0.02241	0.4761	0.3466	0.788	0.9141	0.4796	0.2404	0.4796	0.001644	0.3466	0.4796	0.9824
BIO_PMC	0.9103	0.9103	0.3442	0.03818	0.1604	4.391e-08	0.4796	0.003331	2.626e-05	0.9824	4.447e-07	0.001644	0.06393
CBI_PLoS	0.0000675	0.974	0.06854	0.4814	0.6225	0.5584	0.1739	0.1331	0.7872	2.969e-08	0.2403	0.009742	0.2519
CBI_PMC	0.04741	0.005116	0.6018	0.01908	0.03142	1.903e-10	0.3691	0.7813	0.0002985	5.02e-06	2.505e-07	1.004e-07	0.0001167
GEN_PLoS	0.005451	0.3668	0.431	0.444	0.5056	0.07871	0.3787	0.003585	0.07679	0.00121	0.4888	0.5471	0.006845
GEN_PMC	0.3158	0.07971	0.01763	1.497e-07	1.056e-08	5.095e-13	0.5518	0.1371	2.16e-05	0.09991	7.038e-08	4.589e-07	0.01755
MED_PLoS	0.8558	0.8558	0.8558	0.6727	0.8632	0.3068	0.8632	0.01319	0.4728	0.1859	0.1859	0.8632	0.6727
MED_PMC	0.9994	0.6649	0.8558	0.9762	0.3068	0.05637	0.1859	0.3068	0.6727	0.4728	0.4728	0.4728	0.1057
NTD_PLoS	2.231e-05	0.02988	0.000323	0.4611	0.004429	0.2058	0.9804	0.1411	0.4611	0.01049	0.3991	0.06072	0.3991
NTD_PMC	0.02413	0.1419	0.4305	0.0001405	0.11145	0.05081	0.3753	0.1206	0.07627	0.2695	0.1278	0.26	0.8371
ONE_PLoS	1.842e-06	2.2e-16	2.2e-16	2.238e-08	2.2e-16	2.2e-16	2.2e-16	2.885e-11	0.1172	2.2e-16	2.2e-16	2.471e-06	0.01023
ONE_PMC	2.2e-16	2.2e-16	2.2e-16	2.2e-16	0.5729	0.65	2.428e-06	0.4415	0.6727	3.489e-13	2.2e-16	2.2e-16	2.2e-16
PAT_PLoS	0.0002553	0.4985	0.114	0.03409	0.2103	0.000104	0.9598	0.365	0.114	0.07216	0.1741	0.3075	0.04414
PAT_PMC	0.1168	0.06395	0.07946	1.848e-05			0.3044	0.01633	0.02749	0.3775	6.193e-05	0.000376	0.01576

表 6.26 高下载次数与语言学特征指标的 Spearman 相关系数

	标题长度	摘要长度	全文长度	平均句子长度	词汇多样性	名词比例	动词比例	形容词比例	副词比例	名词长度	动词长度	形容词长度	副词长度
BIO_PLoS	0.118	-0.182	-0.017	0.044	-0.054	-0.147	-0.106	0.080	0.255	0.186	-0.098	-0.090	-0.047
BIO_PMC	0.084	0.185	-0.081	0.028	-0.072	0.161	-0.157	-0.294*	-0.056	-0.170	-0.016	0.069	-0.330*
CBI_PLoS	-0.101	-0.058	0.074	-0.064	-0.041	0.042	-0.017	0.052	-0.017	-0.047	-0.046	0.030	0.005
CBI_PMC	-0.004	0.086	-0.031	-0.061	0.036	0.075	0.016	-0.005	-0.050	0.031	0.045	0.154*	0.062
GEN_PLoS	0.014	-0.030	-0.072	0.081	-0.020	-0.078	-0.006	0.032	0.033	0.141*	-0.010	-0.015	-0.073
GEN_PMC	0.025	0.089	0.015	0.076	-0.002	0.044	-0.079	-0.062	-0.024	0.032	0.003	0.020	0.096
MED_PLoS	0.024	-0.075	0.047	0.019	0.032	0.068	0.216	-0.087	-0.060	-0.033	-0.075	-0.125	-0.444**
MED_PMC	0.196	0.061	0.110	-0.274	0.137	0.282	-0.095	0.003	-0.197	0.026	-0.007	-0.133	-0.184
NTD_PLoS	-0.222***	-0.012	0.053	-0.050	0.007	-0.008	0.046	0.083	0.113	0.044	-0.018	-0.040	0.086
NTD_PMC	-0.037	0.033	0.094	-0.026	-0.076	0.035	-0.101	0.071	0.052	0.031	-0.001	-0.131	-0.043
ONE_PLoS	-0.064***	0.011	0.057***	0.064***	-0.058***	-0.116***	0.060***	0.041***	0.095***	0.059***	-0.079***	-0.103***	-0.080***
ONE_PMC	0.008	0.058***	0.026**	-0.014	-0.039***	-0.037***	0.032***	0.021*	0.039***	0.045***	0.004	-0.019*	-0.010
PAT_PLoS	0.027	-0.035	-0.044	0.027	-0.003	-0.053	-0.018	0.059	-0.014	0.026	0.112	0.011	0.071
PAT_PMC	0.026	0.080	0.028	-0.041	-0.034	-0.080	0.079	0.006	0.014	0.029	-0.088	-0.076	0.018

(* $P \leq 0.05$, ** $P \leq 0.01$, *** $P \leq 0.001$)

6.4.4 结论

本节运用计算语言学的方法去验证语言学特征是否影响英文科学论文的浏览与下载频次。从中值和均值来看，不同小组的语言学特征指标差别很小。从显著性检验结果来看，整体上未通过显著性检验，但是，对特定平台特定期刊的特定语言学特征指标而言，它们通过了显著性检验。因此，从本节样本数据的整体范围来看，语言学特征对英文学术论文的浏览与下载频次影响很小，但是在局部范围，语言学特征仍然具有一定影响。

尽管如此，本节样本数据整体上揭示了英文学术论文的语言学特征。例如，样本数据中的平均句子长度通常超过 22 个单词，平均词汇多样性超过 20%，平均名词、动词、形容词和副词比例分别为 35%~39%、15%、11% 和 3%。此外，不同平台之间及不同期刊之间的语言学特征不同。

哈米德·贾马利（Hamid Jamali）和马萨·尼扎德（Mahsa Nikzad）[34]发现英文学术论文标题越短下载次数越多，而 Duan 和 Xiong[35]发现中文学术论文的标题长度与下载次数之间不存在相关性。本书认为，应该加入社会因素进行分析，如语种及不同期刊的投稿规定（如标题字数、摘要字数及关键词个数）等。此外，还应考虑以下因素：一是不同学科、期刊均有自己的研究范式和特有术语；二是不同年龄、职位和学术背景的用户会选择不同的学术平台浏览和下载学术论文；三是在实际案例分析过程中，抽样的范围与方式及数据整合与切分也会影响研究者的判断。

本节的案例也存在一些不足，具体如下：一是所选择的样本仅为 PLoS 的两年（2014 年到 2015 年）数据，如果引入不同平台不同年份的数据，结果可能不同；二是仅应用了比较简单的语言学特征指标，需要引入计算语言学领域的其他指标。在后续研究中，会运用计算语言学、深度访谈及用户行为实验等相结合的方式去研究用户浏览与下载论文背后的更多因素。

6.5 基于文本挖掘的中国数据治理政策演化研究

数据是重要的战略资源、生产要素和治理要素，其地位与作用得到了党和国家前所未有的重视。2015 年国务院发布《国务院关于印发促进大数据发展行动纲要的通知》（简称《纲要》），将形成公共数据资源合理适度开放共享的法规制度和政策体系作为中长期目标[36]。党的十九届四中全会首次将数据与劳动、土地、知识、技术和管理并列作为重要的生产要素。2020 年，《中共中央国务院关于构建更加完善的要素市场化配置体制机制的意见》和《中共中央国务院关于新时代加快完善社会主义市场经济体制的意见》均强调要培育和发展数据要素市场。《中共中央关于制定国民经济和社会发展第十四个五年规划和二〇三五年远景目标的建议》明确提出，"要加强公共数据开放共享，建立健全国家公共数据资源体系，鼓励第三方深化对公共数据的挖掘利用等构想"。

上述制度或战略安排对数据资源的地位及其开放利用提出了前所未有的要求。面对上述形势，我国各级政府在制度设计和行动实践上也从政府信息公开、政府数据共享开放逐步向公共数据开放利用转型。

从发展进程上看，2015年以前，我国公共数据治理政策的形成与制定主要是以政府信息公开为发端[37]。2015年之后，随着大数据技术的应用和数字经济的发展，我国有关数据治理政策的对象开始转向政务数据开放、公开数据开放利用和大数据治理。2019年之后，《中华人民共和国数据安全法》《中华人民共和国网络安全法》《中华人民共和国个人信息保护法》等法律陆续发布，这标志着我国数据治理的国家法律体系正式形成。在上述政策发展历程中，我国有关省份、行业领域也陆续推出了有关大数据、公共数据、政务数据、行业数据等的地方性法规或规章。这表明，我国数据治理法律、法规和规章等政策体系正在逐步形成。

6.5.1 研究进展与研究问题

6.5.1.1 国内外研究进展

国内关于数据治理政策的研究主要围绕着政府信息、公共信息、政府数据、公共数据、行业数据（如科学数据、金融数据等）和大数据等不同客体对象分别展开。通过梳理发现，目前我国关于数据治理政策问题的研究主要集中在政府信息公开政策、公共信息资源开放服务政策和政府数据或政务数据开放共享政策等3个热点上。

政府信息公开政策研究始于2008年前后《中华人民共和国政府信息公开条例》等政策文件的出台背景、内容和实践难题等，并围绕其实行与修订的若干问题进行广泛的讨论。段尧清等以政府信息公开政策文本为研究对象，采用内容分析法和文本分析法对政府信息公开的主体、内容、渠道和监督保障措施的变化趋势进行了分析[38]；谭春辉等则从政策工具类型和信息公开要素两个维度，实证剖析我国信息公开政策现状问题及其优化策略[39]；姚静等对中国、美国、英国、澳大利亚、新西兰、新加坡6个国家政府信息公开与政府数据开放政策的提出背景、参与机构、主要内容和体系特点等维度进行比较，认为政府信息公开和政府数据开放是彼此独立的概念，以及各有侧重的政策行动[40]。

2018年，中央网信办等三部门联合印发《公共信息资源开放试点工作方案》，在此背景下各级政府纷纷出台有关政策。为细致地探究我国公共信息资源开放政策制定情况，学界从宏观上归纳总结了我国公共信息资源开放政策的主题变迁规律[41]；从中观上深入挖掘不同层级、不同区域地方相关政策的关联性[42]；从微观上具体分析政策力度、目标、工具之间的协同作用[43]，并认为我国公共信息资源开放政策主要集中在公共信息资源建设和共享利用的信息生命周期阶段[44]。

学界在对美国、英国、新加坡等国政府数据共享开放政策提出的背景、具体内容和主要特点进行介绍分析的基础上，对我国开放政府数据有关政策的制度环境、演进历史、内容特点、政策工具、协同情况、执行效果等进行了初步分析[45]。陈玲等[46]及周文泓[47]梳理了我国政府开放数据政策实施的总体现状，并以此为基础分析了我国政府开放数据政策的特点、问题与对策建议；黄如花等在国家层面各部门的政府数据开放政策框架及内容分析的基础上，认为我国政府数据开放共享政策初步形成了贯穿数据生命周期的框架体系[48]，并提出了我国政府数据开放共享的政策体系[49]；洪伟达等从政策强度、政策目标和政策工具3个维度设计了政策量化标准，分析了我国开放政府数据政策的协同情况[50]；屠健引入政策执行综合模型对我国政府开放数据政策执行中的影响因素进行了分析[51]。

国外关于数据政策客体对象的研究集中在数据记录、政府文件、政府信息、政府数据、大数据等方面。通过梳理分析发现，国外关于数据政策的研究主要集中在影响数据开放利用政策实施的相关因素、数据管理流程与内容的政策研究、数据开放安全与权利保护政策等方面。凯兰·哈迪（Keiran Hardy）等[52]提出数据开放共享政策是影响推进公共数据开放共享运动的关键因素；马克萨特·卡森（Maxat Kassen）[53]通过对不同国家的数据开放政策进行比较研究，分析发现了其数据开放政策的异同点；阿古斯·赫尔曼托（Agus Hermanto）等[54]对数据获取、利用与再利用、产品加工服务等方面的法律政策内容进行了分析探索；苏门·卡亚尔（Soumen Kayal）等[55]结合部分地区的政策实践对政府数据开放利用中的权利保护问题进行了分析，马利亚·乌夫沃瓦（Mária Žuffová）[56]结合多国案例对政府数据安全保护政策中的各种矛盾进行了比较分析；克莱门特·特贝林（Clément Turbelin）等[57]及维涅什·苏比安（Vignesh Subbian）等[58]结合健康数据利用的实际案例，特别是新冠疫情健康信息传播的挑战与问题，对有关健康类等专业数据政策问题进行了讨论。

从国内外学界上述研究关注点及其主要线索可以看出，其主要研究特点是：一是针对各类政府信息、公共信息、政府数据等不同客体对象政策文本展开研究，由于上述概念相互之间彼此交织且相互联系，因此现有研究在政策文本的选择范围上就表现出一定的交叉性；二是将政策客体的研究重点集中在政府信息、公共信息和政府数据等的收集、处理、公开、共享与开放等信息或数据运动生命周期环节内，从而初步形成了一个政府信息或政府数据全生命周期闭环管理政策体系；三是初步勾勒出了政府信息、公共信息和政府数据等政策的对象、工具、协同、执行等方面的基本特点和变化态势，对数据安全、数据权利等问题有了一定的关注。上述研究为政策实践、政策改进等提供了重要依据。

6.5.1.2　研究问题

从学理上看，公共信息与政府数据、政府或政务数据与公共数据、社会数据和大数据等有明显不同，其政策意图与目标、政策内容重点和政策工具组合等方面既有联系也有区别。当前迫切需要回答的问题如下。

一是从更大的概念外延上对政策客体对象及其主题内容的演变特征、政策目标与主题内容的适配性、政策内容关键要素及其变化特点等进行分析，从而为现有数据治理政策的完善提供依据。

二是从数据价值链的全链条上，按照"有关主体是否具有数据权利或权益——数据可以在多大程度或范围上被利用——利用数据的目的是什么"这一逻辑，对不同数据治理政策的关键线索词进行分析，从中分析有关主体获取或利用数据究竟是因数据开放而"受益"还是因其本身就具有一定的"权利"或"权益"，政策客体的内容设计是否存在从其运动生命周期内的"内循环"（数据采集归集、分类分级、加工处理、共享开放等）到开放后"外循环"（数据开发加工、数据融合与再利用、流通交易等）的变化等，即分析数据是否存在使用范围和应用场景的扩大，从中发现并揭示近年来政策价值导向、政策内容关键要素所表现出的新趋势，从而为数据治理政策的发展提供方向。

6.5.2 数据与方法

6.5.2.1 数据来源

本节所采用的数据治理政策是广义的概念，即包括数据治理的法律、法规和规范性文件，相关政策附件、数据开放目录或清单、数据开放标准、数据分级分类方法、政府工作报告、国民经济和社会发展规划等不计入其中。

首先，选用相关关键词（政府数据、政务数据、政府信息、政务信息、电子政务、数字政府、政务云、公共数据、公共信息、社会信息、大数据、数据条例和数字条例等）检索广义上的数据开放政策（包括法律法规和规范性文件），具体从下述数据源进行检索（检索时间截至 2021 年 12 月 31 日），检索范围：北大法宝数据库；百度和必应搜索引擎（重点关注中央政府门户网站、各地方政府门户网站和数据开放网站等）；依据已公开发表的文献资料对检索结果进行补充。

其次，对获取的政策文本进行筛选处理。要求政策文本具备较为规范的政策文本格式且涵盖开放数据的重点内容（如采集与使用、监督与保障）；删除开放数据标准和技术规定等标准或操作类政策文本。最终保留 258 份数据开放相关政策文件作为本节研究样本。

由综述部分可知，国内关于数据治理政策的研究主要围绕着政府信息、公共信息、政府数据、公共数据、行业数据（如科学数据、金融数据等）和大数据等不同客体对象分别展开。此外，笔者对搜集整理的政策文件进行逐一阅读，将样本政策文本主要涉及的客体对象总结为政务数据、公共数据、行业数据和大数据 4 类。

6.5.2.2 研究框架

一般而言，针对单个政策文献的内容量化分析多采用政策主体、政策客体、政策工具等分析维度，针对多个政策文献的内容量化分析主要依据这些分析维度在时间序列上的变化，可以进行比较分析和趋势分析等[59]。本书依据政策文献的研究语料分析作为基本维度，从形式特征和内容两个方面进行样本政策文本的数据字段抽取，并在此基础上进行相关描述性推论或因果推论分析[60]。依据上述思路，本书制定"数据准备、形式特征分析、内容特征分析（主题内容分析、关键线索词分析、语言学特征分析）和研究逻辑推论"的研究框架。具体内容如下（图 6.27）。

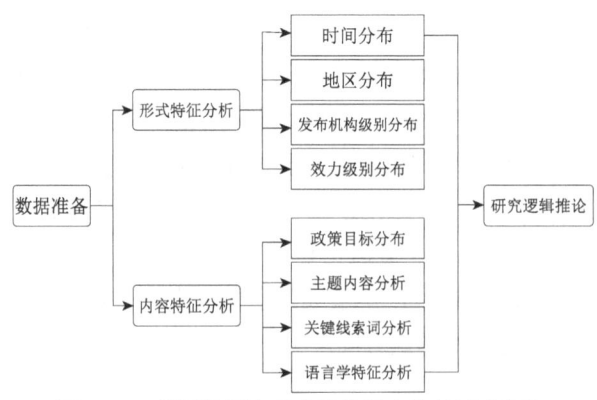

图 6.27 我国数据治理政策发展变化的研究框架

（1）数据准备

政策文献具有文献基本结构要素，具体包括标题、时间、发文字号、文种、颁布机构、地域和正文等。其中，正文包括政策的目标、主体、客体、工具和主题等具体内容。基于此，本书制定了不同数据治理政策数据字段抽取方案，具体如表6.27所示，并依据表6.27对研究样本进行人工阅读和数据标注，由5名标注成员两两组合共经过5轮标注完成，争议之处通过5人小组会议讨论决定。值得提出的是，在公共政策学中，政策客体通常包括物的方面和人的方面，即政策所要解决的社会问题和政策所作用的目标群体，政策主体对政策客体作用的目的在于调整和解决政策客体内部人的方面和物的方面的关系[61]。为了区别政策所针对的物的范围和所针对的执行者，本书区别使用了政策客体和政策对象两个不同概念，将政策所作用的对象，即政策的施政目标群体称为政策对象，将政策所指向的物的方面称为政策客体。

表6.27 不同数据治理政策数据字段抽取方案

类型	主要字段	具体字段	解释/备注
形式特征	政策类型	政务数据开放政策	涉及政务（或政府）数据、政务信息资源、电子政务和政务云等
		公共数据开放政策	涉及公共数据、公共信息资源和社会信息资源等
		行业数据开放政策	涉及不同行业的数据
		大数据开放政策	涉及大数据、数据和数字等
	政策文种	进入立法程序	根据政策颁布机构的级别、政策类型、是否进入立法程序和政策有效范围等分为3类：中央（全国人大及其常务委员会颁布的法律法规；党中央、国务院及其构成部门颁布的决定、规定、意见、办法、方案、指南、纲要、规划、计划、规范、标准、细则、通知等）、省（各省级行政区人大及其常务委员会颁布的地方性法规；各省级行政区党委和政府颁布的决定、通知等）和市县乡（各市县乡人大及其常务委员会颁布的地方性法规；各市县乡级行政区党委和政府颁布的决定、通知等）
		未进入立法程序	
	政策效力级别	法律、法规和规范性文件	具体包括宪法、法律、行政法规（国务院令）、部门规章（国务院各部、委员会、具有行政管理职能的直属机构，经部务会议或者委员会会议决定）、地方性法规、自治法规、地方政府规章（地方政府常务会议或全体会议决定）、规范性文件
	发布时间	年月日	公历格式的年月日（如"2021-11-10"）
	实施时间		
	发文字号	有发文字号	由特定编排的文字、字母和数字组成
		无发文字号	政策文本中没有该字段，则标注"空"
	发布机构	名称	全称（如"国务院"和"交通运输部"）
		级别	中央、省、市县乡三级

续表

类型	主要字段	具体字段	解释/备注
形式特征	所在地	省（市）和市（县）	全称（如北京、江苏和苏州）。一般从政策名称中获取
		省级地区	34个省级行政区
		行政地理分区	东北、华北、西北、华中、华东、华南和西南
		社会经济发展分区	东部、中部、西部和东北
内容特征	政策目标[50]	经济	包括优化政府治理（治理、制度、效能和安全等）、促进经济发展（开发、产业、监管和生态等）和创新民生服务（开放、需求、服务和参与等），抽象为经济、社会（包括民生）和政府3类。一般位于总则的第一条，如依据"为了……"或"目标"等线索词
		社会	
		民生	
	政策主体	政策制定者	可通过发布机构、发文字号和政策文本最后一条（由×××负责解释）等来确定。若发布机构与政策文本最后一条不一致，以后者优先
	政策对象	政策执行者	政策内容中提及的单位、组织或个人（与政策主体不同），分为4类：政府部门、事业单位、社会组织和自然人
	政策客体	政府（或政务）数据	指政务部门在履行职责过程中制作或获取的，以一定形式记录、保存的文件、资料、图表和数据等各类信息资源，包括政务部门直接或通过第三方依法采集的、依法授权管理的和因履行职责需要依托政务信息系统形成的信息资源等
		公共数据	指公共管理和服务机构在依法履行公共管理职责或者提供公共服务过程中产生、处理的数据
		行业数据	指从事相同性质的生产或社会活动的所有单位，在从事的生产或社会活动中产生、处理的数据
	政策工具[50,62-63]	供给型	基础设施、公共服务、规范标准、资金投入、教育培训和人才培养等
		环境型	政府采购、服务外包、企业经营、鼓励引导、应用示范和交流合作等
		需求型	法规管制、行政推动、金融扶持、税收优惠、考核监督和安全保障等
	政策主题	词组	政策文本中的词组（如名词词组和名词动词词组）
		关键线索词	政策文本中的实体（如名词和动词）
		语言学特征	政策文本的全文长度、段落数量和平均句子长度等

（2）政策文本的形式特征分析

政策文本的形式特征分析主要从发布年份、发布机构所在省级地区、发布机构所在行政地理分区、发布机构所在社会经济发展分区、发布机构级别、政策效力级别和政策类型等视角展开。出于图表制作统一性等考虑，本书也将政策目标分析放在该部分，如图6.28所示。

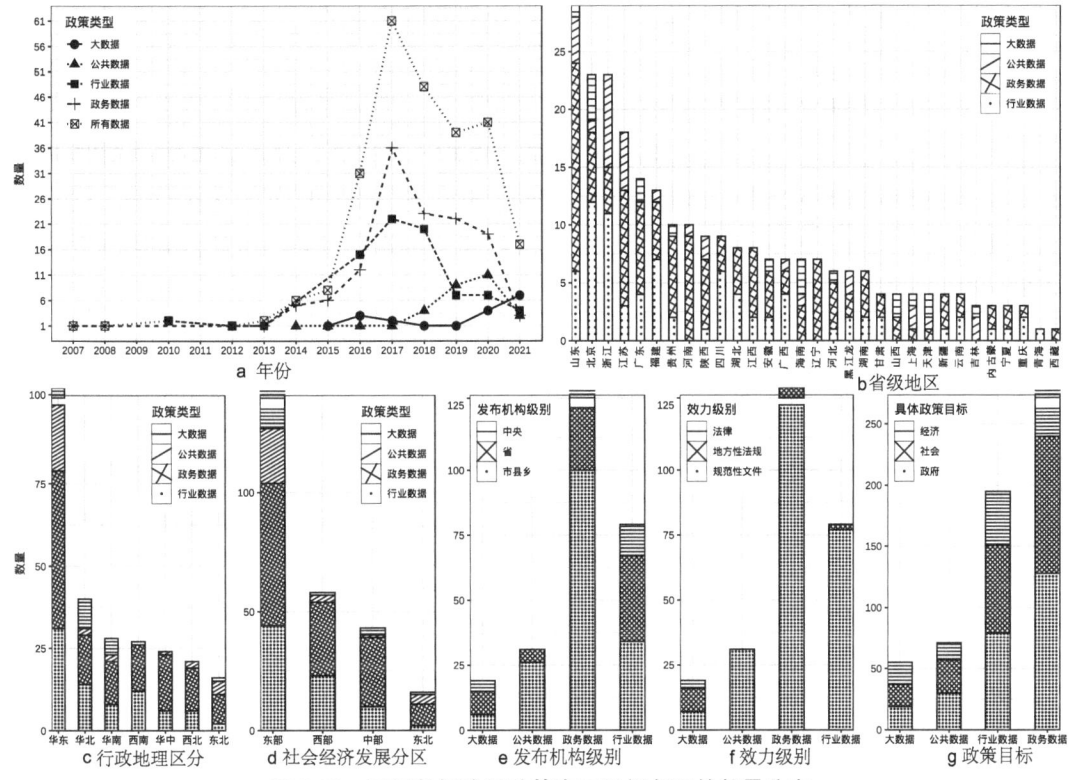

图 6.28 不同数据治理政策在不同视角下的数量分布

（3）政策文本的主题内容分析

政策文本的主题内容分析的主要思路如下。首先对不同类型数据开放政策的正文进行分词处理（去除停用词并加入用户自定义词典），然后进行高频词组的识别、预处理与统计。实际操作中，借助 R 语言中的 quanteda 软件包进行中文分词和高频词组识别[64]，具体结果如表 6.28 所示。值得提出的是，本书未获取到《天津市政务信息资源共享管理暂行办法》全文，仅对其进行了形式特征分析，未将其纳入内容分析部分。

（4）政策文本的关键线索词分析

关键词和主题词等是揭示文本主要内容的具体表征[65]，研究者可以利用不同时期政策关键词、主题词的差异来反映政策变迁。魏伟等还拓展了主题词分析，给出了高频词、热词和新词的操作化方式[66]。在此，本书结合关键词、主题词、高频词、热词和新词等在数据治理政策中的运用，提出运用政策全文本中的关键线索词来分析政策内容要素的变化及其相互关联性。

数据治理是一个由有关主体对数据客体实施影响的过程。现有研究主要从数据治理服务主体、数据治理责任主体、治理要素和治理过程 4 个维度对数据治理的定义进行阐释[67]。在借鉴数据治理要素的构成的基础上，按照有关主体的权利（数据形成主体、数据内容针对主体、数据使用主体等）、数据要素客体及其范围、数据要素客体开放程度[68]和数据应用场景等相互关联的环节，组成一个完整的政策内容分析链条来确定关键线索词，即依据权利、客体及其范围、客体开放程度和应用场景等相互关联的政策内容要素抽取相应关键线索词，从而理解政策主体注意力在不同问题间的分配，找出问题解决中的"关键少数"和实践发展中的"新生事物"[60]。

选取上述关键线索词的基本方法是通过对特定词汇、词组分析，可以将文本特征融入描述性或因果推论过程中，从而对政策价值导向、政策开放程度、政策影响的范围等进行判断，这也是关键线索词选定的基本依据[60]；同时，针对各关键线索词依次从时间、空间、发布机构级别、政策效力级别、政策类型、政策目标和线索词自身等视角进行具体分析，以发现不同关键线索词在不同维度上的分布特征。

政策文本关键线索词分析的实现方法如下。

一是关键线索词的选定。依据上文关于关键线索词分析的基本依据，在上述数据治理要素链条上涉及有关主体权利的关键线索词主要有有权、确权、授权、权利和权益；涉及客体范围的关键线索词有大数据、公共数据、政务数据和行业数据；涉及客体开放程度的关键线索词有共享、开放、开发和利用；涉及数据应用场景的关键线索词有数据安全、数据资产、数字经济、数字政府和数字社会，具体如表6.28所示。

表6.28 政策文本关键线索词的选定

类型	关键词
主体权利	有权、确权、授权、权利、权益
客体	大数据、公共数据、政务数据和行业数据
客体开放程度	共享、开放、开发、利用
应用场景	数据安全、数据资产、数字经济、数字政府、数字社会

二是关键线索词的识别与统计。首先，从样本政策文本中识别关键线索词并进行单篇统计；其次，从时间、空间、发布机构级别、政策效力级别和政策类型及政策目标等视角分别进行关键线索词分类（分组）汇总；再次，为了消除不同视角分类结果数量不均衡造成的影响，将各关键线索词总数分别除以不同视角分类结果总数得到篇均关键线索词数量，并对篇均关键线索词数量进行组间归一化（水平归一化）以直观比较线索词在不同视角分类结果之间的差异，数值越靠近1表明线索词数量越多，数值越靠近0表明线索词数量越少；最后，为了直观比较线索词在不同视角分类结果内部的差异，对篇均关键线索词数量进行组内归一化（垂直归一化），数值越靠近1表明线索词数量越多，数值越靠近0表明线索词数量越少。

三是对不同类型政策关键线索词出现频次之间的相关性进行分析，用以探索不同类型政策文本的用词特点。先对各关键线索词在不同分析视角下的分布情况进行拟合，发现并非所有关键线索词符合正态分布，因此计算各关键线索词的Spearman相关系数。此外，为了直观展示统计结果，将非显著性结果删除。

（5）政策文本的语言学特征分析

本书依据政策文本的基本结构特征及语言粒度特征，按照"正文、段落和句子"的思路展开分析，具体选择政策文本正文长度、正文段落数量和正文平均句子长度3个指标来测度政策文本的语言学特征。首先借助 R 语言中的 Quanteda 软件包计算各政策文本的正文字数、段落数量和正文平均句子长度[64]，然后针对不同类型政策文本的语言学特征进行 Spearman 相关性分析。

6.5.3 研究结果

6.5.3.1 不同数据治理政策的形式特征分析

由图 6.28a 可知，大数据和公共数据开放政策整体上呈现逐年递增的趋势，而政务数据和行业数据开放政策整体上呈现逐年递减的趋势。由图 6.28b 可知，山东、北京和浙江发布的数据开放政策数量多（其中，山东和北京的数据开放政策种类也多），其次是江苏、广东和福建，青海和西藏的最少。由图 6.28c 可知，华东地区发布的数据开放政策数量最多，其次是华北、华南、西南、华中和西北，东北地区最少。由图 6.28d 可知，东部地区发布的数据开放政策数量最多，西部、中部和东北地区依次减少。

由图 6.28e 可知，政务数据开放政策数量最多，行业数据、公共数据和大数据开放政策数量依次减少，其中大数据和行业数据开放政策多由中央和省级机构发布，公共数据和政务数据多由市县乡级机构发布。由图 6.28f 可知，大数据开放政策覆盖了法律、地方性法规和规范性文件 3 种，公共数据开放政策仅覆盖规范性文件一种，政务数据和行业数据则覆盖地方性法规和规范性文件两种。由图 6.28g 可知，所有政策均制定了经济、政府和社会政策目标，其中大数据开放政策中 3 种目标最均衡，其他政策更偏重政府和社会发展目标；其中，行业数据开放政策的经济目标比重最高，其次是公共数据开放政策，最后是政务数据开放政策。

6.5.3.2 不同数据治理政策的主题内容分析

由表 6.29 可知，大数据开放政策的主题涵盖范围广泛，包括目标（大数据产业、社会治理、城乡建设和经济社会等）、内容（大数据管理、大数据平台、数据安全和网络运营等）和保障措施（法律行政法规、个人信息保护和信息基础设施等）；公共数据开放政策的主题涵盖范围同样较为广泛，但是更加偏重电子政务相关主题；政务数据开放政策的主题整体偏重电子政务相关主题；行业数据开放政策的主题集中在健康医疗、科学数据、信用、地理空间、人力资源社会保障、城市交通和食品药品等细分领域，尤其是与公民生活紧密相关的关键领域。值得提出的是，大数据和公共数据开放政策提及法律行政法规最多，其次是政务数据开放政策，最后是行业数据开放政策。

表 6.29　不同类型数据治理政策的高频词组 TOP 20

类型	关键词
大数据	大数据发展应用、个人信息处理、法律行政法规、大数据管理、大数据应用、工业信息化、大数据产业、个人信息保护、信息基础设施、大数据平台、数据安全、公共管理服务机构、大数据企业、社会治理、市场主体、网络运营、数据管理、数据处理活动、城乡建设、经济社会

续表

类型	关键词
公共数据	公共管理服务机构、公共数据电子政务、开放公共数据、法律法规规定、公共数据管理、公共数据资源目录、公民法人组织、公共数据主管部门、公共数据平台、获取公共数据、共享公共数据、商业秘密个人隐私、大数据平台、政务服务数字化、大数据主管部门、行政区域公共数据、公共数据开放工作、公共管理服务机构、大数据发展、经济信息化
政务数据	政务信息资源共享、政务信息资源目录、政务数据资源共享、政务部门共享使用、政务数据共享交换平台、基础信息资源、政务数据资源目录、公民法人组织、行政机关公共事业单位、信息化主管部门、政务数据主管部门、商业秘密个人隐私、大数据管理局、数据生产应用单位、无条件共享有条件共享不予共享、政务部门履行职责、行政主管部门、法律法规规定、政务数据资源管理、政府数据共享开放
行业数据	健康医疗大数据应用、科学数据管理、公共信用信息、大数据应用发展、地理空间数据、医疗卫生机构、人力资源社会保障、健康医疗服务、健康信息平台、城市交通数据资源、测绘地理信息、人口健康信息、食品药品监管、健康医疗数据、食品安全信息、电子健康档案、严重失信名单、全民健康信息、城市交通管理、档案电子病历

注：表中的词组降序排列。

6.5.3.3 不同数据治理政策关键线索词的分布及相关性分析

（1）不同数据治理政策线索词在各分组之间的热力图分布

由图6.29a可知，在权利相关的线索词中，有权提出的时间最早（2008年）且整体上随着时间呈增多—减少—增多的变化趋势，授权提出的时间也较早且整体上随着时间呈逐年增多的趋势，权利、权益和确权提出的时间较晚（其中确权提出的时间最晚，即2018年）并随着时间呈逐年增多的趋势；在客体开放程度相关的线索词中，共享随着时间呈增多—减少的趋势，开放（出现时间最晚，即2014年）、开发和利用随着时间呈逐年增多的趋势；在应用场景相关的线索词中，数据安全、数据资产、数字经济、数字政府和数字社会依次出现，均随着时间呈逐年增多的趋势。

由图6.29b、图6.29c和图6.29d可知，在权利相关的线索词中，授权在各省份、行政地理分区和社会经济发展分区政策文本中的次数最多，其次是权利和有权，权益和确权较少；在客体开放程度相关的线索词中，共享在各省份、行政地理分区和社会经济发展分区政策文本中出现且数量较多，其次是开发、利用和开放；在应用场景相关的线索词中，数据安全在绝大多数省份、行政地理分区和社会经济发展分区政策文本中出现且数量较多，其次是数据资产和数字经济，数字政府和数字社会相对较少。从空间上来看，整体上东部地区（尤其是华北、华南和华东地区的省份）涵盖了最全和最新的线索词，逐渐关注确权、数字政府和数字社会，并从共享转向开发和利用。

由图6.29e可知，在权利相关的线索词中，中央机构更强调确权、权利和权益，省级机构更强调有权，市县乡级机构更强调授权；在客体开放程度相关的线索词中，中央和省级机构更强调利用和开发，市县乡级机构强调所有线索词；在应用场景相关的线索词中，中央机构更强调数据安全和数据资产，省级机构更强调数字经济、数字社会和数字政府，市县乡级机构更强调数据资产和数据政府。

由图 6.29f 可知，在权利相关的线索词中，法律更强调有权、权利和权益，地方性法规更强调授权，规范性文件更强调确权和授权；在客体开放程度相关的线索词中，法律更强调利用和开发，地方性法规更强调开放和开发，规范性文件更强调共享；在应用场景相关的线索词中，法律更强调数据安全和数字经济，地方性法规更强调所有线索词，规范性文件更强调数字政府和数字社会。

由图 6.29g 可知，在权利相关的线索词中，大数据政策强调所有线索词但提及授权相对要少，公共数据政策更强调有权和授权，行业数据政策对所有线索词强调较少但提及确权和授权更多，政务数据更强调授权；在客体开放程度相关的线索词中，大数据政策强调开发和利用，公共数据政策更强调开放和利用，行业数据政策对所有线索词强调较少，政务数据政策更强调共享；在应用场景相关的线索词中，大数据和公共数据政策强调所有线索词，但公共数据政策的提及次数低于大数据政策，行业数据政策更强调数据资产和数据安全，政务数据政策更强调数据资产和数字政府（见书末彩插）。

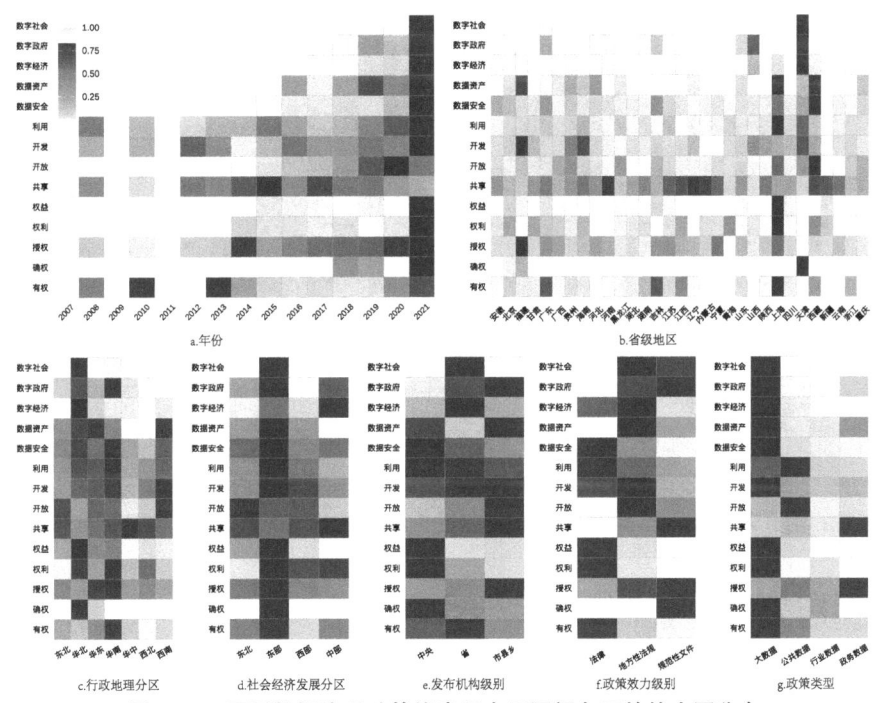

图 6.29 不同数据治理政策线索词在不同视角下的热力图分布
（注：水平方向归一化，颜色越深值越趋近 1，颜色越浅值越趋近 0，空缺部分为 0）

（2）不同数据治理政策线索词在各分组内部的热力图分布

由图 6.30a 可知，共享在绝大多数年份均被提及，其次是开放，再次是利用和数据安全；随着时间演进，数据安全、数据资产、数字经济、数字政府、确权和数字社会被先后提及。由图 6.30b、图 6.30c 和图 6.30d 可知，共享和开放在所有省份、行政地理分区和社会经济发展分区政策文本中均多次被提及；东部地区（尤其是华北、华南和华东地区的省份）涵盖了所有线索词，如近些年新兴的确权和数字社会。

由图 6.30e 可知，各级机构提及共享和开放多，相比其他机构，中央机构并未提及数字社会。由图 6.30f 可知，法律提及数据安全最多，其次是利用、开发、权益、权利和有权，并未提及确权、数据资产、数字政府和数字社会；地方性法规提及共享和开放多，其次是开发、利用和数据安全，并未提及确权；规范性文件提及了所有线索词，其中共享和开放多。

由图 6.30g 可知，大数据开放政策提及共享和开放最多，其次是数据安全、利用和开发；公共数据开放政策提及开放和共享最多，其次是利用；行业数据开放政策提及共享和开放最多，其次是利用和开发，并未提及数字政府和数字社会；政务数据开放政策提及开放和共享最多，并未提及确权和数字社会（见书末彩插）。

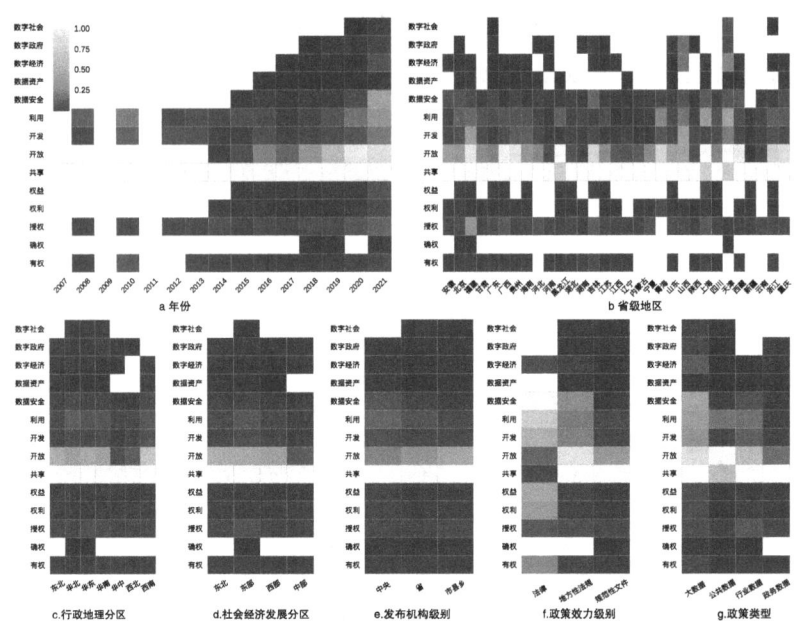

图 6.30　不同数据治理政策关键线索词在不同视角下内部热力图分布

（注：垂直方向归一化，颜色越深值越趋近 0，颜色越浅值越趋近 1，空缺部分为 0）

（3）不同数据治理政策关键线索词的相关性分析

一般来讲，相关性分析中结果分布在 0.2～0.4 呈弱正相关关系，0.4～0.6 呈中等正相关关系，0.6～0.8 呈强正相关关系；依此可推负相关关系。

由图 6.31a 可知，共享—开放、确权—数字社会及数字政府—数字社会呈强正相关关系，表明其在大数据开放政策中分布变化趋势很一致，其次是权利—权益、确权—数字政府、授权—数据资产、有权—权益和确权—数字经济，最后是数字经济—数字政府、有权—权利和数字经济—数字社会。

由图 6.31b 可知，开放—利用呈强正相关关系，表明它们在公共数据开放政策中分布变化趋势很一致，其次是权益—数字政府和开发—数据资产，最后是数字经济—数字社会、权利—权益和利用—数字社会。此外，共享—开放呈强负相关关系，表明它们在公共数据开放政策中分布变化趋势相对，结合图 6.29a 和图 6.29 g 可知，开放在公共数据开放政策中的使用次数逐渐增加，共享则逐渐减少。

由图 6.31c 可知，开发—利用呈强正相关关系，表明其在政务数据开放政策中分布变化趋势很一致，其次是开放—利用和开放—开发，最后是开放—数字经济、开放—数据资产、开放—数据安全、开发—数据资产、有权—权益和有权—利用。此外，共享—数据资产呈弱负相关关系，表明它们在政务数据开放政策中分布变化趋势稍微相对，结合图 6.29a 可知，数据资产在所有数据开放政策中的使用次数逐渐增加，共享则逐渐减少。

由图 6.31d 可知，共享—开发呈中等正相关关系，表明其在行业数据开放政策中分布变化趋势较为一致，其次是确权—数字经济、开发—数据资产、共享—数据安全、授权—权益、开放—数据资产、开发—数据安全、授权—数据安全和数据安全—数字经济。

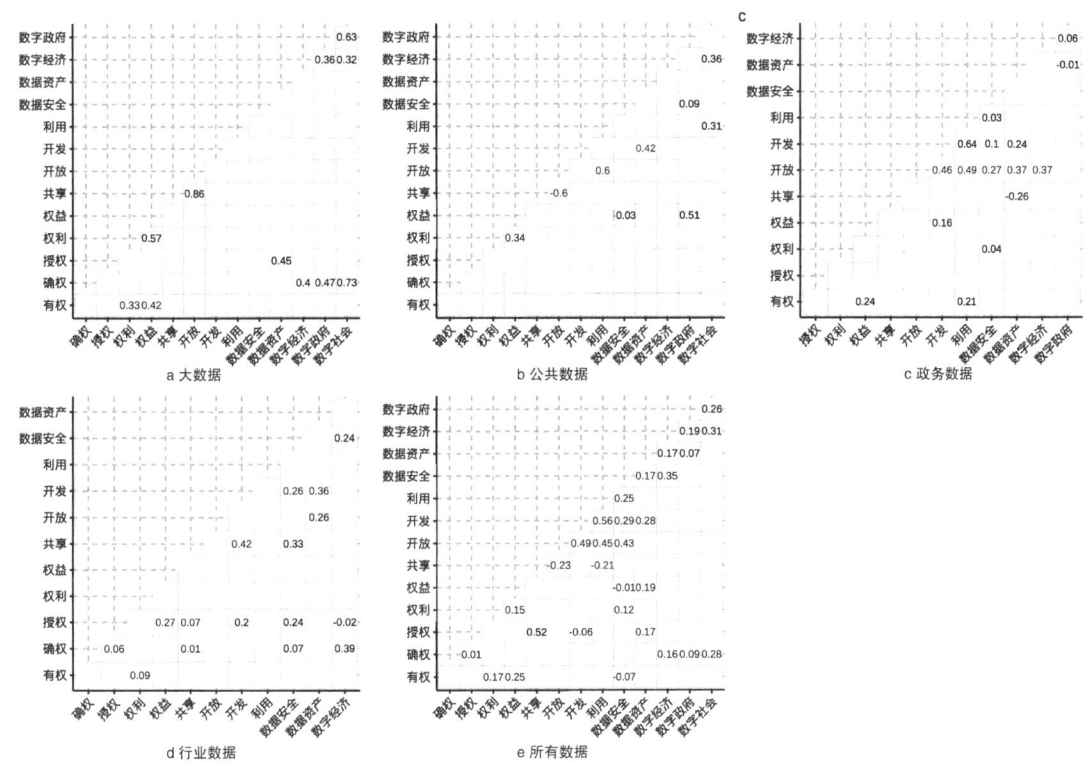

图 6.31　不同数据治理政策关键线索词的相关性分析（$P < 0.01$）

6.5.3.4　不同数据治理政策语言学特征的相关性分析

由表 6.30 可知，仅公共数据和政务数据开放政策文本的正文长度和章节数量间呈中等正相关关系，大数据开放政策文本的正文长度和平均句子长度之间呈弱正相关关系。通过对原始政策文本进行人工阅读可知，公共数据和政务数据开放政策在章节架构及各章节语言篇幅等格式方面比其他两种政策数据更为规范和平衡，很有可能是该因素造成了不同类型政策的相关性统计差异。

表 6.30　不同类型开放政策文本语言学特征的相关性分析

政策类型	正文长度与章节数量	章节数量与平均句子长度	正文长度与平均句子长度
大数据	0.36	0.27	0.29*
公共数据	0.48**	−0.28	0.21
政务数据	0.42***	0.02	0.13
行业数据	0.03	0.23	−0.19
所有数据	0.32***	0.01	−0.04

注：$*P \leq 0.05, **P \leq 0.01, ***P \leq 0.001$。

6.5.4　结论

6.5.4.1　数据治理政策的内容变化特点

①数据治理政策客体对象已经从政府信息、政务数据扩大到公共数据和大数据，而且其覆盖的主题内容范围明显扩大。

近年来，我国政务数据和行业数据开放政策整体上呈现逐年递减的趋势，而大数据和公共数据开放政策整体上呈现逐年递增的趋势。东部地区发布的数据开放政策数量最多，西部、中部和东北地区依次减少，这与我国政府信息公开程度分布和开放政府数据水平呈相似的区域分布特点（图 6.29a 和图 6.29d）。这表明，我国数据治理政策所针对的客体对象重点已逐步从政府信息、政务数据过渡到公共数据和大数据，客体范围显著扩大。

在政策内容主题来看，大数据开放政策的主题涵盖范围广泛，在政策目标上涉及大数据产业、社会治理、城乡建设和经济社会等，在具体政策内容上涉及大数据管理、大数据平台、数据安全、网络运营和保障措施；公共数据开放政策的主题涵盖范围同样较为广泛，更加偏重电子政务相关主题；政务数据开放政策的主题整体偏重电子政务相关主题；行业数据开放政策的主题集中在健康医疗、科学数据、信用、地理空间、人力资源社会保障、城市交通和食品药品等细分领域。这表明，数据治理政策的主题正从对各类数据本身的治理转化为开始依靠数据来开展数字政府建设、数据产业与数字经济发展和社会治理活动。

②数据治理政策的价值导向已经从重视使用者可以通过数据获取并从数据开放中受益转变为注重对数据权利或权益的保护。

数据治理政策在立法指导思想事实上有多种不同的价值导向。从我国政府信息公开和政务数据开放政策的早期文本看，相关政策或多或少地表达出相关主体可以获取有关数据与信息，并通过此过程中从中受益。从表面看，这种政策也使利用者的数据使用与获益过程受到了保护，但它并没有明示这是有关主体的一种数据与信息的获得、使用和获益的权利，它无意识或间接表现出来的是一种政策受惠意识而不是对有关主体的权利或权益保护意识。

对有关主体的权利相关的关键线索词分析可见，有权提出的时间最早且整体上随时间呈增多—减少—增多的变化趋势，授权提出的时间也较早且整体上随时间呈逐年增多的趋势，权利、权益和确权提出的时间较晚（其中，确权提出的时间最晚），随时间呈逐年增多的趋势。授权在绝大多数省份、行政地理分区和社会经济发展分区政策文本中出现；法律更强调有权、权利和权益，地方性法规更强调授权，规范性文件更强调确权和授权；大数据政策强调所有与权利相关的关键线索词，公共数据政策更强调有权和授权，政务数据更强调授权，行业数据政策提及确权和授权更多（图6.29、图6.30）。这种关键线索词分布特点表明，虽然不同地区、针对不同客体对象在不同效力等级的政策中所使用的关键线索词具体表述存在一定差异，但重视有关主体的权利已成为一种比较普遍的现象。

③数据治理政策内容关注点已经从数据处理与共享开放的前端（"内循环"）转向关注数据开发利用和数据流通交易等后端（"外循环"）。

从数据治理政策的内容分析来看，2018年前，无论是以政府信息公开政策、政府数据（或政务数据）开放政策、公共信息或公共数据管理政策，在政策内容设计的重点是集中在对信息或数据的生成、收集、存储、使用、加工、传输、提供、公开等生命周期内的信息或数据"内循环"运动进行规范或约束，政策设计通常以共享与开放为目标，它们突出的是终端用户"知情"的目的，这一点可以从上文政策线索词中"共享"和"开放"在不同类型数据开放政策中提及最多、在绝大多数年份均被提及最多、在所有省份、行政地理分区和社会经济发展分区政策文本中被提及最多和在各级机构也是提及最多的分析结果中获得有效支撑（图6.30a、图6.30d、图6.30e和图6.30g）。

从数据价值链的运行来看，在实现隐私和数据安全保护前提下，促进数据汇集、融合和流通是释放公共数据价值的基础和前提。在数据生命周期的"内循环"结束后，如何制定推动数据进入利用或流通环节后的"外循环"过程、机制和措施等，推进数据逐级流转向数据开发商，由数据开发商开发利用后再为社会提供数据产品与服务，最终经社会充分利用后产生经济价值和社会价值等就应成为数据开放利用所要面对的政策主题，它突出的是终端用户的"利用"，并通过终端用户实现数据价值的目的。这一点可以从"开发"和"利用"在不同年份和不同类型数据治理政策的变化趋势中获得有效支撑（图6.29a、图6.29g、图6.30a和图6.30g）。

从政策演变重大变化节点来看，2017年12月，习近平总书记在中共中央政治局第二次集体会议学习时强调"要构建以数据为关键要素的数字经济"；2019年10月，党的十九届四中全会首次提出将数据作为重要的生产要素；2020年《中共中央国务院关于构建更加完善的要素市场化配置体制机制的意见》强调要"培育和发展数据要素市场"。在此之后，我国上海、深圳等地数据治理政策开始将数据资源开发与应用、数据授权运营、数据交易、数据要素市场建设等理念与设计正式纳入政策内容中，形成了关于数据权益、数据资产、数据产品与服务等一系列新表述与新安排，这表明，我国数据治理政策已从重点关照数据生命周期内的数据处理"内循环"进入数据利用或流通环节后的"外循环"，在地方立法实践中开始形成覆盖"数据价值链"的全方位政策安排。

④数据治理政策内容从"对数据的治理"开始转变为兼顾"以数据为基础的治理"，更加重视数据对数字经济、数字政府和数字社会等应用场景的赋能。

从前文的主题内容分析可见，数据治理政策的主题内容一般围绕两个基本问题，即"对数据的治理"和"以数据为基础的治理"展开。

"对数据的治理"是以数据作为治理对象，基于数据生命周期的管理要求，聚焦数据采集与归集、数据分类分级、数据共享开放、数据安全管理、数据质量管理等重点政策内容。在2018年以前的数据治理政策文本中，这一特点表现得十分明显。

"以数据为基础的治理"是将侧重点放在数据的开发和应用上，在保障数据安全、数据资产安全增值的前提下，基于多元场景，将数据作为生产要素、治理要素和资产形式作用于数字化发展的各类应用场景中，从而实现数据对经济、政府和社会发展与治理的全面赋能。主要在2018年前后（2017年贵阳在有关政策中提出"数字经济"，2018年广东省在有关政策中提出"数字政府"；2020年浙江省在有关政策中提出"数字社会"）的相关政策文本中，这个内容开始受到更多关注。从前文的主题内容分析和关键线索词分析（图6.29a和图6.30a）可以得到这种验证。

在上述两个基本问题中，对数据本身的治理是有关政策从诞生开始就一直关注的重点。而在2018年后，有关政策则逐步将两个基本政策问题统一纳入内容设计，并在内容上做到了统筹兼顾，这一特点在2021年公布的《深圳经济特区数据条例》和《上海市数据条例》等政策文本中都有很好的体现。从理论上看，考虑到"对数据的治理"并不是政策的唯一目标，"以数据为基础的治理"并实现全面数字化转型才是终极目标，而且"对数据的治理"又是"以数据为基础的治理"的基础，因此，在政策设计中处理好它们之间的逻辑关系和轻重缓急就成为政策工作的难点。从目前政策进展来看，这个问题已经得到了初步解决。

6.5.4.2 趋势思考

①在数据治理政策及其效力等级上进一步平衡安全与利用的关系。

国家、地区层面只有《数据安全法》《网络安全法》和公共开放利用管理的一般性行政规章和有关政策规定（如国家关于数据开放试点方案等），这些法律或政策规定突出了安全保护，提出了开放利用问题，但安全保护的法律规定效力等级明显高于开放利用，开放利用只有地方法规或行政规范性文件规定（图6.29f和图6.30f）。因此，在数据开放利用上未在国家层面形成效力层级与安全保护相同的对等性立法。所以，如何突出了数据利用权利导向，并与现有安全等责任义务进行平衡性立法就成为一个新议题。这个议题是在数据作为生产要素、治理要素的战略背景中提出的。

在数据治理政策上进一步突出权利与权益保护的立法价值导向。开放利用立法应从立法目的和立法思想上，突出公共数据利用权利导向，进而明确公共数据开放的最终目的在场景和需求引导下实现有效的利用。立足公共数据利用主体需求，明确公共数据作为要素是应用场景和市场需求驱动的，保障数据利用权利才能更好地驱动数据开放取得最大成效。由于目前上位法主要规定了数据开放的安全问题，因此有关立法可以未再重复和过度强调数据开放利用中的安全问题，而是在现有立法的基础上，以推动数据在数字化发展各个场景中的开发利用为主线，充分发挥数据作为要素、资源、资产的最大效用。这种立法规划和立法导向可以在一定程度上与已有立法中强调的安全立法进行平衡，防止出现在认知上只注意到有安全立法没有利用立法所导致的数据安全过度保护，阻碍数据开放利用。

②在数据治理政策目标上要进一步实现从"对数据的治理"进一步转变为"依数据开展治理"。

从数据价值链的作用域维度分析来看，对数据的治理主要包括数据的收集、存储、使用、加工、传输、提供、公开、开发和利用等。通过前文关于线索词及其关联性的分析可以发现，目前的数据治理政策在设计中是将重点集中在数据开放前的数据处理和对数据开放后的流通、交易、资产运营等"对数据的治理"这一政策内容与目标上，也有个别政策开始对数据利用和数据作用的领域进行明确，提出数据应赋能数字经济、数字政府和数字社会等应用场景（图6.29a、图6.29g、图6.30a和图6.30g）。这种变化表明，在政策目标上开始体现出从"对数据的治理"到"依数据开展治理"的思路转变，它初步揭示了政策设计中"对数据的治理"与"依数据的治理"两者之间的关系。在对数据的治理基础上，更高的政策目标是要依靠数据赋能经济数字化转型，支持传统产业转型升级，催生新产业、新业态、新模式；通过数据赋能生活数字化转型，提高公共卫生、医疗、教育、养老、就业、商业、文娱、体育、旅游等民生领域的数字化水平；推动数据赋能治理数字化转型，深化政务服务"一网通办"、城市运行"一网统管"建设，推进经济治理、社会治理、城市治理领域重点综合场景应用体系构建，通过治理数字化转型驱动超大城市治理模式创新[69]。这种政策目标的变化真正体现出对数据治理的价值，从而实现数据赋能百业和数据价值挖掘。

③在政策制定中进一步突出数字中国战略背景下的数据标准、数据交易、数据市场等关键内容设计。

数字中国战略是党中央站在战略和全局的高度，科学把握发展规律，着眼实现高质量发展和建设社会主义现代化强国作出的重大战略决策。地方政府公共数据开放利用相关的法规政策等文本对公共数据开放的认识还有一定的局限，主要将公共数据开放的作用局限在政府职能转变上。例如，很多省份的法规政策文本将开放的内容局限在政府或政务数据而非公共数据（图6.29b和图6.30b）。在未来的政策或法律制定中需数据治理的重点兼顾"对数据的治理"和"依数据的治理"两个政策目标，重点关注数据标准体系、推动数据交易和建设数据市场等关键问题[70]。在现有《信息技术 大数据 数据分类指南》（GB/T 38667—2020）、《数据管理能力成熟度评估模型》（GB/T 36072—2018）等标准基础上，在制定基础性、通用性数据标准基础上，推动制定业务性、行业性的数据标准，形成从数据采集、数据加工、数据分类分级到数据安全评估全流程的数据标准规范，从而构建起我国的数据标准体系；通过有关促进或培育政策设计，进一步深化数据要素市场化配置改革，培育公平、开放、有序、诚信的数据要素市场，建立资产评估、登记结算、交易撮合、争议解决等市场运营体系；明确数据交易主体的准入、评估、退出等管理制度，制定数据交易规则和其他有关业务规则，促进数据有序安全流通。

6.6 实体计量学视角下的中文小说人物关系网络研究

目前，科学计量学的研究数据源以科学论文、专利和基金项目为主，对著作涉及较少，至于著作中的实体识别与分析更是鲜见。本节尝试将研究视野从科学计量学传统数据源扩展至文学著作中的实体，从具体的学科情境验证科学计量学理论与方法的适用边界，为后续多学科交叉研究提供实际案例，本节案例中的实体指中文小说中的人名实体。

近年来，越来越多的研究者以文学作品为例从中抽取并分析人物关系网络。总体来说，主要包括以下两个方面：一是文学领域的定性研究，二是计算机科学领域的定量研究。文学领域的研究者倾向于系统研读文学作品，推敲作品中的人物关系及故事情节，并通过手绘的方式构建文学作品中人物关系网络。例如，佛朗哥·莫雷蒂（Franco Moretti）[71]手绘了《哈姆莱特》、《我们共同的朋友》和《红楼梦》等文学作品人物关系网络并对其进行了深度解读。阿米莉亚·斯帕拉维尼亚（Amelia Sparavigna）[72]借鉴了佛朗哥·莫雷蒂（Franco Moretti）的方法，手绘了小说《哈利·波特》的人物关系网络。该做法准确度很高，但是需要研究者花费大量时间和精力去阅读、理解和分析文学作品，不适用于大规模文学作品的人物关系网络抽取与分析。

与文学领域的研究者不同，计算机领域的研究者关注如何通过统计学、模型和算法进行文学作品人物关系网络抽取与分析。例如，詹姆斯·斯蒂勒（James Stiller）等[73]抽取了部分莎士比亚戏剧中的人物关系网络并发现该网络符合小世界特征。杰夫·里德伯格-考克斯（Jeff Rydberg-Cox）[74]开发一款软件用于抽取、可视化和分析希腊神话中的人物关系网络。罗伯托·马拉扎托（Roberto Marazzato）等[75]开发了 Chaplin 软件对史诗《尼伯龙根之歌》中的人物和地点关系网络进行抽取和分析。后来，阿米莉亚·斯帕拉维尼亚（Amelia Sparavigna）等[76]也开发了一款软件对部分莎士比亚戏剧中的人物关系网络进行可视化。从操作层面来讲，计算机领域的研究者通常通过人物之间的对话[77-79]、词法结构[80]和人物参与的社会事件[81-83]等方式来抽取人物关系，并且文学作品中人物关系的典型测度方法如表 6.31 所示。以上做法效率较高，但是准确率相对较低，很多时候需要进行人工判断，尤其是对"人物参与的社会事件"进行识别时更是需要人工判断。

表 6.31　文学作品中人物关系的典型测度方法

作者	年份	节点	节点间关系	关系测度
Moretti[71]	2005	戏剧和小说中的人物	戏剧特定场景中的人物对话；小说中的特定章节	仅计算一次
Elson D et al.[77]	2010	小说中的人物	特定场景中的人物对话	人物之间的对话长度（词数），并用其除以全文长度进行标准化
Gil et al.[84]	2011	戏剧和电影中的人物	特定场景中共同出现；特定场景中的人物对话	特定场景人物共现的总次数；特定场景人物对话的总次数；特定场景人物临近对话的总次数；特定场景人物临近对话的总长度
Park G et al.[80]	2013	小说中的人物	全文本中人物之间的对话距离和词汇距离（文中仅用了前者）	$\text{weight}(X, Y) = \sum_{W_x = X, W_y = Y} \alpha^k$ 其中，X 和 Y 为人物；k 为人物 X 和 Y 之间的对话距离；α 为常量（$0 < \alpha < 1$），文中设为 0.7

续表

作者	年份	节点	节点间关系	关系测度
Kotalwar A et al.[83]	2013	小说中的人物	人物两两之间有意识地共同参与某一社会事件	通过人工识别人物两两之间共同参与的所有社会事件总次数来计算两人之间的交互强度
Marazzato R et al.[75]	2014	史诗中的人物和地点	全文本中人物或地点前一次和后一次出现的词汇距离	文中将词汇距离设为40个词数，若在40个词数之内，取数值1，若在40个词数之外，取数值0；将所有数值相加计算出两两之间的总值并除以其中的最大值进行标准化
赵京胜等[85]	2017	小说中的人物	章回体小说中的章	人物对共现次数

综上所述，文学领域的研究者重在解读文学作品的内容和情节，在绘制人物关系网络方面较弱；计算机领域的研究者关注如何高效抽取并测度文学作品中的人物关系，但是准确度相对较低且不注重对人物关系网络的深度解读。本书试图融合以上两个领域的研究方法，从定性和定量相结合的角度去抽取和分析文学作品人物关系网络。首先，提出文学作品人物关系网络分析框架，即一模网络分析（人物与人物关系）和二模网络分析（人物与事件关系）。其中，一模网络分析围绕宏观（基于章节）、中观（基于社会事件）和微观（基于人物对话）角度展开；二模网络分析围绕中观（基于社会事件）角度展开。其次，以中文小说《西游记前传》为例，人工抽取宏观、中观和微观的人物关系，并依据所提出的人物关系测度模型生成矩阵。再次，将矩阵输入社会网络分析软件中进行网络绘制和多指标测度。最后，邀请相关领域的专家结合社会网络指标进行人物关系网络深度分析和解读。

6.6.1 数据与方法

6.6.1.1 数据与处理

《西游记》是中国四大名著之一，被全世界读者所喜爱，并被拍成了各种电影、电视剧和动画。然而，许多读者和观众对当中的诸多情节存在疑惑。致宁所著的《西游记前传》正好解决了以上疑惑。该书讲述了西游之前发生的惊天动地、纷繁复杂的背景故事，系统全面地揭示了西游记主要人物、故事来历、前因后果，解开了西游记中暗含的神秘深层的背景缘由及诸多未解之谜。整部作品描绘了从开天辟地到建立天地体系，三清、天庭、佛门为求得更好的生存条件进行一系列苦心安排，西天为此发起取经，各方对此表现了不同的态度和针对性的行为，从而导致了西游记取经过程中诸多故事的发生[86]。

本书选择《西游记前传》的原因主要有以下几点：一是人们对《西游记》中相关人物和故事耳熟能详，选择与其相关的文本作为案例具有代表性且本书所采用的方法是否有效也能得到较好验证；二是《西游记前传》中涉及了《西游记》中的主要人物及诸多故事，并且全书章节清晰、语言简明，便于社会网络分析法的实施，以保证获取较高的研究质量。

6.6.1.2 研究方法

已有研究几乎只关注一模网络的抽取和分析，且一般选取宏观、中观和微观中的 1～2 个视角进行研究。本书提出将一模网络和二模网络结合起来进行分析，并选取宏观（基于章节）、中观（基于社会事件）和微观（基于人物对话）3 个视角进行一模网络分析，具体内容如图 6.32 所示。

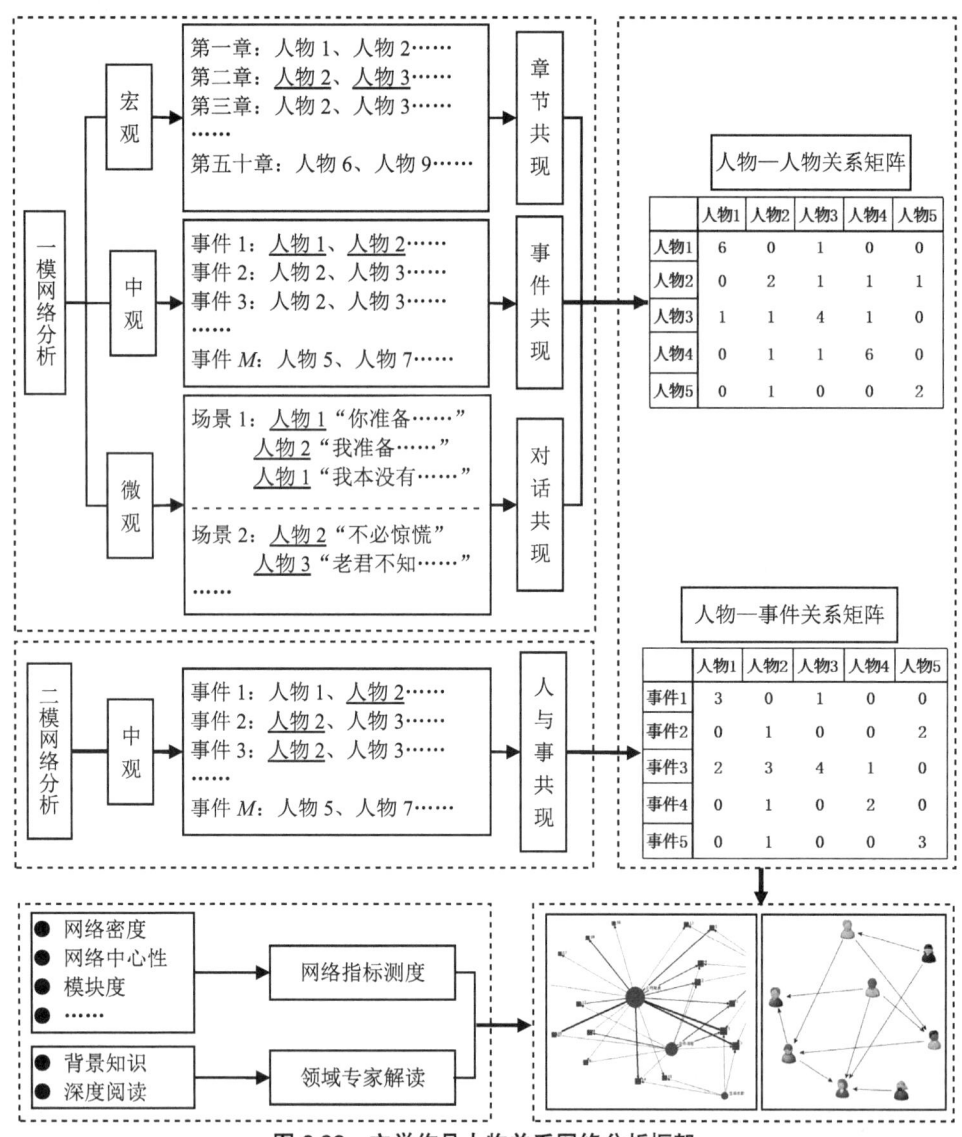

图 6.32 文学作品人物关系网络分析框架

（1）"人物—人物"关系抽取与测度

宏观视角。通常来讲，文学作品在形式上由若干章节组成，每个章节都是作者仔细斟酌后而定，是一段独立的内容，对于章回体小说更是如此。因此，本书首先以文学作品的章节为单位进行"人物—人物"关系网络抽取。为了保证人物与人物关系抽取的精确度，本书采用人工多轮阅读的方式进行关系抽取与验证。宏观视角人物关系测度的方法如下：任意两个

人物 i 和 j 在某一章节 C 共同出现，两两之间仅计算一次，然后将其在所有章节共现的次数相加，相加后的总数即不同人物之间的关系强度 Φ：

$$\Phi_{ij} = \sum_{C} \text{One}(C, C) 。$$

中观视角。与章节相比，文学作品中的社会事件粒度要细，能从细微角度探索人物关系。一般来讲，文学作品的某个章节由多个事件组成，或者同一事件会涉及多个章节（数量较少）。为了保证事件识别与人物关系抽取的精确度，本书依旧采用人工多轮阅读的方式。中观视角人物关系测度的方法如下：任意两个人物 i 和 j 在某一事件 E 中共同出现，两两仅计算一次，然后将其在所有事件共现的次数相加，相加后的总数即不同人物之间的关系强度 Φ：

$$\Phi_{ij} = \sum_{E} \text{One}(E_i, E_j) 。$$

微观视角。与社会事件相比，事件中的人物对话场景粒度更细，能从更为细微的角度探索人物关系。为了保证人物对话场景与人物关系抽取的精确度，本书仍然采用人工多轮阅读的方式。微观视角人物关系测度的方法如下：任意两个人物 i 和 j 在某一社会事件的特定场景 Ψ 出现，"一问一答"算作一次交互，即取两人中说话次数较小的那个数，然后将其在所有事件所有场景中交互的次数相加，相加后的总数即不同人物之间的关系强度 Φ：

$$\Phi_{ij} = \sum_{\text{场}} \min(\psi_i, \psi_j) 。$$

（2）"人物—事件"关系抽取与测度

一模网络主要用于揭示文学作品中的"人物—人物"关系，而二模网络主要用于探索人物参与社会事件的情况，能够从内容方面解读文学作品。"人物—事件"关系抽取的关键在于社会事件与人物的识别，该过程已在一模网络的中观视角部分完成。为了便于展示和分析，本书依据《西游记前传》的主旨将所有识别出来的社会事件归为以下6类：建立天地体系、天庭琐事、佛门兴起、佛门琐事、佛道交锋和取经纷争。"人物—事件"关系的测度方法如下：人物参与某一事件，计算一次，然后将其参与事件的总次数相加。

（3）矩阵生成与网络分析

根据以上不同视角的关系抽取及关系测度方法，本书用 Excel 软件通过 VBA 编程生成4个矩阵，然后将矩阵输入 Ucinet、Netdraw 和 Gephi 中进行网络绘制和网络指标测度，最后邀请相关领域的专家结合所生成的网络和各种网络指标对其进行深层解读和验证。

本节的网络绘制和网络指标计算主要在开源软件 Gephi 中完成[11]。在 Gephi 中，人物关系网络和人物事件关系网络由 ForceAtlas2 算法绘制（图 6.33 至图 6.36）。该算法基于力学模型，通过模拟物理系统对网络节点进行空间布局，能够帮助用户解读网络[12]。图中每个圆点表示人物或事件，圆点的大小表明他们在网络中的度（Degree）情况（该点与其他点的相联结程度），圆点之间的连线粗细表示节点之间的联系多寡，圆点在网络的中心或边缘位置表明他在该网络中角色；另外，不同颜色代表人物分组情况（通过 Modularity Class 获得）[14]，具体分组情况如表 6.32 至表 6.35 所示。

6.6.2 人物与人物关系网络分析

6.6.2.1 宏观视角

图 6.33（见书末彩插）和表 6.32 整体上揭示了道门、天庭、佛门和妖魔之间的关系。其中，三清、玉帝、如来、青狮与白象分别是各派的核心人物。然而，也存在一些错误，如将哪吒和灵吉菩萨归入了妖魔。原因在于从宏观视角抽取人物关系，仅仅是从小说的形式架构（章节）出发，在内容方面会存在不匹配的情况。

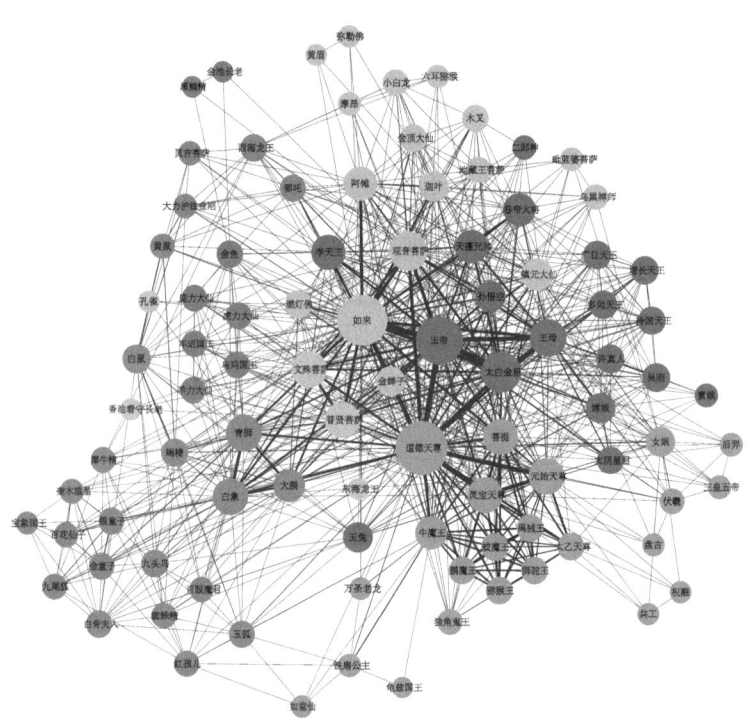

图 6.33 宏观视角下的人物—人物关系网络

表 6.32 宏观视角下的人物聚类

聚类	人物（按照度数由高到低）
1	道德天尊、元始天尊、灵宝天尊、**菩提**、牛魔王、女娲、蛟魔王、猕猴王、鹏魔王、狮驼王、太乙天尊、禺狨王、独角鬼王、伏羲、后羿、三皇五帝、铁扇公主、盘古、共工、如意仙、万圣老龙、祝融、龟兹国王
2	玉帝、太白金星、王母、李天王、卷帘大将、天蓬元帅、孙悟空、嫦娥、玉兔、吴刚、许真人、持国天王、多闻天王、广目天王、增长天王、太阴星君、二郎神、素娥
3	如来、观音菩萨、文殊菩萨、普贤菩萨、阿傩、镇元大仙、迦叶、金蝉子、燃灯佛、**金顶大仙**、木叉、小白龙、地藏王菩萨、乌巢禅师、毗蓝婆菩萨、六耳猕猴、摩昂、黄眉、弥勒佛、香油看守长老、东海龙王、孔雀
4	白象、青狮、大鹏、白鼠、白骨夫人、蝎精、九头鸟、西海龙王、金童子、**哪吒**、银童子、玉狐、红孩儿、犀牛精、九尾狐、百花仙子、百眼魔君、奎木狼星、蜘蛛精、大力护法金刚、黄鼠、**灵吉菩萨**、宝象国王
5	金鱼、车迟国王、虎力大仙、鹿力大仙、乌鸡国王、羊力大仙、黑熊精、金池长老

6.6.2.2 中观视角

图 6.34（见书末彩插）和表 6.33 同样揭示了道门、天庭、佛门和妖魔之间的关系，且比宏观视角的结果更为准确。其中，道德天尊、玉帝、如来和大鹏是各派的领军人物，这一点与小说的内容吻合。但是，仍有一处错误，即灵吉菩萨仍被归为妖魔。对原文进行分析发现，灵吉菩萨只参与了一起社会事件，即奉如来之命捉拿黄鼠，而黄鼠共参与了三起事件，这种差异导致灵吉菩萨被归入黄鼠所在的局部网络。

图 6.34　中观视角下的人物—人物关系网络

表 6.33　中观视角下的人物聚类

聚类	人物（按照度数由高到低）
1	道德天尊、牛魔王、**菩提**、元始天尊、灵宝天尊、太乙天尊、蛟魔王、猕猴王、鹏魔王、狮驼王、禺狨王、女娲、独角鬼王、伏羲、车迟国王、虎力大仙、鹿力大仙、铁扇公主、羊力大仙、盘古、共工、如意仙、三皇五帝、祝融、龟兹国王、万圣老龙、六耳猕猴
2	玉帝、太白金星、王母、李天王、孙悟空、玉兔、天蓬元帅、卷帘大将、嫦娥、西海龙王、哪吒、木叉、持国天王、多闻天王、广目天王、太阴星君、增长天王、素娥、吴刚、小白龙、许真人、二郎神、摩昂、后羿
3	如来、观音菩萨、阿傩、文殊菩萨、普贤菩萨、镇元大仙、**金顶大仙**、燃灯佛、迦叶、地藏王菩萨、金蝉子、乌巢禅师、毗蓝婆菩萨、黄眉、金鱼、弥勒佛、香油看守长老、东海龙王、黑熊精、金池长老、孔雀
4	大鹏、白象、青狮、白鼠、九头鸟、蝎精、玉狐、白骨夫人、红孩儿、犀牛精、百眼魔君、金童子、银童子、蜘蛛精、大力护法金刚、黄鼠、**灵吉菩萨**、九尾狐、百花仙子、奎木狼星、乌鸡国王、宝象国王

6.6.2.3 微观视角

与图 6.33（见书末彩插）和图 6.34 相比，图 6.35 的聚类较多较细，表明了从微观视角抽取人物关系网络与宏观和中观大有不同，道门、天庭、佛门和妖魔之间的关系比想象中要复杂。此外，还有一个有意思的结果：在表 6.32 和表 6.33 中，菩提被归入道门，金顶大仙被归入佛门，而在表 6.34 中，菩提出现在佛门，金顶大仙出现在天庭。事实上，菩提从道门退隐之后一直在幕后支持佛门，金顶大仙是道门和天庭派到佛门的"卧底"。宏观和中观视角并没有揭示出他们的本来面目，而微观视角让他们的真实身份无处隐藏。

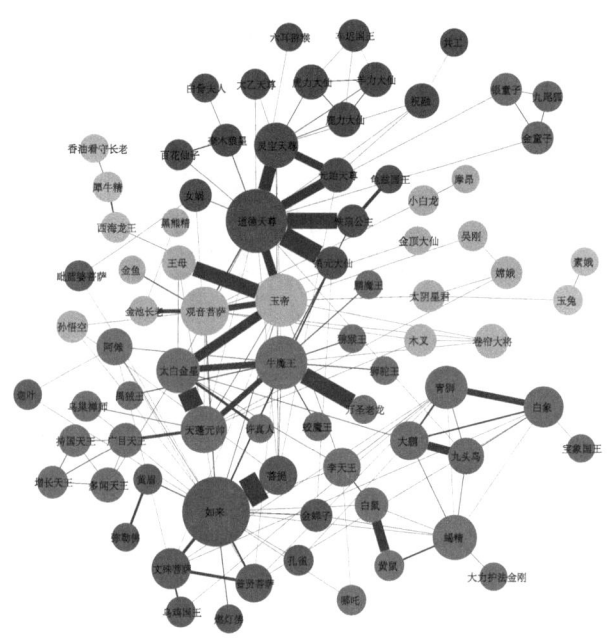

图 6.35 微观视角下的人物—人物关系网络

表 6.34 微观视角下的人物聚类

聚类	人物（按照度数由高到低）
1	道德天尊、灵宝天尊、元始天尊、祝融、奎木狼星、女娲、铁扇公主、镇元大仙、百花仙子、太乙天尊、白骨夫人、共工、龟兹国王、六耳猕猴
2	玉帝、观音菩萨、卷帘大将、王母、嫦娥、木叉、孙悟空、太阴星君、金池长老、吴刚、小白龙、黑熊精、**金顶大仙**、金鱼、摩昂
3	如来、文殊菩萨、**菩提**、普贤菩萨、金蝉子、黄眉、迦叶、孔雀、毗蓝婆菩萨、乌鸡国王、弥勒佛、燃灯佛
4	牛魔王、天蓬元帅、太白金星、阿傩、多闻天王、广目天王、持国天王、增长天王、乌巢禅师、蛟魔王、猕猴王、鹏魔王、狮驼王、万圣老龙、许真人、禹狨王
5	蝎精、李天王、白鼠、黄鼠、哪吒、大力护法金刚
6	青狮、白象、大鹏、九头鸟、宝象国王
7	虎力大仙、鹿力大仙、羊力大仙、车迟国王

续表

聚类	人物（按照度数由高到低）
8	金童子、银童子、九尾狐
9	西海龙王、犀牛精、香油看守长老
10	玉兔、素娥

6.6.3 人物与事件关系网络分析

由图6.36（见书末彩插）可知，"取经纷争"和"佛道交锋"的Degree最高，其次是"天庭琐事"和"建立天地体系"，最后是"佛门琐事"和"佛门兴起"，表明"取经纷争"和"佛道交锋"是核心内容，尤其是"取经纷争"，这一点与《西游记前传》的主旨相符。由表6.35进一步可知，玉帝、道德天尊和如来等核心人物参与了多数重要的社会事件。其中，玉帝参与了所有重要事件，在佛道之间寻求平衡。此外，还可得知普贤菩萨、文殊菩萨、观音菩萨、阿傩、迦叶和金蝉子是如来的关键搭档，元始天尊和灵宝天尊是道德天尊的关键搭档，太白金星和王母是玉帝的关键搭档。

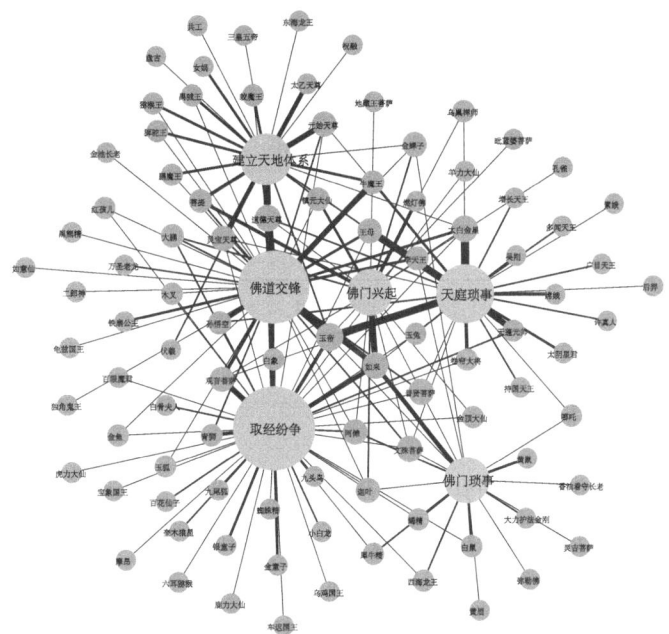

图6.36 人物—事件关系网络

表6.35 人物与参与的事件数量（大于等于3）

人物	参与事件数量	人物	参与事件数量	人物	参与事件数量
玉帝	6	阿傩	4	孙悟空	3
道德天尊	5	迦叶	4	镇元大仙	3

续表

人物	参与事件数量	人物	参与事件数量	人物	参与事件数量
如来	5	金蝉子	4	牛魔王	3
太白金星	5	元始天尊	4	李天王	3
普贤菩萨	5	灵宝天尊	4	大鹏	3
文殊菩萨	5	王母	4	—	—
观音菩萨	4	菩提	3	—	—

6.6.4　4 种网络的特征比较

由表 6.36 可知，按照宏观（一模）、中观（一模）、微观（一模）和中观（二模）的顺序，4 种网络密度逐次降低，反映了不同人物关系抽取角度的差异。一模网络中，粒度越大、密度越高，粒度越小、密度越低。事实上，人物之间存在的联系基本是要通过参与特定事件或进行特定对话才能确定，而从章节视角出发势必会将没有联系的人物强加在一起。至于二模网络，它考察的是人物与事件之间的关系，并不涉及人物之间的关系，因此，其网络密度相对会低。

表 6.36　4 种网络的特征比较

网络类型	宏观（一模）	中观（一模）	微观（一模）	中观（二模）
节点数量	94	94	80	100
连线数量	864	130	153	173
网络密度	0.198	0.144	0.048	0.035

6.6.5　结论

本节运用实体计量学的理论和共现分析的思路，提出了文学作品人物关系网络分析框架并以中文小说《西游记前传》为例进行了分析。结果表明：以一模网络与二模网络为主线，依次从宏观（基于章节）、中观（基于社会事件）和微观（基于人物对话）3 个视角对文学作品进行分析，能够多维度、立体化地揭示人物之间的关系及文学作品的主旨。此外，将社会网络分析法与深度阅读法相结合，能够从定量和定性相结合的角度全面揭示文学作品的主旨和风貌。这不仅给社会网络分析和非结构文本挖掘的相关研究者提供参考，还可以帮助读者理解文学作品，并能够为数字出版和数字人文项目实证研究提供思路。

不足之处在于，本节并未对全文本进行自然语言标注，未能实现全自动抽取人名实体及人名实体之间的关系，因此，未能应用自然语言指标（如文本距离、人名实体与地名实体及动词实体的关联）进行进一步分析。此外，除了现代文学小说《西游记前传》，还可以加入影视剧《西游记》的台词及古文白话小说《西游记》的数据,从多源文本的视角进行多维度分析。

6.7 本章小结

作为本研究的应用部分,本章依次从科学论文题录数据、科学论文使用数据、科学论文全文本数据、公共政策全文数据和人文著作中的人名实体数据等出发运用统计分析、文本挖掘、复杂网络分析及可视化分析等方法进行研究,力图覆盖多语种、多源、多维和异构数据源为学科结构与演化可视化分析提供丰富的实证应用案例。

参考文献

[1] GRETARSSON B, DONOVAN J, BOSTANDJIEV S, et al. TopicNets: visual analysis of large text corpora with Topic modeling[J]. ACM transactions on intelligent systems and technology, 2012, 3(2): 565-582.

[2] MCARTHUR D, CROMPTON H. Understanding public-access cyberlearning projects using text mining and Topic analysis[J]. Journal of the American society for information science and technology, 2012, 63(11) :2146-2152.

[3] ZHAO X, YU S, TAN M, et al. Global pattern of science funding in economics[J]. Scientometrics, 2016, 109(1): 463-479.

[4] 赵蓉英,赵浚吟,陈必坤. 我国"图书馆、情报与档案管理"学科的研究现状分析:以2001—2012年国家基金项目为视角 [J]. 情报杂志, 2013, 32(7): 106-112.

[5] WANG X W, LIU D, DING K, et al. Science funding and research output: a study on 10 countries[J]. Scientometrics, 2012, 91(2):591-599.

[6] ZOSS A, BÖRNER K. Mapping interactions within the evolving science of science and innovation policy community[J]. Scientometrics, 2011, 91(2):631-644.

[7] ZHOU P, TIAN H. Funded collaboration research in mathematics in China[J]. Scientometrics, 2014, 99(3):695-715.

[8] 赵蓉英,赵浚吟,陈必坤. 透视"图书馆、情报与档案管理"学科的研究主题与趋势:以2001—2012年国家科学基金为研究视角 [J]. 情报理论与实践, 2014, 37(2): 1-5.

[9] 张春博,丁堃,刘则渊. 中国科技创新管理与政策研究进展:基于国家自然科学基金项目的计量分析 [J]. 创新与创业管理, 2014(2): 29-42.

[10] SCHARNHORST A, BÖRNER K, BESSELAAR P. Models of science dynamics: encounters between complexity theory and information sciences[M]. Cham: Springer, 2012: 3-4.

[11] BASTIAN M, JACOMY M, HEYMANN S. Gephi: an open source software for exploring and manipulating networks[C]//Proceedings of the 3th. International AAAI conference on weblogs and social media, USA, San Jose, 2009: 361-362.

[12] JACOMY M, VENTURINI T, HEYMANN S. ForceAtlas2, a continuous graph layout algorithm for handy network visualization designed for the gephi software[J]. PLoS One, 2014, 9(6): 14-17.

[13] 钟伟金. 共词分析法应用的规范化研究:主题词和关键词的聚类效果对比分析 [J]. 图书情报工作,

2011, 55(6): 114-118.

[14] BLONDEL V, GUILLAUME J, LAMBIOTTE R, et al. Fast unfolding of communities in large networks[J]. Journal of statistical mechanics: theory and experiment, 2008（3）: 10008.

[15] ECK N J, WALTMAN L. Software survey: VOSviewer, a computer program for bibliometric mapping[J]. Scientometrics, 2010, 84(2): 523-538.

[16] ECK N J, WALTMAN L, DEKKER R, et al. A comparison of two techniques for bibliometric mapping: multidimensional scaling and VOS[J]. Journal of the American society for information science & technology, 2010, 61(12): 2405-2416.

[17] WALTMAN L, ECK N J. A smart local moving algorithm for large-scale modularity-based community detection[J]. European physical journal B, 2013, 86(11): 1-14.

[18] LIPPI G, FAVALORO E. Article downloads and citations: is there any relationship?[J]. Clinica chimica acta, 2013（415）: 195.

[19] 岳剑波. 信息管理基础[M]. 北京: 清华大学出版社, 1999: 95-97.

[20] WANG X, FANG Z, SUN X. Usage patterns of scholarly articles on web of science: a study on web of science usage count[J]. Scientometrics, 2016, 109(2): 917-926.

[21] MOED H, HALEVI G. On full text download and citation distributions in scientific scholarly journals[J]. Journal of the association for information science and technology, 2016, 67(2): 412-431.

[22] 赵星. 学术文献用量级数据 Usage 的测度特性研究[J]. 中国图书馆学报, 2017, 43(3): 44-57.

[23] WANG X, WANG Z, XU S. Tracing scientist's research trends realtimely[J]. Scientometrics, 2013, 95(2): 717-729.

[24] CHEN B. Usage pattern comparison of the same scholarly articles between web of science (WoS) and Springer[J]. Scientometrics, 2018, 115(1): 519-537.

[25] 朱剑. 学术新媒体: 缘何难以脱颖而出——兼及学术传播领域媒体融合发展[J]. 北京交通大学学报(社会科学版), 2015, 14(4): 7-17.

[26] WANG X, XU S, FANG Z. Tracing digital footprints to academic articles: an investigation of peerj publication referral data[J]. arXiv, 2016（1601）: 05271.

[27] FERRIS D. Rhetorical strategies in student persuasive writing: differences between native and non-native english speakers[J]. Research in the Teaching of English, 1994（39）: 45-65.

[28] KORMOS J. Task complexity and linguistic and discourse features of narrative writing performance[J]. Journal of second language writing, 2011, 20(2): 148-161.

[29] OJIMA M. Concept mapping as pre-task planning: a case study of three japanese ESL writers[J]. System, 2006, 34(4): 566-585.

[30] LU C, BU Y, WANG J, et al. Examining scientific writing styles from the perspective of linguistic complexity[J]. Journal of the association for information science and technology, 2019, 70(5): 462-475.

[31] LU C, BU Y, DONG X, et al. Analyzing linguistic complexity and scientific impact[J]. Journal of Informetrics, 2019, 13(3): 817-829.

[32] CHEN B K, DENG D, ZHONG Z, et al. Exploring linguistic characteristics of highly browsed and downloaded academic articles[C]//Proceedings of the 17th international conference on scientometrics and informetrics (ISSI 2019), Italy, Rome, 2019.

[33] CHI P, GLÄNZEL W. An empirical investigation of the associations among usage, scientific collaboration and citation impact[J]. Scientometrics, 2017, 112(1): 403–412.

[34] JAMALI H, NIKZAD M. Article title type and its relation with the number of downloads and citations[J]. Scientometrics, 2011, 88(2): 653–661.

[35] DUAN Y, XIONG Z. Download patterns of journal papers and their influencing factors[J]. Scientometrics, 2017, 112(3): 1761–1775.

[36] 国务院. 关于印发促进大数据发展行动纲要的通知[EB/OL]. [2022-01-25]. http://www.gov.cn/zhengce/content/2015-09/05/content_10137.htm.

[37] 马海群, 蒲攀. 国内外开放数据政策研究现状分析及我国研究动向研判[J]. 中国图书馆学报, 2015, 41(5): 76–86.

[38] 段尧清, 尚婷, 周密. 我国政府信息公开政策十年演化分析[J]. 情报科学, 2019, 37(8): 3–7, 37.

[39] 谭春辉, 谢荣, 刘倩. 政策工具视角下的我国政府信息公开政策文本量化研究[J]. 电子政务, 2020(2): 111–124.

[40] 姚静, 加小双, 李海涛. 政府信息公开与政府数据开放的概念及政策文本比较研究[J]. 山西档案, 2021(3): 24–36.

[41] 马续补, 相雅凡, 刘玮, 等. 基于共词分析的我国公共信息资源开放政策变迁研究[J]. 信息资源管理学报, 2020, 10(4): 5–14.

[42] 张娜, 马续补, 张玉振, 等. 基于文本内容分析法的我国公共信息资源开放政策协同分析[J]. 情报理论与实践, 2020, 43(4): 115–122.

[43] 马续补, 吕肖娟, 秦春秀, 等. 政策工具视角下我国公共信息资源开放政策量化分析[J]. 情报理论与实践, 2019, 42(5): 46–50.

[44] 马续补, 李洋, 秦春秀, 等. 基于三维分析框架的公共信息资源开放政策体系研究[J]. 管理评论, 2020, 32(8): 143–154.

[45] 温芳芳, 常大伟, 季一欣. 国内开放政府数据政策研究述评[J]. 图书情报工作, 2018, 62(18): 140–148.

[46] 陈玲, 段尧清. 我国政府开放数据政策的实施现状和特点研究：基于政府公报文本的量化分析[J]. 情报学报, 2020, 39(7): 698–709.

[47] 周文泓. 我国地方政府开放数据政策构建的进展与优化策略研究[J]. 图书馆学研究, 2018(15): 39–45.

[48] 黄如花, 温芳芳. 我国政府数据开放共享的政策框架与内容：国家层面政策文本的内容分析[J]. 图书情报工作, 2017, 61(20): 12–25.

[49] 黄如花, 温芳芳, 黄雯. 我国政府数据开放共享政策体系构建[J]. 图书情报工作, 2018, 62(9): 5–13.

[50] 洪伟达, 马海群. 我国开放政府数据政策的演变和协同研究：基于2012—2020政策文本的分析[J]. 情报杂志, 2021, 40(10): 139–147, 138.

[51] 屠健. 我国政府开放数据政策执行影响因素研究：基于政策执行综合模型视角[J]. 科技情报研究, 2020, 2(1): 92–98.

[52] HARDY K, MAURUSHAT A. Opening up government data for big data analysis and public benefit[J]. Computer law and security review, 2017, 33(1): 30–37.

[53] KASSEN M. Open data politics: a case study on Estonia and Kazakhstan[M]. Switzerland: Springer International Publishing, 2019.

［54］HERMANTO A, SOLIMUN S, FERNANDES A, et al. The importance of open government data for the private sector and NGOs in Indonesia[J]. Digital policy, regulation and governance, 2018, 20(4): 293-309.

［55］KAYAL S, BANERJEE S. Open government data (OGD) and right to information (RTI): some challenges and isues in India scenario[J]. Indian Journal of Science, 2015（73）: 437-443.

［56］ŽUFFOVÁ M. Do FOI laws and open government data deliver as anti-corruption policies? Evidence from a cross-country study[J]. Government information quarterly, 2020, 37(3): 101480.

［57］TURBELIN C, BOELLEA P. Open date in public health surveil-lance systems: a case study using the trendy sentinel's network[J]. International journal of medical informatics, 2013, 82(10): 1012-1021.

［58］SUBBIAN V, SOLOMONIDES A, CLARKSON M, et al. Ethics and informatics in the age of COVID-19: Challenges and recommendations for public health organization and public policy[J]. Journal of the American medical informatics association, 2021, 28(1): 184-189.

［59］黄萃.政策文献量化研究[M].北京：科学出版社, 2016.

［60］黄萃, 吕立远. 文本分析方法在公共管理与公共政策研究中的应用[J]. 公共管理评论, 2020, 2(4): 156-175.

［61］谢明. 公共政策导论[M].北京：中国人民大学出版社, 2020.

［62］ROTHWELL R, ZEGVELD W. Reindustrialization and technology[M]. London: Longman, 1985.

［63］马海群, 冯畅. 信息资源管理政策执行力影响因素研究：以《关于加强信息资源开发利用工作的若干意见》为例[J]. 中国图书馆学报, 2020, 46(2): 56-74.

［64］BENOIT K, WATANABE K, WANG H, et al. quanteda: an rpackage for the quantitative analysis of textual data[J]. The journal of open source software, 2018, 3(30):774.

［65］卢超, 章成志, 王玉琢, 等. 语义特征分析的深化：学术文献的全文计量分析研究综述[J]. 中国图书馆学报, 2021, 47(2): 110-131.

［66］魏伟, 郭崇慧, 陈静锋. 国务院政府工作报告(1954—2017)文本挖掘及社会变迁研究[J]. 情报学报, 2018, 37(4): 406-421.

［67］韦苇, 任锦鸾, 杨青峰. 短视频平台数据治理框架和机制研究[EB/OL].[2022-04-27]. https://kns.cnki.net/kcms/detail/11.5181.TP.20220113.1336.018.html.

［68］赵咪, 马续补, 赵捧未. 我国公共信息资源开放政策的协同演变研究[J]. 信息资源管理学报, 2020, 10(4): 27-35.

［69］上海市人民政府. 上海市数据条例[EB/OL]. [2022-03-15]. https://www.shanghai.gov.cn/nw12344/20211129/a1a38c3dfe8b4f8f8fcba5e79fbe9251.html.

［70］夏义堃. 数据管理视角下的数据经济问题研究[J]. 中国图书馆学报, 2021, 47(6): 105-119.

［71］MORETTI F. Graphs, maps, trees: abstract models for a literary history[M]. London: Verso, 2005.

［72］SPARAVIGNA A. On social networks in plays and novels[J]. International journal of sciences, 2013, 2(10):20-25.

［73］STILLER J, HUDSON M. Weak links and scene cliques within the small world of shakespeare[J]. Journal of evolutionary psychology, 2005, 3(1): 57-73.

［74］RYDBERG-COX J. Social networks and the language of greek tragedy[J]. Journal of the chicago colloquium on digital humanities and computer science, 2011, 1(3)：73-95.

［75］MARAZZATO R, SPARAVIGNA A. Extracting networks of characters and places from written works with

CHAPLIN[J]. Eprint Arxiv, 2014.

［76］SPARAVIGNA A C, MARAZZATO R. Graph visualization software for networks of characters in plays[J]. International journal of sciences, 2014, 3(2): 69-79.

［77］ELSON D, DAMES N, MCKEOWN K. Extracting social networks from literary fiction[C]// Meeting of the association for computational linguistics, uppsala, sweden, 2010: 138-147.

［78］ELSON D, MCKEOWN K. Automatic attribution of quoted speech in literary narrative[C]// The 24th. AAAI conference on artificial intelligence, USA, Atlanta, 2010: 1013-1019.

［79］HE H, BARBOSA D, KONDRAK G. Identification of speakers in novels[C]// Meeting of the association for computational linguistics, bulgaria, sofia, 2013: 1312-1320.

［80］PARK G, KIM S, CHO H. Structural analysis on social network constructed from characters in literature texts[J]. Journal of computers, 2013, 8(9): 2442-2447.

［81］AGARWAL A, RAMBOW O, PASSONNEAU R J. Annotation scheme for social network extraction from text. [C]// Proceedings of the fourth linguistic annotation workshop, USA, stroudsburg, 2010: 20-28.

［82］AGARWAL A, RAMBOW O. Automatic detection and classification of social events[J]. Empirical methods in natural language processing, 2010（10）: 1024-1034.

［83］AGARWAL A, KOTALWAR A, RAMBOW O. Automatic extraction of social networks from literary text: a case study on alice in Wonderland[C]//Proceedings of the 6th International Joint conference on natural language processing, Japan, Nagoya, 2013: 1202-1208.

［84］GIL S, KUENZEL L, SUEN C. Extraction and analysis of character interaction networks from plays and movies[EB/OL]. [2022-03-28]. https://snap.stanford.edu/class/cs224w-2011/proj/laneyk_Finalwriteup_v1.pdf.

［85］赵京胜, 张丽, 朱巧明, 等. 中文文学作品中的社会网络抽取与分析[J]. 中文信息学报, 2017, 31(2): 99-106.

［86］致宁. 西游记前传[M]. 上海：上海三联书店, 2015.

7 结论与展望

7.1 研究结论

本书是在大数据兴起、网络、可视化与人工智能备受关注、学科融合不断深入的大背景下，针对科学知识图谱、学科知识地图和学科知识网络的理论、方法和应用现状，综合图书情报学、科学学、网络科学、可视分析学、数据科学、数学和计算机科学等学科的理论和方法工具，提出从学科结构与演化可视化分析的视角对其进行综合性研究。本书所做的主要工作和得出的结论如下。

① 从时代背景和学科现状出发，构建了学科结构与演化可视化分析的理论基础。当代有两个重要的技术与文化现象：网络及可视化。1995 年前后对这两个概念知者寥寥，现在已经成为社会和文化生活中的热点问题。其实，无论是网络还是可视化，其之所以愈加引人注目和意义非凡，在根源上得益于数据和信息的剧增，即"大数据"的推动。学科结构与演化可视化分析的研究对象是学科，与科学学有着天然的联系；其研究方法是可视化分析，与网络科学和可视化理论息息相关；作为一种重要的数据对象，学科与新兴的数据科学密不可分。因此，学科结构与演化可视化的理论基础主要包括科学学理论、网络科学理论、可视化理论和数据科学理论。

② 依次从相关概念、类型、特点、模式与方法工具入手，梳理了学科结构与演化可视化分析的理论内容。首先，梳理可视化的已有概念（科学计算可视化、数据可视化、信息可视化、知识可视化和可视化分析学）并在其基础上分别提出可视化分析法、知识可视化分析和学科知识可视化分析的概念。其次，围绕不同层次、不同粒度的学科知识单元对学科知识可视化分析的类型进行划分，具体从可视化分析的目标、可视化分析的数据来源、可视化的视觉通道、学科知识单元的数据维度和学科知识单元的层次 5 个角度展开。再次，归纳了学科知识可视化分析的特点，包括直观高效、内容充实、形象美感和视角新颖 4 个方面。最后，阐述了学科知识可视化分析的模式和方法，涵盖学科知识可视化分析的模式、方法工具及常用的软件组合方式等。

③ 从学科自身的静态和动态维度出发，论述了学科结构与演化可视化分析的研究内容。学科结构与演化可视化分析包括学科结构与学科演化可视化分析两部分内容，依据"知识生产、知识内容、知识传承与交叉融合和知识创新"的思路，前者主要包括学科合作结构、学科主题结构、学科引文结构、学科交叉结构、学科知识结构、Usage Metrics、Altmetrics 和实体计量学 8 种类型，后者主要包括学科合作结构演化、学科主题结构演化、学科知识基础、学科研究前沿、学科预测、学科演化视角下的 Usage Metrics 与 Altmetrics 7 个部分。每个部分均围绕学科结构与演化可视化分析通用流程中的 3 个核心环节（知识单元选取、知识单元间

关系构建和可视化）展开。

④ 应用部分主要从科学论文题录数据、科学论文使用数据、科学论文全文本数据、公共政策全文数据和人文著作中的人名实体数据等出发运用统计分析、文本挖掘、复杂网络分析及可视化分析等方法进行研究，力图覆盖多语种、多源、多维和异构数据源，为学科结构与演化可视化分析提供丰富的实证应用案例。

⑤ 不同类型的学科知识单元具有各自独特的学科揭示功能，同时彼此又相辅相成、不可或缺。例如，文献作者（所在机构、城市和国家地区）用于揭示学科合作情况，参考文献用于揭示学科知识基础，关键词用于揭示学科研究主题，期刊与单篇文献学科分类号用于测度学科交叉结构，参考文献及其施引文献用于揭示学科的知识基础与研究前沿，学术论文使用数据和 Altmetrics 数据可以从用户使用和社会影响力视角揭示学术论文特征等。

追溯学科知识单元所具有独特学科揭示功能的原因，本书认为一切源于科学技术的进步、现代学术论文制度的规范及科学家自身的特质。数字化的渗透、社交媒体的普及及多种科学工具的出现，为科学文献传播与分析奠定了坚实的基础。现代学术论文制度的规范化使得科学家使用通用的标准和格式撰写论文，在此基础上，不同科学家在撰写论文时需要谨慎选择合作者、参考文献、关键词及投稿期刊等，并能够将自己的成果通过出版物和社交媒体等方式发表传播。正是这种技术化、标准化和个性化的完美结合造就了能够揭示学科结构和演化规律的不同类型学科知识单元。

⑥ 不同类型的学科结构与演化可视化分析研究方法具有各自独特的学科揭示功能，同时彼此又相辅相成、不可或缺。例如，引文分析通常用于揭示学科知识基础、知识结构和学科交叉结构等，词频分析、共词分析和主题模型通常用于揭示学科主题和研究前沿等，社会网络分析通常用于揭示学科的作者合作网络、作者共被引网络和作者耦合网络等，社会网络分析和因子分析等结合使用能够揭示某一学科领域的作者及其研究主题。究其原因，不同类型的学科知识单元是一个相互关联的整体，不同种类的方法因为这种内在关联得以灵活组合。

⑦ 学科知识单元和学科结构与演化可视化分析方法的多样性和灵活性共同造就了揭示学科结构与演化特征和规律的多元多层次的立体化格局。例如，作者共被引分析和作者文献耦合分析可以探测学科知识结构，也可以探测知识基础和研究前沿，只是从人（主观）和研究内容（客观）两个不同的角度切入而已，而科学恰恰可看作由保持学术交流的研究人员群体（主观）及其所生产的一系列彼此相关的知识（客观）组成的复杂系统。

7.2 研究不足与展望

学科结构与演化可视化分析属于一个学科交叉、综合性、创新性的研究议题，本书力图找到学科与可视化分析的切实结合点较系统地构建了学科结构与演化可视化分析的理论内容，并从学科结构与演化两个方面进行论述，最后以图书情报学、生物医学、公共管理学及文学等领域为例进行应用研究。这些研究都旨在为学科结构与演化可视化分析提供系统的理论研究与实际案例，为学科融合发展与应用提供更广阔的研究视角。但由于时间仓促、个人知识水平和精力有限，本书尚存在诸多不足，希望能在后续研究中不断完善。总体来讲，还需在以下几个方面做出努力。

① 本书从学科的静态和动态维度出发,较为全面地论述了学科结构与演化可视化分析的研究内容,但其研究范围仍主要限于文献的元数据表示方式与内容表示方式,知识表示方式涉及较少。例如,学科结构与演化可视化分析的研究突破点之一是学科知识单元的有效表征及聚类。目前,图书情报学领域的研究者已经将自然语言处理、语义本体和人工智能等技术方法引入本学科(如词嵌入和网络嵌入模型),与经典方法相比,新兴方法能够形成歧义性更小、语义化更明显的科学家聚类和学科主题聚类,从而更加科学合理地揭示学科结构与演化规律。

② 理论研究方面,本书依据"知识生产、知识内容、知识传承与交叉融合、知识创新"的思路,将学科结构可视化分析的具体内容分解为学科合作结构、学科主题结构、学科引文结构、学科交叉结构、学科知识结构、Usage Metrics、Altmetrics 和实体计量学 8 个方面,将学科演化可视化分析的具体内容分解为学科合作结构演化、学科主题结构演化、学科知识基础、学科研究前沿、学科预测、学科演化视角下的 Usage Metrics 与 Altmetrics 7 个部分。虽然涵盖了科学计量学领域的经典和热门研究主题,但是在以上研究主题细化及其他研究主题扩充等方面仍需要进一步完善。应用研究方面,本书以图书情报学、生物医学、公共管理学及文学等领域为例,从科学论文题录数据、科学论文使用数据、科学论文全文本数据、公共政策全文数据和人文著作中的人名实体数据等进行应用研究。但是,尚未进行学科前沿和学科预测等方面的应用研究,需要在后续研究中继续完善。

③ 本书的可视化方式主要是统计图、网络和地图等,还应该引入不同类型的可视化方式,如交互式图表。此外,仪表盘正在取代传统单一的可视化方式,演化型可视化方式(Evolutionary Metaphor)正在替代传统的多维空间的几何映射,如动画和视频正在替代快照(Snapshot)。可以预见的是,学科结构与演化的可视化方式正在朝着综合型、演化型与交互式可视化方式迈进。

④ 传统的引文分析主要着眼于不同研究领域的杰出作者和高被引论文,需要将其拓展到全部作者和论文。就好比在一幅科学全景图中,大家关注的焦点多是山峰而非峡谷。我们深知这是马太效应下的普遍现象,但是科学一直在发展,学科一直在演变,昔日的峡谷也有可能成为明日的山峰。因此,学科结构与演化可视化分析的未来发展方向之一就是揭示全学科领域的结构与演化规律,从中发现潜在有活力的学科或主题。其实现途径之一如下:首先运用最新的数据处理技术对所有文献全文、作者、关键词等进行规范化处理,不仅关注高产和知名专家,还关注普通专家及在读研究生;其次对不同知识单元之间的深层关系进行建模(当前深度学习中的神经网络模型已在深层关系建模方面取得了令人振奋的进展);最后对所有结果进行综合型、演化型与交互式的视觉呈现,从动静结合和立体多维的可视化图表中寻找潜力学科或主题。

⑤ 技术方法的进步给学科结构与演化可视化分析带来了新的发展契机。例如,社交媒体和移动设备的出现颠覆了传统的学科知识传播和扩散方式,不少科学家可以随时随地将自己最新的研究成果放在脸书、推特、微博或微信上传播,我们需要对这种全新的知识传播方式进行密切的关注。再如,新的方法技术不间断被引入学科结构与演化可视化分析中,如前文

提到的可视化仪表盘及双地图叠加技术（将引证期刊和被引期刊全景图合并作为基本图，然后特定领域、机构、作者、期刊等的发文和被引情况分别叠加在相应的期刊全景图上，最后根据重合的特征去揭示学科交叉状况），能够显示不同学科领域论文的分布、引文轨迹、重心漂移等信息。又如，深度学习的理论、模型与方法工具正在科学计量学领域渗透，词语表示、网络表示、实体链接及多层神经网络等是目前的代表性技术方法，能够将当前的分析维度从文献的元数据表示扩展至文献的内容表示及知识表示等。

⑥ 随着开放存取运动的进一步发展，越来越多的传统和开放网络学术数据库开始整合和挖掘多元异构数据源（如 Dimensions 整合了多个网络学术数据库的期刊、数据集、专利、基金项目、政策文件、医学诊断方案和 Altmetrics 数据等全学术生命周期记录[1]，"The Lens"在整合多种网络学术数据库的基础上运用可视化仪表盘等技术进行多维度分析和挖掘）。在此趋势下，科学计量学正朝着开放引文、开放元数据和场景式科学计量学的方向发展[2]。

最后，可视化分析是一种定性分析和定量描述相结合的综合性世界观和方法论，不仅强调数据、方法和技术，更强调人员、需求问题和场景应用。科学计量学领域的研究者长期以来看重数据、方法和技术的应用，在人员、需求问题和场景应用方面相对薄弱。在数据获取愈加便利、方法技术使用门槛逐渐降低的时代背景下，原有的数据、方法和技术优势正在逐步弱化甚至消失，迫切需要重视人员、需求问题和场景应用方面的修炼和积淀。从近些年发表在《自然》、《科学》和《美国科学院院报》等顶级期刊上科学学相关主题的研究成果可以发现，物理学、经济学、社会学、系统科学与复杂性科学等学科领域的研究者占据了绝大多数，图书情报学和科学计量学领域的研究者是少数。这种反差提醒我们需要思考自身存在的问题同时辩证修炼上述学科的独特研究范式。

本书认为可以从以下两方面进行改进。一是强化自身优势，继续提升自身数据可视化素养，进一步提升需求洞察、数据类型、数据转化模式、视觉映射转化和交互技术等维度上的认知和运用能力，进一步优化锻造"需求分析—数据获取—数据分析—可视化—交互部署—解读与诠释"的应用流程[3-4]。二是辩证修炼物理学、经济学、社会学和复杂科学等学科领域的独特理论或方法技术等，经济学领域因果推断方法（随机对照实验）的引入，有助于研究设计的逻辑合理性和严谨性，避免陷入错误解读统计结果等误区[5]。系统科学与复杂性科学领域的基于主体的模型（Agent-based Model，ABM），通过计算机模拟所提出的理论或可检验、可证伪的假设，具体对系统中的主体设置精确可控的行为规则，然后研究系统中多主体所呈现（或涌现）的整体行为[6-7]。

2022 年，周涛等提出社会计算驱动的五类社会科学研究，分别是基于大数据的探索性研究、基于大数据的验证性研究、大数据与结构化数据整合下的探索性或验证性研究、基于大型互联网实验的验证性研究、基于大数据（或结合结构化数据）先探索后验证的整合研究。目前，情报学领域的研究者主要从事前四类研究，前四类研究又可以归纳为两种研究范式，即基于数据的探索性研究（收集数据、指标计算、数据挖掘、发现规律、对话理论做出诠释、提出后续有待验证的命题）和基于数据的验证性研究（理论诠释、假设演绎、使用因果模型/实验来做验证）。以上两种研究范式各有优缺点，可以预见的是，未来的研究趋势将会是基于数据先探索后验证的整合研究。一方面，探索性研究可以获得定量化的社会现象之间可能的联系的规律，在与理论对话中获得对现象的解释或提出待验证的理论命题；另一方面，验证性研究可以在已有命题的基础上做出理论验证的研究设计，提出假设，用计量工具/实验来验证假设。这种整合性的研究兼具理论上的推论性和应用上的可预测性[8]。

参考文献

［1］ HERZOG C, HOOK D, KONKIEL S. Dimensions: bringing down barriers between scientometricians and data[J]. Quantitative science studies, 2020, 1(1): 387–395.

［2］ WALTMAN L. Contextualized scientometrics[EB/OL]. [2022-04-19]. https://www.cwts.nl/research/research-groups/quantitative-science-studies.

［3］ 霍朝光, 卢小宾. 数据可视化素养研究进展与展望[J]. 中国图书馆学报, 2021, 47(2): 79–94.

［4］ BÖRNER K, BUECKLE A, GINDA M. Data visualization literacy: definitions, conceptual frameworks, exercises, and assessments[J]. Proceedings of the national academy of sciences, 2019, 116(6): 1857–1864.

［5］ 艾伯特-拉斯洛·巴拉巴西, 王大顺. 给科学家的科学思维[M]. 贾韬, 汪小帆, 译. 天津：天津科学技术出版社, 2021.

［6］ 集智俱乐部. NetLogo多主体建模入门[M]. 北京：人民邮电出版社, 2021.

［7］ AN Z, SHEN Z, ZHOU J, et al. The science of science: from the perspective of complex systems[J]. Physics Reports, 2017（714–715）: 1–73.

［8］ 周涛, 高馨, 罗家德. 社会计算驱动的社会科学研究方法[J]. 社会学研究, 2022, 37(5): 130–155, 228–229.

后 记

我在郑州大学信息管理学院攻读本科学位时初次接触信息计量学，当时是郭强教授开设的课程，参考书是《信息计量学导论》（郭强和刘俊友主编，合肥工业大学出版社，2007年），翻开这本参考书，绝大部分内容都看不懂，印象最深的就是这本参考书对阅读者的数学和物理基础要求较高。2008年，我继续在郑州大学信息管理学院攻读硕士学位，重新选修了郭强教授的信息计量学课程，望着满黑板密密麻麻的数学公式，我能够感受到数学建模的强大能量，但还是力不从心，依旧云里雾里，无法理解广义信息计量学（信息论视角）。转折点是在2009年，经导师张怀涛教授推荐，我在教育部科技查新工作站（挂靠在郑州大学图书馆）开展实习，当时在吴志红研究馆员的指导下开展高校和科研机构委托的科技查新工作。实习期间，我系统地使用了国内外主流文献数据库，并按照科技查新工作的要求完成了20余份查新报告的撰写，从一线工作中切实体会到信息计量学的魅力，根据特定主题将零散分布的文献数据汇集、整理和分析，最终形成图文并茂的查新报告。自此，我将自己的研究兴趣聚焦于方法工具和定量研究。

2011年，我考入武汉大学信息管理学院攻读博士学位，坚定地选择了本学科领域偏重定量研究的信息计量与科学评价方向，师从赵蓉英教授和邱均平教授。在武汉大学中国科学评价研究中心老师和同门的熏陶与帮助下，我较为系统地学习了狭义信息计量学（情报学视角）的经典理论方法并比较熟练地掌握了科学知识图谱工具和社会网络分析工具等。在读博前两年，我重点关注社会网络分析在知识管理领域的应用，同时致力于不同软件工具间的组合使用，对科学知识图谱的相关研究处于关注和试验状态。2013年，《情报理论与实践》编辑部邀请赵蓉英教授撰写《情报学进展》第十卷（2012—2013年度评论）中的《知识地图与知识图谱研究进展》。以此为契机，赵蓉英教授与我一起系统梳理并研读了"知识地图"和"知识图谱"相关的国内外文献，使我对科学知识图谱的整体研究态势及所存在的问题有了较为完整的认识。

导师当时敏锐地捕捉到科学知识图谱与知识地图、知识网络的内在联系，并建议我从"可视化分析"这一内涵更广的概念出发进行博士学位论文的选题。最终，我以《学科知识可视化分析》为题撰写博士论文，将"科学知识图谱"、"学科知识地图"和"学科知识网络"提升至更全面的"可视化分析"层次，横向上从结构（空间）和演化（时间）出发，纵向上从"知识单元选取、知识单元关系构建和可视化"的实践步骤出发，构建了学科知识可视化分析框架，并运用了20余种软件进行了实证研究。在博士论文撰写过程中，我参阅了科学学、网络科学、数据科学、可视分析学、计算机科学和数学等学科的著作和论文，从多学科视角对信息计量学有了更全面的认识，意识到"数据、网络和可视化"将是多个学科未来发展的增长点，还意识到"数据、网络和可视化"的基础支撑仍是数学、物理学和计算机科学。

2014年6月，我入职南京理工大学经济管理学院信息管理系从事教学科研工作，加入了与我研究方向相近的王曰芬教授团队和章成志教授团队，结识了众多优秀的同事和学生，他们具有广博的学术视野、扎实的数理和计算机基础及严谨的工作作风，经常能够做出"顶天立地"的研究。

2015年，我作为主持人获批国家社会科学基金青年项目"学科结构与演化的可视化分析理论框架及应用研究"（15CTQ035），希望从科学建模的视角探索信息计量学领域在可视化分析方面的研究全景及应用场景。之后几年我主要致力于两个方面的探索：一是阅读系统论、信息论、复杂科学及信息管理学等学科领域的基础理论；二是使用新兴工具软件分析信息计量学领域兴起的新数据（如全文本数据、用户使用数据和Altmetrics数据等）。

2019年9月，在杭州电子科技大学中国科教评价研究院舒非教授的引荐下，我到加拿大蒙特利尔大学图书馆与信息科学学院江文森（Vincent Larivière）院士团队访学，结识了北美信息计量学领域的诸多优秀研究者并了解了北美团队的课题研究全流程，他们通常会在研究问题选择和社会逻辑推演方面反复锤炼后才会进行定量研究。在工作和访学期间，我不断反思自己在方法工具和定量研究中存在的问题，逐步意识到科学本身就是一个复杂、自组织的社会系统，比自然界中的其他复杂系统具有更高的随机性和多样性，数据、方法和技术工具只有在解决有意义的研究问题并应用在社会场景中才更具价值，便逐步将之前的研究扩展至信息计量与社会计算视野，在研究问题、研究数据和研究方法工具等方面进行系统化的改造与提升，具体以科学界的社会问题（如中国科技成果现金奖励政策、科研用户论文浏览与下载行为）为出发点，采集科技文献的元数据和全文本数据、科学基金元数据和科技政策全文本数据等，运用统计分析、引文分析、复杂网络分析、文本挖掘和深度访谈法等，采用Python、R语言、复杂网络分析软件和科学知识图谱软件工具等，以线上与线下相结合的方式探究数据背后的个人因素、组织因素和社会因素，最终形成图文并茂的研究论文或研究报告，为行业从业人员和管理者的决策提供依据和建议。

2021年9月，我调动到苏州大学社会学院工作，接触到信息资源管理、档案学、历史学和社会学等专业的学者，在与他们的交流中发现人文科学和社会科学的学者也在积极寻求本专业定量研究的突破，数字人文和计算社会科学便是突破的见证。之后，我便开始尝试与不同学科和研究背景的学者进行讨论和合作。2021年，我与周毅教授就政府信息管理领域的研究问题开展合作，我主要负责将定量研究范式应用于政策文本处理、分析和可视化，周教授主要负责研究问题提炼并结合定量图表结果进行演绎和归纳，初步完成了一篇定性与定量结合、语言论述与多维图表相得益彰的研究论文，具体内容见6.5节。

2022年2月，我开始给苏州大学社会学院信息资源管理专业的本科生讲授信息计量学课程，选择《信息计量学概论》（邱均平等编著，武汉大学出版社，2019年）、《信息计量学导论》（郭强和刘俊友主编，合肥工业大学出版社，2007年）和 *The Science of Science*（王大顺和艾伯特-拉斯洛·巴拉巴西主编，剑桥大学出版社，2021年）3本参考书作为课程内容的主干，从信息论、系统论、复杂科学和情报学融合的视角进行讲解，覆盖狭义信息计量学和广义信息计量学。

后记

2022年9月，我作为主持人获批国家社会科学基金一般项目"全文计量分析视角下学科交叉的多元体系化测度研究"（22BTQ098），灵感主要源于"学科结构与演化"中的"学科交叉结构及其演化"，以及卢多·瓦特曼（Ludo Waltman）教授提出的场景式科学计量学（Contextulised Scientometrics）等。

回望自己在信息计量学领域的求学和工作经历，我心中充满感慨，从最初的不知所措，到如今的有章可循和传道授业，当中的修炼过程难以言表。《学科结构与演化的可视化分析理论框架及应用研究》正是在求学和工作经历中不断思考和完善的初步成果，吸收了图书情报学、科学学、系统科学、复杂科学、网络科学、数据科学、计算机科学、社会学、经济学、数学和物理学等经典学科和新兴学科的思想、理论、方法和工具软件等。在书稿的撰写过程中，研究内容经历了多次搁置、重启和完善，原因在于"可视化分析"的视野过于宏大，"信息计量学"领域的几乎所有研究主题都在采用"可视化分析"解决问题，而本人时间、精力有限，难以通读本领域的研究成果。2022年，国内多地区新冠疫情不间断暴发，受疫情的影响，除上课外，我有更多时间待在家里并坐下来思考我所做过的研究，于是重拾书稿，进行了必要补充，虽未能达到自己的全部预期，但仍决定付梓出版，希望通过与同行的交流来进一步完善拙作。由于个人水平、能力和精力有限，加上书稿因故屡次搁置和重启，书中难免有不足之处，请各位专家和读者批评指正。

最后，感谢自读书以来一直支持我的家人、老师、同事、同学、朋友及我的硕士研究生（詹长静、钟周燕、周慧娴、邓丹楠、程孟夏、白宽、王诗琴、刘钰馨、马江华、孙金洲和沈佳俊）给了我持续的动力。感谢书稿中参考文献的作者给了我无限的启发和借鉴。感谢参与本书策划、编辑工作的科学技术文献出版社的张丹、李鑫等，正是有了你们的辛勤劳动和认真工作，本书才得以顺利出版。

陈必坤
2022年10月于苏州大学独墅湖校区社会学院

图 3.6 常见的视觉通道类型

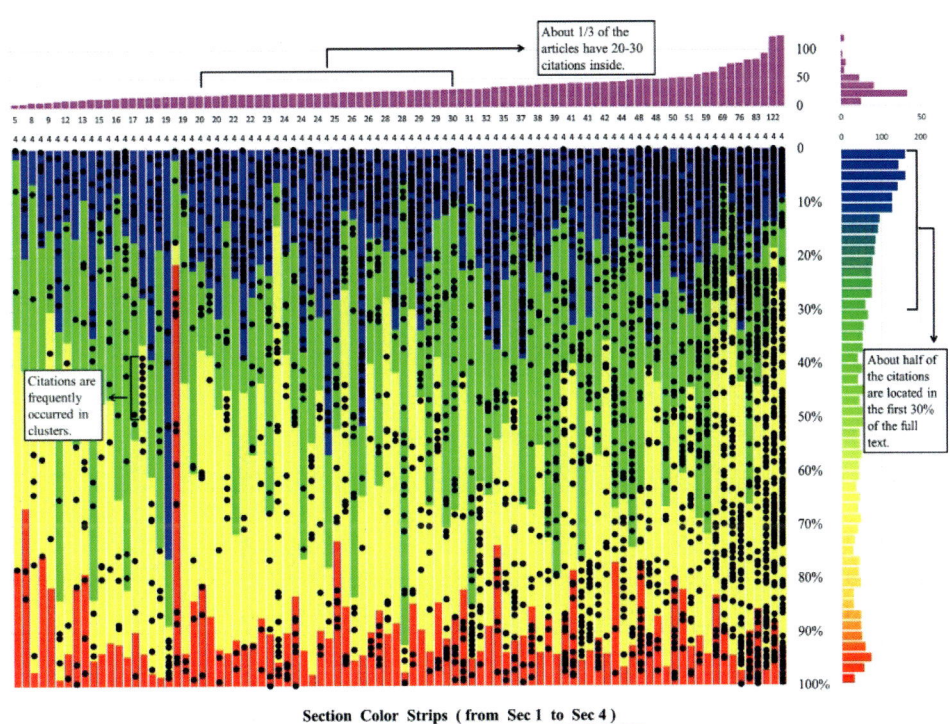

图 4.7 引文的引用位置分布

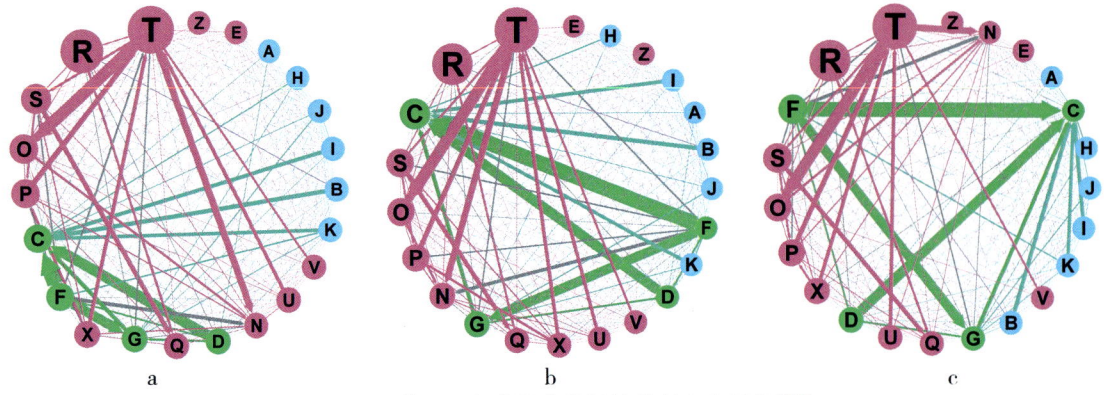

图 4.13 基于一级中图分类号的学科发文网络[168]

（红色表示自然科学，绿色表示社会科学，蓝色表示人文科学；图 a、图 b 和图 c 中的节点大小分别表示加权度、加权入度和加权出度大小）

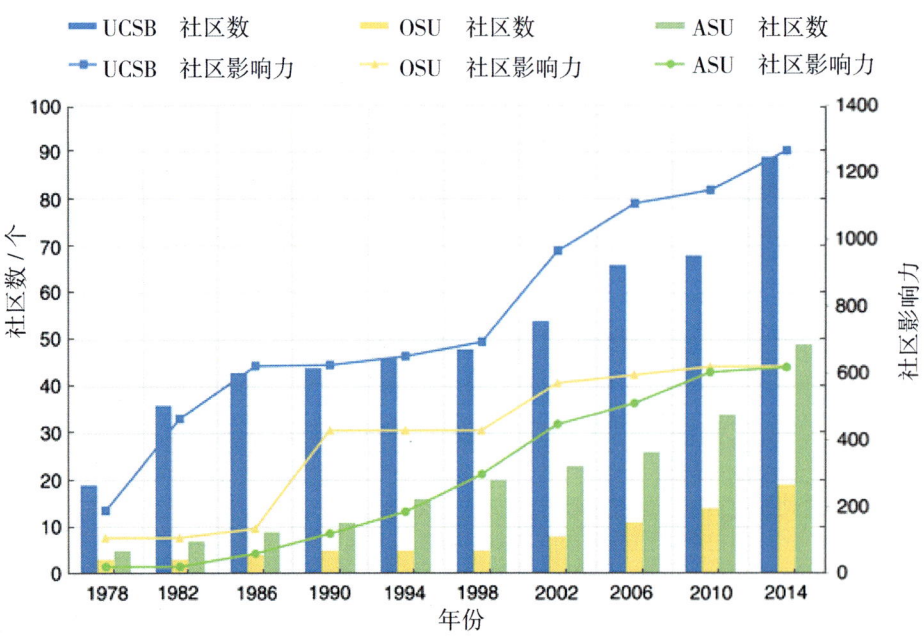

图 5.2 地理学领域 3 个核心合作团队规模和影响力累计时间演化情况

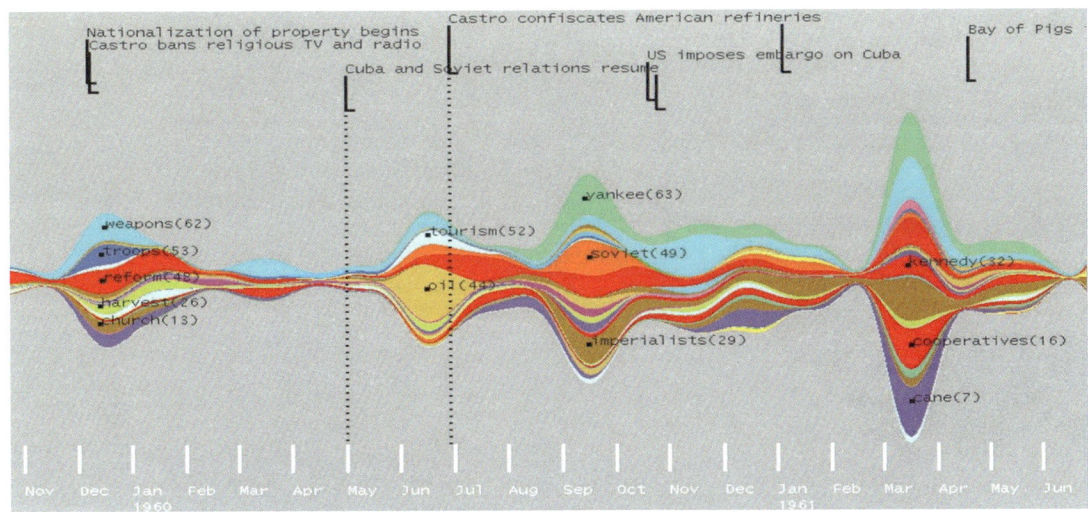

图 5.3　1959—1961 年古巴国务委员会主席卡斯特罗相关文献记录中的主题词词频演变

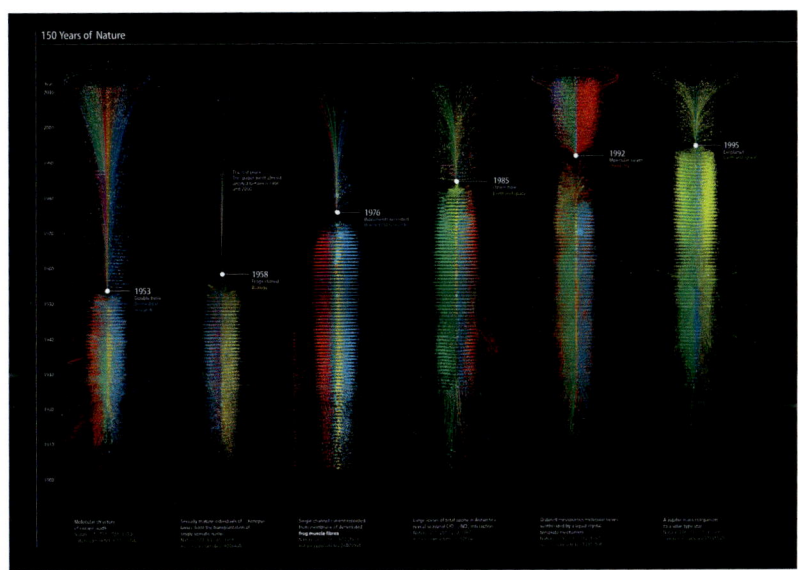

图 5.9　Nature 150 年（1869—2019 年）特色论文的引用与被引用时序

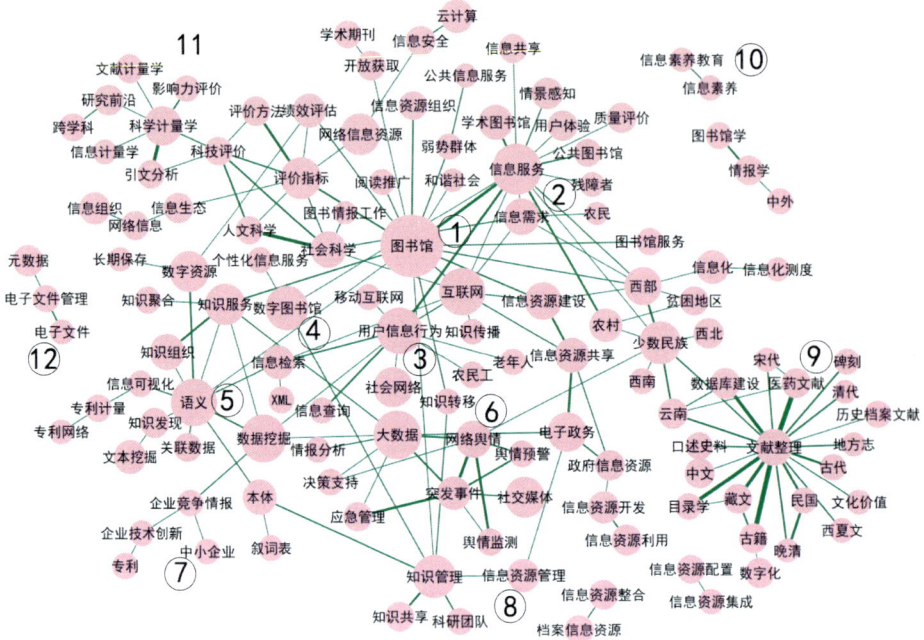

图 6.3　图书馆、情报与档案管理学科的主题结构（词频≥5，共现频次≥3）

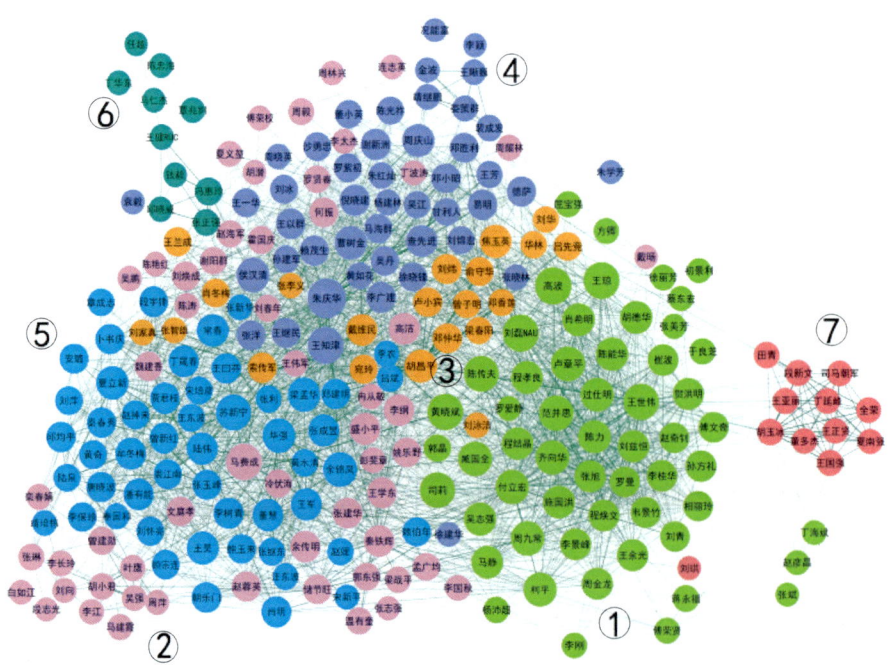

图 6.4　图书馆、情报与档案管理学科的知识结构（主持项目数≥2，耦合频次≥1）

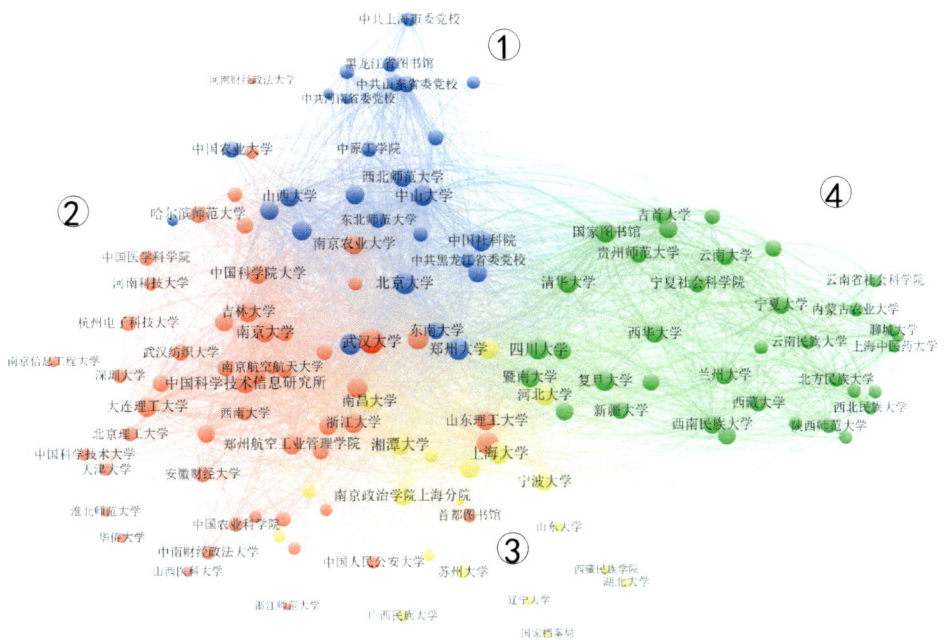

图 6.5 图书馆、情报与档案管理学科的机构结构（立项数 ≥ 3，耦合频次 ≥ 1）

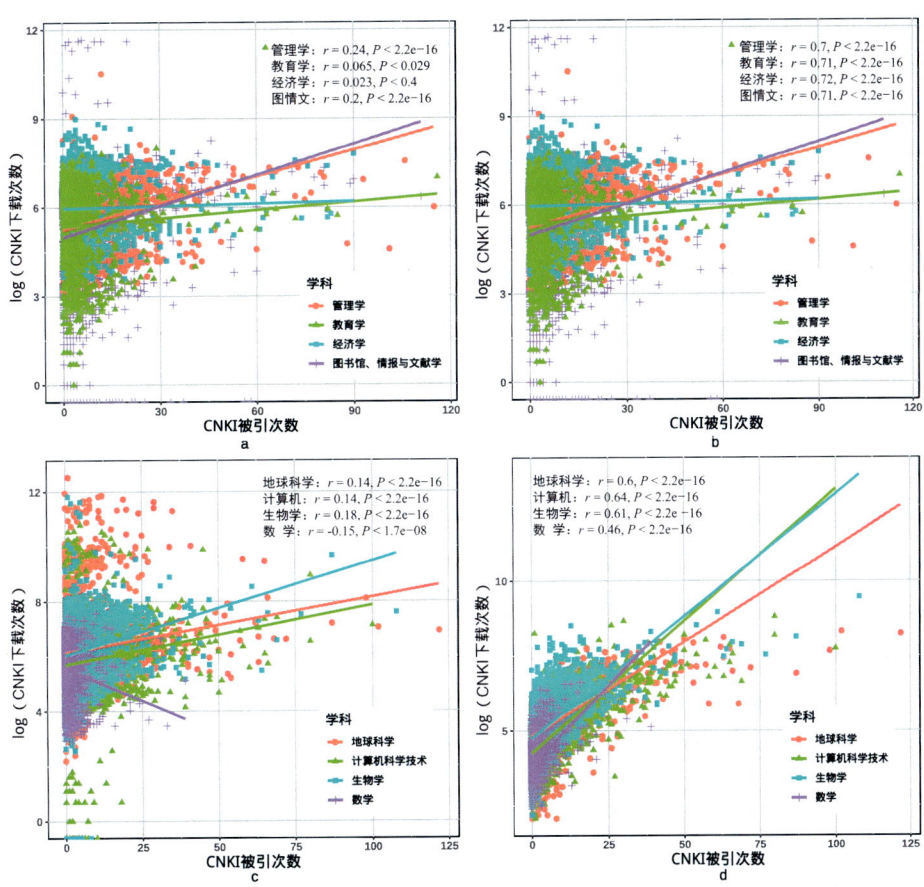

图 6.11 不同学科的期刊官网下载次数 CNKI 下载次数与 CNKI 被引次数散点图

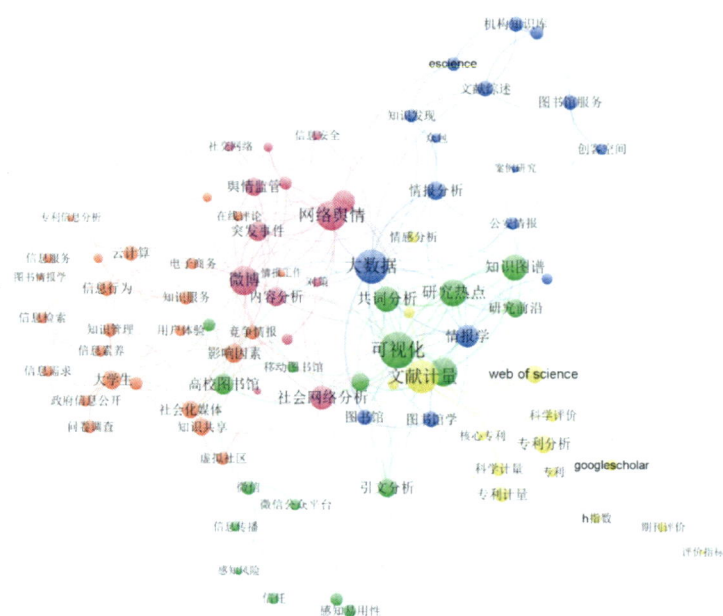

图 6.12　图书馆、情报与文献学期刊官网下载次数前 20% 学术论文的关键词共现网络（共现频次 ≥ 3）

（注：因图片为软件自动生成，图中个别点缺少关键词，英文关键词均为小写，无法修改。下同）

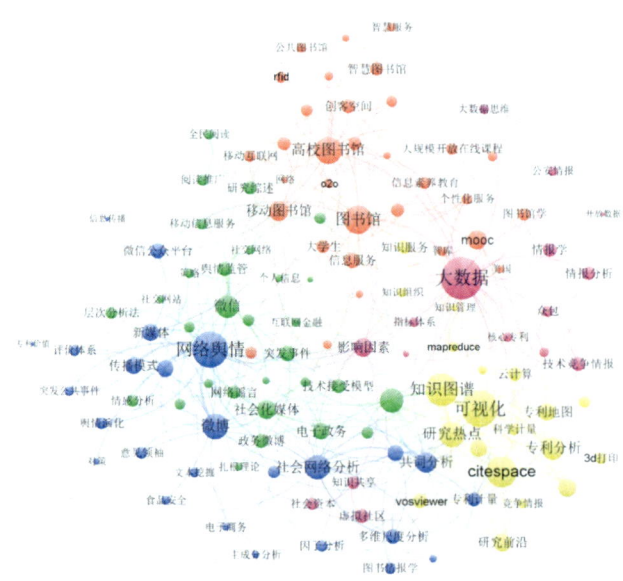

图 6.13　图书馆、情报与文献学 CNKI 下载次数前 20% 学术论文的关键词共现网络（共现频次 ≥ 3）

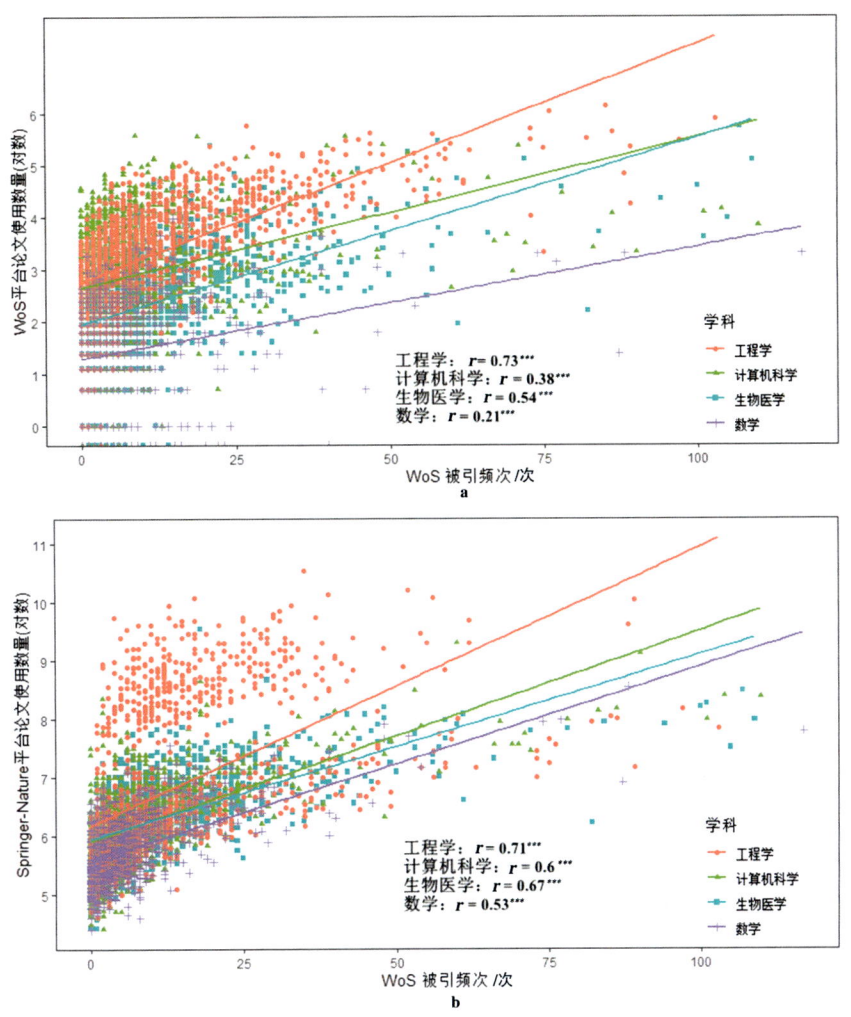

图 6.14 不同学科 WoS 使用数据、Springer Nature 下载次数与 WoS 被引频次的散点图

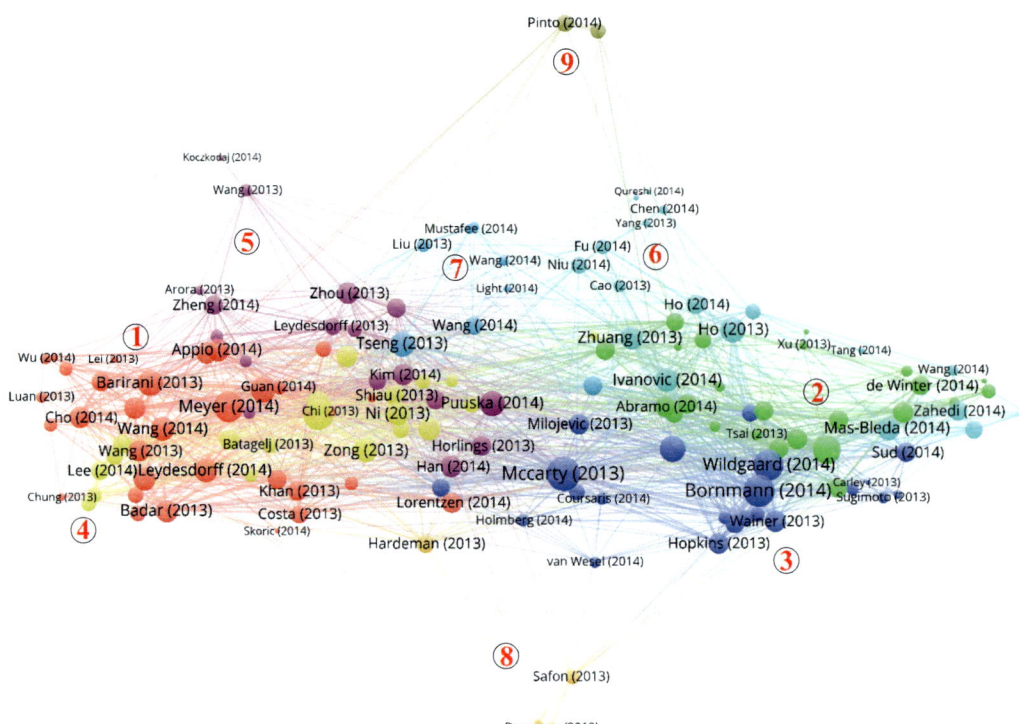

图 6.16　*Scientometrics* 中 WoS 使用数据前 20% 与 Springer Nature 下载次数前 20% 的学术论文并集耦合

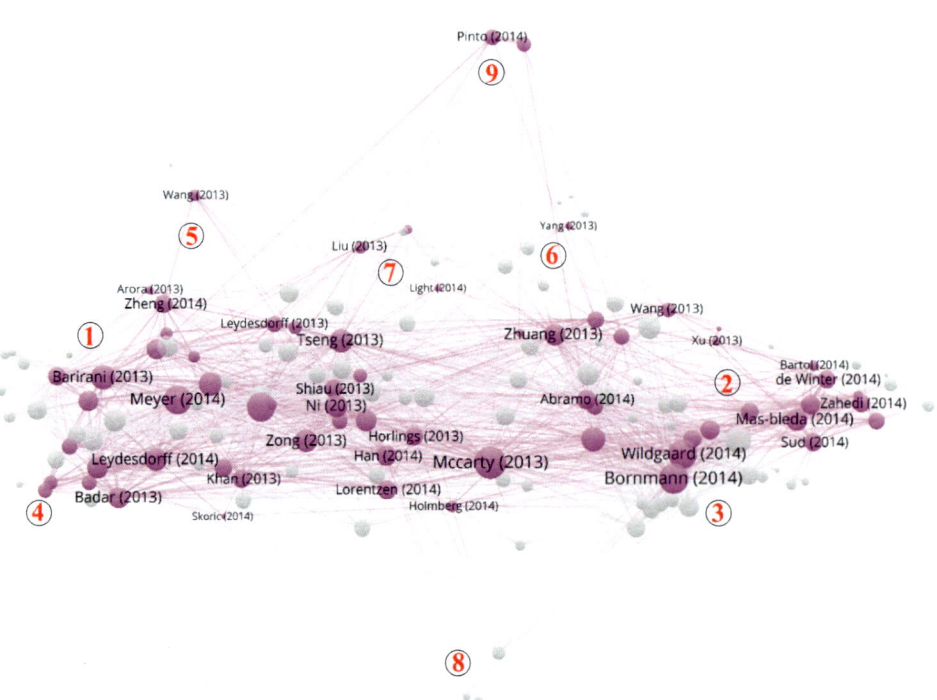

图 6.17　*Scientometrics* 中 WoS 使用数据前 20% 与 Springer Nature 下载次数前 20% 的学术论文交集叠加（基础图为并集）

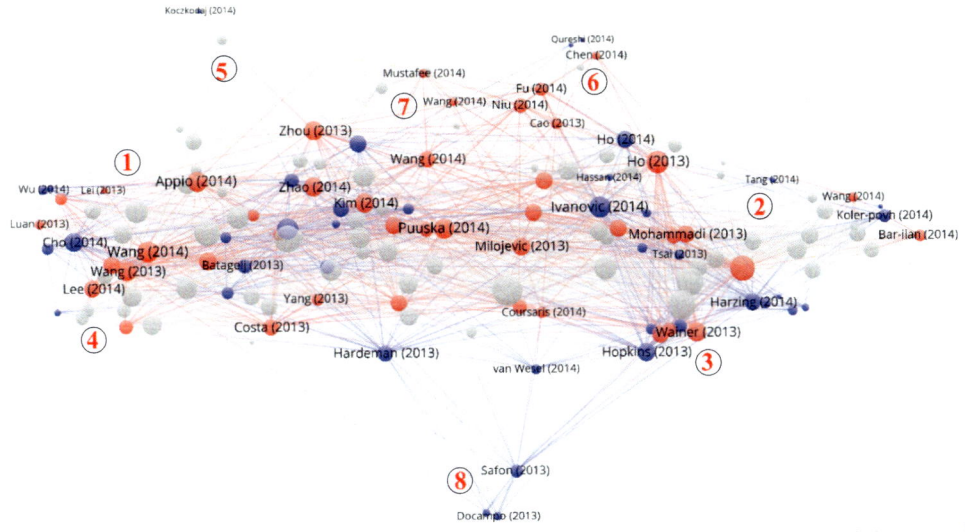

图 6.18 *Scientometrics* 中 WoS 使用数据前 20% 与 Springer Nature 下载次数前 20% 各自独有学术论文叠加

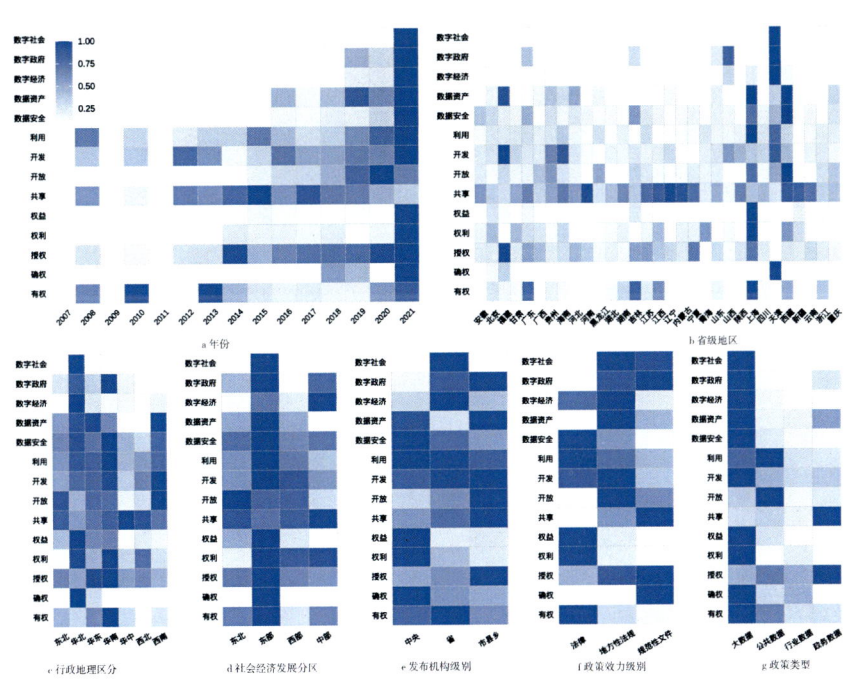

图 6.29 不同数据治理政策线索词在不同视角下的热力分布图
（注：水平方向归一化，颜色越深值越趋近 1，颜色越浅值越趋近 0，空缺部分为 0）

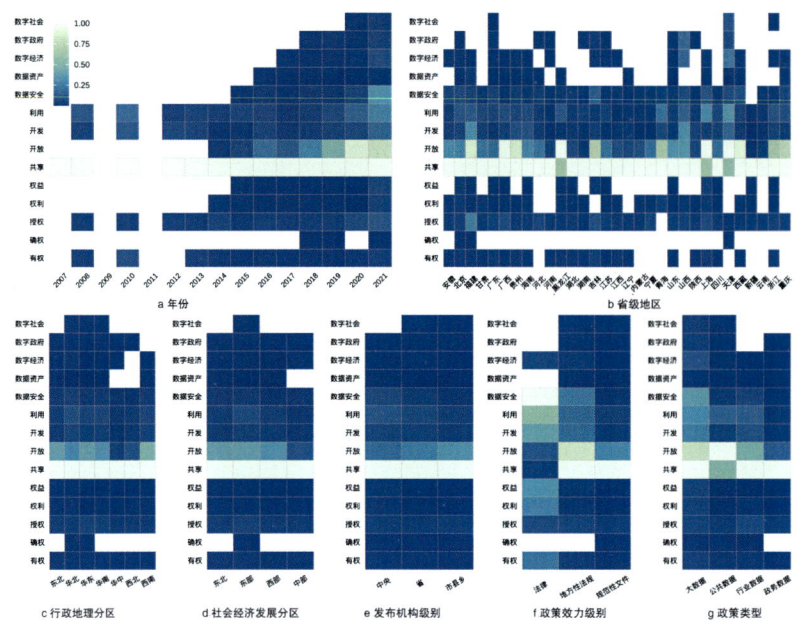

图 6.30 不同数据治理政策关键线索词在不同视角下内部热力图分布
（注：垂直方向归一化，颜色越深值越趋近 0，颜色越浅值越趋近 1，空缺部分为 0）

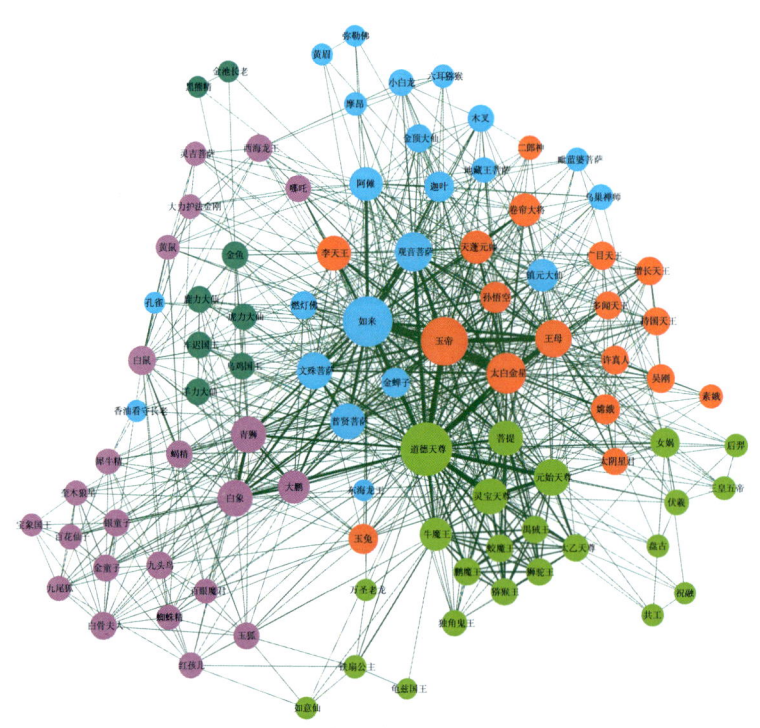

图 6.33 宏观视角下的人物—人物关系网络

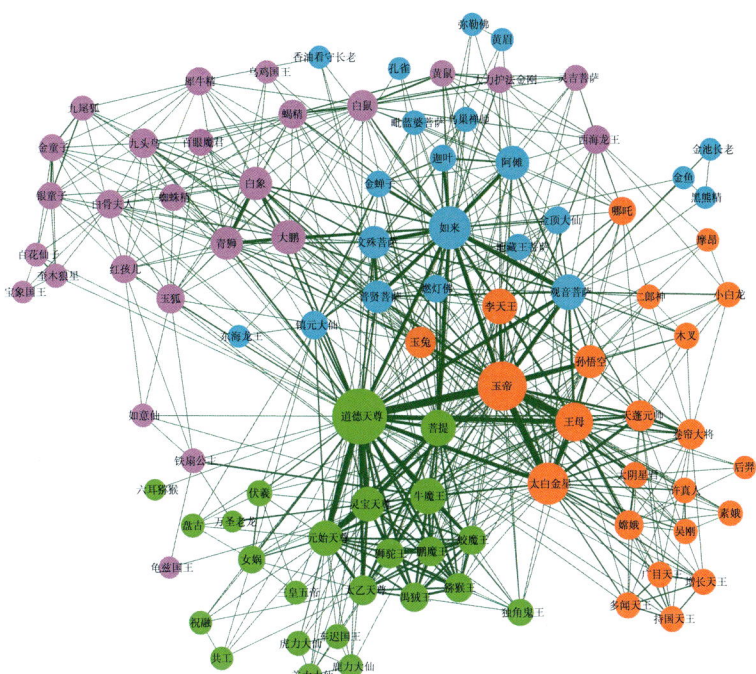

图 6.34 中观视角下的人物—人物关系网络

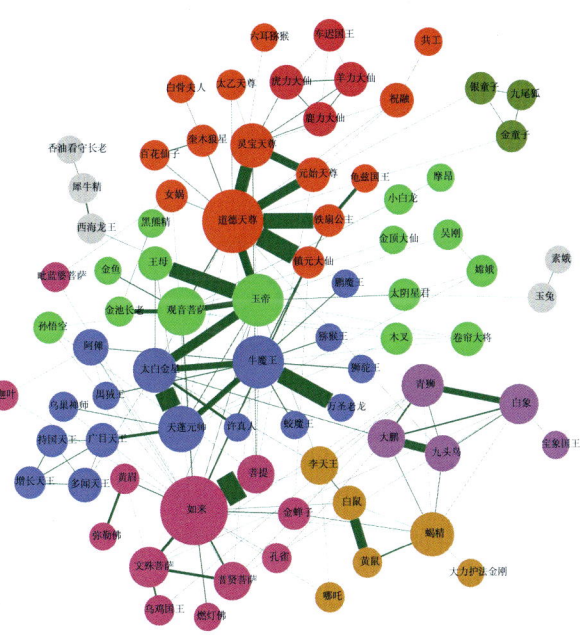

图 6.35 微观视角下的人物—人物关系网络

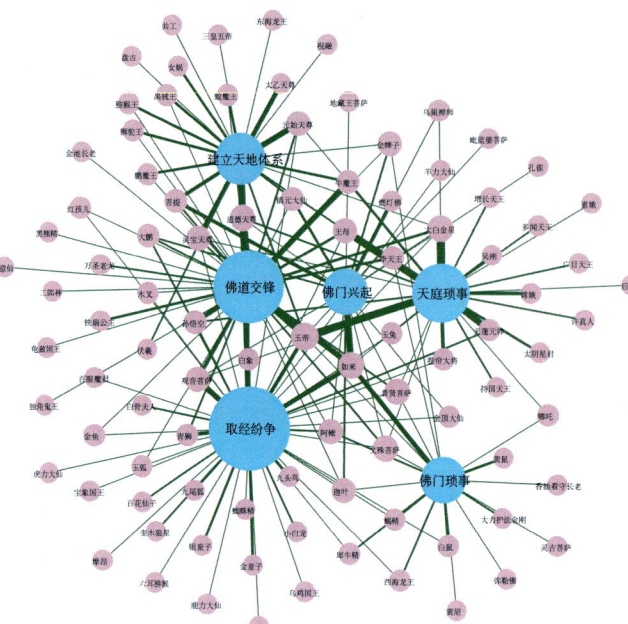

图 6.36 人物—事件关系网络